Teorias do símbolo

FUNDAÇÃO EDITORA DA UNESP

Presidente do Conselho Curador
Mário Sérgio Vasconcelos

Diretor-Presidente
José Castilho Marques Neto

Editor-Executivo
Jézio Hernani Bomfim Gutierre

Superintendente Administrativo e Financeiro
William de Souza Agostinho

Assessores Editoriais
João Luís Ceccantini
Maria Candida Soares Del Masso

Conselho Editorial Acadêmico
Áureo Busetto
Carlos Magno Castelo Branco Fortaleza
Elisabete Maniglia
Henrique Nunes de Oliveira
João Francisco Galera Monico
José Leonardo do Nascimento
Lourenço Chacon Jurado Filho
Maria de Lourdes Ortiz Gandini Baldan
Paula da Cruz Landim
Rogério Rosenfeld

Editores-Assistentes
Anderson Nobara
Jorge Pereira Filho
Leandro Rodrigues

Tzvetan Todorov

Teorias do símbolo

Tradução
Roberto Leal Ferreira

© Éditions du Seuil, 1977
© 2013 Editora Unesp

Título original: *Théories du symbole*

Direitos de publicação reservados à:
Fundação Editora da Unesp (FEU)
Praça da Sé, 108
01001-900 – São Paulo – SP
Tel.: (0xx11) 3242-7171
Fax: (0xx11) 3242-7172
www.editoraunesp.com.br
www.livrariaunesp.com.br
feu@editora.unesp.br

CIP – Brasil. Catalogação na publicação
Sindicato Nacional dos Editores de Livros, RJ

T572t

Todorov, Tzvetan, 1939-
  Teorias do símbolo / Todorov Tzvetan; tradução Roberto Leal Ferreira. – 1. ed. – São Paulo: Editora Unesp, 2014.

  Tradução de: *Théories du symbole*
  ISBN 978-85-393-0556-8

  1. Semântica. 2. Linguística. I. Título.

14-14017   CDD: 401.43
                                            CDU: 81'37

Editora afiliada:

Asociación de Editoriales Universitarias de América Latina y el Caribe

Associação Brasileira de Editoras Universitárias

Pensando bem, acho que o historiador deve ser,
também e necessariamente, poeta,
pois só os poetas podem entender-se nessa arte
que consiste em juntar habilmente os fatos.

Novalis

Sumário

Explicação do título . *11*

1 O nascimento da semiótica ocidental . *17*

As tradições particulares . *18*

Semântica . *18*

Lógica . *25*

Retórica . *34*

Hermenêutica . *38*

A síntese agostiniana . *46*

Definição e descrição do signo . *46*

Classificação dos signos . *58*

Algumas conclusões . *75*

Nota bibliográfica . *79*

2 Esplendor e miséria da retórica . *81*

3 Fim da retórica . *115*

Teoria semântica geral . *119*

Os tropos e sua classificação . *135*

A figura, teoria e classificações . *154*

Reflexões finais . *183*

4 Os infortúnios da imitação . *189*

5 Imitação e motivação . *215*

6 A crise romântica . *241*

Nascimento . *241*

Escolha do pretendente . *242*

O fim da imitação . *246*

Doutrina . *249*

Romantismo . *265*

Sinfilosofia . *265*

Produção . *270*

Intransitividade . *278*

Coerência . *284*

Sintetismo . *295*

O indizível . *302*

Athenaeum 116 . *310*

Símbolo e alegoria . *315*

Goethe . *316*

Schelling . *327*

Outros . *335*

Creuzer e Solger . *341*

Nota bibliográfica . *348*

7 A linguagem e seus duplos . *353*

A linguagem original . *360*

A linguagem selvagem . *377*

Teorias do símbolo

8   A retórica de Freud . *387*

    Humor das palavras – humor do pensamento . *393*

    Condensação, sobredeterminação, alusão, representação
      indireta . *395*

    Unificação, deslocamento . *401*

    Trocadilho, uso múltiplo, duplo sentido . *415*

    A economia e o absurdo . *424*

    Retórica e simbólica de Freud . *431*

9   A simbólica em Saussure . *441*

10   A poética de Jakobson . *463*

Aberturas . *483*

Apêndice: Freud acerca da enunciação . *493*

    Estrutura profunda da enunciação . *493*

    Efeitos . *499*

    A transferência como enunciação, a enunciação como
      transferência . *501*

    Obras citadas . *508*

Referências bibliográficas . *509*

Índice onomástico . *515*

Explicação do título

O símbolo constitui o objeto deste livro: como coisa, não como palavra. Não se encontrará aqui uma história do termo "símbolo", mas estudos consagrados aos que refletiram sobre certos fatos que, hoje em dia, geralmente chamamos de "simbólicos". Além disso, como se trata, na maior parte do tempo, de teorias que se referem ao símbolo *verbal*, este será normalmente oposto ao signo. O estudo das diferentes maneiras de compreender e definir os fatos "simbólicos" constitui este livro; não cabe, portanto, colocar aqui uma definição liminar; é suficiente indicar que a evocação simbólica vem enxertar-se na significação direta e que certos usos da linguagem, como a poesia, a cultivam mais do que outros. Essa noção não pode ser estudada isoladamente; e, tanto quanto de símbolo, trataremos também, nas páginas que seguem, de signo e de interpretação, de usar e de gozar, de tropos e figuras, de imitação e beleza, de arte e mitologia, de participação e semelhança, de condensação e deslocamento e de alguns outros termos.

Se dermos à palavra "signo" um sentido genérico, com o qual englobe o de símbolo (que, então, o especifica), podemos dizer que os estudos sobre o símbolo pertencem à teoria geral dos signos ou semiótica; e meu próprio estudo, à história da semiótica. Cumpre acrescentar de imediato que, também aqui, se trata da coisa e não da palavra. A reflexão sobre o signo exerceu-se em várias tradições distintas e até isoladas, como filosofia da linguagem, lógica, linguística, semântica, hermenêutica, retórica, estética, poética. O isolamento das disciplinas e a variedade terminológica fizeram-nos ignorar a unidade de uma tradição que está entre as mais ricas da história ocidental. Procuro revelar a continuidade dessa tradição, e só episodicamente me preocupo com os autores que se valeram da palavra "semiótica".

Teoria deve ser entendida em sentido amplo; a palavra aqui se opõe à "prática", mais que à "reflexão não teórica". Frequentemente, as teorias de que trataremos não se inscreviam no quadro de uma ciência (inexistente, aliás, na época), e sua formulação nada tem do caráter de uma "teoria" no sentido estrito.

É essencial o *s* do plural adicionado à palavra "teoria". Significa, em primeiro lugar, que se trata de diversas questões concorrentes dos fatos simbólicos. Mas, unido à ausência de artigo definido, ele indica sobretudo o caráter parcial dessa pesquisa: não se trata, evidentemente, de uma história completa da semiótica (ou até de uma de suas partes), não se trata de todas as teorias do símbolo, nem, talvez, das mais importantes delas. Explica-se essa escolha do parcial tanto por uma inclinação pessoal como por uma impossibilidade quase física: a tradição que estudo é tão abundante que, se a estendermos ao Ocidente em vez de limitá-la a um só país, não pode ser conhecida durante uma única vida humana. Escrevi, na melhor das hipóteses, alguns capítulos da história da semiótica ocidental.

Capítulos quaisquer? Seria hipocrisia ou ingenuidade afirmá-lo. Na realidade, este livro se organiza a partir de um período de *crise*, que é o fim do século XVIII. Opera-se nessa época, na reflexão sobre o símbolo, uma mudança radical (ainda que preparada desde muito) entre uma concepção que dominara o Ocidente havia séculos e outra, que creio triunfante até hoje. É possível, portanto, no espaço de aproximadamente cinquenta anos, captar ao mesmo tempo a antiga concepção (que chamo muitas vezes, por comodidade, de "clássica") e a nova, a que dou o nome de "romântica". É essa condensação da história em um período relativamente curto que me fez escolher meu ponto de partida.

Essa escolha inicial explica a composição do livro. Situa--se o primeiro capítulo fora da problemática que acabo de mencionar; ele apresenta-se, antes, como uma série de páginas destinadas a um manual e que resumiriam a bagagem semiótica comum, tal como se viu entregue à disposição de todos. Com esse fim, parti de um momento que julgo privilegiado (outra crise): o nascimento da semiótica na obra de Santo Agostinho.

Os quatro capítulos seguintes exploram diferentes aspectos da doutrina "clássica" em duas áreas particulares, a retórica e a estética. Deixei de lado a história da hermenêutica, cujo estudo produz resultados semelhantes. O primeiro desses quatro capítulos contém, além disso, um breve apanhado sobre a problemática do livro inteiro.

O capítulo seis, o mais longo, apresenta novamente uma visão panorâmica sintética. Procura resumir e sistematizar a nova doutrina, aquela que gera a crise; descrevo-a no que me parece ser seu lugar de florescimento, o romantismo alemão. São numerosas as citações nesse capítulo, assim como no primeiro; julguei útil submeter ao leitor os mesmos textos que estudo, dado que jamais foram reunidos e, o mais das vezes, traduzidos. Sem compor uma antologia, gostaria que este livro pudesse também ser usado como fonte de documentos.

Os quatro capítulos que seguem dizem respeito essencialmente a autores posteriores à crise romântica. Mas não se trata de outros casos da mesma postura. Escolhidos entre os mais influentes do nosso tempo, os autores aqui estudados apresentam, antes, variações novas em relação à grande dicotomia entre clássicos e românticos, ocupam posições que mais complicam o quadro do que o esclarecem.

Em cada período, optei por estudar a área que me parecia mais reveladora; daí, provavelmente, a impressão de descontinuidade que poderia depreender-se na leitura desses capítulos. O primeiro fala de semiótica, os dois seguintes, de retórica; vêm em seguida três capítulos dedicados à estética, tratando os quatro últimos de disciplinas que hoje pertencem às ciências humanas: antropologia, psicanálise, linguística, poética. Mas revelar a unidade de uma problemática, dissimulada por tradições e terminologias divergentes, é justamente uma das tarefas deste livro.

A pluralidade das teorias examinadas dá a este trabalho um caráter histórico. Não me oporia a qualificá-lo de "história-ficção", se não desconfiasse que esse é o caso de toda história e que, nesse ponto, o meu sentimento coincide com a convicção íntima de cada historiador. O fato histórico, à primeira vista puro dado, revela-se inteiramente construído. Dois *parti pris* somaram-se, ao longo do caminho, a essa constatação talvez inevitável. Por um lado, quis contar a história do advento das ideias, e não a de sua primeira formulação; apreendê-las no momento de sua *recepção*, mais que no de sua *produção*. Por outro, não creio que as ideias gerem sozinhas outras ideias; sem ir longe nessas áreas que conheço mal, quis indicar que a mutação nas ideias podia ser relacionada com as das ideologias e das sociedades.

Devo acrescentar que não me considero um historiador imparcial. Topei com as antigas teorias do símbolo em meio ao meu próprio trabalho sobre o simbolismo linguístico, e foi de maneira totalmente interessada que tomei conhecimento delas: pedia-lhes uma explicação para fatos que percebia sem poder compreendê-los. Escolhi, portanto, entre os autores do passado, o que achei de melhor, o que permanecia ainda eficaz. Sem dúvida eu os traí: consolo-me pensando que só se traem aqueles que estão vivos.

Não escrevi este livro para uso dos eruditos (dos que não passam de eruditos), e por isso procurei simplificar ao máximo o aparato de notas e referências, inevitável, contudo, nesse tipo de trabalho; nessa forma reduzida, ele permite, porém, reencontrar as fontes citadas ou remontar a outros estudos sobre a questão. Citei com a maior frequência possível as traduções francesas existentes dos textos escritos em línguas estrangeiras, modificando-as quer no sentido de maior literalidade, quer com vistas a unificar a terminologia.

1

O nascimento da semiótica ocidental

As tradições particulares. Semântica. Lógica. Retórica. Hermenêutica. *A síntese agostiniana.* Definição e descrição do signo. Classificação dos signos. 1. Segundo o modo de transmissão. 2. Segundo a origem e o uso. 3. Segundo o estatuto social. 4. Segundo a natureza da relação simbólica. 5. Segundo a natureza do designado, signo ou coisa: *a*) as letras; *b*) o uso metalinguístico. *Algumas conclusões.*

O ambicioso título que precede obriga-me a começar com uma restrição. Parti de uma noção sumária do que é a semiótica. Importam aqui dois de seus componentes: o fato de, com ela, estarmos diante de um discurso cujo objetivo é o conhecimento (não a beleza poética ou a pura especulação), e o fato de que seu objeto é constituído por signos de espécies diferentes (e não só de palavras, por exemplo). Essas duas condições são preenchidas plenamente, pela primeira vez, a meu ver, em Santo Agostinho. Mas Agostinho não inventou a semiótica; poderíamos até dizer, pelo contrário, que não inventou quase nada e limitou-se a combinar ideias e noções vindas de horizontes diferentes. Impunha-se, portanto, voltar às "origens" – que encontramos na teoria gramatical e retórica, ou na lógica etc. Não era o caso, porém, de fazer o histórico completo de cada uma dessas disciplinas até a época de Agostinho – mesmo se, em outras épocas da semiótica, elas puderam inspirar novos desenvolvimentos a esta. A tradição anterior a Agostinho, portanto, só é considerada aqui na medida em que parece nele se reencontrar; daí a impressão (ilusória) que podem dar estas páginas, segundo a qual toda a Antiguidade leva a Agostinho. Isso é evidentemente falso e, para citar um único exemplo, se a filosofia epicúrea da linguagem não será tratada aqui, é simplesmente porque a sua relação com a semiótica de Agostinho é pouco significativa.

Essas considerações explicam o plano adotado para a exposição: uma de suas partes é consagrada aos antecessores de Agostinho, agrupados em seções que correspondem mais à coerência de um discurso do que a tradições realmente isoladas; a outra, ao estudo da semiótica agostiniana propriamente dita.

As tradições particulares

Semântica

Perdoem-me se começo meu apanhado com Aristóteles; vamos reencontrá-lo, aliás, em diversas seções. Por enquanto, vou limitar-me à sua teoria da linguagem, tal como aparece, em particular, nos primeiros capítulos do tratado *Da Interpretação*. O trecho chave é o seguinte:

Os sons emitidos pela voz são os símbolos dos estados de alma, e as palavras escritas, os símbolos das palavras emitidas pela voz. E assim como a escrita não é a mesma em todos os homens, as palavras faladas tampouco são as mesmas, embora os estados de alma de que essas expressões são signos imediatos sejam idênticos em todos, como também são idênticas as coisas de que esses estados são a imagem. (16 a)

Nesse breve parágrafo, se o aproximarmos de outros desenvolvimentos paralelos, é possível distinguir várias afirmações.

1. Aristóteles fala de *símbolos*, de que as palavras são um caso particular. Cumpre reter o termo; o de "signo" é usado na segunda frase, como sinônimo; é, porém, importante que ele não apareça na definição inicial; como veremos logo mais, "signo" tem em Aristóteles outro sentido técnico.

2. A espécie de símbolos tomada de imediato como exemplo é formada pelas palavras; estas se definem como uma relação de três termos: os sons, os estados de alma e as coisas. O segundo termo serve de intermediário entre o primeiro e o terceiro, que não se comunicam diretamente. Mantém, pois, duas relações cuja natureza é diferente, como o são os termos mesmos. As coisas são idênticas a si mesmas, sempre e em toda parte; os estados de alma também o são, são independentes dos indivíduos: são, portanto, unidos por uma relação motivada em que, como diz Aristóteles, um é a *imagem* do outro. Em contrapartida, os sons não são os mesmos nas diferentes nações; sua relação com os estados de alma é imotivado: um significa o outro, sem ser sua imagem.

Vemo-nos levados, com isso, à antiga controvérsia sobre a potência cognitiva dos nomes e, correlativamente, sobre a origem da linguagem, natural ou convencional, cuja mais célebre exposição se encontra no *Crátilo* de Platão. Esse debate ressalta os problemas de conhecimento ou de origem com os quais não nos preocuparemos aqui, e só diz respeito às palavras, não a toda espécie de signo; cumpre, porém, reter sua articulação, pois se pode dizer (e não deixarão de fazê-lo) que os signos são ou naturais ou convencionais. Já será o caso de Aristóteles, que adere, nessa controvérsia, à hipótese convencionalista. A afirmação é nele repetida com frequência; é ela, em especial, que permite distinguir entre a linguagem e o grito dos animais, também eles vocais, também eles interpretáveis. "*Significação convencional*, escreve ele, porque nada é nome por natureza, mas só quando se torna símbolo, pois mesmo quando sons inarticulados, como os dos animais, significam algo, nenhum deles constitui, porém, um nome" (Ibid.). Subdividem-se os símbolos, portanto, em "nomes" (convencionais) e "signos" (naturais). Observe-se, a este respeito, que na *Poética*, em 1456 b, Aristóteles dá outra base à distinção sons humanos-sons animais: estes últimos não podem combinar-se em unidades significantes maiores; essa sugestão, porém, parece não ter tido consequências no pensamento dos Antigos (ela caminha, em compensação, no mesmo sentido que a teoria da dupla articulação).

Acrescentemos que, partidário da relação imotivada entre sons e sentido, Aristóteles é sensível aos problemas de polissemia e de sinonímia, que o ilustram; fala a respeito disso repetidas vezes, como, por exemplo, em suas *Refutações sofísticas*, em 165 a, ou na *Retórica*, III, em 1405 b. Tais discussões evidenciam bem a não coincidência entre sentido e referente. "Não é exato, como pretendia Brisão, que não haja palavras obscenas,

Teorias do símbolo

já que dizer isso em vez daquilo significa sempre a mesma coisa; isso é um erro; pois uma palavra pode ser mais precisa, mais semelhante, mais própria a colocar a coisa ante os olhos" (1405 b; cf. outro exemplo em *Física*, 263 b). De modo mais geral, mas também de maneira mais complexa, o termo *lógos* designa, em certos textos, o que a palavra significa, por oposição às próprias coisas; cf., por exemplo, *Metafísica*, 1012 a: "A noção, significada pelo nome, é a própria definição da coisa".

3. Embora sejam tomadas de imediato como exemplo privilegiado, as palavras não são o único caso de símbolos (é justamente nisso que o texto de Aristóteles ultrapassa o quadro de uma semântica estritamente linguística); o segundo exemplo citado são as letras. Não insistiremos aqui sobre o papel secundário atribuído às letras em relação aos sons; é um tema bem conhecido desde os trabalhos de Jacques Derrida. Observemos, de preferência, que é difícil imaginar como a subdivisão tripartite do símbolo (sons – estados de alma – coisas) se aplicaria a esses símbolos particulares que são as letras; só se fala aqui de dois elementos, as palavras escritas e as palavras ditas.

4. Mais uma observação sobre o conceito central dessa descrição: os estados de alma. Notemos, em primeiro lugar, que se trata de uma entidade psíquica, algo que não está na palavra, mas na mente dos usuários da linguagem. Em segundo lugar, embora seja um fato psíquico, esse estado de alma não é de modo algum individual: é idêntico em todos. Tal entidade, portanto, pertence a uma "psicologia" social ou até universal, mais do que individual.

Resta um problema que apenas formularemos aqui, sem poder estudá-lo: é o da relação entre os "estados de alma" e a significância, tal como aparece, por exemplo, no texto da *Poética*, em que o nome é definido como um "composto de sons significantes" (1457 a). Parece (mas me absterei de toda afirmação categórica) que podemos falar de dois estados da linguagem: em potência, como é visto na *Poética*, em que está ausente toda perspectiva psicológica; e em ato, como no texto de *Da Interpretação*, em que o sentido torna-se um sentido vivido. Seja como for, a existência da significância limita a natureza psíquica do sentido em geral.

São esses os primeiros resultados de que dispomos. Mal podemos falar de uma concepção semiótica: o símbolo é bem definido como mais amplo que a palavra, mas não parece que Aristóteles tenha encarado seriamente a questão dos símbolos não linguísticos, nem que tenha procurado descrever a variedade dos símbolos linguísticos.

Encontramos um segundo momento de reflexão sobre o signo no pensamento dos estoicos. Sabe-se que o conhecimento desse pensamento é extremamente difícil, pois só dispomos de fragmentos tirados, ademais, de autores em geral hostis aos estoicos. Seremos, portanto, forçados a nos contentar com algumas indicações sucintas. O fragmento mais importante encontra-se em Sexto Empírico, em *Contra os matemáticos*, VIII, 11-12:

> Dizem os estoicos que três coisas estão ligadas: o significado, o significante e o objeto. Dessas coisas, o significante é o som, por exemplo, "Dion"; o significado é a coisa mesma que é revelada e que apreendemos como subsistente na dependência do nosso pensamento, mas que os bárbaros não compreendem, embora sejam capazes de ouvir a palavra pronunciada; ao passo que o objeto é o que existe no exterior: por exemplo, Dion em pessoa.

Teorias do símbolo

Duas dessas coisas são corporais: o som e o objeto, enquanto uma é incorporal, a entidade que é significada, o dizível (*lekton*), que é verdadeiro ou falso.

Notemos de novo alguns pontos importantes.

1. Observe-se que aparecem aqui os termos de significante e significado (em um sentido, notemo-lo, que Saussure não conservará), mas não o de signo. Essa ausência, como veremos logo mais, não se deve ao acaso. O exemplo dado é uma palavra, mais exatamente um nome próprio, e nada indica que se considere a existência de outras espécies de símbolos.

2. Aqui, como em Aristóteles, são colocadas simultaneamente três categorias; observe-se que, em ambos os textos, o objeto, embora exterior à linguagem, é necessário à definição. Nenhuma diferença notável separa, nessas duas exposições, os primeiros e os terceiros elementos, som e objeto.

3. Se há diferença, está no *lekton*, dizível ou significado. Muito se comentou, na literatura moderna, acerca da natureza dessa entidade; a falta de conclusão nos debates leva-nos a conservar o termo grego. Convém lembrar, em primeiro lugar, que seu estatuto de "incorporal" é excepcional na filosofia decididamente materialista dos estoicos. O que significa que é impossível concebê-lo como uma impressão na mente, convencional que fosse: tais impressões (ou "estados de alma") são, para os estoicos, corporais; os "objetos", em compensação, não devem pertencer necessariamente ao mundo observável pelos sentidos; podem ser tão físicos como psíquicos. O *lekton* não se situa na mente dos locutores, mas na própria linguagem. A referência aos bárbaros é reveladora. Eles ouvem o som e veem o homem, mas ignoram o *lekton*, isto é, o fato mesmo de esse

som evocar esse objeto. O *lekton* é a capacidade que o primeiro elemento tem de designar o terceiro; sendo assim, o fato de ter como exemplo um nome próprio é muito significativo, pois o nome próprio, ao contrário das outras palavras, não tem sentido, mas, como as outras palavras, uma capacidade de designação. O *lekton* depende do pensamento, mas não se confunde com ele; não é um conceito, e ainda menos, como se julgou poder dizer, uma ideia platônica; é antes aquilo sobre o qual opera o pensamento. Ao mesmo tempo, a articulação interna desses três termos não é a mesma que em Aristóteles, já não há duas relações radicalmente distintas (de significação e de imagem); o *lekton* é o que permite que os sons se relacionem com as coisas.

4. As últimas palavras de Sexto, segundo as quais o *lekton* pode ser verdadeiro ou falso, levam-nos a lhe dar as dimensões de uma proposição; o exemplo citado, no entanto, que é uma palavra isolada, caminha em um sentido diferente. Aqui, outros fragmentos, citados quer por Sexto, quer por Diógenes Laércio, permitem-nos enxergar com maior clareza.

Por um lado, o *lekton* pode ser completo (proposição) ou incompleto (palavra). Eis aqui o texto de Diógenes: "Os estoicos distinguem os *lekta* completos e incompletos. Os segundos são aqueles cuja expressão é incompleta, por exemplo, 'escreve'. Perguntamo-nos: Quem? Os completos são os que têm sentido completo: 'Sócrates escreve'." (*Vida*, VII, 63). Tal distinção já estava presente em Aristóteles, e leva a uma teoria gramatical das partes do discurso; mas não trataremos disso aqui.

Por outro lado, as proposições não são necessariamente verdadeiras ou falsas; isso só vale para as asserções, embora haja também o imperativo, a interrogação, o juramento, a imprecação, a hipótese, o vocativo etc. (Ibid., 65); novamente, esse é um lugar-comum, na época.

Não mais do que em Aristóteles, não se pode falar aqui de uma teoria semiótica explícita; por enquanto, está em jogo o signo linguístico, e só ele.

Lógica

Há certa arbitrariedade em colocar seções independentes: "semântica", "lógica", embora a distinção não seja feita nos autores antigos. Vemos, porém, mais claramente assim a autonomia de textos que, de um ponto de vista ulterior, tratam de problemas aparentados. Reveremos com atenção os mesmos autores que antes.

Em Aristóteles, a teoria lógica do signo é apresentada nos *Primeiros Analíticos* e na *Retórica*. Eis, em primeiro lugar, a sua definição: "O ser cuja existência ou a produção acarreta a existência ou a produção de outra coisa, quer anterior, quer posterior, é um signo da produção ou da existência da outra coisa" (*Primeiros Analíticos*, 70 a). Exemplo que ilustra a noção e que está destinado a uma longa carreira: o fato de esta mulher ter leite é signo de que deu à luz.

Convém, em primeiro lugar, situar essa noção de signo em seu contexto. Para Aristóteles, o signo é um silogismo truncado: aquele a que falta a conclusão. Uma das premissas (a outra também pode estar ausente – voltaremos a isto) serve de signo; o designado é a conclusão (ausente). Aqui se impõe uma primeira correção: para Aristóteles, o silogismo ilustrado pelo exemplo precedente em nada se distingue do silogismo habitual (do tipo "Se todos os homens são mortais..."). Hoje se sabe que isso não é o caso; o silogismo tradicional descreve a relação dos predicados no interior da proposição (ou a relação dos predicados que aparecem nas proposições vizinhas), enquanto o exemplo citado pertence à lógica proposicional, e não predicativa; aí, as relações entre os predicados não são pertinentes, só contam as relações interproposicionais. É o que a lógica antiga dissimulava sob o termo, destinado a descrever casos como este, de "silogismo hipotético".

É essencial que se remonte de uma proposição ("esta mulher tem leite") a outra ("esta mulher deu à luz") e não de um predicado a outro (dos "mortais" aos "homens"), pois passamos ao mesmo tempo da substância ao evento; o que torna muito mais fácil levar em consideração o simbolismo não linguístico. Vimos, por outro lado, que a definição de Aristóteles falava de coisas e não de proposições (o caso inverso está presente em outros textos). Não nos surpreenderemos, portanto, ao constatar que Aristóteles agora encara explicitamente os signos não linguísticos, mais precisamente, os signos visuais (70 b); o exemplo imaginado é: grandes extremidades podem ser signo da coragem entre os leões. Aqui, a perspectiva de Aristóteles é mais epistemológica que semiótica: ele se interroga sobre a possibilidade de obter um conhecimento a partir desses signos; desse ponto de vista, distinguirá o signo necessário (*tekmêrion*) do signo apenas provável. Deixaremos também de lado essa direção de reflexão.

Outra classificação trata do conteúdo dos predicados em cada proposição. "Entre os signos, um apresenta a relação do individual ao universal; o outro, do universal ao particular." (*Retórica*, I, 1357 b). O exemplo da mulher que deu à luz ilustra o último caso; um exemplo do primeiro tipo é: "Um signo de que os doutos são justos é que Sócrates era douto e justo". Também aqui vemos os prejuízos causados pela confusão entre lógica dos predicados e lógica das proposições: se Sócrates é, de fato, o individual em relação ao universal (douto, justo), em contrapartida, que essa mulher tenha tido leite e tenha dado à luz são dois fatos do mesmo nível lógico: são dois "particulares" em relação à lei geral "se uma mulher tiver leite, é porque terá dado à luz".

No plano da linguagem, os signos são proposições subentendidas; mas nem toda proposição subentendida, previne-nos Aristóteles, é evocada como "signo". Existem, com efeito, proposições implícitas que vêm quer da memória coletiva, quer da lógica do léxico — "por exemplo, quando dizemos que fulano é um homem, dizemos também que ele é um animal" (*Tópicos*, 112a). Ou seja, proposições sintéticas e proposições analíticas. Para que haja signo, é preciso algo mais que esse sentido implícito, mas Aristóteles não especifica o quê.

Em nenhum momento, a teoria do signo lógico é articulada com a do símbolo linguístico (nem, como veremos mais tarde, com a teoria do tropo retórico). Até os termos técnicos são diferentes: signo aqui, símbolo lá.

O mesmo se pode dizer dos estoicos. Eis uma das transcrições de Sexto Empírico:

> Os estoicos, querendo apresentar a noção de signo, dizem que é uma proposição que é o antecedente na premissa maior e que descobre o consequente. [...] Chamam de antecedente a primeira proposição em uma maior silogística que começa com o verdadeiro para acabar no verdadeiro. Ela revela o consequente, pois a proposição "uma mulher tem leite" parece indicar esta: "ela

concebeu", na seguinte maior silogística: se uma mulher tem leite, ela concebeu. (*Esboços pirronianos*, II, XI)

Tornamos a encontrar aqui muitos elementos da análise aristotélica, até o exemplo chave. A teoria do signo é aparentada à teoria da demonstração; e, mais uma vez, o que interessa a seus autores é a natureza do conhecimento que daí se tira. A única diferença – mas que tem importância – é que os estoicos, que praticam a lógica das proposições e não a das classes, têm consciência das propriedades lógicas desse tipo de raciocínio. São surpreendentes as consequências dessa atenção preferencial dada à proposição: é por causa dela, como já observamos em relação a Aristóteles, que se começa a dar uma atenção continuada ao que chamaríamos de signos não linguísticos. A lógica das classes de Aristóteles "convém a uma filosofia da substância e da essência" (Blanché); a lógica proposicional, por seu lado, apreende os fatos em seu devir, enquanto eventos. Ora, acontece que são justamente os eventos (e não as substâncias) que saberemos tratar como signos. A mudança no objeto de conhecimento (classes – proposições) acarreta, portanto, uma ampliação no plano da matéria tratada (ao linguístico vem somar-se o não linguístico).

A ausência de articulação entre essa teoria e a precedente (a da linguagem) é ainda mais gritante aqui, em razão da proximidade dos termos usados. Notou-se que, em sua teoria semântica, os estoicos não falavam de signo, mas só de significante e de significado; é, porém, impressionante o parentesco, e o cético Sexto Empírico não deixou de revelá-lo. Nessa crítica, que explicita a necessidade de unir as diversas teorias do signo, é que reside um novo grande passo adiante na constituição da semiótica. Sexto finge crer que se trata de um único e mesmo "signo" em ambos os casos. Ora, comparando o par significante-significado com o de antecedente e de consequente, ele observa várias diferenças, o que o leva a formular as seguintes objeções:

1. O significante e o significado são simultâneos, enquanto o antecedente e o consequente são sucessivos: como podemos chamar os dois com o mesmo nome?

O antecedente não pode descobrir o consequente, pois este é, em relação ao signo, a coisa significada e, por conseguinte, é apreendido ao mesmo tempo que ele. [...] Se o signo não é apreendido antes da coisa significada, ele não pode descobrir o que é apreendido com ele, e não depois dele..." (*Esboços*, II, XI, 117-118)

2. O significante é "corporal", enquanto o antecedente, sendo uma proposição, é "incorporal".

Os significantes são distintos dos significados. Os sons significam, mas os *lekta* são significados, inclusive nas proposições. E já que as proposições são significadas e não significantes, o signo não pode ser uma proposição. (*Contra os matemáticos*, 264)

3. A passagem do antecedente ao consequente é uma operação lógica; ora, qualquer um pode interpretar os fatos que observa, até os animais.

Se o signo é um raciocínio e o antecedente em uma premissa maior válida, os que não têm nenhuma ideia do raciocínio e jamais estudaram os detalhes técnicos lógicos deveriam ser totalmente incapazes de interpretar os signos. Mas não é o caso; pois muitas vezes marinheiros iletrados e lavradores, que não têm o hábito dos teoremas lógicos, interpretam muito bem os signos: um, os signos do mar, prevendo as ventanias e as calmarias, a tempestade e o bom tempo; o outro, os signos do campo, predizendo as boas e as más colheitas, a seca e a chuva. Por que, aliás, falar de homens, quando certos estoicos dotaram até os animais irracionais da compreensão dos signos? Pois, com efeito, o cão, quando persegue, farejando, uma presa, interpreta sinais, mas não tira essa apresentação do juízo "há rastro, há bicho". Do mesmo modo o cavalo, sob a espora ou sob o chicote, lança-se para a frente e começa a correr; mas não forma um raciocínio lógico na premissa, algo como "se estalarem o chicote, devo correr". O signo, portanto, não é um raciocínio em que o antecedente seria a premissa maior verdadeira. (Ibid., 269-271)

É preciso reconhecer que, se muitas vezes as críticas de Sexto são puras querelas de forma, aqui elas não deixam de ter seu peso. A assimilação das duas espécies de signo levanta realmente problemas. Imaginemos que Sexto tenha procurado não a inconsistência da doutrina estoica, mas a articulação das duas teorias. As suas objeções tornam-se críticas construtivas, que podemos reformular assim:

I. A simultaneidade e a sucessão são as consequências de uma diferença mais fundamental: no caso do signo linguístico (palavra ou proposição), o significante evoca diretamente o seu significado; no do signo lógico, o antecedente, enquanto segmento linguístico, tem mesmo um sentido que lhe é próprio, que será mantido; só secundariamente ele evoca também outra coisa, a saber, o consequente. A diferença é aquela que existe entre signos diretos e indiretos ou, em uma terminologia oposta à de Aristóteles, entre signos e símbolos.

2. Os signos diretos são compostos de elementos heterogêneos: sons, *lekton* incorporal, objeto; os símbolos indiretos são compostos de entidades que participam da mesma natureza: um *lekton*, por exemplo, evoca outro.

3. Esses símbolos indiretos podem ser tanto linguísticos como não linguísticos. No primeiro caso, assumem a forma de duas proposições, no segundo, de dois eventos. Nessa última forma, são acessíveis não só aos lógicos, mas também à gente inculta, e até aos animais. A substância do símbolo não permite prever a sua estrutura. Não devemos confundir, por outro lado, uma capacidade (a inferência) com a possibilidade de falar dela (o discurso do lógico).

Se repensarmos a classificação dos *lekta* em completos e incompletos, damo-nos conta de que é possível reconstituir uma tabela com uma casa vazia:

	PALAVRA	PROPOSIÇÃO
direto	*lekton* incompleto	*lekton* completo
indireto	?	signo

Essa ausência é ainda mais estranha (a culpa talvez seja simplesmente do estado fragmentário dos textos estoicos que chegaram até nós), porque os estoicos são os fundadores de uma tradição hermenêutica que se baseia no sentido indireto das *palavras* – sobre a *alegoria*. Mas isso já nos leva ao âmbito de outra disciplina.

Antes de deixar a teoria lógica dos estoicos, devemos mencionar outro problema. Sexto relata que eles dividem os signos em duas classes: comemorativos e reveladores. Tal subdivisão resulta de uma categorização prévia das coisas, segundo a qual estas são ou evidentes ou obscuras e, no último caso, obscuras de uma vez por todas ou ocasionalmente ou por natureza. As duas primeiras classes que daí resultam, as coisas evidentes ou obscuras para sempre, não fazem intervir o signo; as duas últimas é que o fazem, tornando-se, assim, a base de duas espécies de signo:

> Aquelas que são obscuras por um momento e as que são incertas por natureza podem ser apreendidas por signos, não pelos mesmos signos, mas as primeiras por signos comemorativos (ou de lembrança), as segundas por signos reveladores (ou de indicação). Chamam signo comemorativo um signo que, tendo sido observado manifestamente ao mesmo tempo que a coisa significada, tão logo caia sob os nossos sentidos, por mais obscura que seja a coisa, nos leva a nos lembrarmos do que foi observado ao mesmo tempo que ele, mesmo que não caia manifestamente sob os nossos sentidos, como é o caso da fumaça e do fogo. O signo revelador, pelo que dizem, é aquele que não foi observado manifestamente ao mesmo tempo que a coisa, mas que, por sua própria natureza e constituição, indica aquilo de que é signo, como os movimentos do corpo são signo da alma. (*Esboços*, II, X, 99-101)

Outros exemplos dessas espécies de signo: comemorativos, a cicatriz para a ferida, a punção do coração para a morte; reveladores, o suor para os poros da pele.

Esta distinção não parece pôr em questão a estrutura propriamente semiótica dos signos e só coloca um problema

Teorias do símbolo

epistemológico. No entanto, em sua crítica da distinção, Sexto leva o debate a um terreno que nos é mais próximo. Pois não crê na existência de signos reveladores. Modificará, portanto, em primeiro lugar, a relação dessas duas classes, elevando uma – os signos comemorativos – à condição de gênero, e relegando a outra – os signos reveladores – ao de espécie, na existência da qual, aliás, não crê (*Contra os matemáticos*, 143). A partir daí, a sua discussão envolverá duas outras oposições: signos polissêmicos e monossêmicos, signos naturais e convencionais. O debate pode ser assim resumido: Sexto contesta a existência de signos reveladores, afirmando que estes não permitem extrair nenhum conhecimento certo, pelo fato de que uma coisa pode simbolizar, potencialmente, uma infinidade de outras; não é, portanto, um signo. Ao que respondem os estoicos: mas os signos comemorativos (cuja existência Sexto, porém, admitiu) também podem ser polissêmicos e evocar várias coisas ao mesmo tempo. Sexto admite-o, mas mostra que isso tem como base outra coisa: os signos comemorativos só podem ser polissêmicos graças a uma convenção. Ora, os signos reveladores são, por definição, naturais (existem enquanto coisas antes de serem interpretados). Os signos comemorativos, por seu lado, são ou naturais (como a fumaça para o fogo), mas então são monossêmicos, ou convencionais, e então podem ser ou monossêmicos (como as palavras) ou polissêmicos (como a tocha acesa que anuncia uma vez a chegada dos amigos, outra vez a chegada de inimigos). Eis aqui, aliás, o texto de Sexto:

> Em resposta aos que tiram conclusões do signo comemorativo e citam o caso da tocha ou o dos sons do sino [que podem anunciar a abertura da feira de carnes ou a necessidade de regar

as ruas], devemos declarar que não é paradoxal para tais signos serem capazes de anunciar várias coisas de uma só vez. Pois esses signos são determinados pelos legisladores, e temos o poder de fazê-los revelarem uma única coisa ou várias. Mas já que o signo revelador deve sugerir sobretudo a coisa significada, deve necessariamente indicar uma só coisa. (*Contra os matemáticos*, 200-201)

Essa crítica de Sexto não é só interessante pelo que testemunha da ideia de que o signo perfeito deve ter um só sentido ou da preferência de Sexto pelos signos convencionais. Vimos que a oposição natural-convencional se aplicava até à origem das palavras e que era preciso optar por uma *ou* outra solução (ou por um compromisso das duas). Sexto, por seu lado, a aplica aos signos em geral (de que as palavras são apenas um caso particular) e, além disso, concebe a existência simultânea de uma *e* outra espécie de signos, naturais e convencionais; a diferença é fundamental. Com isso, participa de uma visão propriamente semiótica. Seria por acaso que esta tenha precisado de certo ecletismo (aqui, o de Sexto) para desabrochar?

Retórica

Vimos que se o "signo", no sentido de Aristóteles, era tratado por ele no âmbito da retórica, sua análise pertencia propriamente à lógica. Estudaremos agora não o "signo", mas os sentidos indiretos, ou *tropos*.

Uma vez mais, devemos começar por Aristóteles, pois é nele que tem origem a oposição próprio-transposto, que muito nos interessará. Em sua origem, porém, a oposição não era o que mais tarde se tornaria. Não só toda perspectiva semiótica está

Teorias do símbolo

ausente de sua descrição em Aristóteles, mas também essa oposição não tem o papel preponderante que estamos acostumados a vê-la desempenhar. A transposição ou metáfora (termo que nele designa o conjunto dos tropos) não é uma estrutura simbólica que possua, entre outras coisas, uma manifestação linguística, mas sim uma espécie de palavra: aquela em que o significado é diferente do significado habitual; ela aparece em uma lista das classes lexicais, que comporta, pelo menos à primeira vista, oito termos; é uma espécie complementar do neologismo ou inovação no significante. Na verdade, as definições existentes são um pouco mais ambíguas. Lemos na *Poética*: "A transposição é a aplicação de um nome deslocado" (1457 b); e um trecho paralelo dos *Tópicos* — em que o termo de metáfora (transposição), porém, não aparece — diz: "Há também aqueles que chamam as coisas por nomes deslocados (chamando, por exemplo, o plátano de *homem*), transgredindo, assim, o uso corrente" (109 a). A *Retórica* fala, acerca da operação trópica, "daquilo que não se nomeia ao nomear" (1405 a). Como vemos, Aristóteles hesita entre duas definições da metáfora ou então a define por essa duplicidade mesma: ela é ou o sentido impróprio de uma palavra (aplicação, transgressão do uso corrente) ou a expressão imprópria para evocar um sentido (um nome deslocado, uma denominação que evita a denominação própria). Seja como for, a metáfora continua sendo uma categoria puramente linguística; mais ainda, é uma subclasse de palavras. Escolher uma metáfora de preferência a um termo não metafórico participa da mesma tendência que nos faz escolher determinado sinônimo em vez de tal outro: busca-se sempre o que é apropriado e conveniente. Eis um trecho que vai nesse sentido:

Se quisermos exaltar o nosso objeto, convém tomar emprestada a metáfora ao que há de mais alto no mesmo gênero; se quisermos denegrir, ao que é de menos valor; quero dizer, por exemplo, já que os contrários são do mesmo gênero, que afirmar, em um caso, que aquele que mendiga reza e, no outro caso, que quem reza mendiga, consistindo ambas as ações em pedidos, é fazer o que acabamos de dizer. (*Retórica*, III, 1405 a)

A transposição é um meio estilístico entre outros (ainda que seja o preferido de Aristóteles) e não um modo de existência do sentido, que seria necessário articular com a significação direta. O próprio, por sua vez, não é o direto, mas o apropriado. Nessas condições, compreendemos que ainda se possa encontrar na teoria da transposição uma abertura para uma tipologia dos signos.

As coisas não ficarão por aí. Já na época dos discípulos de Aristóteles, como Teofrasto, as figuras de retórica começaram a desempenhar um papel cada vez mais importante; sabe-se que esse movimento só se encerrará com a morte da retórica, que a atingirá quando ela for transformada em uma "figurática". A própria multiplicação dos termos é significativa. Ao lado de "transposição", usado sempre em sentido genérico, aparecem *tropo* e *alegoria*, *ironia* e *figura*. Suas definições não estão muito longe da de Aristóteles. Por exemplo, escreve o pseudo-Heráclito: "A figura de estilo que diz uma coisa, mas significa outra diferente da coisa dita, é chamada por seu nome de alegoria"; e Trifão: "O tropo é um jeito de falar desviado do sentido próprio". Definimos aqui o tropo e seus sinônimos como o aparecimento de um sentido segundo – não como a substituição de um significante por outro. Mas são o lugar e o

Teorias do símbolo

papel global dos tropos que lentamente se modificam, tendendo estes a se tornarem cada vez mais um dos polos possíveis da significação (sendo o outro a expressão direta); a oposição é, por exemplo, muito mais forte em Cícero que em Aristóteles.

Examinemos rapidamente o último elo da cadeia retórica no mundo antigo, naquele que faz a síntese da tradição: Quintiliano. Não mais que em Aristóteles, não encontraremos aqui nenhum exame semiótico dos tropos. Graças à magnitude do seu tratado, Quintiliano acaba acolhendo em seu discurso várias sugestões que caminham neste sentido; mas sua falta de rigor o impede de formular explicitamente os problemas. Enquanto a expressão indireta era classificada por Aristóteles entre numerosos outros recursos lexicais, Quintiliano tende a apresentá-la como um dos dois modos possíveis da linguagem: "Preferimos fazer que as coisas sejam entendidas a dizê-las abertamente" (*Instituição oratória*, VIII, AP, 24). Mas a sua tentativa de teorizar a oposição entre "dizer" e "fazer entender", que passa pelas categorias do próprio e do transposto, não chega a bom termo; afinal de contas, os tropos são igualmente próprios: "As metáforas justas são também chamadas de próprias" (VIII, 2, 10).

Um fato curioso é constituído pela presença da onomatopeia entre os tropos. É difícil compreender essa pertença, se nos limitarmos à definição do tropo pela mudança de sentido (ou pela escolha de um significante impróprio, pois encontramos as duas concepções em Quintiliano). A única explicação possível reside precisamente em uma concepção semiótica do tropo, a saber, que há um signo motivado: é a única característica comum à metáfora e à onomatopeia. Esta ideia, porém, não foi formulada por Quintiliano; será preciso aguardar o século XVIII para que ela seja enunciada por Lessing.

Quintiliano dedica longas páginas à alegoria; mas essa importância quantitativa não tem sua contrapartida teórica. A alegoria é definida, como o era em Cícero, como uma sequência de metáforas, como uma metáfora enfileirada. Isso às vezes coloca problemas, que reencontramos na definição do exemplo; pois este, ao contrário da metáfora, conserva o sentido da asserção inicial que o contém e, no entanto, é aparentado por Quintiliano à alegoria. Mas este problema (das subdivisões dentre os signos indiretos) passa despercebido, assim como permanece embaçada a fronteira entre tropos e figuras de pensamento.

O próprio terreno retórico não contém teorias semióticas. Prepara-as, no entanto, e isso pela atenção dada ao fenômeno do sentido indireto. Graças à retórica, a oposição próprio-transposto torna-se familiar no mundo antigo (ainda que haja incertezas quanto ao seu conteúdo).

Hermenêutica

A tradição hermenêutica é particularmente difícil de compreender, de tão abundante e multiforme. O reconhecimento mesmo de seu objeto parece certo desde a mais alta Antiguidade, mesmo que seja apenas na forma de uma oposição entre dois regimes da linguagem, direto e indireto, claro e obscuro, *logos* e *mythos*, e, consequentemente, entre dois modos de recepção, a compreensão para um, a interpretação para outro. É o que mostra o famoso fragmento de Heráclito que descreve a palavra do oráculo de Delfos: "O mestre cujo oráculo está em Delfos nada diz e nada esconde, mas significa". É evocado em termos semelhantes o ensinamento de Pitágoras: "Quando conversava com os familiares, exortava-os, quer desenvolvendo

Teorias do símbolo

seu próprio pensamento, quer valendo-se de símbolos" (Porfírio). Tal oposição será mantida nos escritos posteriores, sem, porém, tentativa de justificação; eis um exemplo tirado de Dionísio de Halicarnasso: "Alguns ousam pretender que a forma figurada não é permitida no discurso. Segundo eles, deve-se dizer ou não dizer, mas sempre simplesmente, e renunciar daí por diante a falar por subentendidos" (*Arte retórica*, IX).

Dentro desse quadro conceitual extremamente geral vêm inscrever-se numerosíssimas práticas exegéticas, que nos contentaremos com dividir em duas séries muito distantes uma da outra: o *comentário* dos textos (antes de tudo, o de Homero e o da Bíblia) e a *adivinhação*, sob as mais variadas formas (mânticas).

Poderíamos surpreender-nos ao ver a adivinhação entre as práticas hermenêuticas; trata-se, porém, da descoberta de um sentido para objetos que não o tinham, ou de um sentido segundo para os outros. Constatemos, em primeiro lugar — este será o primeiro passo para uma concepção semiótica — a própria variedade das substâncias que se tornam o ponto de partida de uma interpretação: da água ao fogo, do voo dos pássaros às entranhas dos animais, tudo parece poder tornar-se signo e, portanto, dar origem à interpretação. Pode-se afirmar, ademais, que esse tipo de interpretação é aparentado àquele a que nos obrigam os modos indiretos da linguagem, ou seja, a alegoria. Dois autores podem aqui testemunhar sobre uma tradição extremamente heterogênea.

Primeiro: Plutarco, quando procura caracterizar a linguagem dos oráculos, aproxima-a inevitavelmente da expressão indireta:

Com essa clareza dos oráculos, produziu-se em relação a eles, na opinião, uma evolução paralela às mudanças: antigamente, seu estilo estranho e singular, totalmente ambíguo e perifrástico, era motivo de crer em seu caráter divino, para a multidão que ele enchia de admiração e de religioso respeito; mais tarde, porém, passaram a gostar de aprender cada coisa clara e facilmente, sem ênfase nem recurso à ficção, e acusaram a poesia que cercava os oráculos de se opor ao conhecimento da verdade, mesclando a obscuridade e a sombra às revelações do deus; já se desconfiava, até, que as metáforas, os enigmas, os equívocos fossem para a adivinhação como escapatórias e refúgios, criados para permitir ao adivinho neles se retirar e esconder em caso de erro. (*Sobre os oráculos da Pítia*, 25, 406 F-407 B)

A linguagem oracular é aqui assimilada à linguagem transposta e obscura dos poetas.

Segundo testemunho: Artemidoro de Éfeso, autor da mais célebre *Chave dos sonhos*, que resume e sistematiza uma tradição já rica. Em primeiro lugar, a interpretação dos sonhos é constantemente relacionada com a das palavras, ora por semelhança:

Assim como os mestres de gramática, depois de ensinarem às crianças o valor das letras, também lhes mostram como devem usá-las todas juntas, assim também vou, a seguir, acrescentar ao que disse algumas breves indicações finais, para que todos possam encontrar com facilidade em meu livro a sua instrução. (III, Conclusão)

ora por contiguidade:

Convém também, quando os sonhos estão mutilados e não oferecem, por assim dizer, ponto de apoio, que o onirócrita

Teorias do símbolo

acrescente ele mesmo algo de sua indústria, e principalmente nos sonhos em que vemos ou letras que não apresentam o sentido completo, ou uma palavra que não tem relação com a coisa; o onirócrita deve, então, efetuar ou metáteses ou mudanças ou adições de letras ou sílabas. (I, 11)

Além disso, Artemidoro começa o seu livro com uma distinção entre duas espécies de sonho, e tal distinção anuncia claramente a sua origem: "Entre os sonhos, uns são *teoremáticos*, outros *alegóricos*. São teoremáticos aqueles cuja realização tem plena semelhança com o que mostraram. [...] São alegóricos, em contrapartida, os sonhos que significam certas coisas por meio de outras" (I, 2). Essa oposição provavelmente se calca na de próprio e transposto, duas categorias retóricas; mas aqui ela se aplica a uma matéria não linguística. Encontramos, aliás, uma aproximação, talvez involuntária, entre imagens oníricas e tropos retóricos no próprio Aristóteles, que, por um lado, afirma que "bem construir as metáforas é bem perceber as semelhanças" (*Poética*, 1459 a) e, por outro lado, que "o mais hábil intérprete dos sonhos é aquele capaz de observar as semelhanças" (*Da adivinhação no sono*, 2); também Artemidoro escrevia: "A interpretação dos sonhos nada mais é que a aproximação do semelhante ao semelhante" (II, 25).

Voltemos, agora, à principal atividade hermenêutica: a exegese textual. No começo, é uma prática que não implica nenhuma teoria especial do signo, mas antes o que poderíamos chamar de estratégia de interpretação, variável de uma escola para outra. Será preciso aguardar Clemente de Alexandria para encontrar, dentro da tradição hermenêutica, uma tentativa no sentido da semiótica. Primeiro, Clemente afirma muito explicitamente a unidade do domínio simbólico – assinalada, aliás, pelo emprego sistemático da palavra "símbolo"; ele também se vale da fórmula "modo de expressão em termos velados" (V, 19, 3). Eis um exemplo de enumeração das variedades do simbólico: "Essas formalidades que acontecem entre os romanos para os testamentos, como a presença de balanças e moedinhas para evocar a justiça; uma cerimônia de libertação para representar a partilha dos bens e o toque nas orelhas para convidar a servir de mediador" (*Estrômatas*, V, 55, 4).

Todos esses procedimentos são simbólicos, como simbólica é também a linguagem indireta: "Aéteas, rei dos citas, ao povo de Bizâncio: Não atrapalheis a cobrança dos impostos, senão meus cavalos vão beber a água de vossos rios. Anunciava-lhes o bárbaro, com essa linguagem simbólica, a guerra que lhes declararia" (V, 31, 3).

Se aí se faz a assimilação entre simbolismo não linguístico e simbolismo linguístico, é mantida uma distinção clara, em compensação, entre linguagem simbólica e não simbólica (indireta e direta): a Escritura comporta trechos escritos numa e noutra, mas nos iniciarão à sua leitura especialistas diferentes, o Didáscalo, por um lado, e o Pedagogo, por outro.

Clemente é também o autor de algumas reflexões sobre a escrita dos egípcios que influenciaram profundamente a interpretação desta ao longo dos séculos seguintes; elas são um exemplo revelador de sua tendência de tratar nos mesmos termos substâncias diferentes e, mais particularmente, de aplicar a terminologia retórica a outras espécies de simbolismo (nesse caso, visual). Clemente afirma a existência de várias espécies de escrita entre os egípcios; uma delas é o método hieroglífico. Eis aqui a sua descrição:

> O gênero hieroglífico exprime, em parte, as coisas propriamente (ciriologicamente), por meio das letras primárias e, em parte, é simbólico. No método simbólico, uma espécie exprime as coisas propriamente, por imitação, e outra espécie escreve, por assim dizer, de maneira trópica, enquanto uma terceira espécie é abertamente alegorizante, por meio de certos enigmas. Assim, quando os egípcios querem escrever a palavra "sol", desenham um círculo e, para a palavra "lua", desenham a figura de um crescente; isto quanto ao gênero ciriológico. Escrevem de maneira trópica, desviando o sentido e transpondo os signos, com vistas a certa relação; em parte, eles os substituem por outros signos e, em parte, os modificam de diversas maneiras. Assim é que, querendo transmitir louvores aos reis por meio de mitos religiosos, os inscrevem em baixos-relevos. Eis aqui um exemplo da terceira espécie, aquela que se vale dos enigmas: eles representam os outros astros por serpentes, em razão de seu curso sinuoso; o sol, em contrapartida, por um escaravelho, porque este molda com esterco de boi uma forma redonda que rola à sua frente. (V, 20, 3-21, 2)

Neste texto célebre, diversos pontos devem ser retidos. Primeiro, a própria possibilidade de reencontrar estruturas semelhantes através de substâncias diferentes: a linguagem (metáforas e enigmas), a escrita (hieróglifos), a pintura (imitação). Esse tipo de unificação já é um passo na direção da constituição de uma teoria semiótica. Por outro lado, Clemente propõe uma tipologia do inteiro domínio dos signos;

a brevidade dessa proposta obriga-nos a certas reconstruções hipotéticas. Podemos assim resumir a classificação:

escrita
hieroglífica
{
 ciriológica (própria)

 simbólica
 {
  por imitação (ciriológica)
  trópica
  por alegoria e enigma
 }
}

Nessa repartição, dois pontos, evidentemente, apresentam dificuldades: o fato de o método próprio, ciriológico, aparecer em dois lugares diferentes do quadro; e o fato de a alegoria, considerada na retórica como um tropo, formar aqui uma classe à parte. Para tentar manter a coerência do texto, poderíamos propor, fundamentando-nos nos exemplos citados, a seguinte explicação. Em primeiro lugar, o gênero ciriológico e a espécie simbólica ciriológica têm ao mesmo tempo traços comuns e traços divergentes. Têm em comum o fato de essa relação ser *direta*: a letra designa o som, como o círculo o sol, sem nenhum desvio; eles não possuem outra significação anterior a esta. No entanto, eles também se distinguem: a relação entre a letra e o som é *imotivada*, ao passo que a do sol e do círculo é *motivada*; essa diferença pode, por sua vez, provir de outras causas aqui não mencionadas. A oposição, portanto, entre os gêneros ciriológico e simbólico é a do imotivado e do motivado; enquanto a oposição dentro do simbólico entre a espécie ciriológica e as outras espécies é a do direto e do indireto (transposto).

Por outro lado, a decifração da escrita trópica implica dois passos: o pictograma designa um objeto (por imitação direta); este, por sua vez, evoca outro, por semelhança ou participação ou contrariedade etc. O que Clemente chama de enigma ou

Teorias do símbolo

alegoria implica, em contrapartida, três relações: entre o pictograma e o escaravelho, imitação direta; entre o escaravelho e a bola de esterco, relação de contiguidade (metonímica); por fim, entre a bola de esterco e o sol, uma relação de semelhança (metafórica). A diferença entre tropos e alegoria está, portanto, no comprimento da cadeia: um só desvio no primeiro caso, dois no segundo. A retórica já definia a alegoria como uma metáfora prolongada; para Clemente, porém, esse prolongamento não segue a superfície do texto, mas, por assim dizer, acontece no mesmo lugar, em profundidade.

Se aceitarmos que a diferença entre escrita trópica e escrita alegórica é aquela entre duas *ou* três relações, esclarece-se o lugar da escrita simbólica ciriológica: ela vem primeiro, pois exige a constituição de uma única relação, aquela entre o círculo e o sol, a imagem e o seu sentido (não passa por desvios). Tal interpretação explicaria a classificação proposta por Clemente e mostraria, ao mesmo tempo, a teoria dos signos que subjaz a ela; ela é provável, na medida em que a categoria de desvio está mesmo presente em Clemente.

Além dessa contribuição teórica essencial (mas hipotética), Clemente continua sendo uma figura importantíssima, pois prepara o caminho para Santo Agostinho em dois pontos essenciais, ao afirmar: 1. Que a variedade material do simbolismo, que pode passar por qualquer dos sentidos, que pode ser linguística ou não, não diminui a sua unidade estrutural. 2. Que o simbolismo se articula ao signo como o sentido transposto ao sentido próprio e, portanto, que os conceitos retóricos podem ser aplicados a signos não verbais. Por fim, também foi Clemente o primeiro a propor claramente a equivalência simbólico = indireto.

45

Tzvetan Todorov

A síntese agostiniana

Definição e descrição do signo

Santo Agostinho não tem a ambição de ser teórico da semiótica: a sua obra é organizada ao redor de um objetivo de caráter completamente diferente (religioso); só nessa caminhada, e para os fins desse outro objetivo, é que enuncia a sua teoria do signo. O interesse, porém, que ele tem pela problemática semiótica parece maior do que ele mesmo diz ou até do que pensa: com efeito, durante toda a sua vida ele sempre volta às mesmas questões. Seu pensamento a este respeito não é constante e será preciso observá-lo em sua evolução. Os textos mais importantes, de nosso ponto de vista, são: um tratado de juventude, considerado às vezes inautêntico, *Princípios da dialética* ou *Da dialética*, escrito em 387; a *Doutrina cristã*, texto central sob todos os aspectos, escrito, na parte que nos interessa, em 397; e *Da trindade*, que data de 415; mas inúmeros outros textos contêm indicações preciosas.

Em *Da dialética*, lemos a seguinte definição: "O signo é o que se mostra ele mesmo aos sentidos e, fora de si, mostra ainda algo ao espírito. Falar é dar um signo por meio de um som articulado" (V). Reteremos diversas particularidades dessa definição. Primeiro, é aqui que faz seu aparecimento uma propriedade do signo que desempenhará um grande papel em seguida: a de certa não identidade do signo consigo mesmo, que se baseia no fato de que o signo é originalmente duplo, sensível *e* inteligível (não encontrávamos nada de semelhante na descrição do símbolo em Aristóteles). Por outro lado, com

Teorias do símbolo

mais energia do que antes, é afirmado o fato de que as palavras são apenas uma espécie do signo; essa afirmação será cada vez mais acentuada nos textos posteriores de Agostinho; ora, é ela a fundadora da perspectiva semiótica.

A segunda frase importante é esta (com a qual se abre o capítulo V de *Da dialética*): "A palavra é o signo de uma coisa, podendo ser compreendida pelo ouvinte quando é proferida pelo locutor". É também uma definição, mas uma definição dupla, pois indica duas relações distintas: a primeira, entre o signo e a coisa (é o quadro da designação e da significação); a segunda, entre o locutor e o ouvinte (e é o quadro da comunicação). Agostinho vincula as duas no interior de uma só frase, como se tal coexistência não levantasse problema nenhum. A insistência sobre a dimensão comunicativa é original: estava ausente nos estoicos, que faziam uma pura teoria da significação, e era muito menos acentuada em Aristóteles, que falava, é verdade, de "estados de alma", logo de locutores, mas deixava inteiramente na sombra esse contexto de comunicação. Temos aí um primeiro indício das duas principais tendências da semiótica agostiniana: o ecletismo e o psicologismo.

A própria ambiguidade produzida aqui pela justaposição de diversas perspectivas repete-se na análise do signo em seus elementos constitutivos (numa página especialmente obscura do tratado). "Cumpre distinguir estas quatro coisas: a palavra, o exprimível (*dicibile*), a expressão (*dictio*) e a coisa." Da explicação que segue (que se torna difícil pelo fato de Agostinho tomar como exemplo de coisa a *palavra*), reterei o que permite compreender a diferença entre *dicibile* e *dictio*. Eis aqui dois extratos:

47

Numa palavra, tudo o que é percebido, não pela orelha, mas pelo espírito, e que o espírito guarda em si mesmo, chama-se *dicibile*, exprimível. Quando a palavra sai da boca, não a seu respeito, mas para significar alguma outra coisa, chama-se *dictio*, expressão.

E

Suponhamos, portanto, que um gramático faça a seguinte pergunta a uma criança: a que parte do discurso pertence a palavra *arma*, armas? A palavra *arma* é aqui enunciada com vistas a si mesma, ou seja, é uma palavra enunciada com vistas à palavra em si mesma; o que se segue: a que parte do discurso pertence essa palavra? É acrescentado, não por si, mas com vistas à palavra *arma*; a palavra é compreendida pelo espírito ou enunciada pela voz: se for compreendida e apreendida pelo espírito antes da enunciação, é então o *dicibile*, exprimível, e, pelas razões que expus, se se manifestou exteriormente pela voz, torna-se *dictio*, expressão. *Arma*, que, aqui, não passa de uma palavra, era, quando pronunciada por Virgílio, uma expressão. Ela foi, de fato, pronunciada não com vistas a si mesma, mas para significar ou as guerras feitas por Eneias ou o escudo e outras armas que Vulcano fabricou para Eneias.

No plano lexical, essa série de quatro termos provém visivelmente de um amálgama. Como mostrou Jean Pépin, *dictio* traduz *lexis*; *dicibile* é o equivalente exato de *lekton*, e *res* pode estar ali em lugar de *tughanon*; o que daria uma versão latina para a tripartição estoica entre significante, significado e coisa. Por outro lado, a oposição entre *res* e *verba* é familiar, como veremos, à retórica de Cícero e Quintiliano. O encaixe das duas

Teorias do símbolo

terminologias cria um problema, pois dispomos então de dois termos para designar o significante, *dictio* e *verbum*.

Agostinho parece resolver essa confusão terminológica aproximando-a de outra ambiguidade que já nos é familiar: a do sentido como algo que pertence ao mesmo tempo aos processos de comunicação e de designação. Por um lado, portanto, temos um termo a mais; por outro, um conceito duplo: com isso, *dicibile* será reservado ao sentido vivenciado (em desacordo, aqui, com a terminologia estoica), sendo a *dictio* atraída para o sentido referente. *Dicibile* será vivenciado quer pelo que fala ("compreendido e apreendido pelo espírito antes de enunciação"), quer por aquele que ouve ("o que é percebido pelo espírito"). *Dictio*, em compensação, é um sentido que se opera, não entre os interlocutores, mas entre o som e a coisa (como o *lekton*); é o que a palavra significa independentemente de todo usuário. Com isso, *dicibile* participa da sucessão: primeiro o locutor concebe o sentido, depois ele emite sons e, por fim, o alocutário percebe, primeiro os sons, depois o sentido. *Dictio* opera na simultaneidade: o sentido referente realiza-se ao mesmo tempo que a enunciação dos sons: a palavra só se torna *dictio* se (e quando) "é manifestada exteriormente pela voz". Enfim, *dicibile* é próprio das proposições encaradas abstratamente; ao passo que *dictio* pertence a cada enunciação particular de uma proposição (a referência realiza-se nas proposições *token*, e não *type*, nos termos da lógica moderna).

Ao mesmo tempo, a *dictio* não é simplesmente sentido: é a palavra enunciada (o significante), dotada da sua capacidade denotativa; é "a palavra que sai da boca", o que é "manifestado externamente pela voz". Reciprocamente, *verbum* não é a simples sonoridade, como estaríamos tentados a imaginar, mas a designação da palavra como palavra, o uso metalinguístico da linguagem; é a palavra que "serve a seu sujeito, isto é, para uma pergunta ou uma discussão sobre a própria palavra [...]. O que chamo de *verbum* é uma palavra e significa uma palavra".

Em um texto alguns anos posterior, *Da ordem*, o compromisso será formulado de maneira diferente: a designação torna-se um instrumento da comunicação:

> Como o homem não pode ter sociedade firme com o homem sem a ajuda da palavra, pela qual faz passar para o outro, por assim dizer, a sua alma e os seus pensamentos, a razão compreendeu que convinha dar nomes às coisas, isto é, certos sons dotados de significação, para que, sem poderem perceber sensivelmente o espírito, os homens se servissem, para unir suas almas, dos sentidos como intérpretes. (II, XII, 35)

No capítulo VII de *Da dialética*, Agostinho dá outro exemplo de seu espírito sintético. Introduz ali uma discussão acerca do que chama de força (*vis*) da palavra. A força é o que é responsável pela qualidade de uma expressão enquanto tal e que determina a sua percepção pelo alocutário: "Ela é proporcional à impressão que as palavras produzem sobre o que ouve". Às vezes, a força e o sentido são considerados como duas espécies de significação: "Decorre de nosso exame que uma palavra tem duas significações, uma para expor a verdade, outra para zelar por sua conveniência". Suspeitamos que se trate aqui de uma integração da oposição retórica entre clareza e beleza a uma teoria da significação (integração, aliás, problemática, pois a significância da palavra não se confunde com a sua figuralidade ou perceptibilidade). As espécies dessa "força" lembram, também,

Teorias do símbolo

o contexto retórico: ela se manifesta pelo som, pelo sentido ou pelo acordo entre os dois.

Podemos ver um desenvolvimento do mesmo tema em *Do mestre*, escrito em 389. Aqui, as duas "significações" parecem tornar-se propriedades, quer do significante, quer do significado: a função do primeiro é agir sobre os sentidos, a do segundo, garantir a interpretação. "Tudo o que é emitido como som de voz articulada com uma significação [...] vem bater no ouvido para poder ser percebido, e é confiado à memória para poder ser conhecido" (V, 12). Tal relação será explicitada por intermédio de um raciocínio pseudoetimológico. "Se, dessas duas coisas, a palavra tira sua denominação da primeira, e o nome, da segunda? Pois 'palavra' pode derivar de *bater* (*verberare--verbum*) e 'nome', de *conhecer* (*noscere-nomen*), de modo que o primeiro termo assim se chamaria em função do ouvido, e o segundo, em função da alma" (Ibid.). Nesse duplo processo, a percepção é submetida à intelecção, pois, assim que compreendemos, o significante torna-se transparente para nós. "Esta é a lei, dotada naturalmente de imensa força: quando os signos são entendidos, a atenção volta-se para as coisas significadas" (VIII, 24). Essa segunda formulação, própria do tratado *Do mestre*, parece um recuo em relação àquela que se encontrava em *Da dialética*, pois Agostinho não mais concebe aqui que o significado possa ter também uma forma perceptível (uma "força") que chame a atenção.

Passemos agora ao tratado central, a *Doutrina cristã*. Dada a sua importância em nosso contexto, justifica-se um breve apanhado sobre o seu plano de conjunto. Trata-se de uma obra dedicada à teoria da interpretação – e, em menor grau, da expressão – dos textos cristãos. O desenrolar-se da exposição articula-se ao redor de várias oposições: signos-coisas, interpretação-expressão, dificuldades devidas à ambiguidade ou à obscuridade. Poderíamos apresentar o seu plano sob a forma de um esquema em que os algarismos designam as quatro partes do tratado (tendo o fim da terceira e a quarta sido escritos só em 427, trinta anos depois das três primeiras):

$$\begin{cases} \text{coisas (1)} \\ \text{signos} \end{cases} \begin{cases} \text{interpretação} \begin{cases} \text{obscuridades (2)} \\ \text{ambiguidade (3)} \end{cases} \\ \text{expressão (4)} \end{cases}$$

Não nos deteremos aqui no teor das ideias de Agostinho quanto à maneira de compreender e enunciar discursos (Henri-Irénée Marrou mostrou a sua originalidade); o que sobretudo nos reterá é o processo de síntese, presente já no plano. O projeto de Agostinho é, de início, hermenêutico; mas ele lhe acrescenta uma parte produtiva (a quarta parte), que se torna a primeira retórica cristã; além disso, ele encaixa o todo em uma teoria geral do signo, em que um processo propriamente semiótico engloba o que distinguimos anteriormente nas seções "lógica" e "semântica". Esse livro, mais do que qualquer outro, deve ser considerado a primeira obra propriamente semiótica.

Retomemos, agora, a teoria do signo ali formulada. Se a compararmos à que aparecia em *Da dialética*, damo-nos conta de que não existe mais outro sentido senão o vivenciado; assim, diminui a incoerência do esquema. O que é ainda mais espantoso é o desaparecimento da "coisa" ou referente. Com efeito, Agostinho fala, sim, das coisas e dos signos nesse tratado (e nisso é fiel à tradição retórica, tal como se conserva desde Cícero), mas não considera as primeiras como o referente dos

Teorias do símbolo

segundos. Divide-se o mundo em signos e coisas, conforme o objeto de percepção tenha ou não um valor transitivo. A coisa participa do signo enquanto significante, não enquanto referente. Observemos, antes de seguir em frente, que essa afirmação global é moderada por outra asserção que permanece, porém, mais como um princípio abstrato do que como uma característica própria do signo: "É pelos signos que aprendemos as coisas" (I, II, 2).

A articulação dos signos e das coisas tem sequência na articulação de dois processos essenciais, usar e gozar. De fato, a segunda distinção situa-se no interior das coisas; mas as coisas a usar são transitivas como os signos, e as coisas de que gozamos, intransitivas (ora, essa é uma categoria que permite opor as coisas aos signos): "Gozar, com efeito, é apegar-se a uma coisa por amor dela mesma. Usar, ao contrário, é reconduzir o objeto de que fazemos uso ao objeto que amamos, se, porém, ele for digno de ser amado" (I, IV, 4).

Tal distinção tem um prolongamento teológico importante: nada, afinal, a não ser Deus, merece que dele gozemos, que o queiramos por si mesmo. Desenvolve Agostinho essa ideia ao falar do amor que o homem pode ter pelo homem:

> Trata-se de saber se o homem deve ser amado pelo homem, em razão de si mesmo ou de outra coisa. Se for em razão de si mesmo, dele gozamos, se de outra coisa, dele usamos. Ora, parece-me que ele deva ser amado em razão de outra coisa. Pois é no Ser que deve ser amado por si mesmo que se encontra a felicidade. Embora não tenhamos essa felicidade em sua realidade, a esperança de possuí-la consola-nos, porém, aqui embaixo. Mas maldito é aquele que põe sua esperança no homem (Jr XVII, 5).

Examinando o caso com precisão, entretanto, ninguém deve chegar a gozar de si mesmo; pois nosso dever é amar-nos não por nós mesmos, mas por Aquele de que devemos gozar. (I, XXII, 20-21)

Segue-se daí que a única coisa que absolutamente não é signo (porque objeto de gozo por excelência) é Deus; o que, em nossa cultura, tinge reciprocamente de divindade todo significado último (o que é significado sem, por sua vez, significar).

Sendo assim articulada a relação entre signos e coisas, eis a definição de signo: "O signo é uma coisa que nos faz pensar em alguma coisa além da impressão que a coisa mesma produz sobre os nossos sentidos" (II, I, 1). Não estamos longe da definição proposta em *Da dialética*; simplesmente, o "pensamento" substituiu o "espírito". Outra fórmula é mais explícita: "Nossa única razão de significar, isto é, de fazer signos, é de trazer à luz e transfundir no espírito de outrem o que traz no espírito aquele que faz o signo" (II, II, 3). Já não se trata de uma definição de signo, mas da descrição das razões da atividade significante. Não é menos revelador ver que aqui não se trata de modo algum da relação de designação, mas só da de comunicação. O que os signos trazem ao pensamento é o sentido vivenciado: é o que tem no espírito o enunciador. Significar é exteriorizar.

O esquema da comunicação tornar-se-á mais preciso e desenvolvido em alguns textos posteriores. É o caso da *Catequese dos iniciantes* (de 405), em que Agostinho parte do problema do atraso da linguagem em relação ao pensamento. Ele constata sua frequente insatisfação com a enunciação de um pensamento e assim a explica:

Teorias do símbolo

A razão disso é sobretudo que essa concepção intuitiva inunda a minha alma como um rápido raio, ao passo que o meu discurso é lento, longo e muito diferente dela. Além disso, enquanto se desenrola, essa concepção já se escondeu em seu retiro. Ela deixa, porém, na memória, de maneira maravilhosa, certo número de marcas que subsistem ao longo da breve expressão das sílabas e que nos servem para formar os signos fonéticos chamados língua. Essa língua é o latim ou o grego ou o hebraico etc., quer os signos sejam pensados pelo espírito, quer também sejam exprimidos pela voz. Mas as marcas não são nem latinas, nem gregas, nem hebraicas, nem pertencem propriamente a nenhuma nação. (II, 3)

Agostinho considera, pois, um estado do sentido em que este não pertence ainda a nenhuma língua (não é totalmente claro se existe ou não um significado latino, grego etc. além do sentido universal; parece que não, pois a língua é descrita só na sua dimensão fonética). A situação não é muito diferente da descrita por Aristóteles; lá como aqui, os estados de alma são universais e as línguas, particulares. Aristóteles, porém, explicava tal identidade dos estados psíquicos pela identidade consigo mesmo do objeto-referente; ora, não se trata de objeto no texto de Agostinho. Notemos, também, a natureza instantânea da "concepção" e a necessária duração do discurso (linear); de modo mais geral, a necessidade de pensar que a atividade linguística é dotada de uma dimensão temporal (marcada pelo papel das marcas). Todas essas são características do processo de comunicação (toda a página mostra, aliás, uma análise psicológica muito matizada).

A teoria do signo apresentada em *Da trindade* é também um desenvolvimento da teoria da *Catequese* (como da que aparece no livro XI das *Confissões*). O esquema permanece aqui puramente comunicativo.

> Falamos com outra pessoa? Permanecendo imanente o verbo, usamos da palavra ou de um signo sensível para provocarmos na alma do nosso interlocutor, com essa evocação sensível, um verbo semelhante ao que permanece em nossa alma enquanto falamos. (IX, VII, 12)

Essa descrição continua muito próxima da descrição do ato de significar apresentada na *Doutrina cristã*. Por outro lado, Agostinho distingue aqui, mais nitidamente ainda, entre o que chama de *verbo* anterior à divisão das línguas e os *signos* linguísticos que no-lo revelam.

> Um é o sentido do *verbo*, esta palavra cujas sílabas – quando as pronunciamos ou pensamos – ocupam certo espaço de tempo; outro o sentido do *verbo* que se imprime na alma com todo objeto de conhecimento. (IX, X, 15)
>
> Este [último] verbo, com efeito, não pertence a nenhuma língua, a nenhuma das que chamamos *linguae gentium*, entre as quais se encontra a nossa língua latina. [...] O pensamento que se formou a partir do que já sabemos é o verbo pronunciado no fundo do coração: verbo que não é nem grego, nem latino, não pertence a nenhuma língua; mas quando é preciso levá-lo ao conhecimento daqueles com quem falamos, recorremos a algum signo para fazê-lo entender. (XV, X, 19)

Teorias do símbolo

As palavras não designam diretamente as coisas; elas apenas exprimem. O que exprimem não é, porém, a individualidade do locutor, mas um verbo interior pré-linguístico. Este, por sua vez, é determinado por outros fatores, que são dois, ao que parece. Por um lado, as marcas deixadas na alma pelos objetos de conhecimento. E, por outro lado, o conhecimento imanente, cuja fonte só pode ser Deus.

> Devemos, então, chegar a esse verbo do homem [...] que não é nem proferido em um som, nem pensado à maneira de um som que é necessariamente implicado em toda linguagem, mas, anterior a todos os signos em que se traduz, nasce de um saber imanente à alma, quando esse saber se exprime tal qual em uma palavra interior. (XV, XI, 20)

Esse processo humano de expressão e significação, tomado em seu conjunto, forma um análogo do Verbo de Deus, cujo signo exterior não é a palavra, mas o mundo; as duas fontes de conhecimento reduzem-se, afinal, a uma só, na medida em que o mundo é a linguagem divina.

> O verbo que soa exteriormente é, portanto, o signo do verbo que reluz interiormente e, antes de qualquer outro, merece esse nome de verbo. O que proferimos pela boca é só a expressão vocal do verbo: e se chamamos verbo a essa expressão é porque o verbo a assume para traduzi-la exteriormente. O nosso verbo torna-se, portanto, de certo modo, uma voz material, assumindo tal voz para manifestar-se aos homens de modo sensível: como o Verbo de Deus se fez carne, assumindo essa carne para também ele se manifestar aos homens de modo sensível. (XV, XI, 20)

Vemos formular-se aqui a doutrina do simbolismo universal, que dominará a tradição medieval.

Em suma, poderíamos estabelecer o seguinte circuito (que se repete, simetricamente invertido, no locutor e no alocutário):

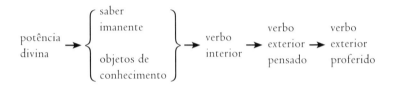

Vemos como a relação palavra-coisa, em particular, se vê carregada de sucessivas mediações.

Resta, no que diz respeito à teoria semiótica, que a doutrina materialista dos estoicos, que se baseava na análise da designação, se vê, em Agostinho, progressiva mas firmemente despojada por uma doutrina da comunicação.

Classificação dos signos

É principalmente na *Doutrina cristã* que Agostinho se dedica a classificar os signos e, portanto, a matizar a noção mesma de signo; os outros textos permitem especificar pontos de pormenor. O que de imediato impressiona nas classificações agostinianas é justamente seu número elevado (mesmo formando certos agrupamentos, dispomos de pelo menos cinco oposições), bem como a ausência de coordenação real entre elas: aqui como alhures, Agostinho dá mostras de ecumenismo teórico, justapondo o que poderia ser articulado. Examinaremos uma por uma, portanto, essas classificações e as oposições que lhes subjazem.

Teorias do símbolo

1. *Segundo o modo de transmissão*

Essa classificação, destinada a se tornar canônica, já é um exemplo do espírito sintético de Agostinho: uma vez que o significante deve ser sensível, podemos dividir todos os significantes segundo o sentido pelo qual são percebidos. A teoria psicológica de Aristóteles unir-se-á, portanto, à descrição semiótica. Dois fatos merecem atenção aqui. Primeiro, o papel limitado dos signos que passam por sentidos diferentes da visão e da audição: Agostinho considera a sua existência com razões teóricas evidentes, mas logo diminui o seu interesse. "Entre os signos de que se servem os homens para se comunicarem entre si o que sentem, alguns estão ligados à visão, a maioria à audição, muito poucos aos outros sentidos" (II, III, 4). Um único exemplo bastará para ilustrar os outros canais de transmissão:

> O Senhor deu um signo, pelo odor do perfume derramado em seus pés (Jo XII, 3-7). Significou a sua vontade, pelo Sacramento de seu Corpo e de seu Sangue, sendo o primeiro a experimentá-lo (Lc XXII, 19-20). Deu também uma significação ao gesto da mulher que, tocando a franja de sua veste, foi curada (Mt IX, 21). (Ibid.)

Esses exemplos servem para assinalar o caráter excepcional dos signos que se baseiam no olfato, no gosto e no tato.

Em *Da trindade*, só se trata de dois modos de transmissão dos signos, pela visão e pela audição; Agostinho gosta de ressaltar a semelhança entre eles.

> O mais das vezes, esse signo é um som, às vezes um gesto: o primeiro dirige-se aos ouvidos, o segundo, à vista, para que

signos corporais transmitam a sentidos igualmente corporais o que temos no espírito. De fato, fazer um sinal por gestos seria diferente de falar de maneira visível? (XV, X, 19)

A oposição da visão e da audição permite situar, em uma primeira aproximação, as palavras entre os signos (e esse é o segundo ponto que aqui nos interessa). Com efeito, para Agostinho, a linguagem é fônica por natureza (voltaremos a tratar da descrição da escrita). Portanto, a imensa maioria dos signos é fônica – pois a imensa maioria dos signos são palavras. "A inúmera multidão de signos que permitem aos homens descobrir seus pensamentos é constituída pelas palavras" (*Doutrina cristã*, II, III, 4). O privilégio das palavras, aparentemente, é apenas quantitativo.

2. Segundo a origem e o uso

Uma nova distinção produz dois pares de espécies de signos, mas é possível reuni-los, como o faz o mesmo Agostinho, em uma categoria única. Essa distinção é elaborada no primeiro livro da *Doutrina cristã*. Essa parte da obra começa com uma divisão entre signos e coisas. Assim que é colocada, a distinção é abolida, pois os signos, longe de se oporem às coisas, fazem parte delas – sendo o termo "coisa" tomado no sentido mais amplo, de tudo o que existe. "Todo signo é também uma coisa, sem o que nada seria." (I, II, 2). A oposição só pode reconstituir-se em outro nível – funcional e não mais substancial. O signo, com efeito, pode ser encarado de dois pontos de vista: enquanto coisa ou enquanto signo (é a ordem seguida pela exposição de Agostinho):

Teorias do símbolo

Escrevendo sobre essas coisas, adverti de antemão que só dirigíssemos a nossa atenção ao que elas são, e não ao que significam fora de si mesmas. Tratando, porém, dos signos, previno que já não dirigimos a nossa atenção ao que as coisas são, mas, ao contrário, aos signos por elas representados, ou seja, ao que elas significam. (II, I, I)

A oposição não é entre coisas e signos, mas entre coisas puras e coisas-signos. Existem, porém, coisas que só devem sua existência ao fato de serem usadas como signos; é o que, evidentemente, mais se aproxima dos signos puros (sem que o limite possa ser alcançado). É essa possibilidade, para os signos, de colocar entre parênteses sua natureza de coisas que permite a nova categorização introduzida por Agostinho.

Com efeito, ele vai opor os signos naturais aos signos intencionais (*data*). Muitas vezes essa oposição foi mal compreendida, acreditando tratar-se daquela, mais comum na Antiguidade, entre natural e convencional; um estudo de Engels esclareceu proveitosamente esse ponto. Escreve Agostinho: "Entre os signos, uns são naturais, outros intencionais. Os signos naturais são aqueles que, sem intenção nem desejo de significar, revelam, por si mesmos, outra coisa a mais do que eles mesmos são" (II, I, 2). Os exemplos de signos naturais são: a fumaça para o fogo, o rastro do animal, o rosto do homem. "Os signos intencionais são aqueles que todos os seres vivos trocam uns com os outros para mostrar, tanto como é possível, os movimentos de sua alma, isto é, tudo o que sentem e tudo o que pensam" (II, II, 3). Os exemplos de signos intencionais são sobretudo humanos (as palavras); mas a eles se vinculam também os gritos dos animais, que anunciam a presença de alimento ou simplesmente a presença do emissor dos signos.

Vemos como a oposição entre signos naturais e intencionais se une à que existe entre coisas e signos. Os signos intencionais são coisas que foram produzidas com vistas ao uso como signo (origem) e só são usadas com esse fim (uso); ou seja, são coisas cuja função de coisa é reduzida ao mínimo. É, portanto, o que mais se aproxima dos signos puros (inexistentes). Esses signos intencionais não são necessariamente humanos, e não há nenhuma correlação obrigatória entre o caráter natural ou intencional e seu modo de transmissão (a classificação desses modos surge a propósito dos signos intencionais; mas não vemos bem a razão). Note-se também que as palavras são signos intencionais, o que constitui, depois do fonetismo, sua segunda característica.

Podemos ver nessa oposição o eco da que encontramos em um trecho de Aristóteles comentado anteriormente (*Da Interpretação*, 16 a). O exemplo, porém, dos gritos dos animais, que aparece aqui e lá, mas em classes opostas, permite situar melhor a posição de Agostinho. Para Aristóteles, que tais gritos não precisassem de nenhuma instituição bastava para serem considerados "naturais". Para Agostinho, em contrapartida, a intenção de significar, quando atestada, permite incluí-los entre os signos intencionais: intencional não é o mesmo que convencional. Suporemos que tal distinção seja própria de Agostinho: baseando-se na ideia de intenção, ela se encaixa bem com o seu projeto geral, que, como vimos, é psicológico e orientado para a comunicação. Ela lhe permite superar a objeção que Sexto Empírico dirigia aos estoicos, a saber, que a existência dos signos não implica necessariamente uma estrutura lógica que a gere: alguns signos são dados na natureza. Damo-nos conta, também, de que aqui se produz a integração das duas espécies de signos, que permaneciam completamente isoladas nos antecessores de Agostinho: o signo de Aristóteles e dos estoicos torna-se "signo natural"; o símbolo de Aristóteles e a combinação de um significante e de um significado nos estoicos tornam-se "signos intencionais" (os exemplos, aliás, são sempre os mesmos). O termo "natural" é um pouco enganoso: talvez fosse mais claro opor os signos *já existentes* como coisas aos que são *criados expressamente* com vistas à significação.

3. *Segundo o estatuto social*

Tal precaução terminológica seria ainda mais desejável porque Agostinho introduz, em outro lugar do texto, a subdivisão – muito mais familiar, como vimos – dos signos entre naturais (e universais) e institucionais (ou convencionais). Os primeiros são compreensíveis de maneira espontânea e imediata; os segundos exigem um aprendizado. Na realidade, na *Doutrina cristã*, Agostinho só considera o caso dos signos por instituição, e isso a respeito de um exemplo que vai aparentemente no sentido oposto.

Os signos que os atores formam ao dançarem não teriam sentido se estivessem ligados à natureza e não à instituição e ao assentimento dos homens. Se assim não fosse, quando, nos velhos tempos, um pantomimo dançava, um pregoeiro não teria anunciado ao povo de Cartago o que o dançarino queria exprimir. Muitos velhos ainda se lembram dessas cenas e nós os ouvimos contá-las. Ora, devemos crer nisso, pois, mesmo hoje, quando alguém entra no teatro sem ser iniciado em tais puerilidades, é em vão que presta toda atenção, se não aprender de outro a significação dos gestos dos atores. (II, XXV, 38)

Mesmo a pantomima, signo à primeira vista natural, precisa de uma convenção e, portanto, de um aprendizado. Assim, Agostinho retoma, no interior de sua tipologia, a oposição aplicada habitualmente à origem da linguagem (como Sexto já o fazia antes dele).

Como as anteriores, essa oposição não é explicitamente articulada às outras. Podemos supor que se Agostinho não dá aqui nenhum exemplo de signo natural (no sentido que acabamos de ver), é porque seu tratado é explicitamente consagrado aos signos intencionais; ora, os signos naturais só poderiam encontrar-se entre os signos já existentes; o signo intencionalmente criado implica o aprendizado e, portanto, a instituição. Mas todo signo já existente é natural, ou seja, compreensível independentemente de qualquer convenção? Agostinho não o afirma, e ocorrem facilmente à mente contraexemplos. Resta que, na *Catequese dos iniciantes*, ele descreve como natural um signo que aparecia, na *Doutrina cristã*, entre os signos não intencionais.

As marcas são uma produção do espírito, como o rosto é uma expressão do corpo. De fato, a cólera, *ira*, é designada de um jeito em latim, de outro em grego e de outro em toda parte, em razão da diversidade das línguas. Mas a expressão do rosto de um homem encolerizado não é nem latina, nem grega. Por isso, se alguém disser: *Iratus sum*, nenhum povo, salvo os latinos, o compreende. Mas se a paixão de sua alma em fogo lhe subir ao rosto e transformar a sua expressão, todos os espectadores julgarão: "Aí está um homem encolerizado". (II, 3)

A mesma afirmação nas *Confissões*: "Os gestos são como a linguagem natural de todos os povos, composto por jogos de fisionomia, piscar de olhos e movimentos dos outros membros, e também pelo tom de voz, que revela o sentimento da alma na busca, na posse, na rejeição ou na fuga das coisas" (I, VIII, 13).

Os signos naturais (o exemplo parece-nos contestável, porém) compartilham aqui a universalidade das marcas da alma, cujas propriedades já vimos. Agostinho, bastante próximo de Aristóteles quanto a isso, vê a relação entre palavras e pensamentos como arbitrária (convencional), e a relação entre pensamentos e coisas como universal e, portanto, natural.

Essa insistência sobre a natureza necessariamente convencional da linguagem deixa-nos adivinhar a pouca esperança depositada por Agostinho na motivação: para ele, esta não pode substituir o conhecimento da convenção.

> Todos procuram certa semelhança em sua maneira de significar, de modo que os próprios signos reproduzam, tanto como é possível, a coisa significada. Mas como uma coisa pode assemelhar-se a outra de muitas maneiras, tais signos só podem ter, entre os homens, um sentido determinado se a isso se somar um assentimento unânime. (*Doutrina cristã*, II, XXV, 38)

A motivação não dispensa a convenção; o argumento aqui resumido em uma frase é longamente desenvolvido no *Do mestre*, em que Agostinho mostra que jamais podemos ter certeza sobre o sentido de um gesto sem a ajuda de um comentário linguístico e, portanto, da instituição que é a linguagem. Por isso mesmo, Agostinho rejeita toda importância decisiva à oposição natural-convencional (ou arbitrário); as tentativas do século XVIII, retomadas por Hegel e Saussure, para fundamentar ali a oposição entre signos (arbitrários) e símbolos (naturais) já se veem, com isso, superadas.

Essa "arbitrariedade do signo" leva naturalmente à polissemia.

> Como as coisas são semelhantes sob muitos aspectos, evitemos tomar como regra que algo signifique sempre o que, por analogia, significa em algum lugar. De fato, o Senhor usa a palavra "fermento" no sentido de uma censura quando diz: "Desconfiai do fermento dos fariseus" (Mt XVI, 11), e no sentido de um elogio quando diz "O reino dos céus é como uma mulher que pôs fermento em três medidas de farinha para fazer crescer toda a massa". (*Doutrina cristã*, III, XXV, 35)

4. Segundo a natureza da relação simbólica

Depois das classificações entre intencional-não intencional e convencional-natural, Agostinho considera pela terceira vez os mesmos fatos e chega a uma articulação ainda diferente: a dos signos *próprios* com os signos *transpostos* [*translata*]. É evidente a origem retórica dessa oposição, mas Agostinho – como Clemente antes dele, mas de maneira mais clara – generaliza em termos de signos o que a retórica dizia do sentido das palavras.

Eis como é introduzida a oposição:

> Na realidade, os signos são ou próprios ou transpostos. São chamados próprios quando são empregados para designar os objetos em vista dos quais foram criados. Por exemplo, dizemos "um boi" quando pensamos no animal que todos os homens de língua latina chamam com esse nome. Os signos são transpostos

quando os objetos mesmos que designamos por seus termos próprios são usados para designarem outro objeto. Por exemplo, dizemos "um boi" e compreendemos, com essas duas sílabas, o animal que costumamos chamar por esse nome. Mas, além disso, esse animal nos faz pensar no evangelista que a Escritura, segundo a interpretação do Apóstolo, designou com estas palavras: "Não porás freio no boi que calca o grão" (1 Cor IX, 9). (*Doutrina cristã*, II, X, 15)

Os signos próprios são definidos do mesmo modo que os signos intencionais: foram criados com vistas ao uso como signos. Mas a definição do signo transposto não é exatamente simétrica; não são signos "naturais", isto é, daqueles que têm uma existência anterior a seu uso como signos. São definidos, de um modo mais geral, pela secundariedade: um signo é transposto quando seu significado torna-se, por sua vez, significante; ou seja, o signo próprio baseia-se em uma só relação, o signo transposto, em duas operações sucessivas (vimos que essa ideia já despontava em Clemente).

Na realidade, situamo-nos logo de saída dentro dos signos intencionais (pois Agostinho se preocupa exclusivamente com eles), e é no interior deles que reiteramos a operação que serviu para isolá-los: os signos próprios são ao mesmo tempo criados expressamente com vistas a um uso significante e utilizados segundo essa intenção inicial. Os signos transpostos são também signos intencionais (os únicos exemplos dados são palavras), mas, em vez de serem usados segundo sua destinação inicial, são desviados com vistas a um uso segundo — exatamente como as coisas quando se tornavam signos.

Essa analogia estrutural – que não é uma identidade – explica a afinidade entre signos transpostos (embora linguísticos) e signos não intencionais ("naturais" e não linguísticos). Não é por acaso que os exemplos dos dois se comunicam: o boi não deve a existência a uma finalidade semiótica, mas *pode* significar; é, portanto, ao mesmo tempo signo natural e (ingrediente possível de um) signo transposto. Essa terceira abordagem do mesmo fenômeno é, do ponto de vista formal, a mais satisfatória: não é mais uma contingência empírica que sirva para distinguir entre os signos (já existentes ou criados expressamente, compreensíveis de imediato ou por força de uma convenção), mas uma diferença de estrutura: a relação simbólica simples ou dupla. Com isso, a linguagem já não forma uma classe à parte dentro dos signos: parte dos signos linguísticos (as expressões indiretas) encontra-se do mesmo lado que signos não linguísticos. Pode-se dizer que a formulação dessa oposição, baseada em uma análise de forma e não de substância, representa a conquista teórica mais importante da semiótica agostiniana. Notemos, ao mesmo tempo, que essa mesma articulação ajuda a apagar parcialmente a diferença dos dois fenômenos, que se mantinham muito mais separados em Aristóteles (símbolo *versus* signo), nos estoicos (significante-significado *versus* signo) ou em Clemente (linguagem direta *versus* indireta ou simbólica).

A origem da oposição próprio-transposto é retórica; mas a diferença entre Agostinho e a tradição retórica não está só na extensão que nos leva da palavra ao signo; é a definição mesma do "transposto" que é nova: não é mais uma palavra que muda de sentido, mas uma palavra que designa um objeto que, por sua vez, é portador de sentido; essa descrição aplica-se, com efeito, ao exemplo citado (assim como o boi, o evangelista etc.) que não se parece com os tropos retóricos. Na página seguinte, porém, Agostinho dá outro exemplo de signo transposto, que se conforma perfeitamente com a definição retórica. Mais do que uma confusão entre duas espécies de sentido indireto, trata-se provavelmente de uma tentativa, da parte de Agostinho, de ampliar a categoria do sentido transposto, para lhe permitir incluir a alegoria cristã. Falando das dificuldades que surgem ao longo da interpretação, ele considera duas espécies que correspondem a essas duas formas de sentido indireto; a oposição será mais bem formulada em *Da trindade*, em que Agostinho concebe duas espécies de alegoria (isto é, de signos transpostos), segundo as palavras ou segundo as coisas. A origem dessa distinção talvez esteja na frase de Clemente, o qual crê, porém, que se trata de duas definições alternativas de uma única e mesma noção.

Outra tentativa de subdivisão dentro do sentido transposto levará mais tarde à famosa doutrina dos quatro sentidos da Escritura. Permanece controversa a questão de saber se Agostinho está, sim ou não, na origem dessa doutrina. Dispomos aqui de várias séries de textos. Em uma delas, representada por *De Utilitate credendi*, 3, 5 e por um trecho totalmente paralelo, mas mais breve, de *De Gen. ad lit. lib. imperf.*, 2, distinguem-se de maneira muito clara quatro termos: a história, a etiologia, a analogia e a alegoria. Porém, não é certo que tais termos sejam sentidos propriamente ditos; tratar-se-ia, de preferência, das diferentes operações a que se submete o texto a ser interpretado. Em particular, a analogia é o procedimento que consiste em recorrer a outro texto, para explicar um texto. A etiologia tem um estatuto problemático; consiste em buscar a causa do evento, do fato, evocado pelo texto. É uma explicação, portanto um sentido, mas não é certo que pertença propriamente ao texto analisado; ela é antes fornecida pelo comentador. Restam, portanto, só dois sentidos: histórico (literal) e alegórico; os exemplos dados por Agostinho deste último indicam antes que ele não distingue entre as espécies da alegoria como o fará a tradição posterior. Esses exemplos incluem: Jonas na baleia por Cristo no túmulo (tipologia na tradição posterior); os castigos dos judeus durante o Êxodo como convite a não pecar (tropologia); as duas mulheres, símbolo das duas Igrejas (anagogia). Convém acrescentar aqui que Agostinho tampouco distingue entre sentido espiritual e sentido transposto (atribui a mesma definição a ambos). Se o compararmos à tradição posterior, codificada por São Tomás, constatamos a seguinte redistribuição:

	SENTIDO PRÓPRIO	SENTIDO TRANSPOSTO	SENTIDO ESPIRITUAL
Santo Agostinho	Sentido próprio	Sentido transposto	
São Tomás	Sentido literal		Sentido espiritual

Resumindo: há só uma dicotomia essencial para Agostinho (próprio-transposto), o resto tem pouca importância.

Mas existe outro texto que é necessário examinar aqui. Encontra-se em *De Gen. ad lit.*, I, 1; nele, Agostinho fala do conteúdo dos diversos livros da Bíblia; há alguns, diz ele, que evocam a eternidade, outros que relatam fatos, outros que anunciam o futuro, outros que indicam regras de comportamento. Não há, aqui, a afirmação de um sentido quádruplo do mesmo trecho; a teoria, porém, já se encontra aí em germe.

Teorias do símbolo

Em seu esforço para explicar o estatuto dos signos transpostos, Agostinho aproxima-os de dois fatos semânticos conexos: a ambiguidade e a mentira. A ambiguidade reteve durante muito tempo a sua atenção: desde a *Dialética*, em que as dificuldades de comunicação são divididas segundo se devem a obscuridades ou a ambiguidades (essa subdivisão já se encontra em Aristóteles). Estas últimas comportam, como uma de suas subdivisões, as ambiguidades devidas ao sentido transposto. A mesma articulação hierárquica reaparece na *Doutrina cristã*: "Deve-se a ambiguidade da Escritura quer aos termos tomados em sentido próprio, quer aos termos tomados em sentido transposto" (III, I, I). Por ambiguidade devida ao sentido próprio, convém entender uma ambiguidade em que a semântica não desempenha nenhum papel; ela é, portanto, fônica, gráfica ou sintática. As ambiguidades semânticas coincidem simplesmente com as que se devem à presença de um sentido transposto. A possibilidade de ambiguidades semânticas fundadas na polissemia léxica não é examinada.

Espécie do gênero "ambiguidade", os signos transpostos devem, em compensação, ser distinguidos claramente das mentiras, embora ambos não falem a verdade se os tomarmos ao pé da letra.

> Deus nos livre de lhes atribuir [às parábolas e às figuras da Bíblia] um caráter mentiroso. Se não, seria preciso atribuir o mesmo epíteto à série tão longa das figuras de retórica e, em especial, à metáfora, assim chamada porque transporta uma palavra da coisa que ela designa propriamente para outra coisa que designa impropriamente. Quando dizemos, com efeito, as messes ondulantes, as vinhas perladas, a juventude em flor, os

cabelos de neve, não há, por certo, nas coisas assim nomeadas nem ondas, nem pérolas, nem flores, nem neve; devemos, então, chamar de mentira a transposição que afeta esses termos? (*Contra a mentira*, X, 24)

A explicação dessa diferença é dada logo depois: ela reside justamente na existência de um sentido transposto, ausente nas mentiras, que permite restituir a verdade aos tropos. "Essas palavras e essas ações [...] são feitas para nos dar o entendimento das coisas a que se referem" (Ibid.). Ou ainda: "Nada do que se faz ou se diz em sentido figurado é mentira. Toda palavra deve ser relacionada com o que designa, para aqueles que estão em condições de compreender a sua significação" (*A mentira*, V, 7). As mentiras não são verdadeiras no sentido literal, mas tampouco têm um sentido transposto.

5. Segundo a natureza do designado, signo ou coisa

Os signos transpostos caracterizam-se pelo fato de seu "significante" ser já um signo completo; podemos agora examinar o caso complementar, em que não mais o significante, mas o significado é, por sua vez, um signo completo. Na realidade, reuniremos nesta seção dois casos que permanecem isolados em Agostinho: o das letras, signos de sons, e o dos usos metalinguísticos da linguagem; em cada um desses casos, designamos o signo, mas no primeiro se trata de seu significante, no segundo, de seu significado.

a) as letras

No que se refere às letras, Agostinho sempre se limitará ao adágio aristotélico: as letras são signos dos sons. Assim, em

Da dialética: "Quando é escrita, não é uma palavra, é o signo de uma palavra, que apresentando as suas letras aos olhos do leitor, mostra ao seu espírito o que deve emitir verbalmente. Que fazem, com efeito, as letras, senão mostrar-se aos olhos e, ademais, mostrar palavras ao espírito?" (V).

Igualmente no *Do mestre*: "As palavras escritas [...] devem ser compreendidas como signos das palavras" (IV, 8).

Ou na *Doutrina cristã*: "As palavras são mostradas aos olhos não por si mesmas, mas pelos signos que lhes são próprios" (II, IV, 5).

E em *Da trindade*: "As letras são signos dos sons como os sons na conversação são signos do pensamento" (XV, X, 19).

Encontramos, porém, ressaltados por Agostinho, diversas características suplementares das letras. A primeira, que lemos em *Da dialética*, forma um paradoxo: as letras são os signos dos sons; mas não de quaisquer sons, só dos sons articulados; ora, os sons articulados são os que se deixam designar por uma letra. "Chamo som articulado aquele que pode ser representado por letras" (V). Poder-se-ia dizer que as letras se baseiam em uma análise fonológica implícita, pois representam só as invariantes. Tomada em um sentido mais amplo, a "escrita" parece igualmente indispensável à linguagem: é o caso dessas "marcas" de que nos falava a *Catequese* e de que as palavras são só a tradução.

Na *Doutrina cristã*, insiste Agostinho na natureza durativa das letras, em oposição ao caráter pontual dos sons: "Como, assim que golpeiam o ar, os sons logo passam e não duram mais do que ressoam, fixaram seus signos por meio das letras" (II, IV, 5). As letras permitem, portanto, sair do império do "agora" que pesa sobre a palavra dita. Em *Da trindade*, Agostinho vai mais longe no mesmo sentido: a escrita permite considerar não só o "outrora", mas também o "alhures". "Esses signos corporais e outros desse gênero supõem a presença dos que nos veem, nos ouvem e aos quais falamos; a escrita, por seu lado, foi inventada para nos permitir conversar até com os ausentes" (XV, X, 19). A escrita é definida por sua cumplicidade com a ausência.

b) *o uso metalinguístico*

Em nenhum momento Agostinho leva em consideração o fato de as letras terem a característica singular de designarem outros signos (os sons). Trata-se, porém, de uma situação que lhe é familiar, pois ele sempre se interessou pelo problema do uso metalinguístico das palavras. Em *Da dialética*, observa Agostinho que as palavras podem ser usadas como signos das coisas ou como nomes das palavras; a distinção é usada ao longo de todo o *Do mestre*, em que Agostinho alerta contra as confusões que podem resultar desses dois usos bem distintos da linguagem.

Ainda em *Da dialética*, Agostinho observa de passagem: "Não podemos falar das palavras sem o auxílio das palavras" (V); essa observação será generalizada na *Doutrina cristã*: "foi com palavras que pude enunciar todos esses signos, cujos gêneros esbocei brevemente, mas não poderia de modo algum enunciar as palavras por esses signos" (II, III, 4). Não só, portanto, as palavras podem ser usadas de maneira metalinguística; mas também são as únicas suscetíveis de um uso metassemiótico. É de importância capital essa constatação, pois permite captar a especificidade das palavras dentre os signos. Infelizmente, ela permanece isolada e não teorizada em Agostinho; ele não tenta em nenhum lugar articulá-la com as outras classificações

Teorias do símbolo

esboçadas. Poderíamos perguntar-nos, por exemplo, se todos os signos verbais (os próprios e os transpostos) possuem essa capacidade no mesmo grau; ou ainda, qual é a propriedade das palavras que as torna aptas a assumir esse papel. Também aqui, Agostinho contenta-se em observar e justapor, sem chegar a uma articulação teórica.

Algumas conclusões

Tentemos tirar algumas conclusões a respeito do duplo objeto deste primeiro capítulo: Santo Agostinho e a semiótica.

Vimos, em primeiro lugar, em que consiste a posição própria de Agostinho. Ao longo de todo o seu trabalho semiótico, ele é animado por uma tendência que consiste em inscrever o problema semiótico no quadro de uma teoria psicológica da comunicação. Tal movimento é ainda mais impressionante por contrastar com o ponto de partida de Agostinho, vale dizer, a teoria estoica do signo. Ele não é, porém, completamente original: a perspectiva psicológica já era a de Aristóteles. Resta que Agostinho desenvolve essa tendência mais do que qualquer um de seus predecessores; explica-se esse desenvolvimento pelo uso teológico e exegético que quer fazer da teoria do signo.

Mas se a originalidade de detalhe de Agostinho é limitada, sua "originalidade" sintética – ou antes, a sua capacidade ecumênica – é enorme, e desemboca na primeira construção que, na história do pensamento ocidental, merece o nome de semiótica. Recordemos as grandes articulações desse ecumenismo: retórico por profissão, Agostinho submeterá inicialmente o seu saber à interpretação de textos particulares (a Bíblia): a hermenêutica absorve, assim, a retórica; por outro lado, ser-

-lhe-á anexada a teoria lógica do signo — ao preço, é verdade, do desvio da estrutura para a substância, pois no lugar do "símbolo" e do "signo" de Aristóteles descobrimos os signos intencionais e naturais. Esses dois conglomerados vão unir--se na *Doutrina cristã* para dar origem a uma teoria geral dos signos, ou semiótica, em que encontram seu lugar os "signos" vindos da tradição retórica, que nesse meio tempo tornou-se hermenêutica, isto é, os "signos transpostos". Em uma terminologia moderna, os signos (no sentido restritivo) opõem-se aos símbolos como o próprio ao transposto, ou melhor, como o direto ao indireto.

Esse extraordinário poder de síntese (que não é diminuído pelo fato de Agostinho ter precursores na via do ecletismo) corresponde muito bem ao lugar histórico de Agostinho, pelo qual as tradições antigas serão transmitidas à Idade Média. É perceptível esse poder em muitas outras áreas, que às vezes tocam a nossa: é o caso, em particular, de diversos trechos do tratado *Da dialética*, em que as mudanças históricas de sentido (na parte etimológica do tratado) são descritas em termos de tropos retóricos, aparecendo a história, então, apenas como uma projeção da tipologia no tempo. Mais ainda: pela primeira vez, a classificação aristotélica das associações, que encontramos no capítulo II do tratado *Da memória* (por semelhança, por proximidade, por contrariedade) será usada para descrever a variedade dessas relações de sentido, sincrônicas ou diacrônicas.

É nesse preciso lugar que se torna necessário separar-nos do destino pessoal de Agostinho para nos interrogarmos sobre o preço que o conhecimento teve de pagar para poder gerar a semiótica. Uma vez que a linguagem existe, a questão primeira de toda semiótica, empiricamente, senão ontologicamente, passa a

Teorias do símbolo

ser: qual é o lugar dos signos linguísticos em meio aos signos em geral? Enquanto tratamos apenas da linguagem verbal, permanecemos no interior de uma ciência (ou de uma filosofia) da linguagem; só o esfacelamento do quadro linguístico justifica a instauração de uma semiótica. E é exatamente nisso que consiste o gesto inaugural de Agostinho: o que se dizia das palavras, no âmbito de uma retórica ou de uma semântica, ele o levará ao plano dos signos, em que as palavras só ocupam um lugar entre outros. Mas qual?

Podemos perguntar, em busca da resposta a essa pergunta, se o preço pago pelo nascimento da semiótica não é alto demais. No plano dos conhecimentos gerais, Agostinho situa as palavras (os signos linguísticos) dentro de apenas duas classificações. As palavras pertencem, por um lado, ao auditivo, por outro, ao intencional; a intersecção dessas duas categorias produz os signos linguísticos. Ao fazer isso, Agostinho não se dá conta de não ter nenhum meio de distingui-los dos outros "signos auditivos intencionais", a não ser sua frequência de uso. Seu texto é extraordinariamente revelador quanto a isso: "Aqueles que pertencem à audição são, como disse, os mais numerosos, principalmente na linguagem. Realmente, a trombeta, a flauta e a cítara emitem sons, não apenas agradáveis, mas significativos. Todos esses signos, porém, comparados às palavras, são muito pouco numerosos" (*Doutrina cristã*, II, III, 4). Entre a trombeta que anuncia o ataque (para tomar um exemplo em que a intencionalidade é certa) e as palavras, a diferença estaria apenas na maior frequência das segundas? Isso é tudo o que nos oferece, explicitamente, a semiótica de Agostinho. Vemos, entre outras coisas, o quanto o preconceito fonético é responsável pela cegueira diante do problema da natureza da linguagem: a necessidade de vincular as palavras a um "sentido" oculta a sua especificidade (uma concepção puramente "visual" da linguagem, identificando-o à escrita, sofreria a mesma censura). O dom sintético de Agostinho volta-se aqui contra ele: talvez não seja por acaso que os estoicos, como Aristóteles, não quiseram dar o mesmo nome ao signo "natural" (assimilados por eles à inferência) e à palavra. A síntese só é fértil se não eliminar as diferenças.

Na realidade, como também se observou, Agostinho ressalta certas propriedades da linguagem que não se deixam explicar pelo caráter intencional-auditivo, e, antes de tudo, a sua capacidade metassemiótica. Mas ele não levanta a questão: qual é a propriedade da linguagem que lhe garante essa capacidade? Ora, só uma resposta a essa questão fundamental poderia permitir resolver outro problema, que dela decorre e é o do "preço" da instauração semiótica, a saber: é útil unificar em uma só noção – o signo – o que possui essa propriedade metassemiótica e o que não a possui (note-se que essa nova questão contém, circularmente, o termo "semiótica" em si mesma)? Utilidade que não podemos avaliar antes de sabermos o que está em jogo na oposição signos linguísticos-signos não linguísticos. É, portanto, com base na ignorância, para não dizer a repressão, da diferença entre as palavras e os outros signos que nascerá a semiótica de Agostinho – bem como a de Saussure, quinze séculos depois. O que torna problemática a própria existência da semiótica.

Agostinho entrevira, porém, uma possibilidade de sair desse impasse (embora permanecesse, provavelmente, inconsciente tanto da possibilidade como do próprio impasse); consistia na extensão ao domínio dos signos da categoria retórica próprio-

-transposto. Isso porque essa categoria – transcendendo tanto a oposição substancial, linguístico-não linguístico (já que se encontra nos dois domínios), como as oposições pragmáticas e contingentes, intencional-natural ou convencional-universal – permite articular dois grandes modos de designação, para os quais estaríamos propensos, hoje, a empregar dois termos distintos: a significação e a simbolização. Partindo daí, examinaremos a diferença que os funda – e que explica, indiretamente, a presença ou a ausência de uma capacidade metassemiótica. Ou seja, a semiótica só merece o direito à existência se, no próprio gesto que a inaugura, já se articularem o semântico e o simbólico. Eis o que nos permite apreciar, por vezes malgrado seu, a obra instauradora de Santo Agostinho.

Nota bibliográfica

Encontrar-se-ão referências complementares a esta exposição nas histórias das diferentes disciplinas de que me servi, como:

BALDWIN, C. S. *Ancient Rhetoric and Poetic*. Gloucester: Peter Smith, 1924.

BLANCHÉ, R. *La Logique et son histoire*. Paris: Armand Colin, 1970.

COUSIN, J. *Études sur Quintilien*. Paris: Boivin, 1935.

KENNEDY, G. *The Art of Persuasion in Greece.* Princeton: Princeton University Press, 1963.

_____. *The Art of Rhetoric in the Roman World*. Princeton: Princeton University Press, 1972.

KNEALE, W.; KNEALE, M. *Development of Logic*. Oxford: Oxford University Press, 1962.

PÉPIN, J. *Mythe et Allégorie*. Paris: Aubier, 1958.

ROBINS, R. H. *A Short History of Linguistics.* Londres: Longmans, 1969. (trad. franc., Paris, 1976).

Os textos são citados segundo as edições bilíngues Budé ou Garnier, salvo no caso do *Organon* e da *Metafísica* de Aristóteles, citados na tradução de Tricot.

O mais completo estudo da semiótica agostiniana é o de B. Darrell Jackson (The Theory of Signs in Saint Augustine's *De Doctrina Christiana, Revue d'études augustiniennes*, n.15, 1969, p.9-49); ele é reproduzido em obra organizada por R. A. Markus (*Augustine.* Garden City, N.Y.: Anchor Books, 1972, p.92-147); ali se podem encontrar as referências dos estudos anteriores, aos quais somaremos J. Pépin (*Saint Augustin et la Dialectique.* Villanova: Villanova University Press, 1976). Podemos deixar de lado, em compensação, R. Simone (Sémiologie augustinienne, *Semiotica*, n.6, 1972, p.1-31). Não pude consultar C. P. Mayer (*Die Zeichen in der geistigen Entwicklung und in der Theologie des jungen Augustinus.* Würzburg: Augustinus Verlag, 1969). Cito os textos de Agostinho nas traduções da Bibliothèque augustinienne.

2
Esplendor e miséria da retórica

A primeira grande crise da retórica coincide aproximadamente com o início da nossa era. Encontramos a sua narração no justamente famoso *Diálogo dos oradores* de Tácito. A constatação de decadência aparece na frase inicial: "Os séculos anteriores tiveram uma floração abundante de oradores célebres, com talentos de alta fama, enquanto a nossa idade, por seu lado, estéril e carente dessa glória oratória, quase esqueceu até a palavra orador" (I).

Erraríamos se não víssemos nessas palavras senão uma reformulação do eterno adágio "antigamente, tudo era melhor". Tanto as análises de Tácito como uma observação da evolução retórica em sua época demonstram a realidade da mudança.

O que era a retórica dos "séculos anteriores"? Uma expressão muito conhecida, mas cujo sentido original já não nos diz respeito, explica: é a arte de persuadir. Ou, como enunciava Aristóteles, no começo da sua *Retórica*: "A retórica é a faculdade de descobrir especulativamente o que, em cada caso, pode ser próprio para persuadir" (I, 2; 1355 b). A retórica tem por objeto a eloquência; ora, a eloquência é definida como fala eficaz, que permite agir sobre o outro. A retórica não apreende a linguagem como forma – ela não se preocupa com o enunciado enquanto tal – mas a linguagem como ação; a forma linguística passa a ser o ingrediente de um ato global de comunicação (de que a persuasão é a espécie mais característica). É sobre as funções da fala, não sobre a sua estrutura, que se interroga a retórica. O elemento constante é o objetivo a alcançar: persuadir (ou, como dirão mais tarde, instruir, comover e agradar); os recursos linguísticos são levados em consideração, na medida em que podem servir para alcançar esse objetivo.

A retórica estuda os meios que permitem alcançar o fim a que se visa. Não nos surpreenderemos ao descobrir que as metáforas que servem para designá-la, em seu próprio seio, sempre se baseiam nessa relação de meios a fins. A retórica será comparada ora à técnica do médico, ora à do estrategista militar. Por exemplo, em Aristóteles:

> É, portanto, manifesto que a retórica [...] é útil, e sua função própria não é persuadir, mas ver os meios de persuadir que cada assunto comporta; o mesmo acontece com todas as outras artes; pois tampouco cabe à medicina devolver a saúde ao doente, mas avançar o máximo possível no caminho da cura; pode-se, de fato, tratar corretamente os doentes que não possam mais recuperar a saúde. (I, I; 1355 b)

Ou na *Retórica a Herênio*: "Essa maneira de dispor os desenvolvimentos como fileiras de soldados em campo de batalha poderá fazer que, lá ao falar, aqui ao combater, se alcance a vitória com muita facilidade" (III, 10, 18).

Vemos que o espírito que habita a retórica é pragmático e, portanto, imoral: sejam quais forem as circunstâncias ou as causas defendidas, cumpre saber alcançar o objetivo; e não são as declarações de princípio, reunidas na entrada ou na saída do edifício retórico, segundo as quais só se devem defender as causas justas, que impedirão o orador eloquente de se servir da sua arte para fins cuja correção só a ele mesmo se revela. A retórica não valoriza uma espécie de fala em detrimento de outras; tudo lhe é bom, contanto que seja alcançado o objetivo: toda fala pode ser eficaz, desde que seja utilizada de modo a atingir o objetivo para o qual é adequada. Lembramo-nos dessas enumerações "tópicas" que preveem todos os casos possíveis e encontram remédio para tudo:

> O nascimento: em caso de elogio, fala-se dos antepassados; se for ilustre, ele foi igual ou superior ao seu nascimento; se foi modesto, é às suas próprias qualidades, e não às dos antepassados, que ele deve tudo; em caso de reprovação, se o nascimento for ilustre, ele desonrou os antepassados; se foi obscuro, nem por isso deixou de ser para eles causa de desonra. (*Retórica a Herênio*, III, 7, 13)

A retórica ensina a praticar o tipo de discurso que convém a cada caso particular.

A noção fundamental da retórica é, portanto, a de conveniente, de apropriado (*prépon, decorum*), como bem observou Albert Yon: "É por uma simplificação arbitrária que se transformou a conveniência em um capítulo da elocução, quando ela é o princípio diretor que rege toda a arte de falar". O conveniente é a base da eficácia, logo da eloquência.

O homem eloquente, escreve Cícero, deve demonstrar, sobretudo, a sagacidade que lhe permita adaptar-se às circunstâncias e às pessoas. Creio, com efeito, que nem sempre se deva falar, nem diante de todos, nem contra todos, nem a favor de todos, nem a todos do mesmo modo. É eloquente aquele que for capaz de adaptar sua linguagem ao que convir em cada caso. (*O orador*, XXXV-XXXVI, 123)

Consuma-se a fala na funcionalidade; ora, ser funcional é ser conveniente.

Assim era a retórica antes da crise. Pode-se remontar desse quadro à origem, às causas da crise? Sim, se quisermos bem seguir as análises de Tácito, que vincula diretamente a retórica ao político e ao social. Para ele, a eloquência progredia enquanto servia realmente a alguma coisa, enquanto era instrumento eficaz; ora, isso só é possível em um Estado no qual a palavra tem poder, ou seja, em um Estado livre e democrático. "A grande eloquência, como a chama, precisa de matéria para se alimentar, de movimento para se animar, e é consumindo-se que ela brilha" (XXXVI).

Ora, essa matéria é fornecida, em uma democracia, pelo destino de um povo.

Não esqueçamos a alta linhagem dos acusados, nem a importância das causas, circunstâncias que, por si sós, são para a eloquência um enérgico estimulante. [...] A potência do talento cresce com a amplidão dos assuntos e não seria possível pronunciar um discurso brilhante e luminoso sem ter encontrado uma causa digna de inspirá-lo. (XXXVII)

Teorias do símbolo

Tal movimento é garantido pela liberdade que se tem de falar de tudo sem se constranger por considerações de posição social ou de pessoas, com "o direito de enfrentar os personagens mais influentes" (XL). Tudo isso só é possível em um Estado no qual o poder das instituições é fraco, e o de uma assembleia deliberativa, muito grande: o que é a base da democracia. Assim é que Tácito caracteriza o período anterior:

> Na confusão geral e *na falta de um chefe único*, o orador era hábil proporcionalmente ao ascendente que pudesse exercer sobre um povo *sem guia* (XXXVI). Nossa cidade também, enquanto flutuou *sem direção* [...], produziu, sem dúvida, uma eloquência mais vigorosa, assim como um campo não domado pelo cultivo tem as ervas mais espessas (XL, grifos meus).

A democracia é a condição indispensável ao desabrochar da eloquência; reciprocamente, a eloquência é a qualidade superior do indivíduo que pertence a uma democracia: nenhuma das duas pode dispensar a outra. A eloquência é "necessária": este é o seu traço dominante e, ao mesmo tempo, a explicação do seu sucesso. "Os antigos haviam chegado à convicção de que, sem eloquência, ninguém podia, no Estado, adquirir ou conservar uma posição preeminente e relevante" (XXXVI). "Ninguém, nessa época, chegou a ter grande influência sem possuir alguma eloquência" (XXXVII).

A eloquência foi, portanto, brilhante em circunstâncias cujo declínio podemos adivinhar ter sido acarretado por um tipo de mudança: em suma, a falta de liberdade, a evicção da democracia por um Estado de leis bem estabelecidas, de direção autoritária. Este é o caso particular de Roma ("Pompeu foi o primeiro que restringiu essa liberdade e colocou, por assim dizer, um freio na eloquência", XXXVIII), esta é a lei geral por Tácito enunciada com todas as letras: "Não se conhece a eloquência em nenhuma nação que tenha sido dominada por um governo regular" (XL). Se a democracia desaparecer, se for substituída por um governo forte que não mais precisa de deliberações públicas, de que serve a eloquência?

> Para que desenvolver sua opinião no Senado, já que a *elite dos cidadãos* logo acaba por concordar? Para que acumular discursos diante do povo, se, acerca dos interesses públicos, não são os incompetentes e a multidão que deliberam, mas *o mais sábio dos homens, sozinho*? (XLI, grifos meus)

Deve-se, aliás, lamentar tal situação? Não, segundo Maternus, o personagem do diálogo que estabelece esse diagnóstico. Pois a liberdade e a democracia ameaçam a paz e o bem-estar dos indivíduos: deve-se lamentar a ausência de remédios eficazes quando se pode gozar da falta de doenças? "Se porventura se encontrasse um Estado em que ninguém cometesse erros, não haveria necessidade de oradores entre esse povo irrepreensível, como tampouco de médicos entre pessoas saudáveis" (XLI).

A eloquência de antigamente custou caro demais: pela insegurança da vida de cada cidadão, resultado direto da instituição democrática.

> Essa grande e gloriosa eloquência de antigamente é a filha da licenciosidade, que os tolos chamam de liberdade [...]; não conhecendo nem a obediência, nem a seriedade, teimosa, temerária, arrogante, ela não nasce nos Estados dotados de constituição.

Teorias do símbolo

[...] Para a república, a eloquência dos Gracos não valia que ela apoiasse também suas leis, e a fama oratória de Cícero foi paga caro demais com seu fim. (XL)

Conclusão: "Uma vez que ninguém pode gozar ao mesmo tempo de grande reputação e de grande tranquilidade, cumpre aproveitar as vantagens do seu século, sem criticar os outros" (XLI).

Deixemos de lado esse juízo de valor; resta a análise dos fatos; o florescimento da eloquência estava ligado a certa forma de Estado, a democracia; com o desaparecimento da democracia, a eloquência só pode declinar. Ou até desaparecer? O mesmo acontece com a retórica que ensinava como ser eloquente. A menos que a eloquência mude de sentido – e com ela, a retórica, de objeto. E como a retórica não morreu, longe disso, no ano zero, é exatamente o que devia acontecer – o que realmente se produziu.

Na democracia, a palavra podia ser eficaz. Na monarquia (para ser breve), ela não o pode mais (o poder pertence às instituições, não às assembleias); seu ideal necessariamente mudará: a melhor palavra será agora a que for julgada *bela*. O mesmo *Diálogo dos oradores* contém, antes da discussão sobre as causas da decadência da retórica, outra conversa, onde Aper e Messalla comparam os méritos relativos da antiga e da nova eloquência. Aper, o defensor desta última, vê nela qualidades em que não se pensava nos tempos da eloquência-instrumento: ele gosta dos discursos recentes, que são "brilhantes", "esplendorosos", "belos" – e não liga muito para sua eficácia. Nos antigos discursos, "como em um edifício grosseiro, a parede é sólida e duradoura, mas insuficientemente polida e brilhante.

Ora, para mim, o orador, como um pai de família rico que busca a elegância, deve ser coberto por um teto que, ao mesmo tempo que o protege da chuva e do vento, encanta a vista e os olhos; deve, além de uma mobília que baste para as coisas do dia a dia, ter também, sobre os móveis, ouro e pedrarias que inspirem o gosto de tocá-los e de observá-los com maior frequência" (XXII; observe-se o deslizamento das metáforas instrumentais para as que evocam o ornamento). Cícero, o último dos antigos e o primeiro dos modernos, participa destes últimos por certas qualidades que caracterizam os seus discursos. "Com efeito, ele foi o primeiro a trabalhar o estilo; o primeiro que deu atenção à escolha das palavras e usou de arte para dispô-las" (XXII). A consequência inevitável desse trabalho do estilo é que os discursos, embora se tornem cada vez mais belos, não deixam de cumprir sua (antiga) função, que é convencer, agir; é o que replicará a Aper o seu interlocutor: "Até mesmo esses cuidados meticulosos com a forma se voltam contra nós, como nos ensina a experiência..." (XXXIX).

Distingue-se a nova eloquência da antiga pelo fato de seu ideal ser a qualidade intrínseca do discurso e não mais a sua aptidão a servir um fim externo. Na verdade, a retórica anterior comportava várias noções que podiam, já nas origens, tornar-se o suporte de tal concepção da eloquência; mas, durante a crise em questão, elas tornam mais preciso seu sentido ou ampliam visivelmente seu papel. É o que acontece com o termo *oratio*, *ornare*, que se torna, como veremos, o centro do novo edifício retórico: "o sentido primeiro de *ornare* é o de munir, equipar. Mas o de ornar não fica longe, e é nessa acepção que a *ornatio* é o próprio da eloquência" (Albert Yon). Encontramos exemplos dos dois sentidos em Cícero, figura verdadeiramente da transi-

Teorias do símbolo

ção; ora, esses dois sentidos correspondem ao mesmo tempo às duas concepções da retórica, a antiga e a nova, a instrumental e a ornamental.

Ainda mais notável é o caso do termo figura (*skhéma, conformatio, forma, figura*). Não que seu sentido varie, entre Teofrasto ou Demétrio e Quintiliano: a cada vez, a figura é definida por seu sinônimo, a forma, ou em comparação com os gestos e as atitudes do corpo: assim como o corpo adota necessariamente atitudes, mantém-se sempre de certa maneira, assim também o discurso tem sempre certa disposição, um jeito de ser. É o que diz Cícero: "as figuras que os gregos, como se fossem 'atitudes' do discurso, chamam de *skhémata*..." (*O Orador*, XXV, 83). Uma consequência importante dessa definição é que, se a tomarmos ao pé da letra, todo discurso é figurado; é o que não deixa de observar Quintiliano. Ele torna a dar a mesma definição da figura – "a forma, seja ela qual for, é dada a um pensamento, tal qual os corpos têm uma atitude diferente, segundo a maneira como se conformam" (IX, I, 10); "a palavra ali se aplica a atitudes e a gestos" (IX, I, 12) – para em seguida concluir: "Falar assim é dizer que toda linguagem tem a sua figura. [...] Portanto, no primeiro sentido, o mais geral, nada há que não seja figurado" (IX, I, 12).

A figura é, portanto, constantemente definida como um discurso cuja própria forma é percebida. Mas enquanto antes a figura era apenas uma maneira entre mil de analisar o discurso, agora esse conceito autotélico torna-se maximamente apropriado – pois os discursos por inteiro começam a ser apreciados "em si mesmos"! O papel das figuras não cessará, portanto, de crescer nas retóricas da época – e sabemos que chegará o dia em que a retórica não passará de uma enumeração de figuras.

Mas há outra mudança ainda mais importante, da antiga para a nova retórica, antes e depois de Cícero, que diz respeito à própria organização de seu campo. Sabemos que o edifício retórico se subdivide em cinco partes, das quais duas dizem respeito à enunciação e as três outras, ao enunciado: *inventio, dispositio, elocutio*. Na antiga perspectiva instrumental, essas partes estão, em princípio (apesar das preferências às vezes claras dos autores), em pé de igualdade; correspondem a cinco aspectos do ato linguístico, os quais, *todos eles*, estão submetidos a um objetivo que lhes é exterior: convencer o ouvinte. Agora que sumiu o objetivo exterior, a elocução – isto é, as figuras, os ornamentos – é que ocupa um lugar cada vez maior, pois é com isso que melhor se realiza o novo objetivo: falar (ou escrever) com arte, criar belos discursos. Eis a constatação dessa reviravolta realizada por Cícero (e confirmada com uma prova etimológica):

> Precisamos modelar o tipo do orador perfeito e da eloquência suprema. É só com isso, ou seja, o estilo, que ele leva a melhor, como indica seu próprio nome, e todas as demais coisas permanecem na sombra. Pois não chamamos "inventor" (de *inventio*), nem "compositor" (de *dispositio*), nem "ator" (de *actio*) aquele que reuniu todas elas, mas, em grego "retor", em latim eloquente, de elocução. De fato, de todas as coisas que se acham no orador, cada qual pode reivindicar alguma parte: mas o poder supremo da palavra, isto é, a elocução, só a ele é concedido. (XIX, 61)

Assim, a invenção ou investigação das ideias será aos poucos eliminada da retórica, reservada agora à elocução; vitória ambígua desta última: ela ganha o combate no interior da retórica, mas perde a guerra: a inteira disciplina vê-se, em razão dessa mesma vitória, largamente desvalorizada. Assim é que o par meio-fim será substituído pelo par forma-fundo; a retórica diz respeito à forma: as "ideias", antes um meio comparável às "palavras", assumem agora a função externa e dominadora do "fim".

Ora, o discurso que apreciamos por si mesmo, por causa de suas qualidades intrínsecas, de sua forma e de sua beleza, já existia entre os romanos; mas não é o que chamavam até então de eloquência; é antes o que hoje chamaríamos de *literatura*. Aper, no diálogo de Tácito, está bem consciente dessa transformação: "Agora, exigimos até no discurso os ornamentos da poesia, não embaçados pela ferrugem de Ácio ou de Pacúvio, mas tomados emprestados ao santuário de Horácio, de Virgílio e de Lucano" (XX). Era assim, com efeito, que definiam a poesia ante a eloquência oratória: esta, dominada pelo desejo de eficácia transitiva; aquela, admirada por si mesma, por causa do trabalho efetuado sobre as próprias palavras do discurso. Assim, quando Cícero queria distinguir os oradores dos poetas, dizia que estes últimos "tratam mais das palavras do que das ideias" (*O orador*, XX, 68).

A nova eloquência em nada difere da literatura; o novo objeto da retórica coincide com a literatura. E se a palavra eloquente era antes definida pela eficácia, agora, pelo contrário, é a palavra inútil, sem serventia, que será louvada. Voltemos uma última vez ao diálogo de Tácito. Ele começa com uma discussão, de que ainda não falamos, entre Aper e Maternus acerca do valor respectivo da eloquência e da poesia. Embora as duas opiniões defendidas sejam opostas, os oradores concordam, na realidade, sobre um ponto: a saber, a eloquência pode servir e a poesia é inútil; só varia, portanto, o valor que dão à utilidade. Assim, no caso da eloquência: segundo o seu defensor, ela "permite fazer amizades e também conservá-las, conquistar províncias" (V); para aquele que a ataca, ela obriga os oradores "a receberem todos os dias pedidos de serviço e a deixar descontentes aqueles a quem o prestam" (XIII). Reciprocamente para a literatura: para um, "a poesia e os versos [...] não conferem nenhuma dignidade honorífica àqueles que os cultivam e tampouco os enriquecem! [....] De que servem, Maternus, os belos discursos que Agamenon ou Jasão pronunciam em tuas obras? Quem mandam eles de volta para casa são e salvo e para sempre teu devedor?" (IX); para o outro, "que as 'doces Musas', segundo a expressão de Virgílio, afastando-me das angústias, das preocupações, da necessidade de agir todos os dias contra a minha vontade, me levem para seus retiros sagrados, para suas fontes, e não mais tenha eu de enfrentar os perigos do fórum, nem as comoções da popularidade" (XIII).

Um critica a poesia por não servir para nada; o outro se alegra com isso. Os poetas não têm contato com o mundo: devemos felicitá-los ou deplorá-los por isso? Eis o que diz Aper: "Se quiserem os poetas trabalhar e produzir de verdade, devem deixar o comércio dos amigos e os prazeres de Roma, abandonar todas as ocupações e se retirar nas matas e nos bosques, como dizem, isto é, na solidão" (IX).

Mas a desgraça de uns é a alegria dos outros; eis o que diz Maternus:

> Quanto a essas matas, esses bosques e até essa solidão a que se referia Aper, lá encontro tantos prazeres, que considero uma das maiores vantagens da poesia o fato de não podermos a ela nos entregar em meio ao barulho, nem com um litigante sentado

Teorias do símbolo

diante da porta, nem entre os acusados esfarrapados e aos prantos. A alma, pelo contrário, retira-se em lugares puros e inocentes e ali saboreia a alegria de uma morada sagrada (XII).

Seja qual for a postura que tenhamos em relação à literatura, todos concordam em defini-la pela inutilidade. Quintiliano pensará da mesma forma: "O encanto das letras é mais puro quando se distanciam da ação, ou seja, do trabalho, e podem gozar de sua própria contemplação" (II, 18, 4). "O único objetivo dos poetas é agradar" (VIII, 6, 17).

É, portanto, essa palavra inútil, ineficaz, que se tornará o objeto da retórica, e esta última será a teoria da linguagem que se admira em e por si mesma. Sem dúvida, fazem-se ouvir vozes que pedem o retorno à eficácia; assim, Santo Agostinho desejará, para os pregadores cristãos, uma eloquência pelo menos tão eficaz quanto a dos adversários.

> Quem ousará, portanto, dizer que a verdade deve enfrentar a mentira com defensores desarmados? Como? Esses oradores que se empenham em persuadir do falso poderiam, desde o exórdio, conquistar o auditório benévolo e dócil, e os defensores da verdade, pelo contrário, não poderiam fazer o mesmo? [...] Uma vez que a arte da palavra tem um efeito duplo, possui o grande poder de persuadir, para o mal e para o bem, por que as pessoas honestas não se esforçariam para adquiri-la, com vistas a se pôr a serviço da verdade, já que os ímpios a põem a serviço das causas perversas e mentirosas? (*A doutrina cristã*, IV, II , 3)

Mas esquece o que sabiam os personagens de Tácito: a eloquência precisa de liberdade, ela não floresce quando seu objetivo é prescrito por um dogma, estatal ou religioso, quando lhe pedem para "se pôr a serviço *da* verdade". A eloquência só prospera quando a verdade está por descobrir e não só por ilustrar.

O segundo grande período da retórica, de Quintiliano a Fontanier (ela é uma disciplina em que tais resumos são possíveis e até legítimos, tão lenta é a sua evolução. Se Quintiliano e Fontanier tivessem podido comunicar-se para além dos séculos, ter-se-iam compreendido perfeitamente), caracteriza-se, portanto, por esta característica essencial: ela esquece a função dos discursos; com isso, o texto poético é que se torna o exemplo privilegiado. Na *Retórica a Herênio*, talvez ingenuamente, a descrição de cada figura era seguida de seus efeitos; nas retóricas posteriores, a função será primeiro separada, e depois unificada para todas as figuras e relegada para o capítulo final; depois, esquecida. Quando um Fontanier se questiona sobre os efeitos das figuras e dos tropos, já não pensa na ação exercida sobre o outro, mas na relação que a expressão mantém com o pensamento, a forma com o fundo: é uma função interior à linguagem.

> Hão de nos perguntar se é útil estudar, conhecer as figuras. Sim, responderemos, nada mais útil e mesmo necessário para os que queiram penetrar o gênio da linguagem, aprofundar os segredos do estilo e poder apreender em tudo a verdadeira relação da expressão com a ideia ou com o pensamento. (*Les Figures du discours*, p.67; cf. p.167)

Das três funções das figuras: instruir, comover e agradar, só resta a última, ilusoriamente desdobrada: "Os efeitos gerais [das figuras] devem ser: 1. ornamentar a linguagem; 2. agradar por esse ornamento" (Ibid., p.464).

A primeira grande crise da retórica parece ter um desfecho harmonioso: já que não é mais possível servir-se livremente da palavra, as pessoas retiram-se, à imagem de Maternus, para "lugares puros e inocentes"; já que é inútil conhecer os segredos da eficácia dos discursos (de qualquer modo, estes já não servem para nada), farão da retórica um conhecimento da linguagem pela linguagem, da linguagem que se apresenta como espetáculo, deixando-se saborear por si mesma, fora dos serviços ofensivos a que a relegavam. Transformarão a retórica em festa, a festa da linguagem.

Tudo se anuncia sob o melhor dos auspícios; e, no entanto, a festa não acontecerá. Sequer haverá, de Quintiliano a Fontanier, retóricos "felizes", e esse período da história da retórica, o mais longo, pois dura aproximadamente 1.800 anos, será, pelo menos em suas grandes linhas, um período de lenta decadência e de degradação, de sufocamento e de má consciência. A retórica acolheu seu novo objeto – a poesia, a linguagem enquanto tal –, mas o fez a contragosto. Antes de tentarmos compreender essa má consciência, procuremos recolher alguns testemunhos sobre ela.

Encontramo-los, em primeiro lugar, no próprio recorte do fato retórico. Tomemos Quintiliano. O conjunto das categorias retóricas funda-se, para ele, na oposição entre *res* e *verba*, pensamentos (ou coisas) e palavras: oposição banal, mas cuja particularidade é não valorizar igualmente os dois termos. Observemos com maior atenção. Eis, em primeiro lugar, a oposição explicitamente proposta: "Todo discurso é composto pelo que é significado e pelo que significa, ou seja, por pensamentos e palavras" (III, 5, 1). Aí se enxertam várias articulações e, em primeiro lugar, a das partes da retórica: "No que se refere aos pensamentos, convém considerar a invenção; no que se refere às palavras, a elocução; no que se refere a ambas, a disposição" (VIII, AP, 6). Essas partes estão relacionadas com as funções do discurso: instruir e comover dependem muito da invenção e da disposição, mas agradar só está ligado à elocução. "'Instruir' implica a exposição e a argumentação; 'comover', as paixões que devem dominar toda a causa, mas principalmente o começo e o fim; 'agradar', embora ligado aos pensamentos e às palavras, tem, porém, seu domínio próprio, a elocução" (VIII, AP, 7). (Observe-se que essas funções do discurso evocam, apesar de seu aparente vínculo apenas com o alocutário, as funções fundamentais segundo o modelo de Bühler e Jakobson: "instruir" está voltado para o referente, "comover" para o receptor, "agradar" para o próprio enunciado. Falta, significativamente, a função expressiva, voltada para o locutor: o discurso só começa a *exprimir* um sujeito – em todo caso, de maneira sistemática – a partir da época romântica.) É na mesma oposição que se fundamenta a famosa teoria dos três estilos: o estilo simples serve para instruir; o médio, para agradar; o elevado, para comover (XII, 10, 58-59).

Baseia-se essa tripartição, como vemos, em uma dicotomia (palavras-pensamentos) e em um termo de compromisso (a disposição), ou na mesma dicotomia duplicada por uma segunda, ideias-sentimentos (que funda a subdivisão entre instruir e comover e aquilo que dela depende). Mas Quintiliano não se limita a essa simples justaposição; implícita e explicitamente, ele valoriza o termo *res*; com isso, o termo *verba* e tudo o que lhe é correlativo veem-se submetidos a uma nova análise, que se organiza, novamente ao redor do eixo *res-verba*. A elocução, que depende, como vimos, das palavras, será o domínio das qualidades do estilo. A lista delas varia de uma enumeração a outra, mas sua exposição sistemática no livro VIII as reduz a duas principais: os discursos devem ser claros (*perspicua*) e ornamentados, embelezados (*ornata*); ora, as palavras são claras quando nos fazem ver bem as coisas, e belas, quando as admiramos como tais: o claro está para o belo como as coisas para as palavras. Por sua vez, essa oposição exige outras. Assim, entre o sentido próprio e o sentido transposto (entre os quais, a metáfora): "Tiveram toda razão de ensinar que a clareza exige, sobretudo, termos tomados em sentido próprio; a beleza, em sentido transposto (*translatis*)" (VIII, 3, 15). Com isso, passamos à oposição dos estilos históricos ou até das línguas. É o caso, por exemplo, do conteúdo da dicotomia aticismo-asianismo:

> Quando o uso da língua grega foi aos poucos difundindo-se nas cidades mais próximas da Ásia, os habitantes que, sem dominarem o bastante essa língua, queriam passar por bons falantes, começaram a se valer de perífrases em lugar da palavra própria, e persistiram nesse hábito. (XII, 10, 16)

Opõem-se do mesmo modo o grego e o latim: "Revela-se a inferioridade da nossa língua principalmente pelo fato de, para grande número de coisas, não dispormos de termos próprios e sermos obrigados a recorrer a circunlocuções ou a perífrases" (XII, 10, 34).

Por fim, última reiteração do mesmo gesto, submeteremos à análise o termo agora aparentado a *verba*, a saber, o sentido transposto, para descobrir dentro dele, mais uma vez, a oposição entre palavras e pensamentos. De fato, entre os tropos, "uns são usados pelo sentido, outros pela beleza" (VIII, 6, 2): reencontramos, portanto, no próprio uso dos tropos, os que servem especialmente para revelar o pensamento e as coisas, e aqueles que estão ali para serem apreciados por si mesmos. Poderíamos resumir esse percurso do seguinte modo:

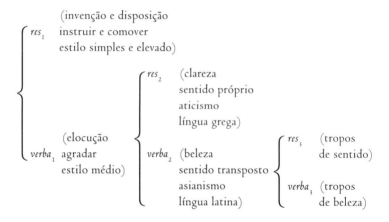

Tal articulação tem de paradoxal o fato de que o domínio dos *verba* encolhe sem cessar, como uma pelica[1] diante do desejo do retórico – quando o objeto próprio da retórica está, no próprio Quintiliano, muito mais do lado dos *verba* do que da *res*. A retórica, que deveria ser um trabalho feliz acerca das palavras, reduz-se constantemente, já que o retórico afirma só apreciar, na realidade, o discurso que serve para conhecer, que

---

1 No original, *peau de chagrin*, referência ao romance de Balzac em que um retalho mágico de pelica diminuía a cada pedido do dono. (N.T.)

não se enfeita com ornamentos inúteis, que, no limite, passa despercebido; em suma, o discurso que não é da esfera da retórica. As exigências são contraditórias, o que leva à consequência inevitável: o retórico não muda de profissão, mas passa a exercê-lo com má consciência.

Quintiliano não se limita, aliás, a essa condenação implícita, mas a formula abertamente: é com confiança que afirma preferir o grego ao latim, o aticismo ao asianismo, em suma, o sentido à beleza. "Num discurso em que se admiram as palavras, isso acontece porque o pensamento é insuficiente" (VIII, AP, 31). "Para mim, a primeira qualidade é a clareza, a propriedade dos termos" (VIII, 22). "É preciso [...] crer que falar aticamente é falar perfeitamente" (X, 10, 26) etc.

Quintiliano não pode fazer a retórica participar da festa da linguagem, pois, para ele, não se trata de uma festa, mas de uma orgia. Encontraremos a confirmação e a amplificação dessa tese se analisarmos de novo os tropos usados pelos retóricos para designar a retórica ou, mais especificamente, o tropo – que, como acabamos de ver, se situa no próprio coração da retórica. Lembremo-nos de que as metáforas da retórica anterior (aquela que vai de Aristóteles a Cícero) se referiam a uma relação de tipo meios-fim. Agora as coisas mudaram, e esse lugar foi tomado pelo par forma-fundo; ou antes, e é com isso que a desvalorização faz sua entrada, com o par fora-dentro. O pensamento ou as coisas são o interior, que é apenas coberto por uma embalagem retórica. E uma vez que a linguagem, como vimos, é comparada constantemente ao corpo humano, com seus gestos e atitudes, os ornamentos retóricos serão o enfeite do corpo.

Podemos achar inúmeros exemplos de cada uma das duas vertentes que tal identificação implica: usar metáforas é cobrir o corpo; compreendê-las é desnudá-lo. Já em Cícero, é colocada a relação interior-exterior, mas ela se acha, por assim dizer, um pouco deslocada: o próprio corpo não é senão um invólucro externo de outra coisa. "Achar o que diremos e decidir o que diremos são coisas importantes, como a alma no corpo" (*O orador*, XIV, 44). Aper, que descreve no diálogo de Tácito a nova eloquência, também escava o corpo, mas em um sentido mais material: "Um discurso, como o corpo humano, não é realmente belo quando as veias estão saltadas e podemos contar os ossos, mas quando um sangue puro e sadio enche os membros e cobre os músculos, e até os nervos têm cores que os ocultam e uma beleza que os realça" (XXI); as ideias são como os ossos e as veias, as palavras como a carne, os fluidos, a pele.

Um passo a mais leva-nos ao que recobre o corpo: os enfeites ou as roupas. É canônica essa comparação; já Aristóteles, ao falar das metáforas, afirmava: "Convém examinar, assim como um tecido escarlate é elegante no rapaz, qual convém ao idoso, pois a mesma roupa não cai bem nos dois" (*Retórica*, III, 1405 a).

E Cícero:

> Assim como se diz de algumas mulheres que lhes cai bem não usar nenhum ornamento, também esse estilo agrada mesmo sem enfeites: em ambos os casos, faz-se algo para provocar o encanto, mas sem demonstrá-lo. Então se rejeitará todo adorno berrante, como as pérolas; há de se evitar até o ferro de frisar. Quanto às maquiagens do branco e do vermelho artificiais, serão completamente banidas: só restará a distinção e a clareza. (*O orador*, XXIII, 78-79)

Um personagem de Tácito escolhe entre várias espécies de roupas: "Mais vale, quanto ao estilo, vestir uma toga, mesmo

Teorias do símbolo

grosseira, do que se fazer notar com roupas berrantes e de cortesã" (XXVI).

Como se percebe, tais comparações estão impregnadas de condenações morais: o discurso ornamentado é como uma mulher fácil, de maquiagem chamativa; quão mais estimável é a beleza natural, o corpo puro e, portanto, a ausência de retórica! Reencontraremos até em Kant os vestígios dessas assimilações: agradar, que vimos constituir a função retórica por excelência, é um negócio de mulheres (aos homens convêm a função de comover...); às mulheres, o belo; aos homens, a inteligência (*Observações sobre o sentimento do belo e do sublime*).

Tal condenação moral alcança uma espécie de ápice em Quintiliano, para quem o discurso é masculino, de onde se segue que o discurso ornamentado é a cortesã masculina: o vício da inversão sobrepõe-se ao amor cúpido. É difícil não julgar que se trata, nessas invectivas, de um travesti de rosto depilado:

> Outros há que se deixam seduzir pela aparência e, em rostos depilados, esmaltados, cuja cabeleira frisada é segura por grampos e cujo brilho é artificial, encontram mais encantos do que os que a simples natureza pode dar, de modo que a beleza dos corpos parece de acordo com a corrupção dos costumes. (II, 5, 12)

Repetindo:

> Corpos sadios, de sangue puro, fortalecidos pelo exercício, pois a beleza tem a mesma origem que a força; pois têm uma boa cor, são magros e musculosos; mas se tratam de efeminar esses mesmos corpos depilando-os, maquiando-os, tornando-os

muito mais feios pelo empenho em embelezá-los. [...] O mesmo
acontece com essa elocução transparente e multicolorida de certos oradores: ela efemina os próprios pensamentos que revestem
as palavras assim escolhidas. (VIII, AP, 10-20)

E: "Repito: seja essa beleza masculina, forte e casta; não
busque nem a afetação efeminada, nem uma cor maquiada; que
brilhe pelo sangue e pela força" (VIII, 3, 6).

Acusado de asianismo estilístico, Cícero tornava-se de imediato suspeito quanto aos seus costumes sexuais: censuravam-
-lhe "um estilo asiático... uma harmonia frouxa, saltitante e
(ultrajante calúnia!) quase efeminada" (XII, 10, 12). Tal eliminação dos pelos masculinos leva à monstruosidade: "Estão
dispostos a amar a disformidade, a monstruosidade, tanto nos
corpos como na linguagem" (II, 5, 11).

É preciso que os discursos produzam "admiração e prazer,
porém não pela admiração que provocam os monstros, nem por
um prazer mórbido [*voluptate*], mas aquele causado pela beleza
e pela nobreza" (VIII, AP, 33).

A ornamentação retórica faz o discurso mudar de sexo.
E não é necessário ser muito perspicaz para ver que Quintiliano
não é partidário da transformação dos sexos. Não é tampouco
de espantar ver que Quintiliano, que soubera, porém, transmitir a definição da figura como atitude de linguagem (definição
que implicava uma valorização da linguagem enquanto tal),
não pôde permanecer ali e abandonou tal definição em proveito
de outra, que se tornará o cânone da tradição retórica europeia.
Afirmará que a primeira definição da figura é vaga demais e
deve ser substituída por outra, "e é o que chamamos propriamente de *skhéma*": será "uma mudança proposital no sentido ou

nas palavras, afastando-se da via ordinária ou simples" (IX, 1, 11), ou ainda "a mudança, em uma locução poética ou oratória, da maneira simples e comum de se exprimir" (IX, 1, 13). Eis que aparece a definição da figura como desvio, que dominará toda a tradição ocidental, mas contém quase uma condenação.

Se a produção retórica está vinculada ao ornamento e à vestimenta, a interpretação dos textos que se valem de tais procedimentos se aparenta, como nos leva a observar Jean Pépin, ao ato de despir-se – com tudo o que tal atividade pode comportar de agradável. Pois tanto na hermenêutica clássica como nos *strip-teases* de Pigalle, a duração do processo, ou até a sua dificuldade, aumenta o seu valor – contanto que estejamos certos de alcançar, no fim, o corpo mesmo. Os textos de Santo Agostinho, autor em que a retórica se transforma em hermenêutica, são aqui particularmente reveladores. Que se trate realmente de um princípio consciente, provam-no afirmações doutrinais deste tipo: "[Cristo] não escondeu [as verdades] para recusar sua comunicação, mas para excitar o desejo delas por essa mesma dissimulação" (*Sermões*, 51, 4, 5), ou:

> Ninguém nega que se aprenda com mais prazer todas as coisas por meio de comparações e que se descubram com mais satisfação as coisas quando buscadas com certa dificuldade. Com efeito, os homens que não encontram logo de saída o que procuram são atormentados pela fome; aqueles, ao contrário, que as têm sob a mão muitas vezes delas se cansam e as repelem. (*Doutrina*, II, VI, 8)

No fim do mesmo período, no século XVIII, reencontramos essas comparações, moduladas pelo suíço Breitinger:

As metáforas e as outras figuras são como o sal e os temperos; se uma mão demasiado parcimoniosa salpicar com eles o prato, este permanece sem gosto; se forem excessivamente prodigados, a coisa se torna intragável. Tal prodigalidade intempestiva e desmedida de temperos no preparo dos pratos demonstra a riqueza e a generosidade do dono da casa; mas ao mesmo tempo trai seu gosto depravado. (*Critische Abhandlung*, p.162)

Normalmente, porém, não se trata da fome sabiamente atiçada, mas sim de libido. Eis aqui algumas aproximações, entre outras, sempre em Santo Agostinho:

Quanto mais veladas parecem as coisas por expressões metafóricas, mais, erguido o véu, atraentes são (*Doutrina*, IV, VII, 15). É a alimentar o fogo do amor [...] que visam todas essas verdades que nos são apresentadas como figuras; pois mais provocam e inflamam o amor do que se se apresentassem em sua nudez desprovida de toda imagem significativa (*Cartas*, 55, XI, 21). Para evitar, porém, que as verdades manifestas se tornem cansativas, foram cobertas com um véu, embora permanecendo idênticas, e se tornam, assim, objeto de desejo; desejadas, de certa forma se rejuvenescem; rejuvenescidas, adentram a mente com suavidade [*suaviter*] (Ibid., 137, V, 18). Se as verdades são ocultas sob essa espécie de vestimenta que são as figuras, é para exercitar o espírito que as examina piedosamente e evitar que sua nudez acessível demais não as avilte a seus olhos. [...] Subtraídas aos nossos olhares, desejamo-las com maior ardor (*desiderantur ardentius*) e, desejadas, descobrimo-las com maior prazer (*iucundius*) (*Contra a mentira*, X, 24).

Por mais que nos alegremos com a secreta sensualidade de Santo Agostinho (ainda mais saborosa, por assim dizer, por visar a servir à superação do sentido primeiro, material e sensual, em proveito de um sentido segundo, espiritual), não deixa de ser verdade que, para ele, como para os outros retóricos ou exegetas, o traje não vale o corpo: é um invólucro externo que é necessário retirar (ainda que sintamos prazer nessa operação). Prova disso é também a aproximação frequente com a prostituta, realizada agora em sentido inverso (de tanto despir-se dos véus, a mulher vê-se nua e só lhe resta uma única profissão). Assim é que Macróbio relata os percalços do filósofo neopitagórico Numênio (*Comentário sobre o sonho de Cipião*, I, II, 19):

> O filósofo Numênio, investigador curiosíssimo dos mistérios, recebeu em sonho comunicação da ofensa que fizera às divindades quando divulgara, interpretando-os, os ritos de Elêusis: julgou ver as próprias deusas eleusianas, em trajes de cortesãs, oferecer-se diante da porta de um bordel; como se admirasse com aquilo e se informasse sobre as razões de tal aviltamento, tão pouco digno de seu caráter divino, elas responderam, irritadas, que ele mesmo as arrancara à força do santuário de seu pudor e as prostituíra a quem quisesse.

Tais comparações e os juízos de valor que implicam serão transmitidos ao longo de todo o segundo período da história da retórica, aquele que vai de Cícero a Fontanier, tornando-se o traço constitutivo de uma civilização que, sob a influência da religião cristã, sempre concederá um privilégio ao pensamento em detrimento das palavras, na certeza de que "a letra mata e o espírito vivifica". Lembrarei aqui um último testemunho, que a celebridade do autor torna especialmente eloquente:

encontra-se no *Ensaio sobre o entendimento humano* de Locke, o qual condena a retórica (e, portanto, a eloquência e a palavra) como disfarces do pensamento.

Confesso que em discursos em que buscamos antes agradar e divertir que instruir e aperfeiçoar o juízo, mal podemos ter por erros essas espécies de ornamento que tomamos emprestadas das figuras. Mas se quisermos representar as coisas tais como são, convém reconhecer que, salvo a ordem e a clareza, toda a arte da retórica, todas essas aplicações artificiais e figuradas que são feitas das palavras, segundo as regras que a eloquência inventou, só servem para insinuar falsas ideias na mente, para excitar as paixões e para seduzir pelo juízo; são, assim, perfeitos embustes. E, portanto, embora a arte oratória aceite e até mesmo admire todas essas diversas características, não há dúvida de que cumpre evitá-las absolutamente em todos os discursos destinados à instrução e que elas só podem ser vistas como grandes defeitos ou na linguagem ou na pessoa que delas se serve, em toda parte em que a verdade esteja em jogo. [...] Uma única coisa que não posso impedir-me de observar é quão pouco se interessam os homens pela conservação e avanço da verdade, pois é a essas artes falaciosas que se conferem as honras e as recompensas. É, digo, muito claro que os homens gostam muito de enganar e de serem enganados, pois a retórica, esse potente instrumento de erro e trapaça, tem seus professores comprometidos, é ensinada publicamente e sempre gozou de grande reputação no mundo. [...] Pois a *eloquência*, como o belo sexo, tem encantos poderosos demais para que se possa admitir falar contra ela; e é em vão que se revelariam os defeitos de certas artes enganosas pelas quais os homens têm o prazer de serem iludidos. (III, X, 34)

Teorias do símbolo

Podemos agora voltar à análise causal e colocar de novo a pergunta: por quê? Por que é impossível uma retórica feliz durante esse período? Por que é impossível apreciar a linguagem por si mesma? Por que a festa não aconteceu?

Teria sido possível a retórica feliz se o desaparecimento das liberdades políticas e, portanto, verbais tivesse sido acompanhado de um desaparecimento de toda moral social: isso teria tornado lícita a admiração solitária, por princípio individualista, de cada enunciado linguístico por si mesmo. Ora, a verdade é o contrário disso. Quer no Império Romano, quer nos Estados cristãos posteriores, estão longe de ser elevados à condição de modelo o prazer individual e o valor de autossatisfação. Vimo-lo com Santo Agostinho: cremos saber, cada vez com maior firmeza, qual é *a* verdade; não se trata de permitir que cada qual aprecie a sua verdade e ame os objetos (no caso, linguísticos) pela mera harmonia e beleza. O prazer poético, portanto, na medida em que consiste em uma apreciação da linguagem inútil, é inadmissível nessa ordem social.

Mas se é impossível o ideal da nova retórica, por que consegue subsistir durante aproximadamente dois milênios? É que tampouco se trata de abandonar a regulamentação dos discursos. O próprio princípio que faz desaparecer a antiga retórica – a eloquência eficaz – conserva com vida a retórica enquanto corpo de regras. O sistema de valores obrigatórios para toda a sociedade suprime a liberdade de palavra, mas mantém a regulamentação. O que condena a eloquência (e, com ela, a retórica) à decadência, contribui ao mesmo tempo para mantê-la viva. Diante dessa exigência contraditória – a retórica só deve ocupar-se da beleza dos discursos, mas ao mesmo tempo não deve valorizá-la –, só resta uma postura possível: a da má consciência (temos vontade de dizer: da doença mental). A retórica fará o seu trabalho a contragosto.

Encontramos uma confirmação desse estado de coisas na história posterior da retórica – que nos contentaremos, por enquanto, em percorrer rapidamente. É que, de fato, a história não se detém em Fontanier; ou melhor, só a história da retórica ali se detém – a das sociedades e das civilizações continua. Produz-se no fim do século XVIII uma mutação que desencadeará a segunda crise da retórica, que se mostrará mais grave que a primeira. E assim como na primeira crise uma mesma causa a condenava e a mantinha viva, agora, com um único gesto, ela será absolvida, liberta – e, ao mesmo tempo, morta.

É que esse século (o XVIII) será o primeiro a assumir o que se preparava no interior da retórica do tempo de Tácito: o gozo da linguagem enquanto tal. Esse século será o primeiro a preferir à imitação – relação de submissão ao exterior – a beleza, definida agora como combinação harmoniosa dos elementos de um objeto entre si, como uma realização em si mesma. Estamos, com efeito, em uma época em que cada qual pretende ter os mesmos direitos que os outros e possuir em si mesmo o padrão de beleza e de valor. "Já não vivemos na época em que dominavam formas universalmente aceitas" (Novalis). Fim da religião, norma comum a todos, fim da aristocracia, casta de privilégios preestabelecidos. Não mais se admirará o que se serve – pois já não se tem objetivo comum a servir, e cada qual quer ser o primeiro a ser servido. Moritz, Kant, Novalis, Schelling definirão o belo, a arte, a poesia como o que se basta a si mesmo; não serão os primeiros a fazê-lo, como vimos, mas serão os primeiros a serem ouvidos: é que a mensagem deles chega a ouvidos favoráveis.

Teorias do símbolo

E a retórica? Ei-la, poderíamos crer, livre da má consciência, tornando-se dessa vez, para valer, a festa da linguagem. Mas a vaga romântica que suprimiu as razões da má consciência teve consequências muito mais profundas: suprimiu também a necessidade de regulamentar os discursos, pois agora cada qual pode, valendo-se de sua inspiração pessoal, sem técnica nem regras, produzir admiráveis obras de arte; já não há divórcio e nem sequer distinção entre o pensamento e a expressão; em suma, não há mais necessidade de retórica. A poesia pode dispensá-la.

Poderíamos diagnosticar essa segunda crise com o simples desaparecimento material das obras de retórica, com o esquecimento em que será mergulhada toda uma problemática. Encontramos, além disso, depoimentos eloquentes. É o caso do que nos deixou Kant na *Crítica da faculdade de julgar*. Ante a poesia, que encontra a sua justificação em si mesma, a retórica, palavra subjugada, não é só inferior: é até indigna de existir. Eis aqui o que diz sobre a primeira: "Na poesia, tudo é lealdade e sinceridade. Ela afirma só querer entregar-se a um divertido jogo da imaginação, de acordo, segundo a forma, com as leis do entendimento, e não exige que o entendimento seja subjugado e enfeitiçado pela apresentação sensível".

(Parece-nos ouvir Maternus, no início do diálogo de Tácito.) E eis aqui o que se refere à segunda:

> A eloquência, na medida em que se entende por isso a arte de persuadir, isto é, a arte de enganar (como *ars oratoria*) por uma bela aparência e não simplesmente a arte de bem dizer (eloquência e estilo), é uma dialética que só toma emprestado à poesia o que é necessário para conquistar as mentes em favor do orador, antes que o juízo seja dado, para, assim, roubar-lhes a liberdade.

Kant toma o cuidado de estabelecer duas séries: por um lado, a poesia, puro jogo formal, e a eloquência propriamente dita, isto é, a arte de dizer bem e com estilo; e, por outro, a arte oratória, que submete esses mesmos meios linguísticos a um fim exterior, cujo diabólico parentesco logo se percebe: "subjugar", "enfeitiçar", "enganar", "conquistar as mentes". A retórica criticada por Kant, como vemos, é a de antes de Cícero, a que procurava persuadir e não bem dizer. Ele explicita a sua hostilidade à eloquência tradicional em uma nota:

> Devo confessar que uma bela poesia sempre me proporcionou uma pura satisfação, enquanto a leitura dos melhores discursos de um orador romano ou de um orador moderno do parlamento ou da cátedra sempre se misturou em mim com um sentimento desagradável, desaprovando uma arte enganadora, que nas coisas importantes procura conduzir os homens como máquinas a um juízo que perderá todo valor aos olhos deles na calma da reflexão. A eloquência e a arte de bem dizer (que compõem, juntas, a retórica) pertencem às belas-artes, mas a arte do orador (*ars oratoria*), como arte que consiste a se servir das fraquezas dos homens para seus próprios fins (por melhores que eles sejam, quer na mente do orador, quer na realidade), não é digna de nenhum respeito. Assim, essa arte, tanto em Atenas como em Roma, só alcançou seu supremo grau em um tempo em que o Estado caminhava para a ruína e em que desaparecera todo verdadeiro patriotismo. (I, II, 53)

Note-se nesse texto, ao lado da dicotomia já evocada entre o útil, impuro, e o inútil, objeto de admiração sem reservas, a ênfase dada a valores tipicamente burgueses: a independência do indivíduo, a autonomia dos países (o patriotismo). O discurso subjugado não é digno de nenhuma estima; tampouco a retórica; não há lugar para ela em um universo dominado pelos valores românticos.[2]

Poderíamos perguntar, abandonando completamente a história e nos atendo à problemática presente, em que medida as coisas ainda não mudaram, uma vez que ainda vivemos na época de Kant. Se, por um lado, a ausência de moral social é sempre a mesma que em seu tempo, a importância da palavra talvez tenha aumentado. Contava Tácito, como uma lembrança distante, que "os antigos tinham chegado à convicção de que, sem eloquência, ninguém podia, no Estado, adquirir ou conservar uma situação de grande notoriedade e relevo"; mas atualmente, quando os dizeres e os gestos dos homens públicos são, graças aos meios de comunicação de massa e, acima de tudo, à televisão, transmitidos de imediato até os mais remotos recantos do Estado, será ainda concebível que se possa, "sem eloquência", conservar-se em uma posição importante? Dois fatos recentes, entre mil, tendem a provar o contrário. O presidente dos Estados Unidos tornou-se menos culpado ante os concidadãos ao transgredir repetidas vezes a lei de seu país apenas revelando... seus erros de linguagem: a publicação de suas conversas particulares, que deveria provar a sua inocência legal, teve um efeito maciçamente negativo, quando os norte-americanos se

---

2 Será por acaso que Goethe, esse outro romântico, estima mais do que tudo na obra de Kant essa condenação da retórica? "Se quiserdes ler algo dele [Kant], recomendo a *Crítica da faculdade de julgar*, em que falou de modo excelente da retórica, muito bem da poesia e com insuficiência das artes plásticas" (*Conversations avec Eckermann*, 14 jul. 1827, p.171).

deram conta de que Nixon falava mal, tão mal como eles mesmos, que usava palavrões a cada frase, que suas falas estavam recheadas de gírias. Ousarão dizer, depois disso, que a "eloquência" não é mais necessária ao homem de Estado? Outro exemplo nos é dado pela vida política francesa. Segundo especialistas, a escolha do novo presidente, em 1974, decidiu-se em boa medida durante um debate televisionado, em que os dois candidatos se enfrentaram durante uma hora e meia; é possível crer que suas qualidades retóricas, que sua arte de manejar as palavras, de instruir, de comover e de agradar, tenham sido irrelevantes para a escolha feita pelos espectadores? O homem público não pode permitir-se falar mal. O poder está hoje na ponta da língua; a palavra – mais a transmitida pela telinha do que a que se ouve nas assembleias deliberativas – voltou a ser uma arma eficaz.

Talvez estejamos nos primórdios de uma quarta era retórica, em que a eloquência não vai carecer nem de "matéria", nem de "movimento" para brilhar; essa potência da palavra será capaz de vencer a das instituições? Não vamos entregar-nos aos jogos de adivinhação, mas há de se constatar – o que, afinal, talvez não passe de coincidência – o redespertar dos estudos retóricos nos países da Europa ocidental, de aproximadamente vinte anos para cá: desde que o nosso mundo vive a hora das comunicações de massa.

Haverá um dia, de novo, como nos primeiros tempos da Grécia e de Roma, retóricos felizes? Não ousamos afirmá-lo e nos contentaremos em observar (melancolicamente) sua ausência durante os dois mil anos que o mundo acaba de viver.

A menos que nos tenhamos enganado de história. A menos que todos esses personagens de que acabo de falar, Cícero,

Teorias do símbolo

Quintiliano, Fontanier sejam seres de ficção, e seus escritos, uma farsa. A menos que a verdadeira história seja aquela que contou um dia, no século VII, um cidadão de Toulouse que atendia pelo nome de Virgílio, o Gramático. É a seguinte:

> Havia no começo um velho chamado Donato que viveu em Troia durante mil anos, segundo dizem. Ele veio ver Rômulo, o fundador da cidade de Roma, e foi recebido com grandes honras; permaneceu com ele quatro anos em seguida, construiu uma escola e deixou inúmeras obras.
>
> Nessas obras, levantava questões deste tipo: Qual é a forma, meu filho, que estende suas tetas a uma multidão de crianças e que as vê preencherem-se com abundância tanto maior quanto mais pressionadas forem? Era a ciência...
>
> Houve também em Troia um Virgílio, aluno desse mesmo Donato, muito hábil na arte de compor versos. Escreveu setenta volumes sobre a métrica e uma carta sobre a explicação do verbo, endereçada a Virgílio da Ásia.
>
> O terceiro Virgílio sou eu...
>
> Houve também, no Egito, Gregório, muito versado nas letras helenísticas, que escreveu três mil livros sobre a história grega. Houve também, perto de Nicomédia, Balapsidus, recém-falecido, que, por ordem minha, traduziu em latim os livros da nossa doutrina, que eu leio no texto grego...

Houve também Virgílio de Ásia, que professava que cada palavra tinha em latim doze nomes de que podiam servir-se nas ocasiões apropriadas.

Houve também Eneias, o professor do terceiro Virgílio, que lhe ensinou a arte nobre e útil de cortar as palavras, de agrupar todas as letras parecidas, de compor palavras novas a partir das antigas, tomando de cada uma, uma só sílaba.

Houve...

Houve retóricos felizes.[3]

---

3 Os textos modernos a que me refiro neste capítulo são: Yon, "Introduction" à Cicerón", *L'Orateur*, p.XXXV-CXCVI ("A retórica"); Pépin, Saint Augustin et la fonction protreptique de l'allégorie, *Recherches augustiniannes*, p.243-86. Cito Virgílio de Toulouse segundo Tardi (ed.), *Les Epitomae de Virgile de Toulouse*.

3
Fim da retórica

Teoria semântica geral. Os tropos e sua classificação. A figura, teoria e classificações. Reflexões finais.

Desde o século XIX, a retórica clássica não existe mais. Mas, antes de desaparecer, terá produzido, em um derradeiro esforço, superior a todos os que o precederam e como para tratar de combater a morte iminente, uma suma de reflexões cuja finura permanecerá sem igual. Esse canto do cisne merece ser questionado em duas perspectivas: teórica (pois tal reflexão é sempre atual); e histórica: é rica em significação a forma assumida por esse fim.

Estamos na França, e o período em questão cobre exatamente cem anos. Ele se abre em 1730, quando Du Marsais publica um tratado de retórica destinado a ter, em seu país, mais repercussão do que qualquer um dos que o antecederam; termina em 1830, quando Fontanier conclui a última edição de seu *Manual clássico*, fazendo-o preceder por estas palavras cujo alcance profético devia ignorar:

> A obra recebeu todas as melhorias de que era capaz, não, sem dúvida, em si mesma, mas relativamente à mirrada capacidade do autor, que declara ter a ela dado suas últimas atenções e já nada mais ter a fazer do que recomendá-la, para a fidelidade da execução, aos impressores encarregados de reproduzi-la. (*FD*, p.22)

O corpo retórico está perfeitamente embalsamado; só resta sepultá-lo.

Travemos conhecimento com os autores dessa rapsódia retórica, dispersos por cem anos e três gerações.

À primeira geração pertence apenas César Chesneau Du Marsais (1676-1756), de que os *Tropos* são um dos primeiros livros – sem, porém, serem uma obra de juventude. Preceptor carente de recursos ao longo de toda a vida, autor de um novo método de ensino do latim, que lhe é mais querido que tudo o mais, recebe, aos 75 anos de idade, seu primeiro cargo de prestígio: é responsável pela parte gramatical e retórica da *Enciclopédia*. Tal emprego lhe convém, aliás, bastante bem: Du Marsais é dotado, antes de tudo, de qualidades de escritor – para não dizer de vulgarizador; por outro lado, não é atordoado por ideias originais; é um grande eclético, leu muito, tem o espírito "filosófico"; sua indiferença em relação a tudo o que é sistema e coerência vai, porém, pregar-lhe algumas peças. A colaboração para a *Enciclopédia*, aliás, não vai durar muito; quando morrer, mal terá terminado o artigo "Gramático".

Compõe-se a segunda geração, para nós, de dois personagens bastante díspares. O primeiro é o herdeiro de Du Marsais na direção da parte gramatical e retórica da *Enciclopédia*: Nicolas

Teorias do símbolo

Beauzée (1717-1789), professor na École Militaire. Sua contribuição para a *Enciclopédia* dura até o término dela (1772); na mesma época, em 1767, publica um livro de síntese, a sua *Gramática geral* em dois volumes, que inclui certas páginas dos artigos enciclopédicos. Ao contrário de Du Marsais, Beauzée é antes de tudo um espírito sistemático; seu principal interesse é a gramática, não a retórica. Mas uma não vai sem a outra, e a sua *Gramática* também comporta páginas decisivas dedicadas às figuras. De 1782 a 1786 são publicados, finalmente, os três volumes da *Enciclopédia* que tratam de "gramática e literatura"; é mais uma vez Beauzée o encarregado da revisão das partes retóricas, o que lhe deu a oportunidade de comentar, criticar e completar os artigos de Du Marsais.

O segundo representante dessa geração é conhecido demais para nos determos em pormenores materiais: é Étienne Bonnot, abade de Condillac (1714-1780). Preceptor como Du Marsais, compôs entre 1758 e 1765 uma retórica que será publicada em seu *Curso de estudos para a instrução do príncipe de Parma* (1775). Amigo de Du Marsais e dos enciclopedistas, Condillac situa-se, porém, um pouco à parte; e o seu tratado *Da arte de escrever* se contenta em participar de uma atmosfera, mais do que reatar abertamente o debate com seus antecessores e contemporâneos. A característica comum de todos esses teóricos é serem ao mesmo tempo gramáticos, e isso em uma época em que a gramática é "filosófica"; por isso as suas retóricas são também "gerais e razoadas".

Terceira geração de retóricos, com certa decalagem em relação aos anteriores (não há mais filiação direta): aquela que é representada por Pierre Fontanier, do qual, curiosamente, ignoramos quase tudo. Devia ensinar retórica no liceu, servindo-se do manual de Du Marsais; insatisfeito com as inúmeras

117

incoerências do livro, decidiu substituí-lo por outro, de sua própria fabricação. Tal era, porém, o prestígio de Du Marsais, que optou por uma estratégia muito complexa: publicou primeiro, em 1818, uma nova edição dos *Tropos*, acompanhada de um volume igualmente grosso, que constituía seu *Comentário razoado*. Esse comentário ultrapassa, aliás, a sua destinação primeira: não só Du Marsais, mas também Beauzée, Condillac e outros são convocados para um debate que — e esta é a sua originalidade — não trata mais da eloquência, mas da retórica (trata-se de uma obra de metarretórica). Assim aplainado o terreno, Fontanier publicou, em 1821, o seu *Manual clássico para o estudo dos tropos* (cuja quarta edição definitiva é editada, como vimos, em 1830); livro seguido, em 1827, de sua segunda parte, o *Tratado geral das figuras do discurso além dos tropos*.

Lendo hoje esses tratados, esses artigos, não somos em nenhum momento impressionados pelo gênio de seus autores; e não seria arriscado dizer que o gênio está, aqui, pura e simplesmente ausente. Cada uma dessas páginas, tomadas isoladamente, respira a mediocridade. Estamos diante de um ancião (a retórica); ele não ousa jamais se afastar muito do ideal de sua juventude (realizado por Cícero e Quintiliano — velhos também à sua maneira, porém); não observa as transformações do mundo ao seu redor (Fontanier é *posterior* ao Romantismo, pelo menos ao alemão). E, no entanto, essa velhice tem também alguma coisa de esplêndido: o velho nada esqueceu da história bimilenar da sua vida; ou melhor: em um debate conduzido por várias vozes, as noções, as definições, as relações são aguçadas e cristalizadas como nunca antes. Eis o paradoxo: essa sequência de páginas opacas produz, tomada como um todo, uma impressão deslumbrante.

Teorias do símbolo

Tentemos, agora, escutar alguns fragmentos dessa rapsódia em várias vozes.[1]

Teoria semântica geral

Podemos dizer, sem exagero, que o livro de Du Marsais é a primeira obra de semântica jamais escrita. Já o adivinhamos ao tomarmos conhecimento do título completo: "Dos tropos,

---

1 Cito as seguintes edições: Du Marsais, *Des tropes* [Dos Tropos], 1818, republicado em Genebra por Slatkine em 1967 (abreviado como *DT*); para os outros textos: *Oeuvres*, 7 v., editadas por Duchosal e Millon, 1797. – Beauzée, *Grammaire générale* [Gramática geral], 1767; para os artigos: *Encyclopédie méthodique. Grammaire et littérature* [Enciclopédia metódica. Gramática e literatura], 3 v., 1782, 1784, 1786 (abreviado como *EM*, seguido do número do volume). – Condillac, todas as citações de acordo com as *Oeuvres philosophiques* [Obras filosóficas], 3 v., editadas por Le Roy, Paris, 1947; *De l'art d'écrire* [Da arte de escrever] aparece no v.1 (abreviado como *AE*). – Fontanier, *Commentaire raisonné sur les tropes de Du Marsais* [Comentário razoado acerca dos tropos de Du Marsais], 1818, reeditado por Slatkine em 1967 (abreviado como *CR*); e *Les Figures du discours* [Figuras do discurso], volume que reúne as duas partes do tratado, Paris, 1968 (abreviado como *FD*). Modernizo sempre a ortografia.
As teorias retóricas aqui examinadas foram brevemente comentadas nos seguintes estudos (em geral, fora de seu contexto histórico e de suas relações recíprocas): Genette, *Figures*, p.202-22; Todorov, *Litterature et Signification*, p.91-118; Genette, Préfacio à reedição de Slatkine do *Des Tropes*, 1967; Genette, Introduction, la rhétorique des figures, na reedição de *Les Figures du discours* em 1968, p.5-17; Cohen, Théorie de la figure, *Communications*, 16, 1970, p.3-25; Genette, *Figures III*, p.21-40; Charles, Le discours des figures, *Poétique*, 4 (1973), 15, p.340-64; Ricoeur, *La Métaphore vive*, p.63-86. O sólido estudo de Sahlin, *C. C. Du Marsais...*, pouco se preocupa com o trabalho retórico de Du Marsais.

ou dos diferentes sentidos em que podemos tomar a mesma palavra em uma mesma língua"; e o constatamos, em especial, ao lermos a terceira parte do tratado. O ecletismo de Du Marsais produz aqui, ao mesmo tempo, seus melhores e piores resultados.

Os melhores, porque o seu conhecimento das diferentes áreas lhe permite descobrir proximidades insuspeitadas. De fato, essa parte é composta por uma longa enumeração dos diversos "sentidos", além dos trópicos, em que uma palavra pode ser usada. Alguns vêm da tradição gramatical: as palavras podem ser tomadas "substantivamente", "adjetivamente" ou "adverbialmente", sem serem substantivos, adjetivos ou advérbios; isso lhes dá uma espécie de significação gramatical, que se soma ao sentido lexical. Do mesmo modo, o sentido pode ser determinado ou indeterminado, ativo, passivo ou neutro: também aí se reconhecem categorias gramaticais transpostas para o campo da semântica. Outras categorias vêm da lógica; Du Marsais conhece muito bem essa tradição, e é, aliás, autor de uma *Lógica*. É o caso do "sentido" absoluto e relativo, coletivo e distributivo, composto e dividido, abstrato e concreto: todas elas noções que têm origem na *Lógica* de Port-Royal. Outras ainda têm origem na tradição das obras dedicadas aos jogos de palavras: como os "sentidos" equívoco e obscuro, ou ainda o sentido "adaptado" (paródia, centão). Enfim, com um gesto exatamente simétrico ao realizado por Santo Agostinho, esse outro grande eclesiástico, uns treze séculos antes, integrando a retórica no quadro de uma hermenêutica. Du Marsais inclui em sua enumeração os quatro sentidos da Escritura, herança da exegese medieval, mas estendendo-os a todo enunciado, religioso ou não. A oposição do religioso e

Teorias do símbolo

do profano é acompanhada da oposição entre a recepção e a produção, a hermenêutica e a retórica.

Pela simples justaposição, portanto, Du Marsais ajuda a criar o campo da semântica. Mas é também aqui que podemos observar os resultados mais deploráveis da ausência, nele, de toda preocupação sistemática. Ele acumula, sem procurar articular. A construção mais desajeitada surge justamente no artigo IX dessa terceira parte, dedicada ao "Sentido literal, sentido espiritual". A primeira parte havia contraposto o sentido próprio (= original) ao sentido figurado, e a significação própria era declarada natural ("natural, isto é, aquela que teve inicialmente", *DT*, p.27). Agora, o sentido literal é definido como aquele "que ocorre naturalmente ao espírito" (*DT*, p.292): cremos estar diante de um sinônimo de próprio. Na página seguinte, porém, o sentido literal é dividido em dois: "1. Há um sentido *literal rigoroso*, o sentido próprio da palavra [...] 2. A segunda espécie do sentido literal é o que as expressões figuradas de que falamos apresentam naturalmente ao espírito dos que entendem bem a língua, é um sentido literal figurado" (*DT*, p.293).

A divisão do sentido literal em próprio e figurado é familiar à hermenêutica cristã pelo menos desde São Tomás; ela permite a este último excluir as figuras dos poetas do sentido espiritual, obra de Deus. Se, porém, ela desempenhava na semântica profana de Du Marsais o papel que este lhe pretende dar (a saber, fazer do sentido literal uma categoria de que o sentido próprio e o sentido figurado são as duas espécies), ela deveria ter surgido muito antes — precisamente, a respeito da definição do sentido figurado. Mas Du Marsais não unifica as perspectivas, adiciona-as.

Admitamos, porém, essa reorientação. Onde as coisas se complicam é quando chegamos às subdivisões do sentido espiritual: entre elas, de acordo com a tradição patrística da exegese bíblica, figura o sentido alegórico. Ora, a alegoria é uma velha conhecida do leitor dos *Tropos*: ela aparecia na segunda parte do livro, entre os tropos, variedades do sentido figurado. Como pode pertencer ao mesmo tempo ao sentido literal e ao sentido espiritual? Novamente, confunde-se o sentido espiritual, portanto, com o sentido figurado. Du Marsais, sem dúvida, se dá conta da incoerência, mas se preocupa tão pouco com ela, que se contenta em observar, depois da definição do sentido alegórico: "Já falamos da alegoria" (*DT*, p.303). De fato falou-se, mas para dizer outra coisa.

O legado de Du Marsais e de seus sucessores, portanto, não é uma teoria semântica, mas um domínio. Isso não é insignificante; Beauzée poderá tentar articular ali algumas noções fundamentais. Ele não abordará, aliás, as diferentes espécies de *sentido* e, sobre esse assunto, se contentará em resumir as enumerações de Du Marsais. Seu interesse concentrar-se-á, de preferência, nos diferentes modos de existência do semântico — modos de que o *sentido* não é senão um entre outros. Há, segundo Beauzée, três categorias distintas: significação, acepção e sentido.

A significação é uma espécie de sentido fundamental da palavra. É o denominador comum dos diferentes usos, e só existe fora de qualquer uso: no léxico, considerado como um inventário.

> Cada palavra tem, em primeiro lugar, uma significação primitiva e fundamental, que lhe vem da decisão constante do uso e que deve ser o principal objeto a ser determinado em um dicionário, bem como na tradução literal de uma língua para outra [...]. A significação é a ideia total de que uma palavra é o signo primitivo

Teorias do símbolo

pela decisão unânime do uso. ("Sentido", *EM*, III, p.375 e 385; note-se que por duas vezes Beauzée passa de uma perspectiva diacrônica à sincronia)

A acepção situa-se no mesmo plano; mas uma significação reparte-se em várias acepções: a palavra pode ter vários significados (por homonímia); ou ainda, pode ser tomada, metalinguisticamente, como seu próprio nome. Trata-se, em suma, mais uma vez, dos sentidos tais como se encontram no dicionário, mas dessa vez enumerados um a um e não considerados em sua unidade. "Todas as espécies de acepção de que as palavras em geral e as diferentes espécies de palavras em particular podem ser suscetíveis não são senão diferentes aspectos da significação primitiva e fundamental" (Ibid., p.376).

O sentido, em compensação, é completamente diferente: não é mais a significação que as palavras têm no dicionário, mas a que adquirem no interior de uma frase. A significação é apenas a base, o ponto de partida a partir do qual se fabrica o sentido da frase. Fabrica-se de acordo com procedimentos particulares, que nada mais são do que os tropos (não se trata de uma simples manifestação da ideia abstrata em ocorrências concretas): para Beauzée – voltaremos a esse ponto mais tarde – toda frase real é figurada, pois se afasta de uma estrutura abstrata, no duplo plano gramatical e semântico.

O sentido é outra significação diferente da primeira, que lhe é ou análoga ou acessória e que é menos indicada pela própria palavra do que pela combinação com as outras que constituem a frase. É por isso que se diz igualmente o sentido de uma palavra e o sentido de uma frase; mas não se diz a significação ou a acepção de uma frase. (Ibid., p.385)

O sentido é derivado da significação por analogia ou conexão, por metáfora ou metonímia; no discurso real só há o sentido, a significação é reservada ao léxico, a uma visão paradigmática das palavras. A única realidade empírica é o sentido; a significação, por seu lado, situa-se em um nível "profundo" e não "de superfície".

Suspendamos provisoriamente a discussão sobre a natureza "figurada" de todo sentido; permanece esta afirmação forte de que a semântica da língua não se confunde com a do discurso, pois não há identidade entre significação e sentido, entre sentido lexical e sentido discursivo. Contenta-se Beauzée em colocar o princípio, sem procurar explorá-lo.

Fontanier retoma tanto a problemática de Beauzée como a de Du Marsais. "Sentido" e "significação" ainda serão distinguidos; mas segundo critério um pouco diferente. A significação é o que a palavra significa, independentemente de todo uso particular, na língua; o sentido, em compensação, é a imagem psíquica e individual que os interlocutores têm da significação.

> O *sentido* é, relativamente a uma palavra, o que essa palavra nos faz entender, pensar, *sentir* por sua *significação*; e a sua *significação* é o que ela significa, isto é, aquilo de que é signo, de que faz signo. [...] A *significação* diz-se da palavra considerada em si mesma, considerada como signo, e o *sentido* diz-se da palavra considerada quanto ao seu efeito no espírito, considerada como entendida a forma que deve sê-lo. (*FD*, p.55; cf. *CR*, p.381-2)

A oposição não é mais entre sentido lexical e sentido discursivo, mas entre sentido-na-língua e sentido vivido (concebido ou percebido); a significação é linguística, o sentido psicoló-

Teorias do símbolo

gico (não estamos longe de um dos aspectos da oposição entre *dictio* e *dicibile* em Santo Agostinho, *Da dialética*).

A partir daí, Fontanier volta-se para a classificação dos sentidos, deixada de lado por Du Marsais. Seu comentário começa com esta constatação severa: "Du Marsais distinguiu muito bem entre os diversos sentidos das palavras, não podia caracterizar melhor cada um deles em particular. Mas se há de convir que, para a classificação, ele não se esforçou muito. Digamos até que ele a deixou mais ou menos por fazer" (*CR*, p.325). E Fontanier se entrega ao seu trabalho preferido, de classificação. Reterá, em um primeiro nível, três espécies de sentido: objetivo, literal e espiritual, cada um dos quais podendo ter diversas subespécies. Eis aqui suas definições: "*O sentido objetivo* da proposição é aquele que ela tem em relação ao objeto de que trata" (*FD*, p.56).

É o que hoje chamaríamos de referência. É esse sentido que comporta a maioria das subdivisões reunidas por Du Marsais (substantivo-adjetivo, ativo-passivo etc.). Em seguida:

> O *sentido literal* é aquele que está ligado às palavras tomadas ao pé da letra, às palavras entendidas segundo sua acepção no uso comum: é, por conseguinte, aquele que se apresenta de imediato ao espírito dos que entendem a língua: o *sentido literal* que está vinculado a uma única palavra é ou *primitivo*, *natural* e *próprio* ou *derivado*, por assim dizer, e *tropológico*. (*FD*, p.57)

Aqui, a oposição é dupla. Por um lado, o sentido literal opõe-se ao sentido objetivo: neste último caso, o sentido é transparente em relação ao que designa, não nos detemos nele e não o consideramos por si mesmo; no primeiro, ao contrário,

125

percebemos o sentido mesmo, ele torna-se, de certo modo, opaco. Por outro lado, prepara-se uma segunda oposição, agora, com o sentido espiritual: o sentido literal é uma propriedade de palavras isoladas.

Enfim, "o *sentido espiritual, sentido desviado* ou *figurado* de uma reunião de palavras é aquele que o *sentido literal* faz nascer no espírito [...]. Chama-se *espiritual*, porque é todo do espírito, por assim dizer, e é o espírito que o forma ou o descobre com o auxílio do *sentido literal*" (*FD*, p.58-9). A oposição pertinente é aquela entre palavra e reunião de palavras; o sentido espiritual, ademais, é sempre desviado, como também o era o sentido literal derivado ou tropológico.

Se deixarmos de lado o sentido objetivo, ao qual se opõem em bloco os dois outros sentidos, damo-nos conta de que se trata aqui de duas oposições independentes: palavra-grupo de palavras, e direto-indireto, o que poderíamos apresentar no seguinte quadro:

	PALAVRA	GRUPO DE PALAVRAS
direto	sentido próprio	?
indireto	sentido derivado (tropológico)	sentido espiritual

Fontanier não tem um termo especial para designar o sentido próprio do grupo de palavras (parece não se dar conta de sua existência). A unificação dos sentidos derivado e espiritual (sugerida aqui pela categoria inclusiva de "indireto") não é explicitamente afirmada e, no entanto, transparece no termo *figurado* que se encontra de ambos os lados.

Note-se, enfim, que o sentido espiritual, já bastante despojado de suas conotações religiosas em Du Marsais, o será ainda mais em Fontanier: "por *espiritual* entendemos aqui mais ou menos a mesma coisa que *intelectual*, e não, como faz Du Marsais ou como se faz comumente, a mesma coisa que *místico*" (*FD*, p.59). Os últimos vestígios do espírito religioso são eliminados da noção; é completa a desforra da retórica contra a hermenêutica.

Podemos reter dessa discussão não só a oposição entre sentido e referência (sentido literal e sentido objetivo), mas também a oposição entre duas espécies de sentido indireto. Na realidade, a questão das *formas do sentido indireto* já está presente nos predecessores de Fontanier. Convém lembrar aqui o que Du Marsais sabia muito bem: a concepção do sentido indireto elaborada pela exegese bíblica, de Santo Agostinho a São Tomás, passando por Beda, o Venerável. Existem, segundo ela, dois gêneros de sentido indireto, chamados às vezes de *allegoria in verbis* e *allegoria in factis*, simbolismo das palavras e simbolismo das coisas; os tropos representam as espécies do primeiro gênero, enquanto o segundo não implica, como os tropos, uma mudança no sentido das palavras, mas evoca um outro sentido a partir dos objetos designados pelas palavras no sentido próprio. É essa mesma oposição que permite a São Tomás, como vimos, contrapor sentido figurado (subdivisão do "literal") e sentido espiritual.[2]

Du Marsais lembra-se dessas noções quando procura distinguir metáfora e alegoria; mas não se limita exclusivamente a isso.

---

2 Sobre essa oposição, cf. Le symbolisme linguistique. In: *Savoir, faire, espérer: les limites de la raison*, t.II, em particular p.593-603.

A alegoria é um discurso que é, primeiro, apresentado em seu sentido próprio, que parece algo completamente diferente do que precisamos dar a entender e, no entanto, só serve de comparação para dar a inteligência de outro sentido que não exprimimos. A metáfora une a palavra figurada a algum termo próprio; por exemplo, *o fogo de vossos olhos*; *olhos* está no próprio: ao passo que, na alegoria, todas as palavras têm primeiro um sentido figurado; isto é, todas as palavras de uma frase ou de um discurso alegórico formam em primeiro lugar um sentido literal que não é o que se pretende dar a entender... (*DT*, p.178-9)

Passemos a limpo: na metáfora, a palavra só tem um sentido, que é o sentido figurado; essa mudança de sentido nos é indicada pelo fato de que, sem ele, o sentido conhecido das palavras vizinhas se tornaria inadmissível. Como *olhos* só tem um sentido (próprio), *fogo* também só tem um (é um sentido figurado). Não é o que acontece na alegoria: aqui, todas as palavras são tratadas da mesma maneira e parecem formar um primeiro sentido literal; mas, num segundo momento, descobrimos que é preciso procurar um sentido segundo, alegórico. A oposição é entre sentido único na metáfora e sentido duplo na alegoria.

Em vários trechos, na sequência dos *Tropos*, Du Marsais se referirá à mesma dicotomia. "Os provérbios alegóricos têm, em primeiro lugar, um sentido próprio que é verdadeiro, mas não é o que se quer dar principalmente a entender" (*DT*, p.184). Essa formulação é particularmente sugestiva: a alegoria mantém, portanto, duas proposições verdadeiras (duas asserções); a metáfora, uma só. "A alegoria apresenta um sentido e por ele dá a entender outro: é o que acontece também com as alusões"

(DT, p.189). Chegamos, assim, ao problema do sentido espiritual: "O *sentido espiritual* é aquele que o sentido literal contém, está enxertado, por assim dizer, no sentido literal, é ele que faz nascerem no espírito coisas significadas pelo sentido literal" *(DT*, p.292). Vemos que só esta última menção, feita acerca das categorias mesmas da hermenêutica cristã, refere-se à oposição palavras-coisas; em todos os outros casos, Du Marsais se esteia em uma distinção mais linguística e mais original: a manutenção de uma ou duas asserções no enunciado considerado. Uma vez mais, porém, o espírito incoerente de Du Marsais não leva absolutamente em conta noções por ele mesmo estabelecidas: a oposição das duas formas de simbolismo não desempenha nenhum papel na organização dos *Tropos*.

Beauzée retomará o mesmo problema. Mas convém aqui voltar mais atrás, pois não são mais dois termos, metáfora e alegoria, que são confrontados, mas três: entre os dois se insere a metáfora continuada ou "sustentada". Já persistia certa ambiguidade na descrição desses fatos em Quintiliano. Sabe-se que a oposição tropo-figura não é muito clara para ele: ela ora confronta o sentido e a forma, ora a palavra e a proposição. Decorre daí que a alegoria será considerada ora como tropo, ora como figura. Na classificação geral, ela é um tropo, e será definida exatamente como o faríamos para a metáfora continuada: ela "resulta de uma sequência de metáforas" (*Instituição oratória*, VIII, 6, 44), "é constituída por uma série de metáforas" (IX, 2, 46). Este último trecho contém, porém, uma indicação diferente: "Assim como a alegoria é constituída por uma sequência de metáforas, assim também a ironia-figura é formada por uma série de ironias-tropos" (Ibid.) A alegoria, portanto, se oporia dessa vez à metáfora como figura a tropo. Mas as figuras se caracterizam, ao mesmo tempo, por nelas não haver mudança de sentido, as palavras conservam seu sentido literal. Tudo se passa, em suma, como se Quintiliano confundisse, sob o termo alegoria, dois fatos próximos, mas distintos: 1. uma série de metáforas aparentadas; 2. um discurso em que todas as palavras conservam seu sentido próprio (não há metáforas), mas que, tomado como um todo, revela um sentido simbólico, segundo.

Beauzée tratará precisamente dessa ambiguidade (no artigo "Ironia"); e, no artigo "Alegoria", escreve:

> Cumpre distinguir entre a metáfora simples, que consiste apenas em uma ou duas palavras, e a metáfora sustentada, que ocupa uma maior extensão no discurso: ambas são o mesmo tropo; nem uma, nem outra faz desaparecer o objeto principal de que se fala; apenas introduzem, na linguagem que lhe é própria, termos tomados de empréstimo à linguagem que convém a algum outro objeto. É algo completamente diferente da alegoria: os objetos são diferentes, como na metáfora; mas nela se fala a linguagem própria do objeto acessório, o único a ser mostrado; o objeto principal está ao lado do acessório na metáfora; na alegoria, ele desaparece completamente.

E também:

> Na alegoria, talvez haja uma primeira metáfora, ou pelo menos algo que se aproxima disso, pois nela se compara o objeto de que se quer falar com aquele de que efetivamente se fala; mas, em seguida, tudo se relaciona a esse objeto fictício no sentido mais próprio [...]. Não são, portanto, as palavras que devem ser tomadas em outro sentido, diferente daquele que apresentam;

como na ironia, o pensamento mesmo é que não deve ser tomado pelo que parece ser... (*EM*, I, p.123).

Em suma, a de Beauzée é uma reformulação da solução de Du Marsais: em ambos, se insiste na manutenção de dois sentidos na alegoria e de um só na metáfora; e isso se traduz, paradoxalmente, por um efeito aparentemente inverso: as palavras têm dois sentidos na metáfora (o próprio e o figurado), um só na alegoria (o próprio). A diferença entre alegoria e metáfora é radical: na primeira se fala de um objeto ("acessório") e as palavras continuam sendo usadas no sentido próprio; é esse mesmo objeto, ou o pensamento que as palavras formam, que designa, em um segundo momento, um segundo objeto ("principal"). Na metáfora, em contrapartida, as próprias palavras é que mudam de sentido e designam diretamente o segundo objeto (ainda que o primeiro não desapareça completamente). A diferença entre metáfora e metáfora sustentada (ou contínua) tem pouca importância, no que se refere à primeira oposição: é apenas quantitativa ("ambas são o mesmo tropo"), ao passo que a primeira é qualitativa. A hierarquia dos conceitos examinados apresenta-se, portanto, assim:

$$
\text{sentido indireto}
\begin{cases}
\text{metáfora} \\
\text{(sentido próprio abolido)}
\begin{cases}
\text{simples (uma palavra)} \\
\text{sustentada (grupo de palavras)}
\end{cases} \\
\text{alegoria} \\
\text{(sentido próprio conservado)}
\end{cases}
$$

Observa-se, ao mesmo tempo, certa ambiguidade na formulação de Beauzée, que se manifesta no caráter intercambiável dos termos "objeto" e "pensamento", ou na indecisão própria da palavra "pensamento": trata-se de um simbolismo das coisas, como pretende a tradição exegética, ou de um simbolismo de proposições, um e outro podendo opor-se ao das palavras?

Terá Fontanier, mais uma vez, o mérito de esclarecer a questão, mas o fará com tanta rigidez, que das intuições de Du Marsais e de Beauzée nada mais restará. Primeiro, ele conseguirá formular com muita clareza a oposição entre metáfora e alegoria, no mesmo espírito que seus predecessores: "Mesmo a metáfora mais prolongada só apresenta, a meu ver, um único sentido, o sentido figurado; e a mais curta alegoria apresenta necessariamente, de ponta a ponta, um duplo sentido absoluto, um sentido literal e um sentido figurado" (*CR*, p.179-80). Mas o seu interesse principal não está aí; o essencial, para ele, está na oposição, já observada (cf. p.92-3), entre sentido indireto *tropológico* (ou derivado) e *espiritual*, oposição fundada na diferença entre palavra e grupo de palavras:

> Assim como uma palavra, em uma frase, muitas vezes oferece um sentido parcial completamente diferente de seu sentido primitivo e literal, muitas vezes uma frase, uma proposição inteira, oferece um sentido total que tampouco é completamente, ou mesmo não é de modo algum, o que está ligado à letra das palavras. [...] Eis aí dois tipos de sentidos figurados muito diferentes entre si e que não devem ser confundidos. (*CR*, p.385-6)

Em sua classificação das figuras (de que trataremos mais adiante em pormenor), uma fronteira importante separa as *figuras de significação* (ou tropos "propriamente ditos") das *figuras de expressão*, e a diferença fundadora é mais uma vez a da palavra e do grupo de palavras. "Que entendemos aqui por *expressão*?

Entendemos toda combinação de termos e de modos de falar pela qual traduzimos uma combinação qualquer de ideias" (*FD*, p.109). A confiança nesse único critério formal faz que ele reúna, no seio das figuras de expressão, duas séries de fatos linguísticos de propriedades nitidamente distintas: por um lado, aqueles em que só é mantido um único sentido (como a personificação, a hipérbole, a lítotes, a ironia, bem como o que ele chama de "alegorismo", isto é, a metáfora contínua), por outro, aqueles que conservam os dois sentidos presentes (alusão, metalepse, asteísmo, alegoria). A contrapartida dessa reunião é a separação entre o primeiro desses grupos de "figuras de expressão" e as "figuras de significação". A hierarquia das oposições em Fontanier seria, portanto, exatamente contrária à de Beauzée:

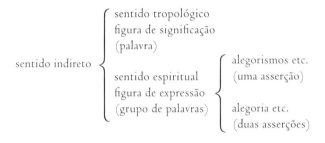

Vá vimos o interesse que havia em realçar a diferença entre sentido próprio abolido e mantido; tentemos saber agora se a fronteira entre palavra e grupo de palavras, que desempenha um papel tão primordial para Fontanier, merece o seu lugar. Observemos os exemplos que são dados de ambas as partes. Eis uma "metonímia de lugar", vale dizer, um "tropo propriamente dito" (figura de significação), em que "se dá a uma coisa o nome do lugar de onde ela vem ou ao qual ela é própria" (*FD*, p.82), exemplo: "Não decido entre *Genebra* e *Roma*. — *Genebra* para o calvinismo, e *Roma* para o catolicismo, de que é o centro" (p.83). E eis uma personificação, tropo "impropriamente dito" (figura de expressão), que "consiste em fazer de um ser inanimado, insensível ou de um ser abstrato e puramente ideal, uma espécie de ser real e físico, dotado de sentimento e de vida, enfim, o que chamamos de pessoa", exemplo: "Argos vos abre os braços e Esparta vos chama" (p.111).

Há uma diferença entre os dois exemplos e, se houver, onde se situa? Não está, em primeiro lugar, na natureza do tropo, tanto uma como a outra são uma metonímia de lugar, como Fontanier não deixa de observar, acrescentando, imperturbável, que a personificação sempre ocorre "por metonímia, por sinédoque ou por metáfora" (Ibid.). Mas tampouco está nas dimensões do tropo: tanto em um como no outro, um nome próprio, e nada mais, adquire um sentido trópico. E não está nas dimensões do enunciado mínimo, necessário à identificação do tropo — ou melhor, ela não está na descrição dada por Fontanier: para identificar o tropo da primeira frase, é necessário dispor de mais de uma proposição, senão podemos tomá-la pelo enunciado de um turista hesitante; no segundo caso, em compensação, a proposição basta para identificar o tropo; ele é identificável, portanto, no interior de um contexto menos, e não mais, extenso. (Fontanier bem sabe que o contexto da proposição é necessário até para a identificação de uma "figura de significação": o sentido tropológico depende "no mais das vezes e mesmo quase sempre, da relação dessa palavra com o resto da frase", *CR*, p.385). Mas que podia ter em vista Fontanier para assim classificar esses dois exemplos? O fato de que a segunda frase ("Argos vos abre os braços...") comporta uma *figura*, no sentido estreito, uma anomalia combinatória, que ocupa um lugar entre sujeito e verbo (inanimado-animado); a primeira, em compensação, não comporta nenhuma figura ("decidir entre Genebra e Roma"). O que Fontanier descreveu, portanto, não são duas espécies de tropos, mas um tropo (a metonímia) mais uma figura (a anomalia), ali presente, aqui ausente.

Fontanier, portanto, tem o mérito, em relação a Beauzée, de ter adotado uma perspectiva única para tratar dos sentidos indiretos: não há mais vestígio de um simbolismo das coisas, e a sua descrição permanece inteiramente interna à linguagem. Mas ele dá à oposição palavra-grupo de palavras um lugar que ela não merece; e nisso Beauzée é que tinha razão contra Fontanier.

Os tropos e sua classificação

Na retórica latina, como acabamos de recordar, a relação entre tropos e figuras não carece de ambiguidade: os tropos são ora uma classe das figuras, ora uma categoria do mesmo nível lógico que elas. Será Fontanier o primeiro a articular com muita firmeza as relações (para ele, de intersecção) entre as duas noções. Adotarei, aqui, uma posição próxima da sua: o tropo é a evocação de um sentido indireto, a figura uma relação entre duas ou mais palavras copresentes. Essa distinção preliminar autorizará uma exposição separada das teorias relativas a tropos e figuras.

Para compreender a teoria dos tropos de nossos retóricos, convém remontar à das ideias acessórias, que lhe é subjacente. Essa última, porém, tal como aparece em Du Marsais, não é senão um plágio de uma versão anterior da mesma teoria:

aquela que encontramos na *Lógica ou a Arte de Pensar* de Arnauld e Nicole.[3] Convém, portanto, relembrar brevemente essa última.

Uma palavra pode significar de duas maneiras ou, mais exatamente, pode ou *significar* uma ideia ou somente *excitá-la*: "É preciso, portanto, distinguir entre essas ideias acrescentadas e as ideias significadas: pois embora umas e outras se achem em uma mesma mente, nela não se encontram do mesmo modo" (p.137). "[...] Essa distinção [é] necessária entre as ideias excitadas e as ideias precisamente significadas" (p.138). A ideia significada por uma palavra também se chama "ideia principal"; aquela que se limita a excitar, "ideia acessória".

> Significar, em um som pronunciado ou escrito, nada mais é que excitar uma ideia ligada a esse som em nossa mente, impressionando os nossos ouvidos ou os nossos olhos. Ora, acontece muitas vezes que uma palavra, além da ideia principal que é considerada a significação própria dessa palavra, excita várias outras ideias que podemos chamar de acessórias, às quais não damos atenção, embora a mente receba a sua impressão. (p.130)

Não são só *algumas* palavras que evocam tais ideias acessórias, ao lado das ideias principais; mas, por assim dizer, todas. Os autores da *Lógica* concebem até que essas ideias figuram, ao lado de outras, no dicionário. "Como essas ideias acessórias são, portanto, tão consideráveis, e como tanto diversificam as significações principais, seria útil que aqueles que fazem dicionários as assinalassem..." (p.135). Trata-se aí de propriedades do léxico,

---

3 Arnauld; Nicole, *Logique ou l'art de penser.*

Teorias do símbolo

e não de efeitos do discurso. Por exemplo, a condenação ou a aprovação que damos a uma ação pode ser uma ideia acessória a essa ação (daí a possibilidade de sinônimos ou, se preferirmos, a não identidade do sentido e da referência).

> Assim as palavras de adultério, de incesto, de pecado abominável não são infames, embora representem atos muito infames; porque só os representam cobertos por um véu de horror, que faz que não os consideremos senão como crimes: assim, essas palavras significam mais o crime desses atos do que os atos mesmos: enquanto há certas palavras que os exprimem sem mostrar o horror deles, e mais como diversão do que como criminosos e que até mesmo a eles somam a ideia de impudência e de sem-vergonhice. (p.133-4)

Ou ainda a palavra "impostor", que significa um defeito, mas excita, além disso, a ideia acessória do desprezo" (p.131). As ideias acessórias são, portanto, significados que evocamos, queiramos ou não, em todo ato de significação e só se distinguem das principais pela posição marginal.

Entre as ideias acessórias é que vão inscrever-se as figuras. As figuras são ideias acessórias que indicam a atitude do sujeito que fala em relação àquilo de que fala, e provocam automaticamente a mesma atitude naquele que ouve. "As expressões figuradas significam, além da coisa principal, o movimento e a paixão daquele que fala e, assim, imprimem uma e outra ideia na mente, ao passo que a expressão simples só assinala a verdade nua" (p.131). A partir daí se elabora a teoria figural de Port-Royal, em que a figura se define como a expressão (e a impressão) de uma emoção; ela será desenvolvida em pormenor pelo padre Lamy.[4]

Du Marsais conhece os escritos de Port-Royal; deles tomará emprestada a noção de ideia acessória como fundamento das figuras, mas deformando-a visivelmente. Primeiro, ele a generalizará: apesar de uma definição ampla, a *Lógica* de Port-Royal parece restringi-la, na prática, apenas a certos tipos de associação; para Du Marsais, ela abrange toda ideia associada a uma primeira ideia.

> Ideias há que chamamos de *acessórias*. Uma ideia *acessória* é aquela que desperta em nós por ocasião de outra ideia. Depois que duas ou mais ideias tiverem sido excitadas em nós ao mesmo tempo, se em seguida uma delas for excitada, é raro que a outra não o seja também; essa última é que chamamos de acessória. (*Logique, Oeuvres*, V, p.321)

Observe-se aqui que não há nenhuma diferença qualitativa entre essas duas "ideias".

A aplicação retórica será igualmente diferente. Enquanto na *Lógica* de Port-Royal a ideia acessória servia de fundamento para a *figura* e consistia, em suma, em uma coloração emocio-

---

4 Esta ideia por certo não é estranha à retórica clássica; mas não é defendida de modo sistemático. Santo Agostinho, ao enumerar os benefícios das expressões figuradas, contrapõe, assim, aqueles que delas se servem e aqueles que delas se abstêm: "Os primeiros, empurrando e arrastando com suas palavras os ouvintes ao erro, os apavorariam, os entristeceriam, os divertiriam, os exortariam com ardor, e os segundos adormeceriam, insensíveis e frios ao serviço da verdade" (*A doutrina cristã*, IV, II, 3).

nal dada à expressão (o único exemplo de figura analisado é, significativamente, uma "interrogação"), em Du Marsais a noção de ideia acessória permanece mais geral e, portanto, mais intelectual; seu campo de aplicação por excelência é, não a figura (emocional), mas o *tropo*. Aparentemente, o campo encolheu (o tropo é, para Du Marsais, uma espécie de figura); na realidade, ele cresceu: toda associação de ideias, e não só a associação de uma "emoção", dá lugar a uma ideia acessória; o tropo é simplesmente o exemplo mais claro, mais eloquente de tal associação. Pois o tropo nada mais é que uma exploração das ideias acessórias existentes: consiste em chamar uma ideia principal pelo nome de uma de suas ideias acessórias. Eis como se exprime Du Marsais:

> A ligação que há entre as ideias acessórias, ou seja, entre as ideias que têm relação umas com as outras, é a origem e o princípio dos diversos sentidos figurados que damos às palavras. Os objetos que nos causam impressão são sempre acompanhados de diferentes circunstâncias que nos impressionam e pelas quais designamos amiúde todos os objetos, mesmo os que elas se limitaram a acompanhar ou aqueles cuja lembrança elas nos despertam. O nome próprio da ideia acessória está, muitas vezes, mais presente à imaginação que o nome da ideia principal, e muitas vezes, também, essas ideias acessórias, designando os objetos com mais circunstâncias do que o fariam os próprios nomes desses objetos, os retratam com maior energia e com mais beleza. (*DT*, p.30-1)

Toda relação entre dois objetos pode tornar-se fundamento de um tropo: basta para isso que chamemos um com o nome do outro, ou seja, que subentendamos a relação entre eles, em vez de explicitá-la. Essa denominação indireta pode ser mais agradável ou mais forte, mas isso não passa de um efeito suplementar, de que não precisamos para definir o tropo. O tropo não pode ser feito sem ideias acessórias; mas basta haver relação entre dois objetos para que estejamos na presença delas ("se não houvesse nenhuma relação entre esses objetos, não haveria nenhuma ideia acessória e, por conseguinte, nenhum tropo"; *DT*, p.130-1). Ora, faz parte da própria definição do homem ser capaz de ligar os objetos entre si; faz parte, portanto, da definição do homem fazer tropos.

> Uma mesma causa, nas mesmas circunstâncias, produz efeitos semelhantes. Em todos os tempos e em todos os lugares em que houve homens, houve imaginação, paixões, ideias acessórias e, portanto, tropos. Houve tropos na língua dos caldeus, na dos egípcios, na dos gregos e na dos latinos: faz-se uso deles hoje até entre os povos mais bárbaros, porque, em uma palavra, esses povos são homens, têm imaginação e ideias acessórias. [...] Servimo-nos, assim, dos tropos, não porque os antigos deles se serviram; mas porque somos homens como eles. (*DT*, p.258-9)

Certo momento, Du Marsais se dá conta de que a sua definição ampla das ideias acessórias (que iguala, em suma, toda associação) também inclui a relação entre significante e significado. É assim que ele imagina o aprendizado da linguagem:

> Uma vez que nos deram pão e nos pronunciaram a palavra *pão*; por um lado, o pão gravou pelos olhos a sua imagem em nosso cérebro e excitou a ideia dele; por outro lado, o som da palavra

pão causou também a sua impressão nos ouvidos, de modo que essas duas ideias acessórias, isto é, excitadas em nós ao mesmo tempo, não podem ser despertadas separadamente sem que uma excite a outra. (*DT*, p.73)

Note-se que o signo é composto aqui, como em Saussure, não pelo som e pela coisa, mas por duas impressões mentais. Um passo a mais teria sido inverter a equivalência: se o signo não é senão uma associação (duas ideias acessórias uma à outra), talvez a associação (e, por exemplo, os tropos) nada mais seja que um signo (potencial)? E se há um parentesco entre todas as associações, talvez também haja diferenças, que fazem que haja os signos, os tropos, as proposições: todas formas *variadas* da associação? Du Marsais não enveredará por essa trilha semiótica que, na mesma época, é explorada por Diderot e por Lessing; de qualquer modo, será em um *Elogio de Du Marsais*, e em uma discussão dos *Tropos* que a ideia será reformulada, aproximadamente setenta e cinco anos mais tarde. O autor desse elogio, publicado em 1805, é o barão Joseph-Marie de Gérando, discípulo de Condillac (e autor, ademais, de uma obra em quatro volumes intitulada *Dos signos*); ali escreve:

Observai como as artes do desenho, a linguagem da ação e a música falam ao espírito do homem. Sem signos convencionais e instituídos, criam por si mesmas uma linguagem; encontram os seus signos nas associações formadas em nosso espírito pela natureza ou pelas circunstâncias; sabem captar, nas impressões sensíveis, um dos elos da cadeia secreta que une os nossos sentimentos às nossas lembranças. Não nomeiam um objeto, mas fazem nascer a ideia dele por uma ideia que lhe seja vizinha. O artifício que forma os *tropos* é o mesmo, eles se valem das palavras da mesma maneira que a pintura se vale dos matizes, que o desenho usa os contornos para estabelecer uma troca entre as ideias, recorrendo à ligação que existe entre elas, para emprestar a uma a expressão de outra. (p.55)

Assim se esboça uma teoria dos signos naturais cujas espécies seriam os tropos e as imagens.

A noção de ideia acessória aparece em Beauzée, mas em outro ponto da doutrina. É para ele um instrumento para a análise do léxico, não do discurso; considera-a o fundamento, não dos tropos, mas dos sinônimos; nisso está, evidentemente, mais próximo de Port-Royal que de Du Marsais. A sua concepção do léxico é mais ou menos idêntica à que terá Bally cento e cinquenta anos mais tarde: os sinônimos de um grupo possuem em comum uma ideia principal (ou "termo de identificação" em Bally) e ideias acessórias ("fatos de expressão").

Quando várias palavras da mesma espécie representam uma mesma ideia objetiva, variando apenas uma da outra por matizes diferentes, que nascem da diversidade das ideias acrescentadas à primeira: aquela que é comum a todas essas palavras é a ideia principal; e as que a ela se somam e diferenciam os signos são as ideias acessórias. ("Palavra", *EM,* II, p.582)

Quando só consideramos, nas palavras que designam uma mesma ideia principal, essa ideia principal e comum, elas são sinônimas, pois são diferentes signos da mesma ideia: mas deixam de sê-lo quando prestamos atenção nas ideias acessórias que as diferenciam, e não há, em nenhuma língua culta, nenhuma pa-

Teorias do símbolo

lavra tão perfeitamente sinônima de outra, que dela não difira absolutamente por alguma ideia acessória e que possamos tomar indistintamente uma pela outra em qualquer ocasião ("Sinônimo", *IEM*, III, p.480)

Beauzée não acrescenta nenhuma indicação sobre a maneira como é preciso agir para decidir onde terminam as ideias principais e onde começam as acessórias.

Será um pouco surpreendente ver delinear-se em Beauzée uma aproximação entre a relação ideia principal-ideia acessória e a relação entre sujeito e predicado, sem passar pela intermediação dos tropos. Vimos que tal aproximação estava ausente em Du Marsais; encontraríamos com mais facilidade seus signos anunciadores na *Lógica* de Arnauld e Nicole, onde, a propósito de um exemplo, as relações entre "isto", sujeito, e "corpo", predicado, são colocadas exatamente no mesmo plano que as relações entre o mesmo "isto", agora ideia principal, e "pão", ideia acessória que lhe é associada por tropo (cf. p.138-9). Ora, eis como Beauzée define a proposição:

> Uma proposição é a expressão total de um juízo. Que várias palavras sejam reunidas para isso, ou que uma única, por meio das ideias acessórias que o uso lhe terá anexado, baste para esse fim; a expressão é total desde que enuncie a existência intelectual do sujeito sob tal relação com tal ou tal modificação. ("Proposição", *EM*, III, p.242)

Em resumo, haveria, como dirá dois séculos depois Empson, "asserções nas palavras": algumas palavras realizariam em si mesmas uma proposição, entre ideia principal e ideia acessória,

143

em vez de sujeito e predicado! Mas é preciso reconhecer que essa possibilidade só é postulada pelo espírito dedutivo de Beauzée; todos os exemplos de proposição por ele dados são proposições explícitas, e não palavras isoladas.

O primeiro a explorar realmente essa proximidade entre proposição e tropos e, portanto, mais geralmente, entre discurso e símbolo, é Condillac. No plano discursivo das relações explícitas, ele distingue dois grandes tipos de relação: a comparação (a predicação) e a modificação (a subordinação). O sujeito e o atributo de uma proposição são "comparados"; ao passo que o adjetivo epíteto "modifica" o substantivo. "Quando formo uma proposição, comparo dois termos, isto é, o sujeito e o atributo [...]. Três coisas são essenciais a uma proposição: o sujeito, o atributo e o verbo. Mas cada uma delas pode ser modificada, e as modificações de que são acompanhadas se chamam *acessórios*..." (*AE*, p.547).

Tomemos um exemplo desse último caso, a expressão "vosso ilustre irmão".

> *Irmão*, assim como qualquer outro substantivo, exprime um ser existente ou que se considera como existente. *Vosso* e *ilustre*, ao contrário, exprimem qualidades que o espírito não considera que tenham existência por si mesmas, mas antes só no sujeito que modificam. Dessas três ideias, a principal é a de *irmão*; e as duas outras, que só existem por ela, são chamadas *acessórias*, palavra que significa que elas vêm juntar-se à principal, para nela existirem e a modificarem. Consequentemente, diremos que todo substantivo exprime uma ideia principal, em relação aos adjetivos que o modificam, e que os adjetivos exprimem sempre ideias acessórias. (*Grammaire*, I, p.454)

Teorias do símbolo

As ideias acessórias são, aqui, apenas a matéria de uma das duas relações sintáticas possíveis. Mas se a arte de pensar chama a atenção para a "comparação" do sujeito e do atributo, a arte de escrever, por seu lado, ensina-nos, antes de tudo, a matizar a "modificação".

> Toda a arte consiste, por um lado, em captá-lo [o pensamento] com todas as suas relações; e, por outro, em encontrar na língua as expressões que podem desenvolvê-lo com todas as suas modificações. Em um discurso, não nos contentamos em percorrer rapidamente a série das ideias principais; pelo contrário, detemo-nos mais ou menos em cada uma delas; giramos, por assim dizer, ao seu redor, para captarmos os pontos de vista a partir dos quais elas se desenvolvem e se ligam umas às outras. Eis por que chamamos de *tours*[5] as diferentes expressões de que nos servimos para exprimi-las. (*AE*, p.552)

"Tours" (que nada mais é que a tradução francesa de "tropos") torna-se, portanto, o nome genérico de todas as modificações, de todas as amplificações a partir dos pensamentos principais. E o livro segundo do tratado *Da arte de escrever* terá como título "Das diferenças espécies de *tours*". Depois de ter evocado os *tours* estudados pela gramática ("Os acessórios que são exprimidos por adjetivos, advérbios ou proposições incidentes", Ibid.), Condillac pode passar em revista as outras espécie de "*tours*", como as perífrases, as comparações, as antíteses, os *tropos*, as personificações, as inversões... Os tropos, em particular, consistem em uma simples troca de lugar entre

---

5 Em francês, voltas, rodeios. (N.T.)

a ideia principal e uma das ideias acessórias (possíveis) de uma palavra. "Uma palavra, ao passar do próprio ao figurado, muda de significação: a primeira ideia passa a ser apenas a acessória, e a nova torna-se a principal" (*AE*, p.561). Vemos que nessa lista estão lado a lado os tropos, ou invocações indiretas, as figuras, como a antítese ou a inversão, e procedimentos puramente discursivos, como a comparação e a perífrase ou mesmo os adjetivos e os advérbios; e se Condillac procura definir em particular cada um desses "*tours*", ou modos de dizer, não se preocupa com o estabelecimento de uma tipologia dos modos de dizer: a unidade aqui lhe importa mais que a variedade. A sua concepção das ideias acessórias é, ao mesmo tempo, mais ampla e mais estreita que a de Du Marsais: mais estreita, pois nem toda associação produz ideias acessórias (não é o caso dos termos "comparados", isto é, predicados um ao outro); mas também mais ampla, pois a comum pertença a fenômenos discursivos e simbólicos é explicitamente afirmada.[6] O que, de um só golpe, reduz radicalmente a especificidade não só do tropo como também – como veremos com mais detalhes – da figura...

---

6 Alguns anos antes, encontramos uma aproximação semelhante nessa enciclopédia das "semelhanças", que é a *Critische Abhandlung von der Natur, den Absichten und dem Gebrauche der Gleichnisse*, de Breitinger: "Quando reunimos elementos concordes, nascem, na lógica da fantasia, as imagens de semelhança, assim como na doutrina da razão nascem as proposições a partir da junção dos conceitos que podemos pensar. Se quisermos levar mais adiante essa ideia, poderíamos fazer um paralelo entre as *antíteses*, ou contraproposições da eloquência, e as proposições negativas da doutrina da razão; assim como as figuras de semelhança ocupam o lugar das proposições confirmativas" (p.8-9).

Teorias do símbolo

Em Fontanier, a ideia acessória perde o estatuto de fundamento dos tropos. Ele menciona a noção duas vezes. No *Comentário*, para criticar a sua imprecisão (Du Marsais não limita claramente a sua extensão); e propõe substituí-la por outra noção genérica, a de ideias análogas.

> Ele [Du Marsais] talvez até tenha podido compreender unicamente sob a denominação de *ideias análogas* toda espécie de ideias que, quer em um mesmo objeto, quer em objetos diferentes, se relacionam, em maior ou menor medida, umas com as outras, não importa de que maneira. (*CR*, p.61)

Mas essa transformação (terminológica), na verdade, não o satisfaz: esse gênero de busca das origens não é muito de seu gosto. Quando a noção reaparece no *Manual clássico*, está imersa em uma lista de "causas ocasionais dos tropos", e ele só examina a diferença de efeito produzida pelo nome da ideia principal e o da ideia acessória.

> Não raro, essas ideias *acessórias* impressionam com muito maior força a imaginação e lhe são muito mais presentes do que a ideia *principal*; ou por serem mais risonhas, mais agradáveis; ou por mais familiares ao nosso espírito e mais relativas aos nossos gostos, aos nossos hábitos; ou, por fim, por despertarem em nós recordações mais vívidas, mais profundas ou mais interessantes. (*FD*, p.160)

Essa enumeração heterogênea e pseudoexaustiva prova que a noção de ideia acessória não carrega consigo mais nenhuma doutrina.

Diante dessa riqueza na pesquisa sobre os *fundamentos* dos tropos, as próprias *definições* dadas ao fenômeno são decepcionantes (e, aliás, sempre as mesmas): adotando uma das teses já rejeitada por Quintiliano, os retóricos do século XVIII identificam o sentido próprio com o sentido original (etimológico) e, portanto, o tropo com o sentido derivado.

> O sentido próprio de uma palavra é a primeira significação da palavra (*DT*, p.26). Elas [as palavras] são tomadas em sentido próprio, ou seja, segundo sua primeira destinação (mais uma vez Du Marsais, artigo "Figura", *Oeuvres*, V, 263). A palavra é tomada no sentido próprio quando é usada para provocar no espírito a ideia total que o uso primitivo teve a intenção de lhe fazer significar... (Beauzée, "Palavra", *EM*, II, p.570). O sentido próprio de uma palavra é aquele pelo qual ela foi estabelecida em primeiro lugar... (ele de novo, "Figura", *EM*, II, p.110). Uma palavra é tomada em um sentido primitivo quando significa a ideia pela qual ela foi estabelecida... (Condillac, *AE*, p.560; é verdade que aqui "primitivo" substitui "próprio", o que é mais justo, mas reduz a afirmação a uma tautologia).

Só mesmo Fontanier estabelecerá claramente as distinções a que estamos acostumados. À primeira vista, a sua definição é semelhante às precedentes: "Os Tropos são certos sentidos mais ou menos diferentes do sentido primitivo, oferecidos, na expressão do pensamento, pelas palavras aplicadas a novas ideias" (*FD*, p.39).

Mas isso porque distinguiu de antemão sentido primitivo e sentido próprio, dando a este uma definição puramente sincrônica:

Teorias do símbolo

Quanto a mim, parece-me que uma palavra é tomada em um *sentido próprio,* ou, se preferirem, como *própria,* todas as vezes que o que ela significa não seja particular e propriamente significado por nenhuma outra palavra de que pudéssemos, a rigor, ter-nos servido; digo, todas as vezes que a sua significação, primitiva ou não, lhe seja tão habitual, tão ordinária, que não possamos considerá-la de circunstância e de mero empréstimo, mas possamos, ao contrário, considerá-la como, de certo modo, obrigatória e necessária. (*CR,* p.44-5)

Segundo tais definições, o sentido *primitivo* opõe-se ao sentido *tropológico* (aos tropos), ao passo que o sentido *próprio* se opõe ao sentido *figurado* (voltaremos a isso quando tratarmos da definição da figura); portanto, o sentido próprio não é necessariamente primitivo, e o tropo não é forçosamente uma figura: o par primitivo-tropológico funciona na diacronia; próprio-figurado, na sincronia.[7] Essa rejeição do critério sincrônico na identificação do tropo (e a rejeição, ao mesmo tempo, de uma definição por substituição de significantes) é muito explícita em Fontanier: "O que faz o *tropo* não é, como diz Du Marsais, ocupar o lugar de uma expressão própria, mas

---

7 Note-se, entre parênteses, outra formulação, mais ou menos contemporânea, da mesma distinção no promotor de uma disciplina que viria a ser o coveiro da retórica; trata-se do filólogo Friedrich August Wolf, que escreve em suas *Vorlesungen über die Altertumswissenschaft* (edição póstuma de 1831, p.280): "Mas *propria* e *prima* não são a mesma coisa. O [sentido] primeiro é aquele que lá estava desde os primeiros inícios da linguagem ou que podemos admitir como tal. *Propria* está relacionado à linguagem já formada e identifica a significação que, na língua formada, se opõe à significação figurada. *Propria* opõe-se a *figurata,* e *prima,* a *derivata.*"

ser tomado em um sentido diferente do sentido próprio (do *sentido próprio primitivo*), ser tomado em um sentido *deslocado*" (*CR*, p.218-9).

O *mecanismo* linguístico dos tropos, por outro lado, dá lugar a diversas sugestões interessantes. Du Marsais tem consciência de que o aparecimento do tropo está ligado a condições sintagmáticas particulares: uma palavra assume um sentido segundo, escreve ele, "porque está unida com outras palavras, com as quais ela frequentemente não pode juntar-se no sentido próprio" (*DT*, p.35); e afirma em outro lugar: "Só por uma nova união dos termos as palavras recebem o sentido metafórico" (*DT*, p.161). Mas tal intuição sobre as condições linguísticas do nascimento do tropo não será explorada de maneira sistemática. Em outro lugar, o próprio Du Marsais sugere outros meios pelos quais descobrimos a existência de um sentido segundo. Será, às vezes, o contexto linguístico ou, como diz ele, as "circunstâncias". "As circunstâncias que acompanham o sentido literal das palavras de que se servem na alusão fazem-nos conhecer que tal sentido literal não é aquele que quiseram provocar em nosso espírito, e facilmente desvendamos o sentido figurado que quiseram fazer-nos entender" (*DT*, p.252).

Outras vezes, indícios paralinguísticos é que sugerem a necessidade de reinterpretar o enunciado: "O tom de voz e, ainda mais, o conhecimento do mérito ou do demérito pessoal de alguém e da maneira de pensar de quem fala servem mais para revelar a *ironia* que as palavras de que nos servimos" (*DT*, p.199).

Du Marsais parece sugerir aqui uma tipologia dos índices do sentido figurado: eles podem situar-se quer nas próprias palavras, e há então uma incompatibilidade, uma impossibilidade de realizar a combinação (como na metáfora, exemplo de simbolismo lexical); quer no contexto, sintagmático ou de enunciação, que inclui o saber compartilhado dos interlocutores, como no caso da ironia e da alusão (exemplos de simbolismo proposicional). Mas ele está, evidentemente, muito longe de formular assim essa repartição. Beauzée não é muito mais preciso: "Nasce o tropo quando um termo se vê associado a outros que o desviam necessariamente de seu sentido próprio para um sentido figurado" ("Figura", *EM*, II, p.111). Até mesmo o espírito classificador de Fontanier não é de grande valia aqui, pois parece só ter tocado o problema de passagem. Falando da metáfora, ele se pergunta:

> Como se sabe que *máscara* não deve ser tomado aqui no sentido próprio, como falso rosto de pano, de cartolina, de cera ou de qualquer outro material? Porque tal sentido seria completamente absurdo e ridículo, e todas as circunstâncias do discurso tornam absolutamente necessário supor outro. (*CR*, p.52)

Falando, em contrapartida, do sentido espiritual (em oposição ao sentido literal figurado), afirma que este nasce "pelas circunstâncias do discurso, pelo tom de voz ou pela ligação das ideias exprimidas com as que não o são" (*FD*, p.59; tal enumeração é na realidade canônica desde Quintiliano, pelo menos no que se refere à ironia). Mais uma vez, porém, as duas sugestões não serão articuladas entre si.

No que se refere a *classificar* os tropos, Du Marsais se contenta em enumerá-los. As definições são, em geral, tradicionais; a única articulação que parece ter atraído a sua atenção (ele volta diversas vezes a este ponto) é a entre metonímia e sinédoque.

Constata o parentesco entre elas e busca, ao mesmo tempo, distingui-las; os dois objetos ligados por contiguidade não têm existência autônoma na sinédoque, existindo independentemente uma da outra na metonímia.

> Em uma e outra figura, há uma relação entre o objeto de que se queira falar e aquele de que se toma emprestado o nome; [...] mas a relação que existe entre os objetos, na metonímia, é de tal sorte, que o objeto cujo nome é tomado de empréstimo subsiste independentemente daquele cuja ideia ele desperta, e não forma um conjunto com ele [...], ao passo que a ligação que se encontra entre os objetos, na sinédoque, supõe que esses objetos formem um conjunto, como o todo e a parte; sua união não é uma simples relação, é mais interior e mais independente... (*DT*, p.130-1)

Condillac é igualmente indiferente às classificações e até eleva tal indiferença à condição de princípio ("Evitem colocar esses nomes, metonímia, metalepse, lítotes... na memória", *AE*, p.561), o que não o impede de enumerar, em seguida, bom número de figuras. O mesmo não acontece com Beauzée e Fontanier, ambos amantes das classificações.

Beauzée adota o ponto de vista de Du Marsais sobre a diferença entre sinédoque e metonímia, embora lhes dê definições de sua própria autoria. "*Metonímia*. Tropo pelo qual uma palavra, em vez da ideia da sua significação primitiva, exprime outra que tem com a primeira uma relação de coexistência" ("Metonímia", *EM*, II, p.547). "A sinédoque é um tropo pelo qual uma palavra, em vez da ideia de sua significação primitiva, exprime outra em virtude da subordinação que faz que uma esteja contida na outra" ("Sinédoque", *EM*, III, p.478; observe-se também que Beauzée, na esteira de Cícero, distingue as duas sinédoques, parte pelo todo e espécie pelo gênero, aos quais dá os nomes de *física* e *categórica*). Mas o que é mais importante é que essa mesma diferença entre a coexistência e a subordinação, batizadas desta vez como correspondência e conexão, será a base de uma classificação dos tropos que só comportará uma mesma categoria do mesmo nível de generalidade, a semelhança:

> Eis as principais características gerais a que podemos relacionar os tropos. Uns se fundam em uma espécie de similitude: é a metáfora, quando a figura não só recai sobre uma ou duas palavras; e a alegoria, quando reina sobre toda a extensão do discurso. As outras se fundam em uma relação de correspondência: é a metonímia, à qual convém relacionar o que designamos com a denominação supérflua de metalepse [o próprio Beauzée a havia julgado tão pouco supérflua que no artigo "Figura" dividia os tropos em quatro: semelhança, subordinação, coexistência e *ordem*; *EM*, II, p.109]. Os outros, enfim, se fundam em uma relação de conexão: é a sinédoque, com suas dependências; e a antonomásia é apenas uma espécie dela, designada superfluamente por uma denominação diferente. Preste-se atenção: tudo o que é verdadeiramente tropo está compreendido sob uma dessas três ideias gerais... ("Tropo", *EM*, III, p.581)

Em nenhum momento Beauzée reflete sobre o porquê dessas três relações *somente*. Isso não impedirá Fontanier de se deixar convencer por essa classificação e de aplicá-la fielmente no *Comentário razoado* e no *Manual clássico*.

Outra contribuição de Beauzée à classificação dos tropos é a exclusão da catacrese ou tropo forçado (ex. "as asas do moinho"). Catacrese e onomatopeia são, para Beauzée, os dois procedimentos da etimologia, um permitindo produzir o léxico abstrato, o outro o concreto. A catacrese não pode ser colocada lado a lado com outros tropos, como um deles: ela é antes o uso feito de qualquer tropo.

> É, portanto, evidente que a catacrese não é nem uma metáfora, nem uma metonímia, nem qualquer outro tropo: é, como disse, o uso forçado de algum desses tropos, para exprimir uma ideia que não tem termo próprio, pelo de outra ideia que tenha alguma relação com a primeira. Os tropos são os recursos da catacrese, porque neles vem colher seus empréstimos forçados; não é, porém um tropo ("Catacrese", *EM*, I, p.358).
>
> Uma metáfora, uma metonímia, uma sinédoque etc. torna-se catacrese quando é usada por necessidade, para fazer as vezes de uma palavra própria que falte à língua. Donde concluo que a catacrese é menos um tropo particular que um aspecto sob o qual qualquer outro tropo pode ser considerado. ("Tropo", *EM*, III, p.581)

Também sobre este ponto, Fontanier se limitará a aplicar a lição de Beauzée.

A figura, teoria e classificações

Du Marsais abre o seu tratado com uma distinção entre duas definições da figura, que assim poderíamos resumir: a figura como distanciamento e a figura como forma. Na realidade, essas duas definições já eram relatadas por Quintiliano, que, ao invés de opô-las, apresentava a segunda como restrição e especificação da primeira. Dizer que a figura é a forma de um enunciado é, segundo Quintiliano, insuficiente, pois, então, toda a linguagem seria figurada; convém, portanto, completar essa afirmação, acrescentando que a figura é um modo de falar que se distancia do modo simples e comum.

As preferências de Du Marsais caminham no sentido oposto às de Quintiliano: prefere a definição ampla à definição estreita. Seus argumentos contra a ideia da figura como distanciamento são bem conhecidos:

> Longe de afastarem-se as figuras da linguagem ordinária dos homens, os modos de falar sem figuras é que, pelo contrário, dela se distanciariam, se fosse possível fazer um discurso em que só houvesse expressões não figuradas. (*DT*, p.3)

Por conseguinte, opta pela definição da figura como forma, passando, aliás, pela comparação, já canônica na retórica latina, entre linguagem e corpo.

> *Figura*, no sentido próprio, é a forma exterior de um corpo. Todos os corpos são extensos; mas, além dessa propriedade geral de serem extensos, também tem cada qual sua figura e sua forma particular, que faz que, para nós, cada corpo pareça diferente de outro corpo: o mesmo acontece com as expressões figuradas... (*DT*, p.7)

O enunciado pode mudar de figura, nunca descartá-las: "Quando uma palavra é tomada em outro sentido, aparece então, por assim dizer, sob uma forma tomada de empréstimo, sob uma figura que não é a sua figura natural..." (*DT*, p.27).

Todos os corpos têm uma forma; segue-se daí, como bem o vira Quintiliano, que toda a linguagem seja figurada? Du Marsais nunca se coloca abertamente a questão, e esse recalque nele provoca toda uma série de incoerências e de transposições. Uma primeira reação será recusar a crítica, afirmando que há, sim, expressões não figuradas; mas não terá meios para fundamentar a diferença. Tal carência será disfarçada pela palavra "modificação": as figuras são aquelas, entre todas as expressões, que sofreram uma modificação; Du Marsais, porém, não especifica qual matéria foi modificada. E se a figura se define em relação à não figura como a modificação provocada em uma expressão primeira, isso não equivale, com o matiz pejorativo a menos, à definição da figura como distanciamento? O texto de Du Marsais é o seguinte:

> Elas [as expressões figuradas] revelam, antes de tudo, o que pensamos; têm, em primeiro lugar, essa propriedade geral que convém a todas as frases e a todas as reuniões de palavras e consiste em significar algo em virtude da construção gramatical; mas, além disso, as expressões figuradas também têm uma modificação particular que lhes é própria, e é em virtude dessa modificação particular que cada tipo de figura forma uma espécie à parte. [...] Os modos de falar em que eles [os gramáticos e os retóricos] não observaram outra propriedade senão a de revelar o que pensamos são chamados simplesmente de frases, expressões, períodos; aqueles, porém, que exprimem não só pensamentos, mas também pensamentos enunciados de um jeito particular que lhes dá um caráter próprio, estes, digo, são chamados *figuras*, porque

Teorias do símbolo

aparecem, por assim dizer, sob uma forma particular e com esse caráter próprio que os distingue uns dos outros e de tudo o que não é senão frase ou expressão. (*DT*, p.7-9)

É no fim desse capítulo que Du Marsais formula a sua definição:

> As *Figuras* são modos de falar distintamente dos outros por uma modificação particular, que faz que cada uma delas seja reduzida a uma espécie à parte e as torna ou mais vívidas, ou mais nobres, ou mais agradáveis que os modos de falar que exprimem o mesmo fundo de pensamento, sem terem outra modificação particular. (*DT*, p.13-4)

Nem toda linguagem é figurada; existem frases que se contentam com significar, fazer conhecer o pensamento; outras existem que somam a essa propriedade geral sua modificação ou modo particular. Mas quando nos deve explicar qual é a natureza mesma da modificação, Du Marsais se refugia em uma explicação finalista, abandonando o terreno estrutural que era o seu até então: a modificação figural é aquela que melhora as expressões não figuradas.

Du Marsais talvez não tivesse querido dizer que as expressões não figuradas sejam mais "simples e comuns", nem que sejam preferíveis às figuras; todavia, a dicotomia por ele colocada, com a figura vindo a modificar uma expressão que é puro pensamento, vai arrastá-lo inevitavelmente nessa direção. Pois Du Marsais não é capaz de superar um dos paradigmas mais persistentes da cultura ocidental clássica, segundo o qual o pensamento é mais importante do que a sua expressão:

como o espírito é mais que a matéria, e o interior mais que o exterior. Não é por acaso que ele diz que a diferença particular do tropo "consiste na maneira como a palavra *se afasta* de sua significação própria" (*DT*, p.18, grifos meus); não é sem razão que ele coloca acima de tudo a clareza do discurso (ora, o que há de mais claro que um discurso que "revela o que pensamos"?): "Hoje [...] amamos o que é verdadeiro, o que instrui, o que esclarece, o que interessa, o que tem um objeto razoável; e só consideramos as palavras como signos nos quais só nos detemos para ir direto ao que significam" (*DT*, p.326-7). Se, porém, os signos devem ser transparentes, como dar-se conta do "caráter próprio" que distingue as construções trópicas? E como poderíamos apreciá-lo, se o ideal do discurso é essa clareza transparente? "Nunca é demais repetir aos jovens que só se deve falar e escrever para ser entendido, e que a clareza é a primeira e mais essencial qualidade do discurso" (artigo "Anfibologia", *Enciclopédia*, *Oeuvres*, IV, p.137).

A exterioridade – e, portanto, a inferioridade – da figura revela-se melhor nas comparações e tropos de que nos servimos para dela falar. Du Marsais passa, sem nenhuma dificuldade, da primeira imagem – a figura como corpo – a outra, que acusa o seu caráter superficial e não necessário; é a da figura como traje, comparação que, como sabemos, acompanha a retórica desde o nascimento e que Du Marsais parece, por sua vez, descobrir com um frescor desconcertante. As figuras "emprestam, por assim dizer, trajes mais nobres a essas ideias comuns" (*DT*, p.34). Chega a construir, a este respeito, um verdadeiro "apólogo":

Imaginem por um momento uma multidão de soldados, alguns dos quais só tendo o traje comum que tinham antes de se alistarem, e os outros com o uniforme do regimento: estes têm todos um traje que os distingue e mostra de que regimento são; uns estão vestidos de vermelho, outros de azul, de branco, de amarelo etc. O mesmo acontece com os agrupamentos de palavras que compõem o discurso: um leitor instruído relaciona tal palavra, tal frase a tal espécie de figura, conforme neles reconheça a forma, o signo, o caráter dessa figura; as frases e as palavras que não trazem a marca de nenhuma figura particular são como os soldados que não vestem o uniforme de nenhum regimento: só têm as modificações que são necessárias para dar a conhecer o que se pensa. (*DT*, p.10-1)

E, algumas linhas mais adiante, Du Marsais acrescenta:

Além das propriedades de exprimir os pensamentos, como todos os outros agrupamentos de palavras, elas têm também, se ousar assim dizê-lo, a vantagem de seu traje, ou seja, de sua modificação particular, que serve para melhor despertar a atenção, para agradar ou para comover. (*DT*, p.11)

Essa página merece atenção por mais de uma razão. Por um lado, ela mostra que Du Marsais participa da ideologia retórica tradicional e, o que é mais, o faz sem se dar conta. Ao mesmo tempo – e isso ilustra mais uma vez a incoerência fecunda tão característica de Du Marsais –, ele chega a subverter essa tradição do interior dela própria: todos vestem um traje (portanto, tanto as expressões figuradas como não figuradas); além disso, o traje não serve mais, como sempre servira, para enfeitar, mas sim para indicar a pertença; o traje é funcional, e não mais ornamental. O que não é inteiramente certo é qual dos dois,

Du Marsais ou a tradição, consegue subverter o outro nesse conflito de que, sem dúvida, não têm consciência.

Pois, seja qual for a maneira particular como Du Marsais maneja a comparação, esta tem, em si mesma, um sentido que tem o peso de dois mil anos e que faz prevalecer a função essencialmente ornamental das figuras. Não é de espantar que a poesia, lugar de predileção das figuras, se defina como discurso que diz "a mesma coisa" que um discurso não poético, mas de modo mais ornamentado. "O gênio da poesia consiste em divertir a imaginação com imagens que, no fundo, muitas vezes se reduzem a um pensamento que o discurso ordinário exprimiria com mais simplicidade, mas de maneira ou seca demais, ou baixa demais" (*DT*, p.222-3). Eis que as figuras, sem serem realmente denegridas, se distanciam da maneira simples de falar...

Tais contradições e incertezas produzirão a única evolução notável de Du Marsais, entre o seu tratado *Dos tropos* e a exposição da doutrina retórica nos artigos da *Enciclopédia*. No artigo "Figura", ele já não apresenta como sua a ideia de que toda expressão tem uma figura (forma), porém se limita à concepção da figura como desvio da expressão simples, concepção mais coerente, mas menos ambiciosa.

> *Figura.* A palavra vem de *fingere*, no sentido de *efformare, componere*, formar, dispor, arranjar. É nesse sentido que Escalígero diz que a figura nada mais é que uma disposição particular de uma ou mais palavras. [...] Ao que podemos acrescentar: 1º que tal disposição particular é relativa ao estado primitivo e, por assim dizer, fundamental das palavras ou das frases. Os diferentes des-

vios que são feitos nesse estado primitivo e as diversas alterações nele introduzidas constituem as diferentes figuras de palavras e de pensamento. (*Oeuvres*, V, p.262)

As figuras, portanto, nada mais são do que desvios e alterações; não, é verdade, da maneira mais comum, mais frequente de se exprimir, mas de um estado "fundamental" do discurso, sobre o qual Du Marsais mal se explica. Podemos, porém, adivinhar a direção na qual vai seu pensamento, ao lermos o artigo "Construção", que contém o essencial de seu pensamento gramatical. A construção ou estrutura sintática das frases particulares pode, também ela, ser própria ou figurada:

> Essa segunda espécie de construção é chamada *construção figurada*, porque, de fato, assume uma figura, uma forma que não é a da *construção simples*. A construção figurada é, na verdade, autorizada por um uso particular; mas já não é conforme à maneira de falar mais regular, isto é, a essa construção plena e direita de que falamos inicialmente. (*Oeuvres*, V, p.17)

O simples é aqui interpretado como o *regular*; a figura opõe-se a uma regra, que também pode dar produtos "plenos" (senão, há *elipse*) e "direitos" (senão, temos a *inversão*). A figura é, como a não figura, "autorizada pelo uso"; opõe-se não ao uso (como pretendia a definição aceita por Quintiliano), mas à regra, logo, à norma.

A definição da figura proposta por Du Marsais, uma vez levada até o fim de sua própria lógica, já não está em oposição à ideia da figura como desvio, é apenas uma variante dela (embora Du Marsais não consiga formulá-la exatamente). Essa retratação e esse fracasso relativo são devidos à incapacidade que Du Marsais tem de sistematizar as suas próprias ideias.

Resta que, nas formulações que encontramos nos *Tropos*, muitas delas apontam para outra solução da dificuldade inicial, tal como já fora formulada por Quintiliano (pois todo enunciado tem uma forma particular, tudo é figura e, portanto, nada não o é). Assim, Du Marsais cita, bem no começo do seu livro, vários exemplos de figuras.

> A antítese, por exemplo, distingue-se das outras maneiras de falar porque, nessa reunião de palavras que formam a antítese, as palavras se opõem umas às outras [...]. A apóstrofe é diferente das outras enunciações porque só na apóstrofe dirigimos abruptamente a palavra a alguma pessoa presente ou ausente etc. (*DT*, p.8)

Percebemos todas as frases; e toda frase tem uma forma; entretanto, não atribuímos o "caráter próprio", isto é, a qualidade de figura, senão a algumas delas: àquelas em que nos dirigimos *abruptamente* a alguém, e não àquelas em que o fazemos lentamente e depois de uma preparação. Àquela em que as palavras são *opostas* uma à outra, e não àquelas em que elas são semelhantes ou simplesmente diferentes. Por quê? O que faz que certas formas sejam perceptíveis e outras não, que se "reconheçam" as figuras aqui, mas não lá? Du Marsais parece voltar a esta questão algumas páginas adiante:

> Como as figuras são apenas maneiras de falar com um caráter particular, ao qual foi dado um nome, e como, ademais, cada espécie de figura pode ser variada de muitas maneiras diferentes,

Teorias do símbolo

é evidente que, se observarmos cada uma dessas maneiras e lhes dermos nomes particulares, faremos delas outras tantas figuras. (*DT*, p.253)

Essa frase é importante. A figura não é uma propriedade que pertença intrinsecamente e fora de todo contexto às frases: toda frase é potencialmente figurada, não se encontrará aí, portanto, nenhum critério discriminatório. Sabemos, porém, "observar" a forma de certos enunciados, e não a de outros. Du Marsais não se preocupa com as origens dessa diferença (que reside, portanto, antes nas frases, em nossa atitude em relação a elas), mas nos oferece um indício para reconhecê-la: o fato de que certas figuras têm nome, outras não. Ao dar um nome à figura, ela é institucionalizada; mas a instituição, encarnada aqui na existência do nome, nos obriga a perceber certas formas linguísticas e nos permite ignorar outras. Há, portanto, em germe, na exposição de Du Marsais, uma segunda interpretação da figura como forma: ela não se distancia da regra, mas obedece a outra regra, não mais linguística, mas metalinguística e, portanto, cultural. Uma expressão é figurada quando sabemos perceber a sua forma; ora, tal saber nos é imposto por uma norma social, encarnada na existência de um nome para a figura. Comentando Du Marsais, Paulhan já observara essa consequência paradoxal: "Isso equivale a dizer que as figuras têm como única característica as reflexões e a investigação que os amantes da retórica fazem sobre elas..." (*Oeuvres complètes*, t.II, "Tratado das figuras", p.229). Toda a linguagem é potencialmente figurada, pois é teoricamente impossível perceber a forma de cada enunciado; contudo, esta não é uma propriedade omnipresente e, por conseguinte, não pertinente; dizer que

163

uma expressão é figurada não é uma tautologia, porque a cada instante sabemos perceber a forma de certos enunciados, não de todos. A noção de figura não é pertinente em nível linguístico: mas recupera todo o seu sentido no nível da percepção da linguagem. Torna-se figurado um enunciado a partir do momento em que o percebemos em si mesmo.

Tentemos resumir esse percurso. Du Marsais recusa a ideia da figura como desvio, para substituí-la pela da figura como forma. Mas ante as dificuldades suscitadas por essa definição, e não querendo abordá-las diretamente, dá oportunidade a duas interpretações de sua posição inicial, sem, porém, chegar a formular nem uma, nem outra: 1. a figura é realmente um desvio, em relação, dessa vez, não ao uso, mas a uma regra abstrata; 2. a figura é forma, mas não toda forma: apenas aquela que, graças a uma convenção social encarnada na existência de uma denominação, é perceptível como tal pelos usuários de uma língua. Dessas duas saídas possíveis de um impasse inicial, o herdeiro direto de Du Marsais, Beauzée, escolherá resolutamente a primeira – formulando-a com uma nitidez de que não há vestígio em Du Marsais, e lhe dando uma extensão maior. Assim como o sentido era derivado da significação por figura, opondo-se a forma empírica à ideia abstrata, assim também toda construção ou estrutura gramatical observável é produzida por figura a partir de uma sintaxe abstrata e universal. Toda frase particular é figurada precisamente no que tem de particular; só é carente de figura a estrutura abstrata, comum a várias frases aparentadas. Na linguagem da gramática transformacional, que aqui parece impor-se, o termo "figura" seria substituído por "transformação"; toda frase de superfície é derivada por

Teorias do símbolo

transformação (por figura) a partir de uma estrutura profunda. Eis como se formula essa ideia na linguagem de Beauzée:

> Assim como a figura, no sentido primitivo e próprio, é a determinação individual de um corpo pelo conjunto das partes sensíveis de seu contorno; assim também uma figura de linguagem é a determinação individual de um corpo pela maneira particular que a distingue das outras locuções análogas. Em cada língua, o uso e a analogia decidiram o material da dicção, o sentido primitivo e as formas acidentais das partes da oração, as regras de sintaxe que convêm a esse primeiro fundo preparado pelo gênio da língua; aí está, por assim dizer, a forma universal da linguagem, que se encontra em todos os discursos, mas neles recebe, porém, diversas modificações particulares, as quais jamais desvelam essa forma primitiva sob o mesmo aspecto. Assim é que todos os homens têm uma forma comum à toda espécie e todos se assemelham por essa conformação geral: mas se compararmos os indivíduos, que variedade! quantas diferenças! nenhum se parece com outro; a forma é sempre a mesma, todas as figuras são diferentes. O mesmo se dá com as locuções em uma língua: submetidas todas elas a uma forma geral, que é inalterável no fundo, têm, se ouso dizer, cada uma a sua fisionomia própria, que decorre da diferença das figuras modificativas da forma comum; essas figuras são como as que caracterizam os indivíduos entre os homens, anunciam a alma e a retratam. ("Figura", *EM*, II, p.108)

A forma geral e abstrata manifesta-se necessariamente em um estado figurado. A posição de Beauzée é extrema e perfeitamente coerente: ao contrário de Du Marsais, ele não considera aqui a existência de "construções" não figuradas, cuja estrutura manifesta seria um reflexo fiel da estrutura subjacente; o que o leva a exclamar: "Haverá um jeito de se falar sem figuras?" (Ibid., p.111). Em sua *Gramática geral*, ele se aproxima, porém, mais de seu predecessor. Envolvido em um debate contra Batteux, segundo o qual o que é figura em uma língua pode não sê-lo em outra, Beauzée responde: existe uma forma geral comum a todas as línguas, que merece, por essa razão, ser qualificada de "natural"; uma frase real pode encarnar essa forma geral sem modificações; mas a partir do momento em que há modificação, há figura, seja qual for a língua em questão, seja qual for, também, o uso habitual.

> Uma *figura*, na linguagem, é, portanto, uma locução distante, não da maneira ordinária e usual, mas da maneira natural de exprimir as mesmas ideias em qualquer idioma que seja; de modo que, normalmente, o que é figura em um idioma também o será em outro... (p.546)

Entre os dois caminhos, sugeridos mas não formulados por Du Marsais, Beauzée escolhe, teoricamente, o primeiro. E no entanto, mais uma vez, quando dá exemplos de figuras ou tenta classificá-las, só pensa, como todos aqueles que o antecederam, nas figuras repertoriadas pela tradição retórica — só nas figuras que já têm um nome. Não seria isso uma prova de que a segunda resposta poderia ter sido a mais eficaz? A teoria de Beauzée é inatacável do interior; salvo por dar o nome de figura a um fenômeno muito mais vasto do que o que costumamos chamar assim (à manifestação linguística, por oposição à forma abstrata e universal); tal extensão do nome é tão pouco justificada, que ele mesmo não consegue mantê-la.

Teorias do símbolo

Em Beauzée, desaparece a necessidade de uma noção da figura, pois a figura se identifica com a forma linguística manifesta; trata-se de um desaparecimento por sobre-extensão: todo significante é figurado. Em Condillac, observamos um sumiço comparável, mas distinto: é obtida por meio de uma operação sobre o significado. Lembremo-nos uma última vez: para a retórica tradicional, existe uma maneira de falar não figurada, em que nos contentamos em comunicar um pensamento; e figuras, que acrescentam a esse pensamento uma matéria heterogênea, sentimentos, imagens, ornamentos. A existência da figura baseia-se na convicção de que duas expressões, uma com, a outra sem imagem (sentimento etc.), exprimem, como dizia Du Marsais, "o mesmo fundo de pensamento". Basta, então, abolir a diferença qualitativa entre pensamento e sentimento, para que a diferença entre a expressão dos pensamentos e a expressão dos sentimentos desapareça, por sua vez. Será essa, justamente, a via (já esboçada na *Lógica* de Port-Royal ou no padre Lamy) que será seguida por Condillac. Mais exatamente, sem apagar a diferença entre pensamentos e sentimentos, ele dispensará a diferença entre expressão própria e expressão figurada, pois cada uma será a expressão própria de um significado diferente: os sentimentos não são mais um apêndice dos pensamentos, mas uma matéria a significar, com os mesmos direitos que o outro.

Condillac coloca de início uma distinção que estava presente também em Beauzée, mas sem que fosse portadora de uma doutrina: a distinção entre sentido próprio e termo próprio.

Como os retóricos chamam de tropos as palavras tomadas em sentido emprestado, chamam de nomes próprios aqueles que são tomados no sentido primitivo; e convém observar que há diferença entre o nome próprio e a palavra própria. Quando dizemos que um escritor usa sempre a palavra própria, não queremos dizer que ele sempre conserva para as palavras a sua significação primitiva, mas queremos dizer que as palavras de que se serve exprimem perfeitamente todas as suas ideias: o nome próprio é o nome da coisa; a palavra própria é sempre a melhor expressão. (*AE*, p.560)

O que interessa a Condillac não é, portanto, o próprio, que se opõe ao figurado, mas o apropriado, que o absorve. A noção de apropriado está longe de ser estranha à retórica clássica; é até mesmo esse sentido de "próprio" que Quintiliano retém para as suas necessidades – sem deixar, porém, de tirar a conclusão que se impõe, a saber, que o figurado não se opõe ao próprio (e, portanto, não pode ser definido assim): "As metáforas justas são também chamadas de próprias" (*Instituição oratória*, VIII, 2, 10). Mas se Quintiliano tivesse aplicado esse princípio continuamente, o seu estudo inteiro dos ornamentos não poderia ter existido. É o que acontecerá com Condillac: consequente consigo mesmo, ele acaba por eliminar a noção de figura.

O que se busca, portanto, é "a melhor expressão": seja qual for a natureza do sentido a que se vise, há sempre uma expressão melhor que todas as outras. Condillac o dirá ainda, muito explicitamente, na introdução à *Língua dos cálculos* (II, p.419):

Diferentes expressões representam a mesma coisa sob relações diferentes, e as perspectivas do espírito, isto é, as relações sob as quais consideramos uma coisa, determinam a escolha que devemos fazer. Então a expressão escolhida é o que chamamos de termo próprio. Entre vários, há, portanto, sempre um que merece ser preferido...

Reciprocamente, uma expressão – ainda que figurada – jamais se deixa traduzir sem perda: ela diz seu significado melhor que qualquer outra. A variedade não está mais, como ainda em Du Marsais, entre várias expressões de um mesmo pensamento, mas nos próprios pensamentos: a cada significado corresponde idealmente um só significante; não podemos, portanto, nem traduzir, nem reduzir as figuras. Mas se a diferença está apenas entre os significados, a figura nada mais é do que o reflexo de um conflito que se passa alhures; ela perde toda importância e já não merece ser distinguida. Condillac adota, assim, uma concepção funcional, e não mais ornamental, da retórica, da qual não sabemos ao certo se é a que precede Quintiliano ou a que se segue a Fontanier... De qualquer modo, cronologicamente, no interior do período clássico, Condillac lhe é, pelo menos em alguns aspectos, conceptualmente estranho.

Tomemos alguns exemplos do tratamento a que submete as figuras.

> Para cada sentimento, há uma palavra própria para despertar sua ideia. [...] Um sentimento é mais bem exprimido quando frisamos energicamente as razões que o produzem em nós. [...] Os pormenores de todos os efeitos de uma paixão são também a expressão do sentimento. [...] A interrogação também contribui para a expressão dos sentimentos; ela parece ser a maneira mais própria às admoestações. (*AE*, p.572-3)

A figura é a expressão própria (e única, insubstituível) deste ou daquele sentimento. Às admoestações convêm as interrogações; à paixão em geral, a parte pelo todo (sinédoque) ou a causa pelo efeito (metonímia). Ou ainda:

> Para escrever com clareza, muitas vezes precisamos afastar-nos da subordinação em que a ordem direta coloca as ideias [...]. Essa lei que prescreve a clareza é ainda ditada pelo caráter que devemos dar ao estilo, conforme os sentimentos que experimentamos. Um homem agitado e um homem tranquilo não arranjam suas ideias na mesma ordem [...]. Ambos obedecem à mais ampla ligação das ideias e cada qual, porém, segue construções diferentes. (*AE*, p.576)

Em uma retórica tradicional, teriam dito que a ordem direta serve para instruir e favorece a clareza; a inversão, para comover e agradar, e contribui para a beleza. Em Condillac, tudo é perturbado: a inversão pode servir a clareza se o homem que é descrito (ou que fala) é agitado. As palavras já não têm três, mas uma única função: em vez de instruir, comover e agradar, apenas significam; só as coisas significadas variam entre si. A norma absoluta da retórica ornamental é substituída pelo relativismo daquilo "que é apropriado": há tantas verdades quantos são os indivíduos e os casos particulares.

Vale observar aqui que esse relativismo retórico leva Condillac à formulação de uma estética literária igualmente relativista, em que a noção clássica e unificante de *natureza* será substituída pela noção plural de *gêneros* (é o famoso capítulo V da quarta parte da *Arte de escrever*).

> Supomos que a naturalidade (*naturel*) seja sempre a mesma... [Na realidade], todas as vezes que os gêneros diferem, comportamo-nos de um jeito diferente e, portanto, julgamos segundo regras diferentes (p.602). A naturalidade consiste, portanto, na facilidade que se tem de fazer alguma coisa... (p.603). Em geral, basta observar que há tanto na poesia como na prosa tan-

tas naturalidades quantos são os gêneros. [...] Parece-me, pois, demonstrado que a naturalidade própria à poesia e a cada espécie de poema seja uma naturalidade convencional, que varia demais para poder ser definida... (p.611)

Essa rejeição da norma universal, da verdade absoluta, aplica-se à própria noção de literatura: esta não existe, ou melhor, só existe dentro de contextos históricos específicos. "Em vão tentaríamos descobrir a essência do estilo poético: ele não a tem" (p.606). Decididamente, a época a que pertence Condillac, mais do que a que antecedeu Quintiliano, é aquela que se seguirá a Fontanier.

Resta examinar a teoria da figura neste último; o que nos faz voltar atrás na história conceitual, mas não na finura da análise. Como Du Marsais, mas de maneira mais nítida, Fontanier apresenta uma dupla definição, estrutural e funcional: define-se a figura ao mesmo tempo pelo que é e pelo que faz. E se Fontanier não inova quanto aos efeitos das figuras, ele se separa de Du Marsais na definição estrutural, ao escolher a segunda das vias frequentemente utilizadas, a do desvio, mas tentando dar-lhe uma precisão que antes não tinha. Ao refutar a objeção de Du Marsais, segundo a qual as figuras são tão comuns como as não figuras, escreve:

> Isso não impede que as figuras *se distanciem*, em um sentido, *da maneira simples, da maneira ordinária e comum* de falar. Delas se distanciam no sentido de que poderíamos substituí-las por algo mais ordinário e mais comum; no sentido de que apresentam algo de mais elevado, de mais nobre, de mais distinto, de mais pitoresco; algo de mais forte, de mais enérgico ou de mais gracioso e amável. (*CR*, p.3-4)

A mesma dupla definição será formulada em seu próprio tratado:

> As figuras do discurso são os traços, as formas ou as maneiras mais ou menos notáveis, de efeito mais ou menos feliz, pelos quais o discurso, na expressão das ideias, dos pensamentos ou dos sentimentos, se afasta mais ou menos do que teria sido a sua expressão simples e comum. (*FD*, p.64)

A duplicidade estrutural-funcional – de que Fontanier saberá servir-se – não está só presente nessa definição; há outra, no próprio interior do estrutural, e ela se encarna nestes dois termos: simples (ou ordinário) e comum. Os dois não se recobrem necessariamente: o simples está ligado a um critério qualitativo; o comum, ao quantitativo. Essa ambiguidade provocou até, recentemente, uma controvérsia entre os intérpretes de Fontanier. Na realidade, seu texto é suficientemente claro: a expressão pela qual "poderíamos substituir" a figura deve ser antes de tudo mais simples, mais direta; a frequência não desempenha aqui um papel discriminatório. Embora a fórmula "mais ou menos" apareça três vezes na definição da figura, a diferença entre esta e a não figura é do tudo ao nada, não do mais para o menos: a expressão simples e direta existe ou não existe, e se não existe, a figura não seria mais o resultado de uma escolha; ora, para Fontanier, não existe figura forçosa: "As figuras [...], por mais comuns que sejam e por mais familiares que se tenham tornado pelo hábito, não podem merecer e conservar seu título de *figuras* senão na medida em que forem de uso livre e não forem, em certa medida, impostas pela língua" (*FD*, p.64).

Teorias do símbolo

A figura baseia-se na existência ou não de uma expressão direta. Tal alternativa traduz-se em Fontanier, na melhor das hipóteses, por uma oposição por ele encontrada dentro dos tropos: a oposição entre catacreses e figuras. Lembremo-nos de que, já para Beauzée, a catacrese não era um tropo como os outros, mas um uso de todos os tropos. Fontanier dá agora um nome ao outro aspecto, complementar, dos tropos: é, justamente, a figura. Definem-se os tropos pela mudança de sentido, o que, em si, não é uma figura. Mas podem, além disso, ser usados de duas maneiras: para suprir as carências da língua (uso catacrético) ou para substituir expressões diretas já existentes: e é somente aí que nasce a figura. O tropo é um significante que tem dois significados, um primitivo e o outro trópico; a figura pressupõe um significado que pode ser designado por dois significantes, um próprio, o outro figurado. Poderíamos esquematizar assim a diferença dessas relações e a natureza complexa do tropo-figura:

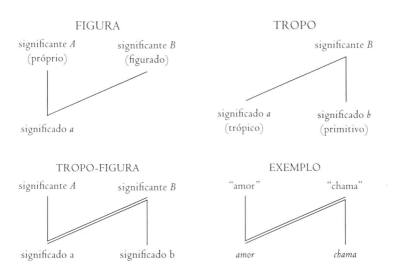

O tropo torna-se figura graças à relação que se estabelece entre o significado *a* e o significante *B*; é preciso que o sentido *a* da palavra *B* tenha seu nome direto *A*, e que a palavra *B* tenha um sentido próprio *b* para que *B* seja um tropo-figura (metáfora, sinédoque etc.); tropos e figuras são conjuntos em intersecção.

Outro modo de apresentar essa relação seria o seguinte (onde não mais se trata de relações entre significantes e significados, mas de subdivisões dentro das classes):

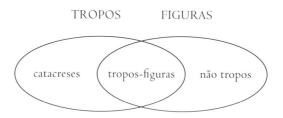

Fontanier formula essas duas distinções em trechos separados de sua exposição. Eis o que diz sobre a subdivisão dos tropos. "Ou os tropos em uma só palavra oferecem um sentido figurado, ou só oferecem um sentido puramente extensivo. No primeiro caso, são verdadeiras figuras [...]. No segundo caso, podemos chamá-los *catacreses*..." (*FD*, p.77).

E eis aqui a outra subdivisão, entre figuras não tropos e tropos:

> Nas figuras de palavras [...], ou as palavras são tomadas em um *sentido próprio* qualquer, vale dizer, em uma de suas significações habituais e ordinárias, primitivas ou não; ou são tomadas em um *sentido desviado*, diferente de um sentido próprio, isto é, em uma significação que lhe prestam por enquanto, e que nada mais é que puro empréstimo. (*FD*, p.66)

Teorias do símbolo

Observe-se, nesse trecho, que a figura-tropo só existe, segundo Fontanier, no discurso, dentro de um enunciado particular (ele insiste nisso também em outro lugar: "O *sentido figurado* sempre é apenas a título de empréstimo e só está ligado à palavra pela circunstância mesma que o fez ser tomado de empréstimo"; *CR*, p.385).

É, portanto, realmente uma relação de tudo ou nada que funda a figura, e não de frequência maior ou menor, como Fontanier não deixa de recordar acerca de diversos exemplos:

> Essa sinédoque, ao perder essa ousadia que tinha em sua novidade, não perdeu, porém, todo o seu caráter de figura, e não devemos encará-la como uma *catacrese*, pois a ideia que constitui o seu objeto poderia ainda ser exprimida pelo signo próprio e particular a que estava originalmente ligada... (*CR*, p.54)

Existe, é verdade, um trecho do *Comentário* em que cremos encontrar uma interpretação da figura que parece caminhar no sentido oposto: "Poderíamos provar por mil exemplos que as figuras inicialmente mais ousadas cessam de ser consideradas como figuras quando se tornam de todo comuns e habituais" (p.5-6).

Mas deveríamos talvez dar mais atenção à expressão usada por Fontanier: "cessam de ser *consideradas* como figuras! – e não "cessam de ser figuras". O desgaste, a frequência faz que não se pense mais no caráter figural da figura – mas nem por isso o elimina.

Ainda que a definição da figura seja qualitativa, Fontanier não é indiferente ao problema da maior ou menor frequência. Uma prova disso é fornecida pelo fato de retomar inteiramente por conta própria a distinção, proposta pelo padre de Radon-villiers, entre tropos de uso e tropos de invenção (a mesma subdivisão poderia aplicar-se às figuras):

> Alguns, de fato, e até mesmo a maioria deles, por serem geralmente aceitos e não terem nenhum caráter de novidade, estão vinculados ao fundo mesmo da língua, ao passo que outros, em pequeno número, não se vinculam a ele de modo algum, ou por serem ainda novos demais, ou por só terem a seu favor a autoridade do escritor que os criou. Ora, não há entre eles uma diferença essencial o bastante para que dela façamos o sujeito e o fundamento de uma distinção? Chamemos os primeiros de *tropos de uso* ou *tropos da língua*, e os segundos, de *tropos de invenção* ou *tropos do escritor*. (FD, p.164)

Diferença, portanto "bastante essencial", porém subordinada à que existe entre figura e não figura.

A ausência de palavra própria para evocar o sentido da catacrese faz desaparecer aqui a possibilidade de medir o desvio entre palavra própria e palavra figurada e, portanto, anula a figura. O mesmo acontece com outro grupo de figuras, classificadas habitualmente entre as figuras de pensamento, e que não pertencem verdadeiramente a elas, segundo Fontanier, pois não existe nenhuma expressão própria (mais "própria" que elas mesmas) com que possam ser comparadas.

> Seria, portanto, o objeto particular da linguagem, ou o sentimento, a paixão que a linguagem exprime que constituiria aqui a figura? Mas haveria, então, tantas novas figuras quantos são os

sentimentos ou paixões, ou quantas são as maneiras como os sentimentos, as paixões, podem desabrochar. (*FD*, p.434-5)

Se para haver figura bastasse que o significado fosse um sentimento ou uma paixão, a noção de figura perderia seu interesse: é esse o raciocínio de Condillac e Fontanier, mas tomando a partir daí posições opostas: um abole a figura, o outro procura estabilizá-la. "Dir-se-á que são *figuras de pensamento*?" Mas para que haja figura, é preciso haver desvio: aqui, por exemplo, entre o que as palavras parecem dizer e o que elas dizem na realidade, entre sua verdade e sua mentira – que seria a expressão imprópria de um significado sempre idêntico a si mesmo. Ora, não é o que acontece com as pseudofiguras, por isso mesmo eliminadas por Fontanier. "Podem esses sentimentos enunciados com tanta força e energia não ser sinceros e verdadeiros?" (*FD*, p.435).

É essa a teoria de Fontanier; resta perguntar agora se a sua própria prática se conforma a ela, se as figuras são sempre identificadas por oposição a uma expressão simples e direta. Convém aqui passar em revista as diferentes classes de figuras estabelecidas por Fontanier e cuja articulação em breve observaremos. A comparação preconizada entre as formas "própria" e "figurada" é relativamente fácil (ainda que nem sempre seja reveladora) para algumas delas (embora hoje recusemos fazê--la): é o caso dos tropos, própria e impropriamente ditos; é o caso das figuras de dicção, em que a forma fônica das palavras é que é alterada; ou das figuras de construção, em que a sintaxe da língua não é respeitada. Cumpre já observar que os dois últimos casos não são totalmente semelhantes: só os tropos e as figuras se afastam de outra expressão tão particular e concreta quanto a expressão figurada; as figuras de construção afastam-se, mais do que de outra expressão, de uma regra da língua (são figuras no sentido de Beauzée). Fontanier não deixa de observá-lo: "Enunciar ou omitir o que a gramática e a lógica pareceriam rejeitar como supérfluo ou exigir como necessário ou, enfim, enunciá-lo numa ordem completamente diferente do que elas pareceriam indicar ou prescrever: é isto que dá origem a essas figuras..." (*FD*, p.453).

Mas onde as coisas aparecem de modo realmente diferente é nas três classes de figuras que restam, em que Fontanier esquece completamente a sua definição da figura como desvio de uma expressão própria e tem de recorrer à segunda metade da sua definição inicial: à metade funcional. As figuras que pertencem a essas classes são figuras porque tornam melhor o discurso!

> O que dá origem às *figuras de elocução* é a escolha, a conveniência das palavras e seu emprego mais ou menos feliz na frase (*FD*, p.224). As *figuras de estilo* diferem das figuras de elocução por estenderem-se à expressão de todo um pensamento e consistirem em uma reunião de palavras que, se não formar toda uma frase, forma pelo menos boa parte dela, e uma parte essencial. O que as caracteriza é a vivacidade, a nobreza ou o encanto que elas dão a toda expressão, seja qual for o sentido, figurado ou não (p.226). As verdadeiras *figuras de pensamento* devem consistir de tal forma no estilo de imaginação e na maneira particular de pensar ou de sentir, que, vindo a mudar as palavras pelas quais são conhecidas, nem por isso elas deixem de permanecer as mesmas quanto ao fundo (p.228).

Teorias do símbolo

Ou ainda: "Sejam os sentidos tomados ou não de empréstimo, simples ou duplo, direto ou indireto, vede na expressão total do pensamento que caráter impressionante e incomum de beleza, de graça ou de força! *Figuras de estilo*" (*FD*, p.280).

Se deixarmos de lado aqui as justificações funcionais (a felicidade, a nobreza, a beleza e a graça do discurso...), restam definições que não podemos de modo nenhum vincular ao princípio geral. Pois de que nos afastamos ao *escolhermos* as palavras? A definição das figuras de pensamento aqui proposta nos leva diretamente de volta ao ponto de partida de Du Marsais: as figuras são maneiras ou estilos particulares... Se fizéssemos questão absoluta de que a figura continuasse a se opor a outra expressão, poderíamos dizer que ela se afasta de outro enunciado de que estaria ausente, permanecendo todas as outras coisas iguais. Mas vemos de imediato que se trata de uma falsa solução: as duas oposições não têm o mesmo sentido, passa-se de uma relação de contrários a uma relação de contraditórios. No tropo-figurado, uma expressão afasta-se de outra expressão; na "figura de elocução" (como a repetição ou a gradação ou o poliptoto), uma expressão afasta-se de sua própria ausência, de tudo o que não é ela. Mas nada existe no mundo, em particular nenhuma expressão linguística, que não se possa opor à sua ausência: tal definição de figura carece de sentido.

É preciso, portanto, render-se à evidência: não se pode ao mesmo tempo aceitar a teoria e a prática de Fontanier, sua definição da figura e suas listas de figuras. Situação, em suma, bastante próxima da que observamos no caso de Beauzée. Uma e outra teoria são perfeitamente coerentes em si mesmas (ao contrário da de Du Marsais); mas seu próprio criador não consegue dela se servir e recorre, na prática, a outra definição da figura, jamais formulada, que o leva, por fim, a tratar sempre da mesma lista de figuras: aquelas, justamente, que a tradição lhe legou. Como se, para voltar a Du Marsais, as figuras nada mais eram que o que tem nome de figura...

Convém agora dizer algumas palavras sobre as *classificações* das figuras. Du Marsais propõe o seguinte arranjo (*DT*, p.14-7):

$$\text{figuras} \begin{cases} \text{de pensamento} \\ \\ \text{de dicção} \begin{cases} \text{de dicção} \\ \text{de construção} \\ \text{figuras como a repetição} \\ \text{tropos} \end{cases} \end{cases}$$

A primeira oposição é um lugar-comum da tradição retórica; a repartição ulterior é mal argumentada e pouco explicada; particularmente estranha é a terceira classe, sobre a qual Du Marsais se contenta em dizer que nela "as palavras conservam sua significação própria" (*DT*, p.16), o que é, porém, característica de todas as figuras não tropos. As coisas não melhoraram na época em escreveu o artigo "Figura" da *Enciclopédia*; eis a descrição dessa mesma classe misteriosa:

A quarta espécie de figura de palavras são aquelas que não poderíamos colocar na classe dos tropos, pois nelas as palavras conservam sua significação primeira: tampouco podemos dizer que sejam figuras de pensamento, pois é só pelas palavras e pelas sílabas, e não pelo pensamento, que elas são figuras, isto é, elas têm essa conformação particular que as distingue dos outros modos de falar... (*Oeuvres*, VI, p.266)

Teorias do símbolo

Diante de tal "definição", podemos preferir a atitude mais franca de Condillac, que não se preocupa em classificar e nem mesmo enumerar as figuras, menos ainda do que o fizera com os tropos: "Os retóricos distinguiram vários tipos de figuras; mas, Alteza, nada é mais inútil, e evitei entrar em semelhantes pormenores" (*AE*, p.579).

Beauzée divide as figuras em cinco grupos (no artigo "Figura", *EM*, II e no "Quadro metódico", no fim do terceiro volume):

$$\text{figuras} \begin{cases} \text{de dicção} \\ \text{de sintaxe} \\ \text{de oração (tropos)} \\ \text{de elucução} \\ \text{de estilo} \end{cases}$$

O número de grupos é igual ao que tínhamos em Du Marsais, e as classes se correspondem aproximadamente (o estilo recobre os "pensamentos", e a "elocução" é o nome da classe anônima de Du Marsais). Convém acrescentar que: 1. Beauzée tenta associar a cada uma dessas formas linguísticas um domínio afetivo ou estético (na ordem: eufonia, energia, imaginação, harmonia, sentimento); 2. no interior de cada um dos grupos, procede a subdivisões ulteriores, cujos princípios aparecem mais claramente: trata-se habitualmente de pares binários, como "adição-subtração" ou "união-desunião" etc.

Fontanier consagra mais espaço às classificações e as modifica ligeiramente de uma exposição a outra; orgulha-se muitíssimo de suas classificações. Basta ler esta declaração falsamente modesta que se segue à apresentação de algumas outras tentativas de classificação:

É, portanto, mais adequado limitarmo-nos à classificação inteiramente simples, natural, exata, luminosa e completa que adotamos. Qual não é sua superioridade sobre as outras? E como essa espécie de comparação indireta que acabamos de estabelecer com estas não realça suas vantagens! (*FD*, p.459).

Essa classificação tão elogiada é a seguinte:

$$\text{figuras} \begin{cases} \text{de palavras} \begin{cases} \text{tropos} \begin{cases} \text{de significação} \\ \text{de expressão} \end{cases} \\ \\ \text{não tropos} \begin{cases} \text{de dicção} \\ \text{de construção} \\ \text{de elocução} \\ \text{de estilo} \end{cases} \end{cases} \\ \\ \text{de pensamento} \end{cases}$$

Como vemos, esse quadro é mais complexo que os anteriores. Tornamos a nele encontrar as cinco classe de Beauzée, mas os tropos são subdivididos em dois, e as figuras de pensamento se separam de novo das figuras de estilo. Além disso, é introduzida certa hierarquia, como demonstram as categorias intermediárias, palavras-pensamento e tropos-não tropos. Enfim, e isto é o mais importante, Fontanier é o primeiro que busca justificar a sua classificação, explicar por que existem tantas classes e não mais; e quais são suas relações mútuas. Mesmo assim, ele não vai muito longe nesse caminho. Uma das categorias que lhe servem nessa articulação é a dimensão do segmento linguístico pertinente: é o que permite opor as figuras de significação (palavra) às figuras de expressão (proposição), as figuras de elocução às figuras de estilo (mesmo critério); enfim, as figuras de dicção às figuras de construção. Outra oposição, entre

Teorias do símbolo

significante e significado, parece intervir várias vezes. As figuras de dicção e de construção estão ligadas à *materialidade* da linguagem (cf. *FD*, p.453); nisso elas se opõem às outras figuras não tropos. Isso permitiria organizar as diferentes classes de figuras de palavras não tropos em uma matriz lógica:

	PALAVRA	PROPOSIÇÃO
significante	dicção	construção
significado	elocução	estilo

Mas a mesma categoria influi mais uma vez, de outra maneira: na manutenção da figura, só o significado pode ser necessário, ou o significado e o significante (é a oposição tradicional entre figuras de pensamento e de palavras). O que possibilitaria articular as relações das três classes restantes de figuras:

	PALAVRA	PROPOSIÇÃO
significante e significado	significação	expressão
somente significado		pensamento

É preciso reconhecer que tudo permanece embrionário e pouco explícito. Os retóricos não param de classificar; mas classificam mal, ou melhor, não sabem explicar suas classificações.

Reflexões finais

Chegou a hora de voltar à segunda das perspectivas anunciadas no começo deste exame: depois da menção dos debates teóricos, uma interrogação sobre a significação histórica deles.

Em primeiro lugar, estamos ali diante de duas tradições distintas – e não só de uma. A primeira é encarnada por Du Marsais, Beauzée e Fontanier (embora haja diferenças importantes entre eles); a segunda, só por Condillac – mas ele está ligado a certas manifestações do pensamento retórico do fim do século XVII, em especial na *Lógica ou a Arte de pensar*, de Arnauld e Nicole, e na *Retórica ou a Arte de falar*, de Bernard Lamy. As diferenças aparecem mais claramente em dois pontos: o objeto da retórica e a definição da figura. Uma retórica de tipo condillaciano concede um lugar importante ao estudo das figuras (ou dos *tours*), mas não elimina todo o resto (isto é, as considerações sobre a construção geral dos discursos). Uma retórica na linhagem de Du Marsais, ao contrário, reduz-se a um puro estudo das figuras (ou até, no caso particular de Du Marsais, dos tropos). A definição da figura, por outro lado, faz-se pelo significante, na tradição Du Marsais – Beauzée – Fontanier: é um jeito (menos simples, mais belo) de se exprimir, que difere de outra expressão de mesmo sentido. Ela se faz pelo significado, na tradição representada por Condillac: são figuras as expressões que designam sentimentos ou emoções, ao contrário daquelas que designam puros pensamentos. Poder-se-ia dizer também que a primeira definição é ornamental; a segunda, afetiva.

Tais diferenças são importantes. E, no entanto, elas se tornam pálidas diante das semelhanças – que garantem a pertença de ambas as tradições ao todo retórico e até, mais particularmente, aos últimos séculos da atividade retórica na França. Ainda que a retórica de Condillac não se reduza apenas à descrição das figuras, o lugar dominante que lhes é concedido demonstra essa mesma tendência que observamos na outra tradição. Ainda que não descreva uma expressão figurada que

Teorias do símbolo

se afasta de outra, própria, o desvio em si é mantido entre pensamento e sentimento, entre ideia e emoção. A variante Du Marsais – Beauzée – Fontanier conduz a seu extremo uma tendência que também está presente na retórica "afetiva". E é essa pertença comum que explica o desaparecimento da retórica a partir do começo do século XIX – não só em sua forma extrema, ou seja, na variante representada por Du Marsais e seus sucessores, mas também na forma moderada e, afinal, moderna, encarnada, para nós, por Condillac.

Poderíamos, de fato, ficar perplexos diante do desaparecimento da retórica. É incontestável a qualidade do trabalho que acabamos de examinar. Mesmo se sobre este ou aquele ponto a descrição dos fatos linguísticos propostos por esses tratados tenha sido superada (isso não acontece com frequência, justamente por causa da brutal interrupção de todo trabalho nessa área), o conjunto é impressionante: pela finura da observação, pela precisão das formulações, pela abundância dos fenômenos considerados (e note-se que deixei completamente de lado o tratamento reservado a cada figura em particular). Como explicar essa aberração na evolução do conhecimento, que faz que seja abandonado um campo tão rico, tão bem prospectado?

É que as viradas na história da ciência (talvez, mais modestamente: da retórica) não são determinadas por condições internas de maturidade ou de fecundidade. Na base de todas as investigações retóricas particulares se encontram alguns princípios gerais, cuja discussão não pertence mais ao campo da retórica, mas ao da ideologia. Quando acontece uma mudança radical no campo ideológico, nas premissas e valores geralmente aceitos, pouco importa a qualidade das observações e explicações de pormenor: elas são varridas, ao mesmo tempo que os princípios que elas implicavam. E ninguém se preocupa com o bebê jogado fora junto com a água suja do banho.

Ora, é justamente a uma ruptura desse gênero que assistimos no período em questão; ruptura preparada no século XVIII, e da qual todas as consequências se revelam no século seguinte. A causa distante, mas certa, dessa reviravolta é o advento da burguesia e dos valores ideológicos que ela traz consigo. No que nos diz respeito, essa ruptura consiste na abolição de uma visão do mundo que possuía valores absolutos e universais ou, para tomar apenas o exemplo mais eloquente, na perda de prestígio sofrida pelo cristianismo; e em sua substituição por outra visão, que se recusa a atribuir um lugar único a todos os valores, que reconhece e admite a existência do fato individual, o qual não é mais o exemplo imperfeito de uma norma absoluta.

A base ideológica que se mostrou de repente tão frágil e através da qual o golpe será desferido contra o edifício inteiro coincide, no caso da retórica, com a noção de figura. Toda a retórica, ou quase, se reduz, nessa época, a uma teoria das figuras. Ora, essa noção (como qualquer outra) tem uma dupla determinação: uma empírica – ela corresponde a fatos linguísticos observáveis –, outra teórica – pode integrar-se em um sistema coerente que caracteriza uma visão do mundo. É por esse último aspecto que a figura – e com ela toda a retórica – peca aos olhos dos promotores da nova ideologia. Para toda a tradição retórica que vai de Quintiliano a Fontanier, a figura é algo de subordinado, de acessório, de ornamental (e pouco importa se se tenham ou não os ornamentos em grande conta); a figura, como acabamos de ver, é um desvio em relação à norma. A retórica não será mais possível em um mundo que

Teorias do símbolo

faz da pluralidade de normas a sua norma; e pouco importará a qualidade das observações de um Fontanier ou mesmo o fato de que a sua prática, pelo lugar que ela concedia a todos os fenômenos de linguagem, possa contradizer a sua teoria.

Se nos contentarmos em observar, agora, a evolução interna da disciplina, constataremos que a retórica desaparece por duas razões principais — cuja autonomia não é, aliás, senão aparente.

I. A abolição do privilégio concedido a certas formas (linguísticas) sobre outras. A figura não podia ser definida senão como desvio: desvio no significante (maneira indireta ou não muito comum de se exprimir); desvio no significado (os sentimentos em oposição aos pensamentos). Mas ver as figuras como desvio implica em crer na existência da norma, de um ideal geral e absoluto. Em um mundo sem Deus, onde cada indivíduo deve constituir sua própria norma, já não há lugar para a consideração de expressões desviantes: reina a igualdade entre as frases, como entre os homens. Hugo, o romântico, bem o sabia, ao declarar "guerra à retórica" em nome da igualdade:

E digo: Nada de palavras em que a ideia em puro voo
Não possa pousar-se, toda úmida de azul;
[... eu] declarei as palavras iguais, livres, maiores.[8]

Sob este aspecto, a retórica é uma vítima da Revolução Francesa, que, paradoxalmente, dará nova vida à própria eloquência.

---

8 No original: "Et je dis: Pas de mots où l'idée au vol pur/ Ne puisse se poser, tout humide d'azur;/ [... je] déclarai les mots égaux, libres, majeurs". (N.T.)

Tzvetan Todorov

2. A evicção do racionalismo pelo empirismo, das construções especulativas pelo estudo histórico. Aqui, a retórica – que, como vimos, era também "geral e fundamentada" – compartilha a sorte da gramática (filosófica). A gramática geral visava à construção de um padrão único, a estrutura universal da língua; de igual modo a retórica, cujo objeto não é sincrônico, mas pancrônico: ela busca estabelecer o sistema dos procedimentos da expressão em todos os tempos, em todas as línguas; daí a atualidade incessante da retórica ciceroniana, embora latina e já com 1.800 anos de idade; daí, também, o debate, explícito, entre Beauzée e Batteux.

Esses dois movimentos: recusa do par norma-desvio, evicção das construções pancrônicas em favor da história, têm, como facilmente se vê, uma origem comum: o desaparecimento dos valores absolutos e transcendentais, aos quais se podiam confrontar (e reduzir) os fatos particulares. Em um mundo sem Deus, todo homem é Deus. Do mesmo modo, as frases não serão mais confrontadas com uma frase ideal, nem as línguas com uma estrutura abstrata e "profunda".

Todo o debate sobre a atualidade da retórica, sobre a significação dessa velha doutrina para nós, hoje, depende, portanto, da resposta que dermos a esta questão: em que medida um saber é redutível às suas premissas ideológicas? Em que medida uma disciplina construída sobre fundamentos que nós, herdeiros da ideologia burguesa e romântica, rejeitamos, pode, porém, conter noções e ideias que estamos ainda dispostos a aceitar hoje?

Mas será que, talvez, não seriam os românticos também nossos pais, e será, talvez, que não estaríamos dispostos a sacrificar os pais pelos avós?

4
Os infortúnios da imitação

A estética começa no exato instante em que a retórica termina. O domínio de uma não é exatamente o da outra; elas têm, porém, pontos em comum suficientes para que sua existência simultânea seja impossível; a realidade de uma sucessão não só histórica, mas conceitual já era sentida pelos contemporâneos da mudança: o primeiro projeto *estético*, o de Baumgarten, era calcado sobre a retórica; testemunha disso é também este inciso de Friedrich August Wolf: "retórica ou, como dizemos entre nós, estética...".[1] A substituição de uma pela outra coincide, em linhas muito gerais, com a passagem da ideologia dos clássicos para a dos românticos. Poder-se-ia dizer, com efeito, que na doutrina clássica a arte e o discurso estão submetidos a um objetivo que lhes é exterior, ao passo

---

1 Wolf, Darstellung der Altertumwissenschaft nach Begriff, Umfang, Zweck und Wert. In: Wolf; Buttman (ed.), Museum der Altertum-wissenschaft, Bd. 1, p.38-9.

que nos românticos eles formam um domínio autônomo. Ora, vimos que a retórica não podia assumir a ideia de um discurso que encontrasse a sua justificação em si mesmo; a estética, por sua vez, só pode surgir a partir do momento em que se reconhece ao seu objeto, o belo, uma existência autônoma e em que o julgamos não redutível a categorias próximas, como verdadeiro, o bom, o útil etc. Se pudermos empregar as palavras nesse sentido estrito, o presente trabalho poderia ter-se chamado *Retórica e Estética...*

Essa repartição na história, entretanto, é apenas bastante aproximativa. Na realidade, o fim da retórica já é romântico, ao passo que, em seus primórdios, a estética permanece ligada à doutrina clássica. Vimos que, com Condillac, a retórica abolia a diferença entre expressão própria e expressão figurada, instituindo, assim, a igualdade entre todas as expressões. Na nascente teoria estética das artes, por outro lado, a fidelidade mantida ao quadro clássico manifesta-se pela submissão ao princípio de imitação. Esse princípio, que estava presente na teoria das artes desde as origens (mas principalmente desde o Renascimento) e que passara por inúmeras transformações ao longo da história, só será examinado aqui nessa época em que se anuncia o fim do seu reinado: ele é incompatível com o ponto de vista romântico, por submeter a obra de arte a uma instância que lhe é exterior (anterior, superior): a natureza. Ao mesmo tempo, a imitação ou a representação está vinculada à significação; reencontraremos, portanto, sob um disfarce diferente, a problemática do símbolo.

O princípio de imitação reina incontestável e soberano sobre a teoria da arte dos três primeiros quartos do século XVIII. Para retomar a fórmula de um historiador moderno, "todas essas leis [da arte] devem, definitivamente, estar vinculadas e subordinadas a um princípio único e simples, a um *axioma da imitação em geral*".[2] Não há texto estético da época que deixe de se referir a ele; nenhuma arte escapa: a música e a dança "imitam", tanto quanto a pintura e a poesia. Ainda que esteja perfeitamente estabelecido, porém, ele deixa insatisfeita a reflexão sobre a teoria da arte. Isso porque, muito visivelmente, *sozinho*, esse princípio não basta para explicar *todas* as propriedades da obra de arte. A imitação artística é, com efeito, uma noção paradoxal: ela desaparece no mesmo momento em que alcança a perfeição. Ninguém dirá, já escrevia Johann Elias Schlegel, que um ovo imita outro ovo, embora os dois se assemelhem: ele *é* um deles (esse argumento remonta à teoria das imagens de Santo Agostinho). Se a imitação fosse a única lei da arte, deveria acarretar o desaparecimento da arte: esta não seria mais diferente da natureza "imitada". Para que a arte subsista, a imitação não deve ser perfeita. Mas podemos contentar-nos com o recurso negativo a uma imitação necessariamente imperfeita? Não seria possível descobrir, ao lado da imitação, outro princípio constitutivo da arte? Os desvios da imitação não poderiam encontrar outra justificação positiva no apelo a uma lei diferente da imitação? Outro historiador assim resume a situação: "Podemos, em suma, ver que todos, no século XVIII, criticam o princípio de imitação. Evidentemente, há ali algo que queriam contornar, de que queriam escapar, e tentam de todos os jeitos fazer isso, sem descobrir o modo correto".[3] Tentamos agora especificar essas tentativas

---

2 Cassirer, *Philosophie des Lumières*, p.279.

3 Folkierski, *Entre la classicisme et le romantisme*, p.117.

de contorno, abordando tanto o conteúdo da noção, quanto seu lugar dentro de um sistema conceitual global.[4]

Para apresentar as diferentes variantes da doutrina mimética e de seu arranjo, proporei distinguir vários *graus* na adesão ao princípio de imitação. É o que já fazia um compilador da época, Riedel,[5] que identificava até quatro graus no distanciamento do objeto-modelo. Eu, de meu lado, me contentarei em distinguir três; mesmo assim, aquele dos três que chamarei de *grau zero* é apenas o padrão que permite medir os outros: é a afirmação de que as obras de arte são produto da imitação – e de nada mais.

Darei início aqui, portanto, à minha visão de conjunto com o *primeiro grau*, desvio mínimo em relação ao grau zero: reivindica-se só o princípio de imitação da natureza, mas se acrescenta que tal imitação não deva ser perfeita. Recorrendo a uma terminologia gramatical, poderíamos dizer que o verbo "imitar" se acha aqui qualificado por um *advérbio*: "imperfeitamente". É quase o título de um tratado da época: *Que a imitação da coisa*

---

4 Além da história de Folkierski, podemos igualmente consultar a de Nivelle, *Les Théories esthétiques en Allemagne de Baumgarten à Kant* [As teoria estéticas na Alemanha, de Baumgarten a Kant]. Foram consagrados vários estudos especificamente ao destino da imitação nessa época; por exemplo, Tumarkin, Die Überwindung der Mimesislehre in der Kunsttheorie des XVIII. Jhdts, *Festgabe für S. Singer*; Preisendanz, Zur Poetik der deutschen Romantik. I. Die Abkehr vom Grundsatz der Naturnachahmung. In: Steffen (ed.), *Die deutsche Romantik*, p.54-74; Dieckmann, Die Wandlung des Nachahmungsbegriffes in der französischen Ästhetik des XVIII. Jhdts. In: Jauss (ed.), *Nachahmung und Illusion*, p.28-59. Mas cumpre acrescentar que nenhum desses estudos adota a posição que será a minha neste capítulo.

5 *Theorie der schönen Künste und Wissenschaften*, p.146.

imitada deve às vezes ser dissemelhante, de Johann Elias Schlegel, tio dos irmãos românticos.[6] O argumento de Schlegel é que determinadas partes da natureza não nos causam prazer; ora, a arte deve provocar prazer, portanto, essas partes da natureza devem ser omitidas. "Se pudermos obter com isso mais prazer, introduzir a dissemelhança na imitação não é erro, mas uma proeza."[7] Lessing recorrerá vez por outra ao mesmo tipo de argumento. Nos fragmentos do *Laocoonte* (e na *Dramaturgia de Hamburgo*), encontramos uma observação que trata dos "erros necessários". São assim chamados os desvios em relação às regras da imitação, desvios exigidos pela harmonia do conjunto. O Adão de Milton fala de modo inverossímil, mas seu autor tinha razão em retratá-lo como o fez: "É incontestável que o desígnio superior do poeta consiste em satisfazer a fantasia do leitor com belos e grandiosos quadros, mais do que ser sempre fiel".[8] Mas o que é que "satisfaz a fantasia do leitor", o que é que determina o "desígnio superior do poeta"? Aqui, Lessing nada nos diz sobre isso, como tampouco o fazia Schlegel; e ficamos com essa formulação negativa da imitação imperfeita.

A resposta mais comum à nossa questão inicial consiste em uma modificação, não da natureza da operação – ou seja, a ação mesma de imitar –, mas do objeto a que ela se refere. Esse é um *segundo grau* de desvio a partir da imitação pura e simples; já não é um advérbio que qualifica e limita o verbo "imitar",

---

6 *Abhandlung dass die Nachahmung der Sache der man nachahmet, zuweilen unähnlich werden müsse* (1745), recolhido em *Schlegel's aesthetische und dramaturgische Schriften*; a mesma ideia acha-se resumida em seu *Abhandlung von der Nachahmung*.

7 Ibid., p.101.

8 Lessing, *Laocoon*, p.454.

mas um *complemento de objeto*. Já não se imita simplesmente a natureza, imita-se a "bela natureza", isto é, a natureza "escolhida", "corrigida" em função de um ideal invisível. Essa versão abrange numerosas variedades. Um Jonathan Richardson, estético inglês, pede que se conceda, na obra de arte, um lugar de destaque aos "traços característicos" do objeto imitado, em detrimento de seus outros traços; escreve também que o "grande e principal objetivo da pintura é elevar e melhorar a natureza". As mesmas ideias são difundidas na França já no fim do século XVII, pela pluma de De Piles, de Fénelon, de La Motte; este último, por exemplo, escreve: "Convém [...] entender por imitação uma imitação hábil, vale dizer, a arte de só tomar às coisas o que é próprio para produzir o efeito proposto" (*Reflexões sobre a crítica*, 1715). O abade Batteux virá a ser o campeão incontesto dessa ideia, que está na base do seu livro, um dos mais admirados na época: *As Belas-Artes reduzidas a um mesmo princípio* (1746). Queixa-se Batteux da ausência de uma reflexão estética unificadora e, com comovente ingenuidade, redescobre a teoria da imitação na arte. Mas seu princípio é a imitação da bela natureza.

> Sobre esse princípio, é preciso concluir que se as artes são imitadoras da Natureza, essa deve ser uma imitação sábia e esclarecida, que não a copia servilmente, mas, escolhendo os objetos e os traços, os apresenta com toda a perfeição de que são suscetíveis: em uma palavra, uma imitação em que não vemos a Natureza como é em si mesma, mas tal como pode ser e podemos concebê-la pelo espírito. (p.45)[9]

---

9 Cito a edição de 1773.

Teorias do símbolo

A bela natureza, portanto, é obtida da natureza comum pela escolha das melhores partes. "Todos os esforços tiveram necessariamente de se reduzir a fazer uma escolha das mais belas partes da Natureza, para com elas formar um todo harmonioso, que fosse mais perfeito que a própria Natureza, sem, porém, deixar de ser natural" (p.29).

O raciocínio de Batteux é notável em sua cegueira. Afirma, ao mesmo tempo, que a imitação é o único princípio constitutivo da arte e que essa imitação está sujeita, por intermédio do objeto imitado, a uma escolha, a uma preferência – cujas razões, porém, são ignoradas. Eis aqui outro desenvolvimento que participa da mesma confusão (trata-se de uma comparação entre o poeta e o historiador):

> Como o fato não está mais entre as mãos da história, mas entregue ao poder do artista, ao qual é permitido tudo ousar para chegar ao objetivo, ele é reconstruído, por assim dizer, para fazê-lo assumir uma nova forma: acrescenta-se, tira-se, transpõe-se... Se [tudo isso] não está nela [na história], a arte então goza de todos os seus direitos em toda sua extensão, cria tudo de que precisa. É um privilégio que lhe é concedido porque ela tem a obrigação de agradar. (p.50)

O vocabulário vago prega peças a Batteux. Ele escreverá, por exemplo: "A imitação, para ser tão perfeita como pode sê-lo, deve ter duas qualidades: a exatidão e a liberdade" (p.114). Mas será que a liberdade é algo mais do que um pudico sinônimo de inexatidão? Ou, como o mesmo Batteux declara na página seguinte: "A liberdade [...] é ainda mais difícil de alcançar por parecer oposta à exatidão. Muitas vezes, uma só se sobressai em detrimento da outra" (p.115). Pode-se crer, então, que tenhamos determinado suficientemente a imitação quando lhe pedimos ser ao mesmo tempo exata e inexata? Eis que, por não ter explicado o que entende por "bela natureza", Batteux retorna, na verdade, ao nosso "primeiro grau". É essa, aliás, a crítica que lhe dirigirá Diderot, em sua *Carta sobre os surdos-mudos* (1748):[10] "Não deixem de colocar no começo do livro um capítulo sobre o que é a bela natureza, pois sei de gente que me afirma que, na falta de uma dessas coisas, o seu tratado permanece sem fundamento" (p.81). Mas nem Batteux, nem nenhum dos outros defensores da "bela natureza" encontrará alguma resposta a dar.

Que dizer do próprio Diderot? Sabemos que as suas formulações a este respeito são, com frequência, contraditórias.

Algumas delas o fariam passar por um defensor da imitação-sem-nenhuma-exceção; doutrina extrema – e insustentável. Nos *Pensamentos esparsos sobre a pintura* (aproximadamente 1773), ele escreve: "Toda composição digna de elogio está em tudo e em toda parte de acordo com a natureza; é preciso que eu possa dizer: 'Não vi este fenômeno, mas ele existe'" (*OE*, p.773). Vinte e cinco anos antes, nas *Joias indiscretas* (1748), ele mencionava a mesma máxima, insistindo na experiência do espectador: "A perfeição do espetáculo consiste na imitação tão exata de uma ação que o espectador, iludido continuamente, imagina

---

10 Cito os textos de Diderot de acordo com as seguintes edições: Lettre sur les sourds et muets, *Diderot Studies*, t.7, Genebra, 1965; *Oeuvres esthétiques*. Paris: Garnier, 1968 (abreviadas doravante como *OE*); *Oeuvres romanesques*. Paris: Garnier, 1962 (abreviadas como *OR*); todas as outras obras, segundo as *Oeuvres complètes*, edição Assezat-Tourneux (abreviadas como *OC*, seguido do número do volume).

Teorias do símbolo

assistir à ação mesma" (*OR*, p.142). O mesmo se poderá dizer do autor: "Se a observação da natureza não for o gosto dominante do literato ou do artista, nada de valioso espereis dele" (*OE*, p.758). É inútil procurar outra coisa senão a imitação da natureza, ainda que seja em nome de uma natureza mais bela: "Como estragou quadros o preceito de embelezar a natureza! Não procureis, pois, embelezar a natureza. Escolhei com discernimento aquela que vos convém, e retratai-a com escrúpulo" (*OC*, 14, p.201-2). Da imitação e nada mais (deixaremos aqui de lado a questão de saber se tal elogio da imitação favorece à arte ou à natureza).

Outras vezes, Diderot reconhece a impossibilidade de uma imitação perfeita, mas se contenta com esta constatação negativa ("primeiro grau").

> Mas, sendo uma a natureza, como explicas, meu amigo, que haja tantas maneiras diversas de imitá-la e que todas sejam aprovadas? Não seria porque, na impossibilidade reconhecida e talvez feliz de retratá-la com absoluta precisão, há uma margem de convenção pela qual é permitido à arte divagar; porque, em toda produção poética, sempre há um pouco de mentira, cujo limite não é, nem nunca será determinado? Dá à arte a liberdade de uma distância aprovada por uns e proscrita por outros. Uma vez que se admite que o sol do pintor não é o do universo, nem poderia sê-lo, não somos levados a outra admissão, da qual se segue uma infinidade de consequências? (*OC*, 11, p.185-6)

Estas, porém, não são senão formulações episódicas, que Diderot defende por ocasião deste ou daquele desenvolvimento particular; em princípio, ele é partidário de uma imitação, não da natureza, mas do *ideal* (logo, de nosso "segundo grau").

Essa oposição entre ideal e natureza molda-se amiúde na distinção estabelecida por Aristóteles entre o historiador, que imita o particular, e o poeta, que pinta o geral. Lembremo-nos destas frases célebres:

> O historiador e o poeta não diferem pelo fato de fazerem suas narrativas, um em versos, o outro em prosa [...]; eles se distinguem, pelo contrário, um por narrar os eventos que aconteceram, o outro, eventos que poderiam acontecer. Por isso, a poesia é mais filosófica e de caráter mais elevado que a história; pois a poesia conta mais o geral; a história, o particular. (*Poética,* 1451 b)

Já Batteux se inspirara nesse texto; Diderot não se afasta muito dele ao distinguir duas imitações: "A imitação é rigorosa ou livre; aquele que imita rigorosamente a natureza é o seu historiador. Aquele que a compõe, a exagera, a enfraquece, a embeleza e dela dispõe segundo a sua vontade é o seu poeta" (*OC,* 15, p.168-9); ou quando recorre a essa mesma distinção para discutir a obra de Richardson: "Ousaria dizer que a história mais verdadeira está cheia de mentiras, e que o teu romance está cheio de verdades. A história retrata alguns indivíduos; tu retratas a espécie humana" etc. (*OE,* p.39-40; observe-se que Diderot elogia Richardson pelo que é, segundo Aristóteles, propriedade de toda poesia). Do mesmo modo, em pintura, Diderot oporá o retratista, copista fiel, ao pintor genial, ao qual assim se dirige:

> Que é um retrato, senão a representação de um ser individual qualquer? [...] Sentistes a diferença entre a ideia geral e a coisa

Teorias do símbolo

individual até nas menores partes, pois não ousaríeis garantir-me, desde o momento em que tomastes do pincel até hoje, que vos submetestes à imitação rigorosa de um cabelo. (*OC*, 11, p.8-9)

O poeta ou o artista opõem-se ao historiador; ou ainda, sempre em termos aristotélicos, o verossímil ao verdadeiro: "O poeta... é menos verdadeiro e mais verossímil que o historiador" (*OE*, p.214). A formulação predileta de Diderot, porém, parece ser a que opõe a natureza real ao modelo ideal (formulação que lembra muito a de Shaftesbury, por ele admirado, e de toda a tradição neoplatônica). Aos olhos dos estéticos da época, isso equivale a abandonar Aristóteles em favor de Platão (nomes próprios que, aqui, pouco importa se eram usados correta ou incorretamente). Eis o que escreve Diderot na introdução ao *Salão de 1767*:

> Haveis de convir que não há nem pode haver um animal inteiro subsistente, nem nenhuma parte do animal subsistente que se possa, rigorosamente falando, tomar como modelo primeiro. Haveis de convir que tal modelo é puramente ideal e não é tomado diretamente de nenhuma imagem individual da Natureza cuja cópia escrupulosa tenha permanecido gravada em vossa imaginação e que pudésseis evocar de novo, deter diante dos olhos e recopiar servilmente, a menos que queirais tornar-vos retratista. Haveis de convir, portanto, que quando fazeis algo de belo, nada fazeis do que é e nem sequer nada do que pode ser. (*OC*, 11, p.11)

É a mesma doutrina que será defendida no *Paradoxo sobre o comediante* (1773). É interessante ver que a doutrina da expressão espontânea e sincera é combatida nesse texto exatamente com argumentos tirados do princípio de imitação. "O autor escuta a si mesmo no momento em que vos comove, e [...] todo seu talento consiste não em sentir, como supõem, mas em retratar tão escrupulosamente os signos exteriores do sentimento, que vos enganais" (*OE*, p.312).

Imitação antes de tudo, mas imitação de um modelo ideal e não da natureza:

> Refleti um momento sobre o que se chama no teatro de *ser verdadeiro*. Será mostrar as coisas tais como são na natureza? De modo algum. O verdadeiro, nesse sentido, seria apenas o comum. Que é, então, o verdadeiro no palco? É a conformidade das ações, dos discursos, da figura, da voz, do movimento, do gesto, com um modelo ideal, imaginado pelo poeta e muitas vezes exagerado pelo comediante. (*OE*, p.317)

As razões pelas quais Diderot preferirá a imitação do modelo à imitação da natureza também são platônicas: pois a própria natureza já é uma imitação – embora imperfeita – de seu próprio modelo, ideal. O artista deve evitar uma transição inútil, um grau intermediário incômodo e imitar o original (o modelo), mais do que a cópia (a natureza). Diderot assim interpela o artista genial (*OC*, 11):

> Acrescentastes, suprimistes, sem o quê não teríeis feito uma imagem primeira, uma cópia da verdade, mas um retrato ou uma cópia de cópia (*fantasmatos ouk alètheias*), *o fantasma e não a coisa*; e haveríeis estado apenas na terceira condição, pois entre a verdade e o vosso trabalho teria havido a verdade ou o protótipo,

Teorias do símbolo

seu fantasma subsistente que vos serve de modelo, e a cópia que fazeis dessa sombra mal terminada desse fantasma. [...] Estaríeis na terceira condição, depois da bela mulher e da beleza; ... há, entre a verdade e sua imagem, a bela mulher individual que ele [o retratista] escolheu como modelo. Haveis de convir, portanto, que a diferença entre o retratista e vós, homem genial, consiste essencialmente em que o retratista retrata fielmente a Natureza tal como é e se estabelece deliberadamente na terceira condição; e vós, que buscais a verdade, o primeiro modelo, vosso empenho contínuo consiste em vos elevar à segunda. (p.8-11)

Assim, tudo o que não se pode explicar pela imitação dos objetos sensíveis será atribuído à imitação de um modelo invisível que o artista guarda na mente. Expediente eficaz, mas até que ponto satisfatório? Que mais seria do que dar um nome ("modelo ideal") ao que há de incompreensível no processo de imitação – nome que, longe de revelar o que quer que seja, fecha, pela própria existência, o caminho para a exploração do problema, fazendo crer que tenha sido resolvido? O "modelo ideal" não coincide exatamente com a "bela natureza" – esta situa-se no mesmo nível que a natureza, aquela é seu protótipo –; mas ambos se unem na incapacidade demonstrada de qualificar de maneira positiva tudo o que, no universo da arte, não pode ser explicado pelo princípio de imitação.

A imitação do modelo só ganharia sentido se criássemos regras para a sua construção, se descrevêssemos o ideal em si mesmo. Diderot hesita sobre isso. Por vezes, sugere buscar o denominador comum de vários indivíduos, que seriam, por exemplo, avaros, para criar o tipo do avaro, aproximando-se, assim, da "escolha" preconizada por Batteux; mas, em outras ocasiões, ele rejeita tal procedimento, insistindo em que nenhuma parte do ideal possa existir na natureza. E outras vezes ainda, descreve um processo de perfeição lenta e indutiva, a partir dos primeiros exemplos observados, mas não sabe explicar quais seriam os critérios da perfeição. Eis uma formulação mais concreta do que de costume:

> Em uma ação real, da qual participam várias pessoas, todas se colocarão por si mesmas da maneira mais verdadeira; mas essa maneira nem sempre é a mais vantajosa para quem pinta, nem a mais marcante para quem olha. Daí a necessidade, para o pintor, de alterar o estado natural e de reduzi-lo a um estado artificial: e não acontecerá o mesmo com o palco? (*OE*, p.277)

Eis-nos de volta à ideia de "alterações" dentro da imitação. Mas como decidir qual é a maneira "mais vantajosa" e "mais marcante"? Diderot nada nos diz a este respeito, e temos o direito de lhe devolver a crítica que ele mesmo dirigia ao abade Batteux: na falta de uma definição do modelo ideal, a sua doutrina da imitação une-se a todas aquelas que pretendia superar.

A expressão "bela natureza" teria, porém, podido tornar-se o ponto de partida de uma reflexão mais construtiva sobre a imitação, se tivessem examinado melhor o sentido assumido pelo adjetivo "belo". Chegou a hora de nos familiarizarmos com essa noção. Eis como Panofsky resume as ideias clássicas acerca da beleza:

> A beleza é a harmonia das partes em relação umas com as outras e das partes com o todo. Tal conceito, desenvolvido pelos estoicos, aceito sem hesitação por uma multidão de seguidores, de Vitrúvio e Cícero a Lucano e Galeno, sobrevivendo na

escolástica medieval e, por fim, estabelecido como axioma por Alberti, que não hesita em chamá-lo de "a lei absoluta e primeira da natureza", tal conceito abrange o princípio que os gregos chamavam *symmetria* ou *harmonia*, os latinos *symmetria, concinnitas* e *consensus partium*, os italianos *convenienza, concordanza* ou *conformità*. [...] Ele significava, para citar Lucano, "a igualdade ou a harmonia de todas as partes em relação com o todo".[11]

São estas também as associações da palavra no século XVIII. Lembremo-nos da interpretação do próprio Diderot. Um chiste colocado na boca do sobrinho de Rameau resume a atitude tanto de Diderot quanto de seus contemporâneos: "O verdadeiro, que é o pai e que gera o bom, que é o filho, de onde procede o belo, que é o espírito santo..."[12] (*OR*, p.467). Mas ainda que subordine o belo ao verdadeiro, Diderot afirma, já em 1748, em suas *Memórias sobre diversos assuntos de matemática*:

> O prazer, em geral, consiste na percepção das relações. Este princípio ocorre na poesia, na pintura, na arquitetura, na moral, em todas as artes e em todas as ciências. Uma bela máquina, um

---

11 *The Life and Art of Albrecht Dürer*, p.261 e 276. Para outra enumeração, um tanto caricatural, dessas opiniões, cf. Tatarkiewicz, *Les deux concepts de la beauté, Cahiers roumains d'études littéraires*, 4, 1974, p.62. A citação de Alberti é tirada de *De Re aedificatoria*, liv. IX, cap. V. Outro livro de Panofsky, *Idea*, também é pertinente para a história dos conceitos aqui discutidos.

12 Essa solidariedade, para não dizer indistinção, das grandes categorias, tão fortemente antikantiana, é característica da época. Não escrevia Shaftesbury: "O que é belo é harmonioso e proporcional. O que é harmonioso e proporcional é verdadeiro, e o que é ao mesmo tempo belo e verdadeiro é, portanto, agradável e bom" (*Characteristics of Men, Matters, Opinions, Times*, t.3, p.150-1)?

belo quadro, um belo pórtico só nos agradam pelas relações que neles observamos [...]. A percepção das relações é o único fundamento da nossa admiração e dos nossos prazeres. (*OE*, p.387)

Afirmação longamente desenvolvida no artigo "Belo" da *Enciclopédia*:

> Chamo, portanto, *belo* fora de mim tudo o que contém em si algo que desperte no meu entendimento a ideia de relações; e *belo* em relação a mim tudo o que desperta essa ideia. [...] [Para apreciar a beleza], basta que ele [o espectador] perceba e sinta que os membros dessa arquitetura e os sons dessa peça musical têm relações, quer entre si, quer com outros objetos. (*OE*, p.418-9)

Segue-se um exemplo célebre:

> Contentar-me-ei em dar um exemplo tomado da literatura. Todos conhecem a frase sublime da tragédia dos *Horácios*: *Que morra*. Pergunto a alguém que não conheça a peça de Corneille e não faça a mínima ideia da resposta do velho Horácio, o que pensa desta frase: *Que morra*. É evidente que aquele a quem dirijo a pergunta, não sabendo o que seja esse *que morra* e não podendo adivinhar se é uma frase completa ou um fragmento e mal se dando conta de haver entre esses dois termos alguma relação gramatical, me responderá que ela não lhe parece nem *bela* nem *feia*. Mas se lhe disser que é a resposta de um homem acerca do que outro deve fazer em um combate, ele começará a perceber em quem responde uma espécie de coragem que não lhe permite crer que seja sempre melhor viver que morrer; e o *que morra* começa a interessá-lo. Se eu acrescentar que se trata, nesse combate, da honra da pátria, que o

combatente é o filho daquele a quem é dirigida a pergunta; que é o único filho que lhe resta; que o jovem enfrentava três inimigos, que já haviam matado dois de seus irmãos; que o ancião fala à sua filha; que é um romano; então a resposta *que morra*, que não era nem *bela* nem *feia,* vai ganhando beleza à medida que desenvolvo as suas relações com as circunstâncias e acaba mostrando-se sublime. (*OE*, p.422-3)

Que morra não é belo pelo que imita, mas pelo lugar que ocupa em um conjunto de relações.

Mas, então, não deveríamos postular que a obra de arte esteja submetida a *dois* princípios concorrentes: o da *imitação* (no caso das artes representativas, mas não da música ou, acrescentaríamos atualmente, da pintura abstrata), que a vincula ao que lhe é exterior; e o do *belo*, que diz respeito às relações que se estabelecem no interior mesmo da obra (ou da arte em geral) e que são independentes da imitação? Ou, como diz de passagem o próprio Diderot, a obra é criada "com simetria e imitação" (*OE*, p.427).

Por estranho que pareça, o "belo" só será mencionado excepcionalmente no contexto da imitação, mesmo como *bela* natureza. Quando o é, isso acontece, aliás, quer para assimilar um ao outro (sempre o belo à imitação), quer para submeter um ao outro (mais uma vez o belo à imitação).

É o que acontece já no abade Dubos, em suas *Reflexões críticas sobre a poesia e a pintura* (1719). Ao descrever a imitação na música – na qual, como todos na época, crê firmemente –, acrescenta ele que a música conhece também outros princípios, a saber, a harmonia e o ritmo. Mas a hierarquia está fora de questão.

Os acordes em que consiste a harmonia [...] contribuem também para a expressão do ruído que o músico pretende imitar (p.635). O ritmo consegue introduzir uma nova verossimilhança na imitação que pode ser feita por uma composição musical, porque o ritmo a faz imitar também a progressão e o movimento dos ruídos e dos sons naturais. (p.636)

Torna-se a encontrar a mesma relação nas outras artes:

A riqueza e a variedade dos acordes, os ornamentos e a novidade dos cantos só devem servir, na música, para fazer e embelezar a imitação da linguagem da natureza e das paixões. O que chamamos de ciência da composição é uma criada, por assim dizer, que o gênio do músico deve manter a seu serviço, como o gênio do poeta deve ter à sua disposição o talento de rimar. Tudo estará perdido – perdoem-me esta figura – se a criada se tornar a dona da casa e se lhe for permitido decorá-la a seu gosto, como um edifício que tivesse sido erguido só para ela. (p.658)

Como em todos os outros campos, a criada tornou-se senhora: Dubos não sabia quão justas se mostrariam suas palavras; mas está tudo *perdido*?

A harmonia deve ser a escrava da imitação. Um Johann Elias Schlegel, na Alemanha, será menos categórico, não porque conceda à harmonia um lugar melhor, mas porque sequer se dá conta de um conflito possível entre senhores e escravos. Um leve desvio conceitual facilita a sua visão pacífica do mundo. A imitação, na poesia, é de duas espécies: dramática, e as palavras imitam palavras; ou narrativa ("histórica"): Schlegel retém aqui apenas as relações de *semelhança*, tais como podem

Teorias do símbolo

ser observadas em uma metáfora, em uma comparação, em um paralelismo. Neste último caso, portanto, o que imita e o que é imitado se encontram ambos dentro da obra. Ora, a presença na obra de dois elementos semelhantes leva a constatar a *ordem* que nela reina.

Por intermédio da semelhança, "imitação" e "ordem" tornam-se quase sinônimas, e Schlegel pode escrever tranquilamente: "A imitação alcança o seu objetivo, que é o de agradar, quando se percebe a semelhança e, portanto, também a ordem que lhe é própria" (p.136-7). A imitação, portanto a ordem... Batteux, por seu lado, introduz considerações relativas à harmonia, sem se preocupar se há coerência com o resto da doutrina: "As artes [...] não devem servir-se de toda espécie de cor, nem de toda espécie de som: convém fazer uma justa escolha e uma mescla refinada: convém aliá-los, proporcioná-los, matizá-los, harmonizá-los. As cores e os sons têm entre si simpatias e repugnâncias" (p.61).

É ainda acerca da música, cuja natureza imitativa é a mais problemática, que a questão surge em Diderot. Na "Carta à Senhorita de la Chaux", apêndice à *Carta sobre os surdos-mudos*, responde ele à objeção segundo a qual a música proporciona prazer, sem necessariamente imitar:

> Admito esse fenômeno; mas peço que considere que tais peças musicais que vos afetam agradavelmente, sem despertarem em vós nem pintura, nem percepção direta de relações, só deliciam vossos ouvidos como o arco-íris agrada aos vossos olhos, com um prazer de sensação pura e simples; e que estão longe de terem toda a perfeição que poderíeis exigir e teria, se a verdade da imitação nelas se juntasse aos encantos da harmonia. (p.101)

Essa frase merece que nela nos detenhamos. Diderot nela distingue, na realidade, três e não duas fontes de prazer: o prazer puramente sensitivo, o prazer que tiramos da percepção das relações e o que vem da imitação. A distinção não é nítida e Diderot hesita visivelmente quanto ao lugar do segundo: ele se associa ao terceiro no início da frase, ao primeiro no fim. Nada sabemos, aliás, desse "prazer de sensação pura e simples": pode todo objeto percebido tornar-se fonte de tal prazer? Mas uma coisa é certa: a imitação não é o único princípio fundamental da arte, a sua "verdade" é duplicada pelos "encantos da harmonia".

Infelizmente, a promessa da *Carta sobre os surdos-mudos* (esta e muitas outras) não será cumprida. Diderot dedicará, episodicamente, observações acerca da harmonia na pintura ou no teatro; mas as vinculará apenas à técnica no trabalho do artista (como no artigo "Composição" da *Enciclopédia*), sem elevá-los à condição de concorrente do princípio de imitação. Se a relação entre os dois princípios chama a sua atenção, será sempre para afirmar a superioridade da imitação. Acerca do teatro: "Exige-se que os atos sejam mais ou menos da mesma duração: seria muito mais sensato pedir que a duração fosse proporcional à extensão da ação que eles abarcam" (*OE*, p.243). Na pintura, pede-se que as cores sejam harmonizadas umas com as outras? Deveriam antes procurar que elas se ajustem às da natureza (cf. *OE*, p.678-9). A harmonia continua sendo a escrava da imitação.

O mesmo impasse em Lessing. Ele é perfeitamente capaz, quando convém, de formular uma oposição nítida entre imitação e harmonia. Eis aqui, por exemplo, uma opinião muito próxima da de Diderot na "Carta à Senhorita de la Chaux". "O que se seguiria daí?", pergunta Lessing na 70ª seção da *Dramaturgia de Hamburgo*, quando discute a justificação da imitação.

Teorias do símbolo

Que o exemplo da natureza, pelo qual se pretende justificar aqui a aliança da mais solene gravidade com o cômico circense, pudesse igualmente servir para justificar todo monstro dramático, e não teríamos nem plano, nem coerência, nem senso comum.[13] E então seria preciso cessar de considerar a imitação da natureza como o fundamento da arte; ou então, por isso mesmo, a arte deixaria de ser a arte. Ela se reduziria a algo de humilde, como o talento de imitar em gesso os veios do mármore. Fossem quais fossem, suas obras jamais seriam estranhas o bastante para não poderem passar por naturais; só se contestaria esse mérito à arte que produzisse uma obra simétrica demais, bem proporcionada e combinada demais, algo, enfim, do que a arte faz nos outros gêneros. Neste sentido, a obra em que houvesse mais arte seria a pior, e a obra mais grosseira seria a melhor.[14]

A simetria ou proporção está aqui em distribuição complementar com a imitação, como dois princípios independentes, que governam ambos a atividade artística. No entanto, em nenhum lugar de sua prática Lessing se apoia nessa dicotomia, nem se interroga sobre a relação exata entre os dois. E o *Laocoonte* se baseia inteiramente em uma teoria da imitação.

Outras noções parecem capazes, durante certo tempo, de contrabalançar a todo-poderosa imitação; mas logo percebe-

---

13 Diderot se vale de um argumento semelhante em *Jacques, o Fatalista*: "A natureza é tão vária, sobretudo nos instintos e nos caracteres, que nada há de tão esdrúxulo na imaginação de um poeta de que a experiência e a observação não vos ofereçam o modelo na natureza" (*OR*, p.553).

14 *Dramaturgie de Hambourg*, p.325.

mos que não é bem assim. Uma primeira tentativa, tímida, de identificar um princípio da arte irredutível à imitação aparece no uso feito por Diderot do termo *maneira*: tão tímido, que só aparece para ser condenado. A ideia parece vir do antagonismo entre dois complementos do verbo "imitar": imitar a natureza, imitar os Antigos. Às vezes calha de Diderot exigir, em uma mesma frase: imitai a natureza, imitai Homero! (cf. *OC*, 7, p.120); mas, a maior parte do tempo, ele se dá conta de que imitar outras obras não significa simplesmente "imitar a natureza": há aí também um estilo, um tipo de imitação; o que teria podido levá-lo a matizar a própria noção de imitação. Só que, ao fazer tal constatação, Diderot dela se serve apenas para pronunciar a condenação do que chama de "maneira": só devemos imitar os Antigos na medida em que eles imitavam a natureza; o resto é contrário à arte. Nada torna tão pesados os atores como a imitação de outros atores (cf. *OE*, p.268). "Não haveria maneira, nem no desenho, nem na cor, se se imitasse escrupulosamente a natureza. A maneira vem do mestre, da escola e até da arte antiga" (*OE*, p.673). Diderot não nutre nenhuma simpatia pela maneira: "A maneira é, nas belas-artes, o que a hipocrisia é nos costumes" (*OE*, p.852). A cegueira de Diderot chega ao ponto de fazê-lo afirmar que existe uma única maneira que se salva, porque é ausência de maneira: "Aquele que copiar segundo La Grenée copiará de modo brilhante e sólido; aquele que copiar segundo Le Prince, será avermelhado e ladrilhado; aquele que copiar segundo Greuze será cinzento e violáceo; aquele que estudar Chardin será verídico" (*OE*, p.677). Chardin, pintor sem maneira? O mesmo Diderot torna inviável o caminho que parecia abrir.

Teorias do símbolo

Um segundo caminho de substituição, tão pouco explorado quando o da "maneira", será o que a noção de *convenção*[15] parece abrir. Diderot vai procurar submeter a convenção — quando reconhecer a sua existência — à imitação; vai defini-la mais uma vez pela negativa: pela impossibilidade de imitar com perfeição. A impotência de Diderot ante uma questão, embora bem colocada, é especialmente evidente em um trecho do *Paradoxo*, em que observa que uma atitude comovente na vida seria ridícula no palco; por quê?

> Porque não viemos para ver choros, mas para ouvir discursos que arranquem lágrimas, porque essa verdade natural destoa da verdade convencional. Explico-me: quero dizer que nem o sistema dramático, nem a ação, nem o discurso do poeta se adequariam à minha declamação abafada, entrecortada, soluçada. Vede que não é lícito imitar a natureza, mesmo a bela natureza, a verdade, com exatidão excessiva e que há limites dentro dos quais devemos estabelecer-nos. — E esses limites, quem os colocou? — O bom senso, que não quer que um talento prejudique outro talento. (*OE*, p.377)

---

15 Escreve Rousseau, em compensação (em um texto que não consigo localizar [De l'Imitation théâtrale; (N.T.)]): "Não sabemos ainda se o nosso sistema de música se baseia em outras convenções; não sabemos se os seus princípios não são de todo arbitrários e se qualquer outro sistema que o substituir não chegará, por hábito, a nos agradar de igual modo. [...] Por uma analogia bastante natural, tais reflexões poderiam provocar outras sobre a pintura, o tom de um quadro, a harmonia das cores, certas partes do desenho em que talvez entre mais arbitrariedade do que se pensa e em que a própria imitação pode ter regras convencionais."

Tendo partido de uma oposição firme entre verdade natural e verdade convencional, a resposta dissipa-se, evapora-se aos poucos, para nos remeter finalmente a um "bom senso" ainda mais vago que a convenção.

Como no caso do "modelo ideal" ou da "maneira", Diderot não é capaz, portanto, de definir a "convenção". E, no entanto, basta que ele procure descrever com precisão as regras de uma arte, para ver-se levado a formulações que não podem ser fundamentadas unicamente na imitação. Eis aqui, em forma de preceitos, a composição na pintura:

> Expulsai de vossa *composição* toda figura ociosa que, não lhe dando calor, a torne mais fria; não sejam esparsas e isoladas aquelas de que vos valeis; reuni-as em grupos; estejam vossos grupos unidos entre si; sejam as suas figuras bem contrastadas, não com esse contraste de posições acadêmicas, em que vemos o aprendiz sempre atento ao modelo e nunca à natureza; sejam elas projetadas umas às outras, de modo que as partes ocultas não impeçam que o olho da imaginação as veja inteiras; sejam as suas luzes bem entendidas; nada de luzinhas esparsas que não formem massas ou não ofereçam senão formas ovais, redondas, quadradas, paralelas; tais formas seriam tão insuportáveis aos olhos, na imitação dos objetos que não queremos simetrizar, quanto seriam agradáveis em um arranjo simétrico. Observai com rigor as leis da perspectiva etc. (*OC*, 14, p.202)

Reunir as figuras por grupos, contrastá-los, ordenar as luzes, evitar o redondo e o quadrado; podem-se justificar todas essas exigências em nome da imitação? É o que Diderot gostaria de fazer.

Teorias do símbolo

Em suma: os princípios da imitação e do belo estão ambos presentes no pensamento da época; mas tal pensamento permanece, neste ponto particular, sincrético: mescla as duas noções, sem articulá-las; admitem sua harmonia, sem refletir sobre o eventual conflito que elas podem manter; ou, quando observam um conflito, logo decidem em favor da imitação. Esta última, aliás, suporta mal esse tratamento de predileção: demasiadas atenções tornam-na doentia. A teoria estética está em um impasse, e a natureza da arte lhe escapa. Só podemos, acerca de Diderot (e, com mais forte razão, de seus antecessores), repetir a frase com a qual ele mesmo se qualificava: "Eu, que mais me ocupo de formar nuvens do que de dissipá-las, de suspender julgamentos do que de julgar..." (*Lettre sur le sourds et muets*, p.65).

5
Imitação e motivação

Ao apresentar as diversas maneiras pelas quais tentaram acomodar o princípio de imitação, deixei deliberadamente uma de lado – porque me parece merecer maior atenção. A imitação é nela interpretada como uma motivação que se estabelece entre duas faces, significante e significada, do signo. Com isso, a problemática estética se inscreve explicitamente no âmbito de uma semiótica.[1]

Essa reinterpretação ocupa normalmente um lugar, não dentro de uma reflexão geral sobre a imitação, mas em uma comparação de diversas artes entre si e precisamente no plano de sua capacidade imitativa. A comparação dirige-se em especial à poesia e à pintura, por vezes também à música.

---

1 Para o trabalho deste capítulo e do seguinte, o livro de Sørensen, *Symbol und Symbolismus in der ästhetischen Theorien des 18. Jahrhunderts und der deutschen Romantik*, foi-me muitíssimo útil.

Um cômodo ponto de partida será o primeiro volume das *Reflexões críticas sobre a poesia e a pintura*, do abade Dubos (1719). Não que antes as artes não tivessem jamais sido confrontadas umas com as outras do ponto de vista de sua potência representativa. Nunca ficou completamente esquecida a fórmula de Simônides, segundo a qual a poesia é uma pintura falante, e a pintura, uma poesia muda. Em seu *Tratado da pintura*, Leonardo da Vinci dedicou até longas páginas à comparação entre as artes. Mas a noção de signo "artístico" ainda não se cristalizou, e Leonardo, que procura sobretudo provar a superioridade da pintura, considera alternativamente a poesia como uma arte da audição ou como arte da imaginação (ou seja, estranha aos sentidos). Afirma a preeminência da pintura porque, nela, os objetos conservam uma presença superior (deixo de lado, aqui, a oposição espaço-tempo):

> Diremos, pois, com razão que, na área das ficções, há entre pintura e poesia a mesma diferença que entre o corpo e a respectiva sombra, ou até maior, pois a sombra desse corpo passa pelo menos pela vista para chegar ao senso comum, enquanto a sua forma imaginada [= na poesia] não passa de modo nenhum por ela, mas se produz no olho interior.[2]

A imagem de um homem está mais próxima do homem que seu nome, eis, em suma, o que diz Leonardo; mas a sua reflexão não trata da própria natureza dos signos usados. Do mesmo modo, De Piles escreverá em seu *Curso de pintura pelo princípio* (1708) que "as palavras jamais serão tomadas pelas

---

2 da Vinci, *Traité de la peinture*, p.38.

Teorias do símbolo

próprias coisas... a palavra é só o signo da coisa" (v.II, p.358), sem esboçar uma autêntica tipologia dos signos artísticos. Observe-se que em nenhum momento esses pensadores colocam a questão de até que ponto a arte (pictórica ou literária ou, mais ainda, musical) é realmente um signo; ou, se preferirmos uma perspectiva mais nominalista, em que medida o termo "signo" conserva seu sentido inicial quando aplicado à música, à pintura, à poesia. Aceitemos, porém, por enquanto, as premissas de uma teoria em que unicamente adquirem sentido suas proposições particulares.

Será Dubos o primeiro a propor um projeto de tipologia semiológica das artes. Ele formulará claramente a categoria que permite opor pintura e poesia: "A pintura não se vale de signos artificiais, como a poesia, mas de signos naturais" (p.375). De onde vem tal subdivisão? Provavelmente, de uma tradição anônima que assimila: a) as duas origens possíveis da linguagem segundo Platão, natural ou convencional; b) as duas variedades de signos segundo Santo Agostinho, naturais e intencionais; c) a transcrição dessas duas fontes na *Lógica* de Port-Royal, em que os signos são ditos, entre outras coisas, naturais ou institucionais. Nenhuma dessas dicotomias ressalta, aliás, a existência ou não de uma motivação; a categoria está presente em Arnauld e Nicole, mas ali aparece em meio aos signos institucionais ("quer se tiverem alguma relação distante com a coisa figurada, quer se não tiverem absolutamente nenhuma relação com ela").

Dessa assimilação da pintura e da poesia às duas classes de signos, resulta, para Dubos, uma tripla superioridade da pintura. Primeiro, como já observara Leonardo, as coisas representadas possuem uma presença superior; o que se prolonga, ainda como em Leonardo, em um elogio da visão por oposição à audição (a poesia, para Dubos, é uma arte auditiva): "Podemos dizer, poeticamente falando, que o olho está mais perto da alma que a orelha" (p.376). É com dificuldade, aliás, que se reconhece a existência de signos na pintura (estando o signo intrinsecamente vinculado à ausência): "Talvez me expresse mal quando digo que a pintura se serve de signos. É a própria natureza que a pintura coloca diante dos nossos olhos" (p.376). Segundo – o que é apenas uma consequência da afirmação precedente –, a pintura age sobre os homens mais diretamente, mais fortemente do que a poesia. Terceiro, uma é compreensível para todos, independentemente da nacionalidade ou da educação, enquanto a outra não o é: a maldição de Babel joga contra a poesia. Essas duas consequências são decisivas aos olhos de Dubos, cuja estética está completamente voltada para o processo de percepção e de consumo da arte.

Mas Dubos é mais atento que seus predecessores à natureza da poesia. Não distingue entre linguagem poética e linguagem não poética: tudo o que ele reprova na linguagem em geral é imputado também à poesia; no entanto, ele dá um passo adiante na descrição dos signos poéticos, quando separa duas etapas no processo de significação em literatura, que corresponderiam, na terminologia glossemática, à denotação e à conotação: "As palavras devem antes de tudo despertar as ideias, das quais são apenas os signos arbitrários. É preciso, em seguida, que essas ideias se arranjem na imaginação e ali formem esses quadros que nos comovem e essas pinturas que nos interessam" (p.377).

Distinguir-se-ia a literatura, portanto, das outras artes pelo modo de representação oblíquo, indireto. Os sons evocam o

Teorias do símbolo

sentido; mas este se torna, por sua vez, um significante, cujo significado é o mundo representado. Nesse sentido, a poesia é um sistema semiótico *secundário*.

Por outro lado, o abade Dubos reconhece três tipos de beleza na poesia: aquela que provém só dos sons; aquela que está ligada apenas ao sentido; e aquela, enfim, que resulta da relação harmoniosa entre os dois. Não vamos deter-nos aqui nos belos sons e nas belas ideias; mas, ao se afirmar a possibilidade de uma adequação entre significantes e significados, não se contradiz a primeira tese, segundo a qual os signos da linguagem são arbitrários, portanto sem adequação possível? Escreve Dubos: "A segunda beleza de que são suscetíveis as palavras como signos de nossas ideias é uma relação particular com a ideia que significam. É, por assim dizer, imitar o ruído inarticulado que emitiríamos para significá-la" (p.289-90).

As palavras jamais poderão imitar as coisas; mas talvez sejam capazes de imitar um ruído (uma onomatopeia? uma interjeição?) que, por sua vez, seria uma expressão natural da coisa; trata-se, pois, de uma imitação por revezamento. Resta que até mesmo essas palavras ou frases imitativas de segundo grau, de certa maneira, são pouco numerosas e a cada dia diminuem; originalmente, a linguagem era imitativa, mas sua evolução é uma desmotivação: Dubos afirma a superioridade da poesia latina sobre a francesa porque o latim comportaria mais onomatopeias (única forma de motivação em que ele se detém). Os poetas, porém, devem cultivar essa "segunda beleza":

Segue-se daí, portanto, que as palavras que em sua pronunciação imitam o ruído que significam, ou o ruído que faríamos naturalmente para exprimir a coisa de que elas são o signo instituído, ou que têm alguma outra relação com a coisa significada, são mais enérgicas que as palavras que só têm com a coisa significada a relação imposta pelo costume etc. (p.292-3)

Uma linguagem motivada seria mais cômoda para os poetas; mas o sentido das palavras é, de qualquer forma, o elemento mais importante – e, aliás, a linguagem motivada já quase não existe!

Tais ideias de imediato encontram eco. Prova disso é um texto cujo autor é o filósofo e gramático inglês James Harris: o *Discurso sobre a música, a pintura e a poesia*.[3] Harris inverte a hierarquia tradicional das artes, elevando ao ápice a poesia, em virtude de sua capacidade de representar e transmitir o conjunto da experiência; mas no que se refere à natureza dos signos nas diversas artes, a distância entre o seu *Discurso* e Dubos não é grande. As artes têm em comum a imitação da natureza, mas imitam por meios diferentes. "Uma figura pintada ou uma composição de sons musicais têm sempre uma relação natural com aquilo a que supostamente se assemelham. Em contrapartida, uma descrição em palavras só raramente tem tais relações naturais com as ideias simbolizadas pelas palavras" (p.58). A poesia é uma arte auditiva, mas passa pela linguagem, que se caracteriza, segundo Harris, por "uma espécie de convenção que atribui a toda ideia um som que se torna a marca ou o símbolo dela" (p.55). Harris tem consciência da existência de signos verbais "naturais" (as onomatopeias), mas não lhes dá muita importância.

---

3 Faz parte de seus *Three Treatises*.

Teorias do símbolo

Uma vez que as palavras são não só símbolos convencionais, mas também sons, diferenciados por sua capacidade de ser pronunciados rápida ou lentamente e pelo predomínio respectivo de consoantes, líquidas ou vogais em sua composição, segue-se daí que, fora de sua relação convencional, elas têm também uma relação natural com todas as coisas com que se parecem naturalmente. [...] Assim, portanto, até mesmo a imitação poética é parcialmente fundada na natureza. Mas tal imitação não vai longe; se descartarmos a significação convencional, ela se torna quase ininteligível, por mais perfeita e elaborada que seja. (p.70-2)

Harris não vê nenhum problema na designação por um mesmo nome, *imitação*, de duas séries cuja profunda diferença, porém, ele descreve: imagens e linguagem; e tampouco procura saber se os signos da poesia têm uma qualificação particular em relação aos da linguagem (embora sua menção da onomatopeia demonstre uma consciência confusa desses dois problemas). Este último ponto é comentado por Diderot, que, por seu lado, apenas retoma as ideias de Harris acerca da hierarquia das artes e as de Dubos (ou de Leonardo) sobre a oposição poesia-pintura: "O pintor mostra a própria coisa; as expressões do músico e do poeta são apenas hieróglifos dela" (*Lettre sur les sourds et muets*, p.81). A respeito da fronteira poesia-não poesia no interior da linguagem, encontramos, em compensação, na mesma *Carta* um trecho que se tornou célebre:

Convém distinguir, em todo discurso em geral, o pensamento e a expressão; se o pensamento é exprimido com clareza, pureza e precisão, é o que basta para a conversação familiar; uni a tais qualidades a escolha dos termos, com o número e a harmonia do período, e tereis o estilo que convém à cátedra; mas ainda estareis distante da poesia, sobretudo da poesia que a ode e o poema épico exibem em suas descrições. Age, então, no discurso do poeta um espírito que move e vivifica todas as sílabas. O que é esse espírito? Eu mesmo senti, algumas vezes, a sua presença; mas tudo o que sei a respeito é que ele é que faz que as coisas sejam ditas e representadas de uma só vez; que, ao mesmo tempo que o entendimento as apreende, a alma com elas se comove, a imaginação as vê e o ouvido as ouve, e o discurso já não é só uma corrente de termos enérgicos que expõem o pensamento com força e nobreza, mas também uma trama de hieróglifos amontoados uns sobre os outro que o retratam. Diria eu, neste sentido, que toda poesia é emblemática. (p.70)

Diderot, portanto, contrapõe aqui dois tipos de discurso: o poético e o cotidiano, com um grau intermediário, a prosa oratória. A especificidade do discurso poético reside em seu significante (embora Diderot se apegue mais à diferença dos efeitos dos dois discursos): este é transparente (não pertinente) no segundo caso, enquanto, no primeiro, os signos da linguagem se transformam em hieróglifos (ou emblemas), dizem e representam ao mesmo tempo.

Mas o que é o hieróglifo? As páginas seguintes do mesmo escrito no-lo mostram com clareza:[4] Diderot chama de hieróglifos essas sequências de discurso que imitam diretamente a coisa designada, em que o significante é a imagem do significado; hoje os chamaríamos "signos motivados" ou "símbolos".

---

4 Cf. também Doolittle, Hieroglyph and emblem in Diderot's *Lettre sur les sourds et muets*, *Diderot Studies*, II, 1952, p.148-67.

Teorias do símbolo

Assim, a palavra *suspiro* é um hieróglifo, ou seja, pinta (imita) a ação que designa, pois "a primeira sílaba é surda; a segunda, sustentada; e a terceira, muda". Em um verso de Virgílio, *"demi-sere* é tão flexível como a haste de uma flor; *gravantur* pesa tanto quanto seu cálice carregado de chuva; *collapsa* assinala o esforço e a queda". A insuficiência do hieróglifo é a insuficiência da imitação (da motivação): "Devo dizê-lo? Confesso que acho o *gravantur* um pouco pesado demais para a flor leve de uma dormideira, e o *aratro* que se segue a *succisus* não me parece dar um bom acabamento à pintura hieroglífica" (p.72-3).

O que não passava de uma constatação descomprometida em Dubos e Harris – que a linguagem conhece também os "signos naturais" (constatação acarretada pela necessidade de tudo unificar sob a égide da imitação) –, torna-se em Diderot uma definição quase militante da linguagem poética: a poesia deve servir-se de signos naturais (isto é, motivados). A restrição é que, ao mesmo tempo, Diderot silencia não só o detalhe dos processos de motivação (que estamos hoje em condições de estabelecer a partir de seus exemplos), mas também uma questão mais essencial, que um cético não pode deixar de formular: em que medida a poesia é realmente o que "deve" ser? Será que só a onomatopeia a distingue da prosa?

Diderot jamais voltará a tratar dos temas que foram objeto desse escrito precoce, e tais questões, pelo menos nele, permanecerão sem resposta. O único ponto que desenvolverá é o estudo comparado das artes e, mais particularmente, da poesia e da pintura. Ele retomará indicação citada anteriormente: "A pintura mostra a própria coisa, a poesia descreve-a..." Eis como ele apresenta a mesma oposição, no artigo "Enciclopédia" da *Enciclopédia*:

Tzvetan Todorov

A pintura não alcança as operações do espírito [...]; ou seja, há uma infinidade de coisas dessa natureza que a pintura não pode retratar; mas, pelo menos, mostra todas aquelas que retrata: e se, pelo contrário, o discurso as designa todas, não mostra nenhuma delas. As pinturas dos seres são sempre muito incompletas, mas nada têm de equívoco, porque são os próprios retratos de objetos que temos diante dos olhos. Estendem-se a tudo os caracteres da escrita, mas são institucionais; nada significam por si mesmos. (*OC*, 14, p.433-4)

Vinte anos mais tarde, insiste Diderot na mesma oposição:

O pintor é preciso; o discurso que pinta é sempre vago. Nada posso acrescentar à imitação do artista; meus olhos só podem ver o que ali está; mas no quadro do escritor, por mais bem executado que seja, tudo está por fazer para o artista que se proponha transpô-lo de seu discurso para a tela. (*OE*, p.838-9)

Como de hábito em Diderot, essa afirmação encontra a sua mais feliz expressão não no interior de uma argumentação lógica, mas em forma de parábola:

Um espanhol ou um italiano, levado pelo desejo de ter um retrato de sua amante, que ele não podia mostrar para nenhum pintor, tomou a única decisão que lhe restava, fazer dela uma descrição por escrito, extensa e exata ao máximo; começou determinando a justa proporção da cabeça inteira; passou em seguida às dimensões da testa, dos olhos, do nariz, da boca, do queixo, do pescoço; depois voltou a tratar de cada uma dessas partes, e nada poupou para que a sua mente gravasse na mente

Teorias do símbolo

do pintor a verdadeira imagem que tinha diante dos olhos; não esqueceu nem as cores, nem as formas, nem nada do que pertence ao caráter: quanto mais comparava o seu discurso com o rosto de sua amante, mais o julgava parecido; julgou, sobretudo, que quanto mais enchesse a descrição de pequenos detalhes, menos liberdade deixaria ao pintor; nada esqueceu do que pensou dever cativar o pincel. Quando a descrição lhe pareceu terminada, tirou cem cópias e as enviou a cem pintores, pedindo-lhes que executassem exatamente sobre a tela o que leriam no papel. Os pintores trabalham e, ao cabo de certo tempo, o nosso amante recebe cem retratos, que todos se assemelham rigorosamente à sua descrição e dos quais nenhum se assemelha a outro, nem à sua amante. (*OC*, 14, p.444)

Produtor e receptor não dividem entre si o trabalho de maneira idêntica, na pintura e na poesia. No quadro, recebemos simultaneamente o projeto do pintor e a sua realização; o pintor não só concebeu o quadro (isso, ele poderia, a rigor, ter feito por meio de palavras), mas também o tornou perceptível. É à imaginação do leitor, em compensação, que cabe um trabalho semelhante na poesia: o poeta só produz a tela que o leitor, eventualmente, materializa. O trabalho acabado do poeta ainda é apenas um projeto (virtual) para o pintor; reciprocamente, o espectador percebe, mas não constrói, ao passo que o leitor deve fazer as duas coisas. Outro texto também diz isto: "A imagem [da poesia] em minha imaginação não passa de uma sombra passageira. A tela fixa o objeto diante dos meus olhos e me inculca a sua disformidade. Entre essas duas incitações, há a diferença entre o *pode ser* e o *é*" (*OE*, p.762). A atenção de Diderot volta-se, portanto, mais para o processo de recepção, e não para o próprio objeto. Ao mesmo tempo, o paralelo não pode ser levado adiante por muito tempo: a leitura não é necessariamente acompanhada da construção de uma imagem, e a representação verbal não tem a mesma natureza que a representação pictórica.

Voltemos, porém, à motivação do signo na arte. Possuímos agora todos os elementos de que dispunha também o principal herói do presente capítulo: Lessing. Se fiz questão de apresentar todas as reflexões e afirmações precedentes, foi justamente para mostrar com maior clareza a contribuição de Lessing, tão desprezado pelos historiadores: pois a sua originalidade é, podemos dizer, de um tipo novo; é a do sistema. Mais exatamente, Lessing será o primeiro a pôr em contato dois lugares comuns da época: que a arte é imitação; que os signos da poesia são arbitrários; será o primeiro também a decidir que tal vizinhança é problemática. Pelo rigor do pensamento, fará explodir o quadro da estética clássica, ainda que não encontre uma solução para as suas antinomias: é o que jamais podiam provocar os raciocínios aproximados e vagos de Leonardo ou de Diderot.

A grande tese do *Laocoonte* (1766) é formulada no começo do capítulo 16; mas todo o livro, na realidade, se baseia nela. Eis a palavra-chave:

> Se é verdade que a pintura se vale, para as suas imitações, de meios e signos diferentes da poesia, a saber, de formas e cores extensas sobre um espaço, enquanto esta última se serve de sons articulados que se sucedem no tempo; se é incontestável que os signos devem ter uma relação natural e simples com o objeto significado, então signos justapostos só podem exprimir objetos justapostos ou compostos de elementos justapostos, assim como

Teorias do símbolo

signos sucessivos só podem traduzir objetos ou seus elementos sucessivos. (Edição de 1964, p.109-10)[5]

Essa frase condensa um silogismo que podemos decompor assim:

1. Os signos da arte devem ser motivados (senão, não há mais imitação).
2. Ora, os signos da pintura são extensos no espaço e os da poesia, no tempo.
3. Logo, na pintura, poderemos representar o que se estende no espaço, e, na poesia, o que se desenrola no tempo.

Entre as críticas dirigidas a Lessing enquanto ainda vivo, se deixarmos de lado as disputas de erudição, as mais numerosas referem-se à segunda metade da menor. Seu amigo Mendelssohn, que, aproximadamente dez anos antes, havia exposto um sistema das artes semelhante ao de Harris, já havia feito, à leitura dos primeiros projetos, algumas observações pertinentes, que Lessing tentou levar em conta. Afirmava que os signos da poesia, sendo arbitrários (Mendelssohn identificava, portanto, como Dubos e sem outra forma de processo, signos na linguagem e signos na poesia), podem retratar tanto o que está no tempo como o que está no espaço, a sucessão como a simultaneidade. Observava, por exemplo, ao comentar o manuscrito de Lessing:

---

5 Sabemos que não existe edição satisfatória do *Laocoonte* em francês. No que se segue, cito a edição de 1964, única disponível no mercado, para os trechos que ela contém; a tradução de Courtin (2.ed., 1877) para o resto do texto principal; e a edição alemã de Blümner (Berlim, 1880), para os fragmentos póstumos.

Os signos da poesia têm uma significação arbitrária, por isso exprimem às vezes igualmente as coisas coexistentes uma ao lado da outra, sem, porém, invadir o terreno da pintura, antes como uma multidão na sucessão. [...] Os signos sucessivos exprimem também coisas existentes uma ao lado da outra, uma vez que sua significação é arbitrária. (Edição Blümner, p.359)

A sucessão no tempo – a linearidade, dirá Saussure – não é, segundo Mendelssohn, constitutiva dos signos linguísticos; e sugere a Lessing colocar a música no lugar da poesia, como ele mesmo já fizera; pois a música é efetivamente composta de signos sucessivos.

Irá no mesmo sentido a crítica mais séria publicada enquanto Lessing ainda vivia, a de Herder, que dedica ao problema do *Laocoonte* o primeiro de seus *Kritische Wäldschen*. Herder, como Mendelssohn, dá muito pouca importância ao que hoje chamaríamos de significante na poesia; a única coisa que conta, para ele, é o sentido; ora, este não é linear. "O natural, no signo, isto é, as letras, a sonoridade, a melodia, nada conta ou quase nada para a ação da poesia; o sentido que repousa nas palavras pela força de uma convenção arbitrária, a alma que habita os sons articulados é tudo."[6]

A poesia não age essencialmente sobre os sentidos (como a pintura ou a música), mas sobre a imaginação: age sobre "as potências inferiores da alma, essencialmente a fantasia, pelo sentido das palavras" (Ibid., p.158). Palavras que, em seguida, se tornam um lugar-comum não só da crítica lessinguiana, mas também da estética alemã em geral: oporão as artes sensíveis

---

6 *Sämmtliche Werke*, v.III, p.136.

Teorias do símbolo

(e parciais), como a pintura, a música etc., à arte absoluta e essencialmente imaterial que é a poesia. Estamos, com isso, de volta à posição de Leonardo, mas com uma inversão de valores: louva-se a ausência, em vez da presença.

Não procuro avaliar a posição de Herder em si mesma; sabemos que hoje prevalece outra opinião acerca do papel do significante poético. É certo, porém, que, ao criticar Lessing (e, através dele, uma tradição secular), Herder tem, em certo sentido, razão: a poesia não é uma arte "auditiva" como a música (a sua percepção passa, aliás, pelos olhos – a leitura – bem mais do que pelos ouvidos...) e a sua *mimesis* não se produz por intermédio de sons isolados. Mas o importante não está aí: a crítica de Herder, assim como a de Mendelssohn, incide apenas sobre uma parte da segunda proposição do silogismo. Ao fazer isso, nem um nem outro se dão conta de escamotearem o elemento mais forte do raciocínio de Lessing, que não está na menor, mas na maior, e é o seguinte: os signos da arte devem ser motivados. Nenhum dos dois observa, como tampouco o farão os comentadores seguintes,[7] que Lessing inverte a distribuição dos signos, herdada por ele de Dubos e de Harris, em motivados, para a pintura, e imotivados, para a poesia. Para

---

7 No prefácio à edição Hermann de 1964, J. Bialostocka repete este clichê inconsistente: "Lessing... não era o único a tentar definir as diferenças entre poesia e pintura. [...] Podemos também encontrar em Dubos, Harris e Diderot uma distinção entre os signos naturais da pintura e os símbolos convencionais da poesia" (p.23-4). A originalidade de Lessing é, em compensação, assinalada no livro de Marache, *Le Symbole dans la pensée et l'oeuvre de Goethe*, em especial à p.30. O primeiro capítulo desse livro é, sob diversos aspectos, paralelo à presente exposição.

Lessing (mais próximo, nisto, de Diderot, mas muito mais claro), uns e outros devem ser motivados; senão, não há arte. Seus predecessores ignoravam alegremente o fato de que se exigia da poesia, por um lado, o que lhe recusavam, por outro. Na pintura, "imitação" e "signo natural" são sinônimos. Mas como pode a poesia ser imitativa, quando os seus signos são arbitrários? Ante tais exigências contraditórias, Lessing prefere a lógica ao bom senso, ainda que ela o leve, à primeira vista, ao absurdo; e adota uma posição coerente: os signos da poesia são também motivados. Eis o teorema que é preciso, agora, provar.

Esta afirmação é ainda mais significativa por estar ausente dos primeiros projetos do *Laocoonte*, em que se lê, por exemplo: "De onde vem a diferença entre imagens poéticas e materiais? Da diferença dos signos de que se servem a pintura e a poesia. Aqueles, no espaço e naturais; estes, no tempo e arbitrários" (Edição Blümner, p.393). Neste ponto preciso, o pensamento de Lessing em nada difere do de seus predecessores. Ora, é realmente da poesia que Lessing exigirá, na versão definitiva, o uso de signos motivados. Mais exatamente, essa ideia não alcançará jamais a sua expressão "definitiva", pois foi, mais do que qualquer outra, retomada, modulada, transformada nos fragmentos escritos por Lessing depois do *Laocoonte* e publicados só depois de sua morte.

No lugar da equação simplista de Dubos, Harris e Mendelssohn: pintura = natural, poesia = arbitrário, no pensamento de Lessing se elabora aos poucos uma estrutura de quatro termos. Em primeiro lugar, a linguagem pode ser arbitrária *ou* natural. No primeiro caso, estamos diante da prosa (isto é, em termos atuais, de um discurso não literário) e, no segundo, da poesia (do discurso literário). É o que diz muito explicitamente Lessing no capítulo 17 do *Laocoonte*, em resposta à objeção manuscrita de Mendelssohn:

> Esta é uma propriedade da linguagem e de seus signos em geral [de poder, sendo arbitrários, referir-se indiferentemente ao sucessivo e ao simultâneo], mas não é por essa qualidade que eles são os mais convenientes ao objetivo da poesia. O poeta não quer só ser compreensível, não basta que as suas imagens sejam claras e precisas; é com isso que o prosador se contenta, mas o poeta quer tornar as ideias que desperta em nós tão vivas, que, em nosso entusiasmo, creiamos vivenciar as impressões sensíveis dos próprios objetos [cremos ouvir aqui um eco de Diderot]... Repito, pois: não recuso à linguagem em geral o poder de retratar, por meio de suas diversas partes, um conjunto material. Pode fazê-lo, porque os signos por ela usados, embora se sigam uns aos outros, são, porém, signos arbitrários. Rejeito, porém, esse poder à linguagem enquanto é instrumento da poesia, porque tais descrições pelas palavras carecem de ilusão, que é a principal característica da poesia; essa ilusão, digo, deve faltar-lhe porque o caráter de coexistência do corpo aí se encontra em oposição ao caráter de consecutividade da linguagem... Em toda parte onde não se trata de ilusão e não se tenda a uma noção precisa e tão completa quanto possível, essas descrições dos corpos, excluídas da natureza, podem encontrar seu lugar... (Edição de 1877, p.135-40)

Lessing opõe "ilusão" e "compreensão" (ou "inteligência") onde teríamos falado de signos motivados e imotivados; ele segue a opinião de Baumgarten e Mendelssohn, segundo a qual a arte só pode ser sensível; de qualquer forma, ele mostra claramente uma definição que subjaz a todo o seu raciocínio e que será repetida incansavelmente nos séculos por vir: a poesia é uma linguagem cujos signos são motivados.

Como se dá essa motivação? No próprio *Laocoonte*, Lessing dá toda ênfase à imitação da temporalidade: como os signos da linguagem se seguem no tempo, podem designar, de maneira motivada, tudo o que se segue no tempo. Ora, "objetos, ou seus elementos, dispostos em ordem de sucessão chamam-se, no sentido amplo, ações. As ações são, portanto, o objeto próprio da poesia" (Edição de 1964, p.110).

Nos fragmentos póstumos, porém, Lessing considera vários outros meios de motivar os signos. Primeiro, ele julga, como era comum no século XVIII, que a linguagem nasceu da ono-matopeia, que no começo as palavras se assemelhavam às coisas que designavam. Hoje, as onomatopeias servem a poesia: "Do uso judicioso dessas palavras na poesia nasce o que chamamos de expressão musical em poesia" (Edição Blümner, p.430). O mesmo acontece com as interjeições, expressões universais — e, portanto, naturais — dos sentimentos, de que os poetas sabem servir-se.

Outro meio sugerido por Lessing nos leva às cercanias dos fenômenos "diagramáticos", caros a Jakobson. "A poesia serve--se também não só de palavras isoladas, mas também dessas palavras tomadas em certa ordem. Ainda que as palavras em si mesmas não sejam signos naturais, sua sucessão pode ter a po-tência de um signo natural" (Ibid., p.431). Lessing lamenta que tal procedimento, tão frequente na poesia, tenha tão raramente chamado a atenção dos críticos. (Johann Elias Schlegel entendia a imitação na poesia sob a forma de relações proporcionais, mas antes no sentido da transposição analógica, tão apreciada por Aristóteles.)

Teorias do símbolo

Vem em seguida um meio que merece uma atenção maior: o uso das metáforas (palavra usada aqui, como com frequência em outros lugares, para designar os tropos em geral). E podemos ver mais uma vez, a este respeito, em que consiste a originalidade de Lessing, que lhe é recusada pelos eruditos. Encontramos, de fato, os diversos ingredientes das palavras de Lessing em vários autores contemporâneos. Como vimos no capítulo anterior, Johann Elias Schlegel interpretava a imitação na poesia como semelhança – não entre as palavras e as coisas, mas entre o comparante e o comparado, entre os dois sentidos do termo metafórico (*Abhandlung von der Nachahmung*, 1742). Na mesma época, o suíço Breitinger escrevia em seu *Critische Dichtkunst* (1740) que a arbitrariedade das palavras é uma deficiência para a poesia e, para remediá-la, esta dispõe da "figura pictural" [*mahlerische Figur*], a metáfora, que, por oposição às palavras ordinárias, é um "signo necessário, natural e eficaz" (*Bd.* II, p.312). Chegava, assim, à conclusão de que

> a maneira de escrever figurada e florida goza de grande vantagem sobre a maneira comum e própria; tal vantagem está essencialmente ligada ao fato de não só fazer compreender as coisas por signos arbitrários que não têm a mínima relação com sua significação, mas pintar tais coisas tão distintamente aos nossos olhos por intermédio de imagens semelhantes... A expressão figurada e florida não nos deixa apenas adivinhar os pensamentos a partir dos signos arbitrários, mas os torna, ao mesmo tempo, visíveis. (Ibid., p.315 e ss.)

Assim descrita, a metáfora, segundo Breitinger, pertence ao domínio do "maravilhoso", em oposição ao do "verossímil".

Nos anos que antecedem a publicação do *Laocoonte*, a dicotomia agostiniana (ou supostamente tal) entre signos artificiais (arbitrários) e naturais – com inclusão da metáfora entre estes últimos – é ressuscitada pelos leibnizianos; como G. Fr. Meier, que, depois de tê-la mencionado em sua generalidade, a aplica ao campo da estética: sendo o belo considerado, desde Baumgarten, como uma qualidade sensível, são-lhe propícios os signos naturais, que não padecem da abstração dos signos arbitrários. "Todos os signos arbitrários devem, portanto, *imitar* os naturais o máximo possível, se quiserem ser belos. [...] Quanto mais naturais forem os signos arbitrários e artificiais, mais são belos."[8]

Ou é ainda Johann Heinrich Lambert que escreve em seu *Neues Organon* (1764):

> Se nos limitarmos ao sentido próprio, só podemos considerar as palavras, e em especial as palavras-raízes das línguas, como signos *arbitrários* das coisas e dos conceitos. Em contrapartida, eles já têm mais semelhanças enquanto *metáforas*, em que principalmente o sentido próprio será pressuposto. Tais semelhanças, porém, residem não na comparação entre as impressões causadas pela palavra e pela coisa, mas na comparação entre os objetos que nomeamos por meio da metáfora. (III, 1, 20, t.II, p.14)

Descrição do mecanismo metafórico, que reaparece, por assim dizer, tal qual em Lessing.

Mais uma vez, portanto, poderíamos dizer que todos os elementos da doutrina de Lessing existiam antes dele. Mas observemos com maior atenção como ele procede. Primeiro,

---

8 *Anfangsgründe aller schönen Wissenschaften*, 2.ed., Parte 2, p.626, 635.

enumera todos os meios de que dispõe a poesia para tornar motivada a linguagem; distingue duas espécies principais: os signos naturais (onomatopeia etc.) e os signos equivalentes aos naturais – mas que não o são. "A poesia não dispõe apenas de verdadeiros signos naturais, mas também de meios de elevar seus signos arbitrários à dignidade e à potência dos naturais" (Edição Blümner, p.430).

A metáfora encontra, assim, seu lugar em uma série homogênea. E sua descrição é a seguinte: "Como a faculdade dos signos naturais reside na semelhança com as coisas, a metáfora introduz, no lugar dessa semelhança que não possui, outra semelhança, entre a coisa designada e outra coisa, o que permite renovar o seu conceito de maneira mais fácil e mais viva" (Ibid., p.432).

Ali onde Breitinger se contentava em escrever que a metáfora é um signo semelhante, e por isso apropriado à poesia; ali onde Lambert explicava a natureza linguística da metáfora, mas sem pensar em uma teoria da linguagem poética, Lessing formula uma teoria unificada, ao mesmo tempo concreta e geral: a semelhança constitutiva da metáfora *não é* a mesma que a dos signos motivados (como a imagem ou a onomatopeia), os dois só são equivalentes do ponto de vista funcional. Além disso, Lessing mostra o mecanismo que está envolvido: a metáfora é um signo motivado, feito por meio de signos imotivados. De tudo isso, nada se diz em Breitinger. Por outro lado, vimos com que insistência afirmava o suíço que todas as metáforas servem para pintar[9]

---

9 Breitinger insistirá nesse ponto no livro que dedicou exclusivamente ao problema das figuras de semelhança: *Critische Abhandlung von der Natur, den Absichten und dem Gebrauche der Gleichnisse*, por exemplo, p.7, 113 etc.

(ilusão comum no século XVIII). Talvez Lessing ainda não disponha de uma boa resposta a este respeito, mas não afirma o caráter necessariamente visual das metáforas e se contenta em dizer que elas tornam mais fácil e mais vivo o entendimento...

Eis como Lessing resume, em uma carta ao amigo Friedrich Nicolai (de 26 de maio de 1769), a sua posição acerca da motivação dos signos verbais (observe-se que ele não imagina outra motivação senão por semelhança): "A poesia deve necessariamente procurar elevar os seus signos arbitrários à condição de naturais; só assim ela se distingue da prosa e se torna poesia. Os meios pelos quais ela realiza isso são: sonoridade das palavras, ordem das palavras, medida das sílabas, figuras e tropos, comparações etc."

Todos esses meios aproximam a poesia de uma arte de signos motivados; ela, porém, jamais se torna completamente tal; sempre restam signos linguísticos imotivados. Sempre, salvo em um caso que assumirá, por isso, um valor exemplar aos olhos de Lessing. "O gênero superior de poesia é aquele que torna inteiramente naturais os signos arbitrários. É o gênero dramático; pois aqui as palavras deixam de ser signos arbitrários e se tornam signos naturais das coisas arbitrárias."[10]

As palavras designam, então, palavras (dizia Leonardo, em tom de desprezo: as palavras só podem designar palavras): a motivação é total, mesmo se essas palavras designadas forem, por seu lado, "arbitrárias", isto é, incompreensíveis fora de uma língua e de uma cultura. Assim, como o fizera antes dele

---

10 Petsch (ed.), *Lessings Briefwechsel mit Mendelssohn und Nicolai über das Trauerspiel*, p.319-20.

o abade Dubos, Lessing eleva a poesia dramática (a tragédia) ao ápice dos gêneros poéticos.

A linguagem tem signos motivados (na poesia) e imotivados (na prosa); mas a pintura, por seu lado, conhece os dois tipos de signos e possui, portanto, duas variedades distintas: também nisso Lessing se separa da ortodoxia representada por Dubos, Harris e Mendelssohn. "Nem todo uso de signos arbitrários sucessivos auditivos é poesia. Por que todo uso de signos naturais visuais coexistentes seria pintura, uma vez que se diz que a pintura é irmã da poesia?", pergunta ele nos *Fragmentos* (p.452); e na mesma carta a Nicolai: "Poesia e pintura podem ser tanto naturais, como arbitrárias; portanto, deve haver uma dupla pintura e uma dupla poesia: ou pelo menos as duas terão um gênero superior e um gênero inferior".

Lessing não parece ter desenvolvido longamente essa ideia: nele não encontramos uma lista, simétrica e inversa em relação à precedente, sobre os signos arbitrários na pintura. Encontramos, porém, uma sugestão sobre a maneira como os signos naturais deixam inteiramente de sê-lo. Pois se os traços de um retrato conservam as mesmas relações que no original, quase nunca têm as mesmas *dimensões*. "Assim, o pintor que só quer servir-se de signos inteiramente naturais deve pintar em tamanho natural ou, pelo menos, em dimensões que não se afastem muito dele."

Todo pintor de miniaturas participa do "arbitrário". "Um rosto humano do tamanho de um palmo, de uma polegada, é muito bem o quadro de um homem; mas já é, de certo modo, um quadro simbólico: tenho mais consciência do signo que da coisa designada... [o que, para Lessing, é a marca do arbitrário]" (Edição Blümner, p.428).

A argumentação de Lessing é sedutora em seu rigor. Será, porém, que dá conta da natureza da arte em geral, da "imitação" artística em particular? Podemos duvidar disso. Evidentemente, a palavra "imitação" presta-se a mal-entendidos: hesitamos entre a imitação como representação ou encenação e a imitação como produção de um objeto semelhante ao modelo. Para a arte da linguagem, só a primeira interpretação do termo tem sentido. Mas, aproveitando-se, por assim dizer, da confusão entre as duas acepções da palavra, que pode produzir-se quando se fala de pintura, Lessing finge crer, ou crê, que, mesmo para a poesia, "imitação" deve ser entendida no sentido de "semelhança". Daí o aparecimento de um paradoxo que podia não existir para Dubos ou Harris: diz-se da poesia, ao mesmo tempo, que ela é "semelhante" (pois obedece ao princípio de imitação) e que não o é (pois usa signos arbitrários). Vê-se, porém, que o paradoxo vem do fato de ter Lessing mudado, de uma linha para outra, o sentido das palavras.

É difícil situar essas ideias de Lessing em relação à passagem dos clássicos aos românticos. Na medida em que procura consolidar o princípio de imitação, participa, juntamente com Batteux, Diderot etc., das derradeiras manifestações do espírito clássico. Uma vez, porém, que desloca a problemática da imitação, não a tomando mais como uma relação entre os signos (ou imagens) e o universo, mas uma relação entre significante e significado, logo interna ao signo — ou seja, na medida em que reduz a *imitação* à *motivação* —, Lessing anuncia claramente a doutrina romântica da linguagem poética; mais ainda, aparece como seu fundador; a filiação das duas doutrinas, clássica e romântica, reside muito precisamente nessa passagem do primeiro conceito ao segundo. Mas como conciliar, em Lessing ou em

Teorias do símbolo

seus continuadores, de August Wilhelm Schlegel a Jakobson, a constatação de que os signos linguísticos são arbitrários e a afirmação de que a poesia usa de signos motivados? Mesmo repetida duzentas vezes, uma ideia não se torna necessariamente verdadeira...

Resta que Lessing terá sido o primeiro a integrar com força a teoria da arte em uma reflexão geral sobre o signo, o primeiro também a afirmar de maneira explícita o arraigamento de cada arte em sua matéria-prima, portanto, da literatura na linguagem. E talvez a firmeza de seu pensamento tenha desferido na imitação um golpe mais grave que qualquer outro, no momento mesmo em que tentava protegê-la: ele provava *a contrario* que o reinado da imitação sobre o pensamento estético chegava ao fim. O romantismo estava pronto para nascer.

6

A crise romântica

Nascimento. Escolha do pretendente. O fim da imitação. Doutrina. *Romantismo.* Sinfilosofia. Produção. Intransitividade. Coerência. Sintetismo. O indizível. *Athenaeum 116. Símbolo e alegoria.* Goethe. Schelling. Outros. Creuzer e Solger.

Nascimento

Para contar o nascimento da semiótica ocidental, comecei escolhendo um ponto de chegada: Santo Agostinho, cuja doutrina interpretei como o acabamento de toda uma série de influências heterogêneas; meu tema era, em suma, Santo Agostinho e seus antecessores. Para explorar o nascimento da estética romântica (mas por que pôr assim em paralelo dois corpos de reflexão tão diferentes?), vejo-me obrigado a adotar um método estritamente simétrico e inverso: partirei dos escritos de um único autor, que me parece conter em germe toda a doutrina estética do romantismo, e, em seguida, acompanharei as influências, diretas ou indiretas, que ele pôde exercer sobre os seus contemporâneos ou sobre os mais jovens que ele; apresentarei a estética romântica – ou melhor, a sua parte que me interessa no presente contexto – como uma expansão desses escritos iniciais, expansão de que nós mesmos representamos, talvez, o último avatar. Meu tema será, portanto, desta vez: um autor e seus sucessores. Um fechava e sintetizava a Antiguidade clássica, ou outro anuncia e abre a nossa modernidade.

Escolha do pretendente

E quem é o feliz escolhido? Poderíamos hesitar entre vários nomes. Minha escolha incidiu mais sobre Karl Philipp Moritz do que sobre Herder, Rousseau, Vico ou Shaftesbury (para só mencionar os candidatos mais sérios); mas tenho consciência de certa arbitrariedade nessa decisão, que se baseia em um juízo de valor, afinal, muito subjetivo. Parece-me que Moritz é o primeiro a ter *reunido* em sua obra todas as ideias (ele não as entendeu bem, mas as inventou) que determinarão o perfil da estética romântica. Esse papel preciso – e, por outro lado, bastante limitado (aqui termina todo paralelo com Santo Agostinho) – faz dele um ponto de partida cômodo para a minha investigação.

Há, na realidade, uma segunda razão para essa escolha. É que os representantes mais típicos do romantismo, em suas exposições sistemáticas da nova doutrina, criticam ou reprimem em massa toda a tradição anterior, para só tirarem do esquecimento um único nome, só salvar do desprezo um único autor; e este é Moritz. Esse elogio excepcional não carece, aliás, de ambivalência: uma vez concedido esse papel de predileção, acrescenta-se certa limitação, como se se temesse que uma admiração sem reserva ensombrecesse o mérito próprio de quem o enuncia.

É esse o caso, em primeiro lugar, de August Wilhelm Schlegel, no primeiro volume de suas *Lições sobre as belas-letras e a arte*, que trata da *Doutrina da arte* (notas para um curso de 1801); depois de ter passado em revista todas as teorias do passado, depois de ter criticado todas elas, depois de ter exposto a sua própria concepção, ou melhor, a do *Athenaeum*, acrescenta ele:

> Só há um escritor, que eu saiba, que tenha usado expressamente, nesse sentido mais elevado, o princípio da imitação nas artes: é Moritz, em seu breve texto *Sobre a imitação formadora do belo*. O defeito desse texto é que Moritz, não obstante sua mente realmente especulativa, não encontrando nenhum ponto de apoio na filosofia da época, vagou como solitário pelos maus caminhos (*Irrgängen*) místicos. (p.91; trad. franc., p.397-8)[1]

Todas as ideias de Moritz citadas ou resumidas por Schlegel na página seguinte são aprovadas por ele, sem reserva; e, no entanto, a fórmula introdutória, embora coloque Moritz em uma posição excepcional, nos aconselha a não segui-lo em um mau caminho, qualificado sumariamente de místico. Mas a estranheza dessa atitude só se torna realmente nítida se lermos este outro trecho, que aparece, por seu lado, na *Filosofia da arte* de Schelling (notas para um curso de 1802), em que se trata da mitologia (conceito central para Schelling):

---

1 Para as referências e as abreviações deste capítulo, ver a nota bibliográfica, p.348-51.

Tzvetan Todorov

É grande mérito de Moritz ser o primeiro, entre os alemães e em geral, a ter representado a mitologia com esse caráter de absoluto poético que lhe é próprio. Embora a derradeira realização dessa ideia lhe falte e que ele só possa mostrar que é isso que se passa nessas poesias, mas não mostrar a necessidade e a base (*Grund*) desse estado de coisas; o sentido poético reina, porém, em toda parte em sua apresentação, e talvez (*vielleicht*) possamos reconhecer os rastros de Goethe, que exprimiu essas ideias em toda parte em sua própria obra e que, sem dúvida (*ohne Zweifel*), as despertou também em Moritz. (V, p.412)

Esse enunciado é mais complexo que o de Schlegel. Schelling começa com uma apreciação superlativa: Moritz é o primeiro, não só entre os alemães, mas também em geral... (observe-se, além disso, em favor de Moritz, que Schlegel e Schelling lhe concedem o primeiro lugar em terrenos diferentes). Segue-se uma primeira limitação: longe de ser místico demais, Moritz, dessa vez, o é, por assim dizer, pouco demais: não sabe aprofundar as coisas, falta-lhe *Grund*. Mas antes mesmo de a frase terminar, segue-se um segundo golpe, bem mais baixo: o que há de bom em Moritz talvez seja um rastro de Goethe – um "talvez" que se apressa em se tornar "sem dúvida" na sentença seguinte (e última).

Tantas coincidências merecem uma explicação. Que eu, por meu lado, vou buscar no grande benfeitor de Moritz, como de tantos outros, aquele cuja imensa sombra fez por muito tempo que se desdenhasse o que ela ocultava e, em especial, Moritz: em Goethe. Goethe encontra Moritz em Roma em 1786; ele o seduz, torna-se seu inspirador, faz dele seu porta-voz (é o que nos dizem, pelo menos); ocupa-se dele durante a doença.

Teorias do símbolo

Depois do retorno à Alemanha, convida-o a Weimar, onde Moritz é apresentado a uma sociedade refinada; depois disso, arruma-lhe um cargo de professor em Berlim, onde Moritz permanece até o fim da vida, quatro anos mais tarde.

A opinião comum pretende que Moritz não seja senão um reflexo, um porta-voz de Goethe. Da falsidade disso basta-me uma prova: o *Ensaio* de Moritz, que contém já todas as suas ideias importantes, data de 1785, um ano antes, portanto, do encontro com Goethe. De onde vem, então, essa opinião comum? Do próprio Goethe. Na resenha-resumo que dedica ao livro de Moritz sobre a imitação, ele já afirma que estava presente durante a composição do livro. Em *Viagem à Itália*, falando ainda do mesmo livro, é mais brutal: "Ele nasceu de nossas conversas, que Moritz usou e elaborou à sua maneira" (JA, 27, p.254). Trinta anos mais tarde, em uma nota intitulada *Einwirkung der neueren Philosophie* (1820), ainda sente a necessidade de afirmar: "Debati longamente com Moritz, em Roma, sobre a arte e as suas exigências teóricas; um pequeno volume impresso demonstra ainda hoje a nossa frutuosa obscuridade de outrora" (JA, 39, p.29).

Se tal era a versão escrita, que pensar das apreciações orais que não devem ter deixado de ouvir Schlegel e Schelling, íntimos de Goethe precisamente nos primeiros anos do século? Podemos ter uma ideia delas remetendo a duas outras menções a Moritz em *Viagem à Itália*, sempre amáveis e condescendentes:

> É um homem notavelmente bom: teria ido muito mais longe, se tivesse encontrado de quando em quando pessoas ao mesmo tempo capazes e suficientemente carinhosas para esclarecê-lo sobre seu estado (JA, 26, p.202-3). Tem um modo felicíssimo e

Tzvetan Todorov

justíssimo de ver as coisas; espero que encontre também o tempo para se tornar profundo (*gründlich*) (JA, 27, p.94).

Não cremos agora ouvir, na frase em que Schlegel lamentava a solidão de Moritz, um eco dessa primeira descrição? E na de Schelling, deplorando a ausência de *Grund*, uma paráfrase da segunda?

Mesmo que fosse só em razão desse destino notável, feito de elogios que ajudaram, sobretudo, a ocultar as suas ideias e o seu verdadeiro papel, Moritz merece que lhe conceda, por minha vez, um lugar de destaque.

O fim da imitação

Retomemos, porém, o fio de nossa história ali onde o havíamos deixado, antes deste *intermezzo* anedótico: a saber, no mal-estar que a estética sente ante o conceito de imitação. Não se sentem satisfeitos com ele, mas não sabem livrar-se dele; segue-se daí essa série de adendos mais ou menos desajeitados que recordamos ao longo dos dois últimos capítulos.

É esse o estado de coisas, digamos, em 1750. Saltemos, agora, meio século e abramos a *Doutrina da arte* de August Wilhelm Schlegel nas páginas que tratam da imitação. Delas se depreende uma impressão completamente diferente: entre essas duas datas, ocorreu a crise que deu origem ao romantismo. A diferença que de imediato se torna mais clara do que o sol é que agora se permitem criticar abertamente o princípio de imitação; na realidade, essas mesmas críticas ou questões que eu lhe dirigi ao apresentar as doutrinas de Diderot, Lessing e

246

Teorias do símbolo

seus contemporâneos, encontramo-las já clara e brilhantemente formuladas na exposição de Schlegel.

Em primeiro lugar, a estrita aplicação do princípio de imitação (aquela que chamei de "grau zero") leva ao absurdo: se a arte conseguisse submeter-se a ela e, portanto, produzir cópias perfeitas, é difícil perceber em que residiria o seu interesse, uma vez que o protótipo já existe. Schlegel imagina divertido que seria a ausência de todos os incômodos físicos que poderiam acompanhar a percepção do modelo.

> Assim, por exemplo, a superioridade de uma árvore pintada sobre uma árvore real consistiria em que não vêm frequentar suas folhas nem lagartos, nem insetos. É assim que os habitantes das aldeias do Norte da Holanda, por limpeza, não plantam, com efeito, árvores de verdade nos pequenos pátios que cercam suas casas, contentam-se em pintar ao redor, nos muros, árvores, sebes, vasos de verduras, que, ademais, se conservam verdes durante o inverno. A pintura de paisagem serviria, então, simplesmente para termos no quarto, junto de nós, por assim dizer, uma natureza em miniatura, onde preferiríamos contemplar as montanhas, sem estarmos expostos à sua rude temperatura e sem sermos obrigados a escalá-las. (p.85; trad. franc., p.388)

Mas tal ideia sobre a natureza da arte não é só ridícula; é falsa: pois todos sabem que a obra de arte obedece a convenções que não têm nenhuma contrapartida na natureza, objeto suposto da imitação (Hermógenes têm aqui a sua desforra contra Crátilo). O mesmo acontece com o *verso* na poesia e com o *ritmo* na música; o mesmo também com as artes plásticas: se esquecermos as convenções, "não devemos caçoar daquele homem

247

que não achava um busto parecido, porque a pessoa, dizia ele, certamente tinha mãos e pés". Ou seremos como aquele chinês que, "ao ver pinturas inglesas, perguntou se os personagens eram realmente tão sujos como parecem pelo efeito da luz e das sobras" (p.86-7; trad. franc., p.391).

Não se corrige o princípio de imitação emendando o objeto, como pretendia Batteux (e, de um modo diferente, Diderot): dizer que se imita a "bela natureza" é introduzir um segundo princípio, o da beleza, sem dispor dos meios de compreendê-lo.

> Das duas, uma: ou imitamos a natureza tal como se nos oferece, e então muitas vezes ela pode não nos parecer bela; ou a representamos sempre bela, e isso já não é imitá-la. Por que não dizer, de preferência, que a arte deve representar o belo e não deixar completamente de lado a natureza? (p.85; trad. franc., p.389)

Paradoxo que, alguns anos mais tarde, Schelling exporá com clareza ainda maior (em seu discurso *Sobre a relação das artes figurativas com a natureza*, 1807):

> Então, o discípulo da natureza deve imitar tudo nela e tudo em todas as suas partes? Deve reproduzir só os objetos belos e mesmo assim, neles, só o belo e o perfeito. É assim que o princípio se determina de maneira mais precisa. Mas, ao mesmo tempo, se pretende que, na natureza, o imperfeito está misturado com o perfeito, o feio com o belo. Como, então, aquele que não tem outra relação com a natureza senão a de imitá-la servilmente deve distinguir um do outro? (VII, p.294; trad. franc., p.234)

O próprio Schelling tirara as conclusões dessa contradição em um texto anterior, o último capítulo do *Sistema do idealismo*

Teorias do símbolo

transcendental (1800). Se a regra da arte é a beleza, a arte é uma encarnação da beleza superior à natureza, a qual é governada (também) por princípios outros do que a beleza. Consequentemente, longe de dever imitar a natureza, a arte dá-nos a medida do juízo que fazemos sobre a beleza natural: a hierarquia da arte e da natureza é invertida.

> Decorre daí, no que se refere à opinião segundo a qual a imitação da natureza deveria ser o princípio da arte, que, longe de a natureza, que só é bela acidentalmente, poder servir de regra à arte, é nos produtos mais perfeitos da arte que convém procurar o princípio e a norma dos juízos referentes à beleza natural. (III, p.622; trad. franc., p.170)

A antiga interpretação do princípio de imitação é insustentável. Como explicar, então, a relação, incontestável, que as obras de arte mantêm com a natureza? Interpretando o princípio de imitação de maneira totalmente nova. Ter descoberto e praticado essa interpretação seria, segundo Schlegel, o mérito particular de Moritz.

Doutrina

A inovação introduzida por Moritz é, de fato, radical: enquanto antes, para acomodar o princípio de imitação aos fatos observados, contentavam-se em adicionar a "imitar" um advérbio moderador ou, audácia suprema, em qualificar diversamente seu objeto (a "bela natureza", o "ideal"), Moritz muda o sujeito do verbo, e, com isso, a sua significação. Não é mais a obra que imita. Mas o artista.

Tzvetan Todorov

Se há imitação nas artes, ela está na atividade do criador: não é a obra que copia a natureza, é o artista, e faz isso produzindo obras. Mas o sentido da palavra natureza não é o mesmo nos dois casos: a obra só pode imitar os *produtos* da natureza, ao passo que o artista imita a natureza enquanto esta é um princípio *produtor*. "O *artista nato*, escreve Moritz, não se contenta com observar a natureza, deve imitá-la, tomá-la como modelo e formar [*bilden*] e criar como ela" (p.121). Será, portanto, mais exato falar não de imitação, mas de construção: a faculdade característica do artista é uma *Bildungskraft*, uma faculdade de formação (ou de produção); o principal tratado de estética de Moritz intitula-se, de modo significativo, *Sobre a imitação formadora do belo* (1788). *Mimesis*: sim, mas com a condição de entendê-la no sentido de *poiesis*.

Schlegel força as coisas, naturalmente, atribuindo essa ideia unicamente a Moritz. Antes dele, Shaftesbury na Inglaterra, Lessing e Herder na Alemanha, já haviam começado a situar a imitação entre o criador e o Criador, não entre duas criações (isso no que se refere às fontes imediatas; pois podemos remontar a Empédocles para uma primeira formulação desse paralelismo). Eles haviam explorado a analogia, que se impunha, entre Deus criador do mundo e o artista autor de sua obra; Herder chegou a escrever: "O artista tornou-se um Deus criador". Shaftesbury recorrera à imagem de Prometeu, particularmente adequada neste contexto: o deus criador torna-se símbolo do artista. Moritz participa dessa mesma tradição; escreve ele na *Doutrina dos deuses*:

Prometeu regou com água a terra ainda impregnada de partículas celestes e criou o homem à imagem dos deuses, de modo

Teorias do símbolo

que este seja o único a erguer os olhos para o céu, enquanto todos os outros animais voltam a cabeça para a terra. [...] É por isso que, nas obras de arte antigas, Prometeu é representado [...] com um vaso a seus pés, diante dele um torso humano, e ele os forma com argila; toda a potência do seu pensamento parece concentrada em sua realização. (*Götterlehre*, p.24-5) [2]

Consequentemente, o momento de formação terá prioridade sobre o resultado já formado; todo termo valorizado será atraído para o lado do processo de produção. Escreve Moritz: "A natureza do belo consiste em que seu ser interior se acha fora dos limites da faculdade de pensar, em seu surgimento, em seu próprio vir a ser" (p.77-8). Na primeira metade dessa frase, afirma-se certo aspecto irracional do belo; a segunda situa-o no ato de vir a ser. Essa atenção preferencial explica por que, na estética romântica, a ênfase será dada não à relação de representação (entre a obra e o mundo), mas à relação de expressão: aquela que liga a obra ao artista.

Nesse novo quadro, a obra e a natureza têm em comum serem totalidades fechadas, universos completos – pois a criação das obras em nada difere da criação do mundo, e o mesmo se pode dizer dos produtos criados. A semelhança não mais se situa no surgimento de formas similares, mas na posse de uma estrutura interna idêntica; a relação das partes constitutivas é a mesma, só varia o coeficiente de grandeza; a obra não é mais a imagem, mas o diagrama do mundo.

---

2 Sobre a história dessa comparação, cf. Walzel, *Das Prometheussymbol von Shaftesbury zu Goethe*. Outro livro de Walzel, *Grenzen von Poesie und Unpoesie*, trata do conjunto das noções fundamentais para a estética da época.

A bela totalidade que sai das mãos do artista que a forma é, portanto, a marca do belo superior na grande totalidade da natureza (p.73). A faculdade de agir [...] capta a dependência nas coisas e, com o que tomou, semelhante nisto à natureza mesma, forma um todo *arbitrário*, existente em si mesmo (p.74).

A organização é a mesma, aqui e lá – mas ela nos aparece "em grande na natureza, aqui [na arte] em pequeno" (p.76). Eis-nos de volta à doutrina neoplatônica do microcosmo e do macrocosmo.

Nessa nova perspectiva, não é só o conteúdo da noção de imitação que muda, mas também o seu lugar. Se comecei a exposição da doutrina de Moritz com sua nova interpretação da imitação, é porque o meu ponto de partida era, aqui, a teoria estética anterior, cujo conceito central era a imitação. O mesmo vale para Moritz. Como o mundo, a obra de arte é uma totalidade autossuficiente; precisamente na medida em que se lhe assemelha, ela não precisa mais afirmar a sua relação com ele. O conceito central da estética de Moritz é, na verdade, a totalidade; e é a ela que ele prefere chamar: o belo.

As ideias de Moritz, tomadas uma a uma, não são novas; mas sua síntese, sim. Isto é particularmente impressionante no caso da sua noção de belo, que associa – pela primeira vez, ao que parece – duas ideias comuns de se ouvir em seu tempo. Por um lado, como seu mestre Mendelssohn, Moritz quer separar a estética da ética, o belo do útil. Mais especificamente, renuncia à definição do belo pelo prazer que proporciona (como em Johann Elias Schlegel), pois a partir daí não se poderia distinguir entre o belo e o útil; para Moritz, tal definição é demasiado psicológica e subjetiva. A necessidade de uma separação em relação

Teorias do símbolo

ao útil leva-o a definir o belo primeiro de maneira negativa: "Uma coisa não pode, portanto, ser bela porque nos dê prazer, pois então o útil também seria belo; mas o que nos dá prazer sem ser propriamente útil é o que chamamos de belo" (p.6).

Mais do que útil, o belo aproximar-se-ia, paradoxalmente, do inútil:

> O conceito de inútil, na medida em que não tem nenhum fim, nenhuma razão de ser, une-se mais facilmente e mais intimamente ao conceito de belo, na medida em que tampouco este precisa de algum fim, de alguma razão de ser, além dele mesmo, mas possui todo o seu valor e o fim de sua existência em si mesmo. (p.69)

Tal proximidade não é uma definição. O belo é inútil por uma precisa razão: enquanto o útil, como já o nome indica, encontra seu fim fora de si, o belo é o que não precisa de nenhuma justificação externa: uma coisa é bela na medida em que é intransitiva.

> O objeto puramente útil não é, portanto, em si mesmo, um todo, algo acabado (*Vollendetes*) e não se torna tal senão quando alcança o seu fim em mim; ou seja, ele se realiza em mim. — Na consideração do belo, porém, tiro o fim de mim e o coloco no objeto: considero-o como algo de *acabado em si mesmo*, e não em mim; ele constitui, portanto, um todo em si mesmo e me dá prazer *por si mesmo*. [...] Amo o belo mais por ele mesmo, enquanto só amo o útil por mim mesmo. (p.3)

Ou ainda: "O belo não exige um fim fora de si mesmo, pois é tão acabado em si mesmo que todo o fim de sua existência se encontra nele mesmo (p.69). Consiste a essência do belo em seu *acabamento* em si mesmo" (p.79).

Os conceitos de belo e de totalidade tornar-se-ão, portanto, quase sinônimos: "O conceito de um todo existente em si mesmo está indefectivelmente ligado ao de belo" (p.71).

A afirmação de que cada totalidade, cada obra encontra o seu fim em si mesma tem importantes implicações. Lembremos a oposição estabelecida por Santo Agostinho entre estas duas atividades, usar e gozar: usamos um objeto com vistas a outra coisa, dele gozamos por si mesmo. Na óptica de Santo Agostinho, porém, e na do cristianismo em geral, só há um objeto que possamos considerar como fim último e de que possamos gozar: Deus. Avalie-se a importância da reviravolta, e seu alcance, que direi político: a hierarquia vê-se substituída pela democracia, a submissão pela igualdade; toda criação pode e deve ser objeto de gozo. À mesma pergunta – pode o homem tornar-se objeto de gozo? – responde Santo Agostinho pela negativa e Moritz, por um elogio do homem.

> O homem deve aprender a sentir de novo que existe para si mesmo – deve sentir que, em todo ser pensante, o todo existe em vista de cada particular, exatamente como cada particular existe em vista do todo (p.15). Jamais devemos considerar o homem particular como um ser puramente *útil*, mas também como um ser *nobre*, que tem o seu próprio valor em si mesmo. [...] O espírito do homem é um todo acabado em si (p.16).

Ser, de maneira intransitiva, torna-se um valor supremo para Moritz, e ele termina o seu tratado *Sobre a imitação formadora do belo* com estas exclamações: "Que nós *somos*, eis o pensamento

Teorias do símbolo

mais elevado e mais nobre. – De lábios mortais não pode sair sobre o belo palavra mais sublime que: ele é!" (p.93).

Por outro lado, porém, Moritz conserva uma segunda definição do belo, que poderia ter encontrado em Diderot ou em um dos seus inúmeros predecessores, segundo a qual o belo resulta da relação harmoniosa das partes que compõem o objeto. Escreve, por exemplo: "Quanto mais as partes de uma coisa bela se relacionam com seu todo, isto é, com a coisa mesma, mais bela é (p.72). Quanto mais *necessárias* são as partes isoladas de uma obra de arte e suas posições umas em relação às outras, mais bela é a obra" (p.120).

O gênio de Moritz consiste em que essas duas ideias, longe de se oporem ou de simplesmente permanecerem isoladas, nele se combinam e se completam de maneira... harmoniosa. É justamente porque a coisa bela não é de modo algum necessária, que as suas partes devem sê-lo umas em relação às outras e em relação ao todo por elas formado. Essa interdependência será estabelecida por Moritz já em seu primeiro texto de estética, que data de 1785:

> Quando falta a um objeto a utilidade ou o fim externos, convém procurá-los no próprio objeto, se este deve despertar prazer em mim; ou então: devo *encontrar nas partes isoladas desse objeto tanta finalidade, que eu me esqueça de perguntar: mas para que serve tudo isso?* Em outras palavras: diante de um belo objeto, devo sentir prazer unicamente por ele mesmo: para isso, a ausência de finalidade externa deve ser compensada por uma finalidade interna; o objeto deve ser algo acabado em si mesmo. (p.6)

A terminologia de Moritz não é inteiramente firme: ele ora contrapõe a ausência de fim à presença de uma finalidade, ora às finalidades interna e externa; mas é clara a sua ideia; e a partir dele, a *coerência* interna do que é belo se vê indissoluvelmente ligada à sua *intransitividade* externa: "encontrar o seu fim em si mesmo" vai de par com "ser dotado de uma característica sistemática". Sobre este preciso ponto, a estética kantiana (aquele de seus aspectos resumido pela fórmula "finalidade sem fim") não mostra progresso nenhum em relação à de Moritz.

Já dizia Winckelmann: "O objetivo da verdadeira arte não é a imitação da natureza, mas a criação da beleza"; só que ele não foi capaz de tirar as consequências de tal afirmação. Só com Moritz a arte torna-se essencialmente uma encarnação do belo. Eis uma formulação que sintetiza esta nova atitude. "Toda bela obra de arte é, em maior ou menor medida, uma marca do grande todo da natureza que nos rodeia; ela deve também ser considerada um *todo existente por si mesmo*, que, como a grande natureza, *tem seu fim em si mesma*, e existe por si mesma" (p.122). Não é, portanto, por acaso que o título do primeiro texto estético de Moritz, que lembra e inverte o de Batteux, já anuncia a dominação do belo sobre a arte: *Ensaio de reunião de todas as belas-artes e ciências sob a noção de acabamento em si.*

Se arte e natureza são igualmente merecedoras de uma análise feita em nome do belo, não são, porém, equivalentes: as obras da natureza também podem ser *utilizadas*, o que as obras de arte não poderiam suportar. Do ponto de vista da beleza, portanto – anunciando Moritz, aqui, a frase de Schelling anteriormente citada –, a arte é superior à natureza.

O movimento progressivo dos pensamentos um em direção ao outro, ou a transformação progressiva da finalidade externa em finalidade interna ou, mais brevemente, o *acabamento em si* parece ser o fim propriamente *condutor* do artista em sua obra de arte. Deve o artista procurar recolocar o fim, que na natureza é sempre exterior ao objeto, no interior desse mesmo objeto e, assim, torná-lo acabado em si mesmo. Vemos, então, um todo no qual só percebíamos partes de fins divergentes. (p.153)

Essas frases estabelecem ao mesmo tempo o privilégio da arte sobre a natureza e a lei da arte: a conversão da finalidade externa em finalidade interna.

Um exemplo marcante da aplicação desse princípio à teoria das artes particulares é-nos fornecido no *Ensaio de uma prosódia alemã* (1786), em que Moritz define a oposição entre os versos e a prosa pela de heterotélico e de autotélico; ou melhor, por uma comparação (Malherbe estaria na sua origem; encontramo-la também na *Arte de escrever* de Condillac) cujos termos se opõem da mesma maneira: a da dança e do caminhar.

Acontece com o discurso quase o mesmo que com o *caminhar*. O caminhar habitual tem seu objetivo *fora de si mesmo*, é um puro *meio* para se chegar a um objetivo, e tende incessantemente para esse objetivo, sem levar em conta a regularidade ou irregularidade de cada passo. Mas a paixão, por exemplo, a alegria saltitante, *remete o caminhar para si mesmo*, e cada passo já não se distingue um do outro por se aproximar mais do objetivo; são todos iguais, pois o caminhar já não se dirige para um objetivo, mas acontece *por si mesmo*. Como, assim, cada passo adquiriu uma *importância igual*, torna-se irresistível a vontade *de medir e subdividir o que se tornou idêntico por natureza*; assim nasceu a *dança*. (p.185-6)

A partir do momento em que os passos não servem mais para se aproximar de uma meta, aparece a organização interna: a medida. Do mesmo modo, quando as palavras são produzidas "por si mesmas", quando o discurso se vê "remetido a si mesmo", o verso, isto é, a organização interna em nome de uma lei autônoma, faz a sua aparição (p.187). O verso é um discurso dançante, pois a dança é uma atividade ao mesmo tempo intransitiva e estruturada.[3]

A coerência interna como característica da obra de arte vale para todos os estratos que a constituem, portanto também para os seus aspectos espiritual e material, o seu conteúdo e a sua forma. Mas forma e conteúdo, matéria e espírito são contrários; podemos, portanto, caracterizar de outro modo a obra de arte, dizendo que ela realiza a fusão dos contrários, a síntese dos opostos. Moritz não deixará de fazê-lo, tanto no que se refere à arte, pois escreve que "o belo trágico superior é formado pela justaposição dos contrários" (p.203), quanto no que se refere à mitologia, que, para ele, desempenhará, como, mais tarde, para Schelling, um papel análogo à arte. As imagens da mitologia grega, ápice da própria evolução mitológica, caracterizam-se por esse sintetismo, essa capacidade de absorver e dirimir a incompatibilidade dos contrários.

Que na alta criação divina de Minerva, assim como em Apolo, encontremos unido o que é totalmente contrário, é algo que torna

---

3 Acerca dessa ideia de Moritz, cf. Schrimpf, Vers ist tanzhafte Rede. Ein Beitrag zur deutschen Prosodie aus dem achtzehnten Jahrhundert. In: Foerste; Borck (eds.), *Festschrift für Jost Trier zum 70. Geburtstag*, p.386-410.

Teorias do símbolo

bela essa poesia, e aqui ela se torna, por assim dizer, uma língua superior, que, em uma expressão, reúne bom número de conceitos que ressoam harmoniosamente uns nos outros, enquanto estão, por outro lado, dispersos e isolados. (*Götterlehre*, p.101-2)

A autonomia de uma totalidade é condição necessária de sua beleza. Esta proposição tem uma consequência paradoxal, que diz respeito à descrição que podemos dar de uma obra de arte. Uma obra de arte perfeita não dá lugar a explicação: se o desse, já não seria perfeita, pois dependeria de um alhures, de uma instância que lhe é exterior, enquanto o belo se define justamente pela autonomia absoluta.

A natureza do belo consiste em que as partes e o todo se tornam expressivas e significantes, uma parte sempre através de outra e o todo através de si mesmo; em que o belo se explica a si mesmo – descreve-se através de si mesmo – e, portanto, não precisa de nenhuma explicação, nem descrição, além do dedo que apenas indica o seu conteúdo. Tão logo uma bela obra de arte exigir, além desse dedo indicador, uma explicação particular, por isso mesmo já se tornará imperfeita: pois a primeira exigência do belo é essa clareza pela qual ele se manifesta diante dos olhos. (p.95)

A obra de arte significa-se a si mesma, pelo jogo de suas partes; é também, portanto, sua própria descrição, a única que lhe pode ser adequada. "As obras da arte figurativa são elas mesmas suas próprias descrições mais perfeitas, e não podem ser descritas mais uma vez" (p.102).

Este fato, por sua vez, tem uma implicação ainda mais paradoxal, segundo a qual, se é verdade que dentro de um único meio (poesia, pintura), a obra de arte em questão é a única descrição possível, nas confrontações das artes entre elas se apresenta uma nova possibilidade: uma vez que o belo é sempre alcançado em função de um mesmo princípio, há uma identidade secreta de toda bela obra; portanto, o mais belo poema é, *ipso facto*, equivalente, e ao mesmo tempo a descrição, do mais belo quadro – e inversamente.

> Numa descrição do belo por palavras, tais palavras tomadas em conjunto com o rastro que deixam na imaginação, devem ser elas mesmas o belo. E numa descrição do belo por linhas, essas mesmas linhas, tomadas em conjunto, devem ser o belo que não pode jamais ser designado senão por si mesmo; pois ele começa ali onde a coisa se torna o mesmo que a sua descrição. As obras autênticas da arte poética são, portanto, as únicas verdadeiras descrições por palavras do belo nas obras da arte figurativa. [...] Poder-se-ia dizer, neste sentido: o mais perfeito poema seria, ao mesmo tempo, sem que seu autor o saiba, a mais perfeita descrição da obra-prima superior da arte figurativa, assim como esta última é, por sua vez, a encarnação ou a apresentação realizada da obra-prima da fantasia [...]. (p.99-100)

Ou, mais brevemente: "A poesia *descreve* o belo das artes figurativas, por captar com palavras as mesmas relações que as artes figurativas designam pelo desenho" (p.120).

O belo pode ser igualado, não pode ser traduzido. A poesia, a pintura, a música são "línguas superiores", como escrevia Moritz em outro lugar, que exprimem o que está além dos "limites da faculdade de pensar", faculdade que as palavras dizem. A mensagem artística é *exprimível* pela poesia, pela pintura etc.; e, ao mesmo tempo, é *indizível*, por meio da linguagem comum. A impossibilidade de descrever o belo resulta tanto de sua autonomia constitutiva como que certa inconversibilidade da linguagem da arte na linguagem das palavras: só a arte pode exprimir o que exprime.

Poder-se-ia dizer, então, que todas as características da obra de arte se concentram em uma única noção, à qual os românticos darão mais tarde o nome de *símbolo*. Moritz, porém, ainda usa a palavra no seu sentido antigo (o de signo arbitrário) e, na verdade, não dispõe de nenhuma palavra para designar essa significância característica da arte; contenta-se em dizer: o belo, a arte, a mitologia. Dispõe, em compensação, de um termo para designar o contrário do símbolo (e nisso será seguido pelos outros românticos); é o de *alegoria*. A presença do morfema *allos* – nesta palavra – já pode explicar a animosidade que Moritz sente por ele: a alegoria exige um alhures, ao contrário do belo, que é um todo completo em si mesmo.

Na medida em que uma bela imagem deva indicar e significar algo fora de si mesma, aproxima-se do puro símbolo [= signo arbitrário], o qual não depende verdadeiramente da beleza no sentido próprio, como tampouco as letras com que escrevemos. – A obra de arte já não tem, então, seu fim só em si mesma, mas antes fora de si. – O verdadeiro belo consiste em que uma coisa só significa a si mesma, só designa a si mesma, só contém a si mesma, é um todo completo em si (p.113). Na medida em que a alegoria contradiz, assim, essa noção de beleza nas artes figurativas, não merece nenhum lugar na série do belo, apesar de todo zelo e esforço; não tem nenhum valor, como tampouco as letras com que escrevo. – A Fortuna de Guido, com seus cabelos esvoaçantes, que toca com a ponta dos dedos dos pés a esfera móvel, é uma bela imagem, não porque designe a felicidade com precisão, mas porque o todo dessa imagem possui um acordo em si mesma (p.114).

Como anteriormente, o belo (e, portanto, a arte) é definido aqui como um "todo completo em si"; a alegoria é-lhe estranha, como tudo que tem sua justificação fora de si mesmo. Mas se coloca um problema a mais: Moritz admite que a obra de arte significa; ora, não é característica genérica de todo signo, e não só da alegoria, remeter a algo diferente de si mesmo? Moritz, portanto, precisa conceber uma nova classe de signos, que se caracterizam pela intransitividade (e, consequentemente, já que o signo é transitivo por definição, por uma nova fusão de contrários). A obra de arte é "algo que se significa a si mesmo" (mas isso ainda é significação?); é isso que se realiza pelo arranjo das partes entre si e com o todo, pela coerência interna. Em outro texto, escreve Moritz:

Uma obra de arte de verdade, uma bela poesia é algo acabado e completo em si mesmo, que existe por si mesmo e cujo valor reside nele mesmo e na relação ordenada de suas partes; em contrapartida, os puros hieróglifos ou as letras podem ser em si mesmos maximamente disformes, contanto que designem o que se deve pensar ao serem percebidos. – Deve comover-se pouco com as altas belezas poéticas de Homero aquele que, depois de tê-las lido, ainda pode perguntar: que significa a *Ilíada*? que significa a *Odisseia*? – Tudo o que uma poesia significa se encontra em si mesma... (p.196-7)

Os hieróglifos e as letras são signos arbitrários que designam por convenção; o que mais tarde chamarão de símbolo é

Teorias do símbolo

um signo motivado – mas isso só quer dizer que existe uma "relação ordenada" entre seus diversos planos, como entre as suas partes; e este acordo interno, por sua vez, se torna uma nova forma de significação, a significação intransitiva – que a arte faz viver, mas nenhuma palavra pode traduzir. Daí a inanidade da pergunta: que significa a *Ilíada*? Como afirma outra fórmula: "Na medida em que é belo um corpo, ele nada deve significar, de nada falar que lhe seja *exterior*; só deve falar, com o auxílio de suas superfícies exteriores, de si mesmo, de seu ser interior, deve tornar-se significante por si" (p.112). A significação na arte é uma interpretação do significante e do significado: é abolida toda distância entre os dois.

Se, portanto, às vezes a alegoria é admitida nas artes, só pode sê-lo marginalmente, em um papel auxiliar.

Se uma obra de arte devesse existir só para indicar algo exterior a ela, tornar-se-ia com isso uma *coisa acessória* – quando se trata, sempre, no caso do belo, de tornar-se ele mesmo a coisa principal. – Se a alegoria aparecer, deve, portanto, permanecer sempre subordinada e vir como por acaso; jamais constitui o essencial ou o valor próprio de uma obra de arte. (p.113)

A arte não é o único lugar em que deve reinar a significação intransitiva (o futuro símbolo); o mesmo acontece com a mitologia, a que Moritz dedicará um livro à parte,[4] que podemos

---

4 Sobre o projeto e o método desse livro, cf. Schrimpf, *Die Sprache der Phantasie. K. Ph. Moritz' Götterlehre*. In: Singer; Wiese (eds.), *Festschrift für Richard Alewyn*, p.165-92. K. Kerényi já reconhecera em Moritz o fundador da mitologia moderna, cf. seu estudo *Gedanken über die Zeitmässigkeit einer Darstellung der griechischen Mythologie, Studium Generale*, 8, 1955, p.272.

considerar, com justiça, o ponto de partida de todo estudo dos mitos na época contemporânea. Em vez de reduzir os mitos gregos a uma pura narrativa histórica, ou então, erro simétrico e inverso, reduzi-los, graças a um catálogo de alegorias, à ilustração de algum ensinamento abstrato, Moritz contenta-se em ressaltar as partes constitutivas de cada mito, de cada imagem mítica, em mostrar as suas relações recíprocas e dos mitos entre si. Eis como ele se explica em um prefácio programático (que cito aqui segundo os *Schriften* onde é republicado):

> Querer transformar, por meio de toda sorte de interpretações, a história dos deuses dos Antigos em puras alegorias é um empreendimento tão louco quanto o que consiste em querer metamorfosear essas poesias em boas e verdadeiras histórias, por meio de toda espécie de explicação forçada. [...] – Para não alterar em nada essas belas poesias, é necessário tomá-las, primeiro, *tais como são*, independentemente do que supostamente signifiquem e, tanto como é possível, examinar o todo com uma visão de conjunto, para descobrir progressivamente o vestígio das relações até mesmo mais distantes entre os fragmentos particulares ainda não integrados. [...] – No terreno da fantasia, o conceito de *Júpiter* significa primeiro a si mesmo, assim como o conceito de César significa o próprio César na série das coisas reais. (p.196)

Schelling lhe dirige o elogio ambíguo já citado porque Moritz assim encara a mitologia; elogio que sumirá completamente na época em que, aproximadamente cinquenta anos depois, Schelling redigirá a sua *Filosofia da mitologia*, que costuma ser considerada o ponto de partida da mitologia moderna. Não que as ideias de Schelling se tenham afastado muito, nessa época, das de Moritz, pois ele assim formula o essencial de sua própria concepção do mito:

A mitologia [...] não tem outro sentido senão o que ela exprime. [...] Dada a necessidade com que nasce também a sua *forma*, ela é inteiramente própria, isto é, convém compreendê-la tal como se exprime, e não como se pensasse uma coisa e dissesse outra. A mitologia não é *alegórica*: é *tautegórica* [termo que Schelling toma emprestado de Coleridge]. Para ela, os deuses são seres que existem realmente; em vez de *ser* uma coisa e *significar* outra, eles só significam o que são. (II *Abt.*, I, p.195-6; trad. franc., p.237-8)

Romantismo

Sinfilosofia

Nas notas e fragmentos de Friedrich Schlegel, encontramos uma proposição singular, formulada em diversos modos. "Wieland e Bürger constituiriam, juntos, um bom poeta" (*LN*, 1103). "Ainda não há autor moral conveniente (como Goethe é poeta e Fichte, filósofo). (Jacobi, Forster e Müller deveriam ser sintetizados para isso.)" (*LN*, 110). Esta última nota vê-se ampliada e explicitada no fragmento 449 do *Athenaeum*:

Ainda não temos nenhum autor moral que possa ser comparado aos maiores da poesia e da filosofia. Tal autor deveria unir a sublime política antiga de Müller com a grande economia do universo de Forster e com a ginástica e a música morais de Jacobi; do mesmo modo, na maneira de escrever, reunir o estilo pesado, digno e entusiasta do primeiro com as cores vivas, a finura delicada do segundo e a sensibilidade do terceiro, que ressoa em toda parte como um harmônico distante do mundo do espírito.

Sintetizar os indivíduos com vistas à produção de seres completos é, na realidade, uma das ideias caras ao jovem Friedrich Schlegel. Esse sonho aplica-se não só aos atores por ele lidos, como também a ele mesmo e a seus amigos (Novalis sonhará, depois dele, com uma produção coletiva). Quando o resultado da atividade é uma obra filosófica, tal atividade se chama: sinfilosofar; quando é um poema, faz-se simpoesia. Schlegel se explicou em termos mais gerais acerca de outro exemplo:

> Talvez tenha início uma nova época das ciências e das artes quando a sinfilosofia e a simpoesia se tornarem gerais e internas e não for mais raro ver várias naturezas completando-se mutuamente para formarem obras comuns. Muitas vezes, não podemos deixar de pensar que dois espíritos deveriam, na realidade, reunir-se, como metades separadas, e só neste conjunto são tudo o que poderiam ser. Se houvesse uma arte de amalgamar os indivíduos ou se a crítica desejante pudesse fazer algo mais que desejar, algo para o qual ela encontra em toda parte tanta matéria, gostaria de ver combinarem-se Jean Paul e Peter Leberecht [personagem de Tieck]. Tudo o que falta a um se encontra no outro. O talento grotesco de Jean Paul e a formação fantástica de Peter Leberecht, reunidos, produziriam um excelente poeta romântico. (A, 125)

Vemos bem, com esses exemplos, que a sinfilosofia não se faz em nome da semelhança, mas da complementaridade; outro

Teorias do símbolo

fragmento di-lo ainda mais abruptamente: "Só a simpatia costuma reunir os filósofos que não estão um contra o outro, não a sinfilosofia" (A, 112). É preciso, de um lado, que aqueles que vão sinfilosofar estejam "à altura", como diz também outro fragmento (A, 264), isto é, à mesma altura e, por outro lado, que pensem "um contra o outro". Essas são as condições ideais da criação, seja ela filosófica ou poética.

Se a ideia em si mesma é sedutora, quão mais impressionante é descobrir que os românticos alemães conseguiram praticar essa sinfilosofia (conscientemente ou não). A sinfilosofia romântica tem, em primeiro lugar, uma base material; é a comunidade de vida, durante os cinco últimos anos do século XVIII, do núcleo que se cristaliza ao redor da revista *Athenaeum*. A fraternidade real de August Wilhelm e de Friedrich Schlegel torna-se o germe de uma fraternização mais ampla, que abrange – com interrupções e matizes – Novalis, Schleiermacher, Schelling, Tieck e outros. Durante cinco anos, esses homens vão frequentar as mesmas casas, as mesmas mulheres, os mesmos museus; trocarão inúmeras palavras e cartas. As obras escritas ou dirigidas por Friedrich Schlegel (a *Conversação sobre a poesia*, os *Fragmentos* do *Athenaeum*) conservam, em especial, o rastro dessa atividade sinfilosófica.

Esse fato real impõe a quem se debruça sobre a doutrina romântica uma atitude particular. Não é possível aqui, nem, aliás, interessante, expor em seguida, como acabo de fazer com Moritz, as teses defendidas pelos membros do grupo, um por um. A doutrina é uma e seu autor é um, ainda que seu nome seja múltiplo: não que cada um repita o outro (isso seria só simpatia), mas cada um formula, melhor que todos os outros, um aspecto, uma parte de uma única e mesma doutrina.

E tomando, assim, como realidade o que, afinal, talvez não fosse senão um sonho dos românticos, e tornando-o, ademais, a minha regra metodológica para a leitura dos textos deles, exponho-me a uma dupla crítica.

A primeira, que é de princípio, consistiria em demonstrar (não seria difícil) a diferença irredutível que há entre um e outro autor. O argumento é correto em si mesmo, mas não tem sentido aqui. É falso o debate que contrapõe os partidários da unidade do movimento romântico aos defensores da especificidade de cada autor em particular. Uns e outros têm razão, sem haver contradição; pois as duas afirmações não se acham no mesmo plano. Quando buscamos caracterizar um movimento de ideias, somos sensíveis às semelhanças e contiguidades entre os autores que o compõem e à sua oposição global aos representantes de outros movimentos. Quando refletimos sobre o lugar ocupado por um autor dentro do movimento, ressaltamos, inversamente, o que o distingue das mentes que lhe são mais próximas. Em certo nível de aproximação, Schelling, Schlegel e até Solger produzem uma única e mesma sinfilosofia; em outro nível, eles se opõem de maneira significativa: cada uma dessas afirmações é verdadeira, e cada uma é aproximada. Basta, para evitar discussões estéreis, especificar bem o nível de generalidade adotado.

A segunda objeção é de ordem histórica e nos obrigará a rever a descrição da sinfilosofia, tal como aparece nos textos de Friedrich Schlegel. O que me importa aqui não é uma pertença comum, biográfica e anedótica, uma comunidade vista por aqueles mesmos que dela participam; mas uma complementaridade de ideias. Esta nem sempre coincide com a comunidade dos sentimentos e das intenções. Um fato histórico, em espe-

Teorias do símbolo

cial, parece-me ter desempenhado um papel enganoso, porque diz respeito ao conhecimento das ideias: é a oposição entre românticos e clássicos (no sentido alemão da palavra), entre Iena e Weimar. Tampouco faltam aqui, sem dúvida, as relações pessoais (August Wilhelm Schlegel e Schelling, em especial, frequentam a casa de Weimar e nela são queridos; Friedrich Schlegel inspira-se em Schiller, e Humboldt mantém uma correspondência com August Wilhelm Schlegel); no entanto, a diferença de idade, as rivalidades pessoais farão que Goethe jamais se reconheça romântico (os românticos, por seu lado, veem durante certo tempo em Goethe a melhor encarnação de seu ideal). Essas disputas biográficas têm, talvez, seu interesse, mas não podem desempenhar um papel decisivo para nós: em nossa perspectiva, para dizer as coisas brutalmente, Goethe é às vezes romântico e Friedrich Schlegel nem sempre o é. Por meu lado, tento expor uma doutrina que se constituiu na Alemanha entre 1785 (data de publicação do *Ensaio* de Moritz) e 1815 (data em que será publicado *Erwin* de Solger), e pouco me importa se eles se entenderam bem uns com os outros ou não; a própria denominação de "romântico" é, afinal, de pura comodidade (e os nossos autores davam à palavra um sentido diferente).

Tudo isso pode parecer trivial. São pesadas as implicações, porém, de um gesto aparentemente inocente. Em vez de "reencontrar" o passado, eu o construo. Para tornar inteligível o passado, devo afastar-me dele – como se fidelidade exigisse traição. Não posso defender-me dizendo que nada acrescentarei a esses textos que já neles não se encontre: eu escolho, e isto basta. Meu contra-argumento será outro: a ideologia romântica, que nasce no tempo de Moritz, hoje ainda não está morta; dela participamos e, por essa razão, a nossa intuição e o nosso juízo (os meus, no caso) permanecem pertinentes. Talvez eu não esteja ausente da imagem dos românticos que rastreio; mas isso porque eles não estão ausentes de mim. A doutrina romântica que apresento não é, portanto, exatamente a que se constituiu e se praticou no tempo de Friedrich Schlegel; mas aquela que se apresenta a nós, hoje, quando consideramos aquele tempo: alguns traços, considerados essenciais na época, caíram no esquecimento; outros se tornaram mais precisos, como cristalizados, com a ação do tempo. É seu nascimento e seu desabrochar que eu gostaria de contar.

Produção

Já vimos, graças à exposição de August Wilhelm Schlegel, em que consistia a crítica romântica da imitação. Os românticos tinham como rejeitar o que Novalis chamava de "tirania do princípio de imitação" (VII, 288). O próprio Novalis estava disposto a colocar a música no ápice das artes, justamente por não ser imitativa; e se se continha para não fazê-lo, é porque as outras artes, e em especial a pintura, lhe pareciam, na realidade, tão pouco imitativas quanto a música. Um conhecido fragmento (que deve ser confrontado com tal página do segundo capítulo de *Ofterdingen*), estabelece o seguinte paralelo entre a música e a pintura:

> O músico apreende e tira de si mesmo a essência de sua arte; não pode haver a menor suspeita de imitação. No caso do pintor, dir-se-ia que a natureza visível lhe prepara em toda parte um modelo que ele absolutamente não consegue, nunca conseguirá alcançar; e, no entanto, a arte do pintor é, na verdade, tão perfei-

Teorias do símbolo

tamente independente, tão totalmente *a priori* quanto a arte do músico. Só que a *língua de signos* de que se serve o pintor é infinitamente mais difícil que a do músico. O pintor, na verdade, pinta com os olhos; sua arte é ver harmoniosamente e belo. Seu ver é totalmente ativo, uma atividade inteiramente produtiva [*bildende*]. Sua imagem [*Bild*] não é senão sua cifra, sua expressão, seu instrumento de reprodução. (III, 210)

A pintura e a música são, portanto, artes não imitativas, no sentido clássico da palavra; pois a obra vem do artista. Se há diferença entre as duas artes, é que a criação do pintor se situa, de certo modo, em um momento que precede o da criação musical: na percepção. É verdade que o pintor percebe imagens; mas tal percepção já é criadora, por ser seletiva e ordenadora. A língua dos signos do pintor (*Zeichensprache*, em oposição à das palavras), em razão da preexistência de suas formas, é mais difícil de praticar — na medida em que visa a acomodar a fins subjetivos e expressivos as imagens já existentes —, esforço com que o músico não tem de se preocupar. A pintura abstrata vê-se aqui evocada em filigrana: é ela que tornaria a língua do pintor tão "fácil" como a do músico.

A arte não imita a natureza, mas é a natureza; não se lhe assemelha, faz parte dela. "É só palavrório querer distinguir entre a natureza e a arte", escreve também Novalis (VII, 162); e: "a arte faz parte da natureza" (VII, 178). O que significa: as obras da natureza são totalidades como as da arte, obedecendo aos mesmos princípios de organização. Ou, nos termos de Schelling: "Ficou muito para trás aquele para quem a arte não aparece como um todo fechado, orgânico e necessário em todas as suas partes, como a natureza" (V, p.357).

Se ainda é preciso distinguir, neste plano, entre arte e natureza, será só para dizer que a arte realiza de modo mais puro, ou mais denso, os princípios que vemos em ação na natureza. Assim, Schelling está disposto a conceder o primeiro lugar à arte, e unicamente por esta razão – por ele desenvolvida em uma metáfora orgânica:

> Se nos interessamos por acompanhar o mais longe possível a construção, a disposição interna, as relações e as imbricações de uma planta ou, em geral, de um ser orgânico, quão mais deveríamos ser atraídos pelo reconhecimento dessas mesmas imbricações e relações nesta planta tão mais organizada e mais enredada em si mesma que chamamos obra de arte. (V, p.358)

Novalis constatará que a natureza às vezes pode ser assimétrica, desordenada, enquanto a obra de arte é necessariamente harmoniosa; nasce dessa diferença a função da arte (VII, 258).

Há, portanto (o mérito de Moritz, segundo August Wilhelm Schlegel, é tê-lo observado), duas imitações possíveis, a má e a boa, a das aparências sensíveis e a do princípio produtor. Ou, segundo as palavras de Novalis: "Há uma imitação sintomática e uma imitação genética. A única viva é a segunda..." (III, 39). Descreve Schelling essa oposição com mais pormenores (mas as suas ideias sobre a imitação vão ainda em uma direção diferente: a imitação nova tem por objetivo revelar, no material, o espiritual); assim, no discurso *Sobre a relação das artes figurativas com a natureza*:

> É com esse espírito da natureza, que age no interior dos seres, que se exprime por suas formas e figuras, assim como por outras

tantas imagens significativas (*Sinnbilder*), que o artista, sem dúvida, deve rivalizar; e só na medida em que o apreende, imitando-o
de maneira viva, ele mesmo terá produzido algo de verdadeiro.
Pois as obras que nascem de uma aproximação das formas (*For-
men*), mesmo belas, não teriam, porém, nenhuma beleza, pois o
que deve dar à obra de arte, à totalidade, a sua beleza não pode ser
a forma, mas algo que está acima da forma, a saber: a essência, o
elemento geral, o olhar, a expressão do espírito da natureza que
nela deve residir. (VII, p.302; trad. franc., p.243-4)

Em vez de se contentar em justapor formas, o artista deve
rivalizar com o espírito da natureza, que se exprime por essas
formas. A própria natureza é animada por um impulso artístico; e, reciprocamente, a criação artística prolonga a criação
divina. Assim diz Novalis: "A natureza possui um instinto
artístico" (VII, 162), e Ast:

> A produção [*Bilden*] artística é, por conseguinte, tanto um
> objetivo por si mesmo como a produção divina do universo, e
> uma é tão original e fundada em si mesma como a outra: pois as
> duas são uma só, e Deus se revela no poeta assim como se produz
> [*gebildet*] corporalmente no universo visível. (*System*, p.8)

O deslocamento de atenção, da relação entre formas (imitação dos sintomas) ao processo de produção (imitação genética), acarreta uma valorização de todo processo em seu vir a
ser, em oposição ao ser que já é: escreverá Friedrich Schlegel,
no absoluto: "Nada vale o que não se anula a si mesmo" (*LN*,
226), e, acerca da filosofia: "Só podemos tornar-nos filósofos,

não sê-lo. Tão logo cremos sê-lo, deixamos de vir a sê-lo" (A, 54). Na oposição dos antigos e dos modernos, o termo valorizado é o que vem a ser, não o que é: "Nos antigos, vemos a letra acabada de toda a poesia; nos novos, pressentimos o espírito em vir a ser" (L, 93). Lembremo-nos, também, de que os gêneros favoritos dos românticos são, em especial, o diálogo e o fragmento. Um, por seu inacabamento, o outro pela encenação da busca e da elaboração da ideia, ambos participam da mesma valorização da produção em relação ao produto.

Wilhelm von Humboldt é estranho aos românticos no sentido estrito, e isto em diversos planos: é, em primeiro lugar, amigo de Goethe e Schiller, mais do que de Friedrich Schlegel e Schelling; os textos de que trataremos agora foram escritos aproximadamente trinta anos depois da época do *Athenaeum*; enfim, o objeto, nessa época, não é a arte, mas a linguagem. Contudo, Humboldt permanece, inteiramente, na corrente romântica, no sentido que dou aqui ao termo. Isso não significa que não haja diferenças: a mais importante delas vem da mudança de objeto que acabo de mencionar. Não mais buscando opor a arte a outras atividades, e ainda menos exigir de uma forma de arte (a arte moderna) o que estaria ausente em outra (a arte dos antigos), Humboldt passa da prescrição à descrição, do optativo ao constativo: não exige que a linguagem seja mais produção que produto: constata que assim é, e é, antes, da ciência da linguagem que ele exige a explicação desse fato.

O objeto da ciência da linguagem não deve ser as formas linguísticas empiricamente observáveis, mas a atividade de que são produto. Essa faculdade *é* a linguagem, muito mais que as palavras e as frases pronunciadas.

Teorias do símbolo

Devemos considerar a linguagem menos como um produto morto, mas antes como uma produção (VII, p.44). A linguagem não pode ser considerada uma matéria presente que podemos apreender inteira com um só olhar, ou progressivamente, mas deve ser vista como uma matéria que se produz eternamente (VII, p.57-8).

As formas linguísticas observáveis são apenas a parte aparente do ato de produção e o ponto de partida para o ato de compreensão; e o que conta é sempre o ato, mais do que a substância contingente que nos assinala a sua presença. "A palavra, elemento da linguagem a que podemos ater-nos, para maior facilidade, não comunica algo de já produzido, como o faria uma substância, nem contém um conceito já fechado, mas apenas incita a formar de certa maneira os conceitos com uma força autônoma" (VII, p.169).

As formas são mortas, enquanto o princípio produtor participa da vida (permanecemos na metáfora orgânica): "Sob nenhuma condição podemos estudar a linguagem como uma planta morta. Linguagem e vida são conceitos inseparáveis, e neste domínio aprender jamais é apenas re-produzir" (VII, p.102).

Um pouco à maneira de Schelling, o enunciado está do lado do material; a enunciação, do lado do espiritual. "Quer na palavra isolada, quer no discurso continuado, a linguagem é um ato, uma atividade realmente criadora do espírito" (VII, p.211). Ou, de modo mais pormenorizado:

> Como já observei muitas vezes anteriormente, a linguagem não possui senão uma existência ideal na cabeça e na alma do homem, jamais uma existência material, ainda que gravada na pedra ou no

bronze. E a potência das línguas que não mais são faladas, mas que continuamos a perceber, depende em grande parte da força de reanimação de nosso próprio espírito. Assim, a linguagem não pode conhecer verdadeiro repouso, como não a encontramos no pensamento humano, que arde sem interrupção. É de sua natureza ser um movimento de desenvolvimento progressivo, sujeito à influência da força espiritual do sujeito falante. (VII, p.160)

Reencontra Humboldt, portanto, transpostas em outro plano, as principais afirmações dos românticos acerca da obra de arte: a linguagem é um ser vivo, a sua produção conta mais que o produto, está em ininterrupta transformação; não podemos descrever com precisão as formas linguísticas se nos limitarmos a elas: sua descrição exata implica a reconstituição do mecanismo de que são o produto; a enunciação concreta é, ao mesmo tempo, uma instância e uma imagem do ato de produção em geral, aquele que tem como produto não a frase particular, mas a língua inteira. É o que exprime a passagem mais célebre do livro sobre a *Diversidade na construção das línguas humanas* (a oposição terminológica entre *ergon* e *energeia* vem, via Herder e Harris, de Aristóteles):

A linguagem em si não é uma obra [*ergon*], mas uma atividade [*energeia*]. Eis porque a sua verdadeira definição só pode ser genética. Ela é, mais exatamente, o trabalho do espírito eternamente recomeçado, que consiste em tornar o som articulado apto a exprimir o pensamento. No sentido concreto e estrito, esta é a definição do ato de falar, tal como se produz a cada instante; no sentido forte e pleno do termo, porém, só a totalidade desses atos de fala pode, por assim dizer, ser considerada como sendo a

Teorias do símbolo

linguagem. [...] A linguagem propriamente dita reside no ato de sua produção real. (VII, p.46)

Uma das mais importantes consequências dessa mudança de perspectiva é o destaque dado ao processo de expressão, em detrimento do de imitação, ou, mais amplamente, de representação e de designação; bem como do processo de ação sobre outrem ou, para usar um termo simétrico, de impressão. As palavras não são a imagem das coisas, mas daquele que fala; a função expressiva tem o primado sobre a função representativa.

Devemos fazer mais abstração daquilo que faz funcionar a linguagem como designação dos objetos e comunicação do entendimento, e voltar, em contrapartida, com maior atenção à sua origem, estreitamente ligada à atividade espiritual interior, bem como à influência mútua dos dois (VII, p.44). A linguagem jamais representa os objetos, mas sempre os conceitos formados independentemente deles pelo espírito na produção linguística (VII, p.90).

Às vezes, Humboldt é mais moderado: existe, sim, uma relação entre os objetos e as palavras, mas tal relação não pode ser direta: passa necessariamente pela intermediação do espírito do locutor. "A palavra é uma marca, não do objeto em si, mas da imagem produzida por esse objeto na alma" (VII, p.60).

Como se vê, a expressão de que se trata não é a de uma subjetividade puramente individual e caprichosa, como pretenderá uma das variantes tardias do romantismo; mas a relação de expressão é afirmada com toda a força desejada. "A linguagem é formada por atos de fala, e estes são a expressão dos pensamentos ou das sensações" (VII, p.166). Portanto, "a linguagem é o órgão do ser interior" (VII, p.14). Portanto, "a linguagem dá acesso ao interior daquele que fala" (VII, p.178).

A valorização da produção e, consequentemente, de tudo o que está em estado de transformação, eis a ideia central deste capítulo da estética romântica. A crítica da imitação clássica, sua substituição por uma imitação genética levam a essa valorização. A ênfase dada à relação entre produtor e produto, entre criador e obra, é uma das consequências importantes.

Intransitividade

Serve-se Novalis constantemente, em seus escritos, de uma oposição que poderia ter encontrado em Kant: a oposição entre as artes puras e as artes aplicadas: umas são intransitivas; as outras, utilitárias.

> A arte [...] subdivide-se [...] em [duas] seções principais, sendo uma a arte definida quer pelos objetos, quer dirigida para outras funções centrais dos sentidos por conceitos determinados, acabados, limitados, mediatos; a outra é a arte indefinida, livre, imediata, original, não conduzida, cíclica, bela, autônoma e independente, realizadora de ideias puras, vivificada por ideias puras. A primeira seção não é senão meio para um fim; a segunda é o fim em si, a atividade libertadora do espírito, o gozo do espírito pelo espírito. (III, 239)

A apreciação que será dada a esses dois termos não provoca dúvidas em Novalis. A arte utilitária é ao mesmo tempo primitiva, no sentido de que o artista ainda não se libertou

Teorias do símbolo

dos vínculos impostos pelas necessidades; e artificial, pois o distancia da natureza autêntica da arte, submetendo-a a uma instância exterior.

O artista primitivo não dá nenhum valor à beleza intrínseca da forma, à sua coerência e a seu equilíbrio. Só almeja e só quer a expressão bem segura de sua intenção: seu objetivo é a inteligibilidade da mensagem. O que quer transmitir, o que tem a comunicar deve ser compreensível. [...] O caráter da poesia artificial é a adaptação ao fim, a intenção estrangeira. A linguagem, em seu sentido mais próprio, pertence ao domínio da poesia artificial. Seu fim é a comunicação determinada; a transmissão de uma mensagem definida. (III, 201)

Toda função externa deve ser proibida: não só a utilidade no sentido estrito, mas, por exemplo, também os efeitos que certa poesia poderia produzir nos leitores (era o "sensibilizar" ou "comover" da retórica). "Que a poesia deva evitar o efeito é, para mim, evidente: as reações afetivas são, decididamente, como doenças, algo de fatal" (VII, 33). As funções expressiva, impressiva, referencial da linguagem, subsumidas pela função comunicativa, são opostas, portanto, em bloco, a outra função não nomeada, em que se aprecia a linguagem por si mesma. É o que ilustra o exemplo do homem sânscrito: "O verdadeiro sânscrito falava por falar, porque a palavra era o seu prazer e a sua essência" (*Les Disciples à Saïs*, t.I, p.37); vemos aqui como as diversas partes da doutrina romântica, embora decorrendo umas das outras, podem chegar a se contradizer: a função expressiva disputa o primeiro lugar com a função que mais tarde será chamada de poética.

Existem, portanto, para Novalis, dois usos da linguagem. A linguagem tal como costuma ser pensada é utilitária: "A linguagem, no sentido próprio, é a *função de um instrumento enquanto tal. Todo instrumento exprime, imprime* a ideia daquele que o dirige". Mas há também uma linguagem segunda, a linguagem intransitiva, e esta é que é adequada à poesia:

> A linguagem na segunda potência, por exemplo, a fábula, é a expressão de um pensamento inteiro – e pertence à hieroglífica de segunda potência – à *linguagem dos sons e dos pictogramas* de segunda potência. Ela tem méritos poéticos e não é *retórica* – subalterna – quando é a expressão perfeita – quando é *eufônica* na segunda potência – correta e precisa – quando é, por assim dizer, uma *expressão pela expressão* – quando, pelo menos, não aparece como meio – mas como sendo ela mesma uma produção perfeita do *poder linguístico superior.* (III, 250)

A linguagem pode ser retórica (como em Kant, o que significa aqui: instrumental) ou poética – isto é, uma "expressão pela expressão".

O belo não pode ser útil: "Um belo utensílio é uma contradição nos termos" (VI, 43). Em nome do mesmo princípio, será condenada toda música que tenha uma relação qualquer com o que não seja ela: "A música das canções e a música para dançar não são, na verdade, música de verdade, mas só uma forma bastarda. Sonatas, sinfonias, fugas, variações: eis a música de verdade" (VII, 302). A arte pura e verdadeira, a arte *legítima*, é aquela que se produz por si mesma. Ela se encarna na imagem: "A imagem não é nem alegoria, nem símbolo de algo diferente, mas o símbolo de si mesma" (III, 174). Ou na

Teorias do símbolo

poesia: "A pura anedota poética relaciona-se diretamente consigo mesma, só tem interesse por si mesma" (III, 195). Ou no romance: "O romance [...] não visa a nenhum fim; só depende de si mesmo, absolutamente" (VIII, 280).

Um pequeno texto, intitulado "Monólogo" (III, 194), absorve essas diversas ideias e vai mais longe, ressaltando o paradoxo inerente à linguagem intransitiva. Aqui, a linguagem no sentido próprio é que é descrita como intransitiva; o que chamamos de linguagem utilitária (referencial, comunicativa, expressiva) não é senão uma ideia errônea que se tem da linguagem.

> É, no fundo, engraçado falar e escrever; a verdadeira conversa é um puro jogo de palavras. É de espantar o ridículo erro de quem crê falar pelas coisas mesmas. Mas o próprio da linguagem, a saber, que ela só se preocupa consigo mesma, ninguém sabe qual seja. [...] Se pudéssemos pelo menos mostrar às pessoas que acontece com a linguagem o mesmo que com as fórmulas matemáticas – constituem um mundo em si –, elas só se relacionam entre si, nada exprimem senão sua maravilhosa natureza...

O paradoxo da linguagem intransitiva é que as expressões que só exprimem a si mesmas podem ser – ou melhor, são – ao mesmo tempo carregadas do mais profundo sentido. É justamente quando parece que não se fala de nada que se dizem mais coisas. "Quando alguém só fala por falar, enuncia as verdades mais magníficas e mais originais." Como é possível? Chegamos aqui ao conflito entre as duas formas de imitação: a má, que procura reproduzir as formas aparentes; e a boa, em que há imitação simplesmente porque se criaram entidades tão coerentes e fechadas como os seres naturais. A linguagem, assim como as fórmulas matemáticas, faz parte da natureza – e para exprimi-la, não precisa designá-la. "Só são membros da natureza por sua liberdade, e é apenas por seus livres movimentos que a alma do mundo se exterioriza, tornando-a uma medida delicada e o desenho fundamental das coisas."

O que há de particularmente interessante no "Monólogo" de Novalis é que ele não para por aí. Mal formulou a doutrina, eis que ela se vê aplicada ao próprio enunciado que a contém. Se só se pode falar das coisas não falando delas, como é possível que ele, Novalis, venha a falar da linguagem e de sua essência, que é a poesia? "Posso crer ter dado a ideia mais clara da essência e da função da poesia, sei também que nenhum homem pode compreendê-la e que disse algo completamente idiota, pois quis dizê-lo, e nenhuma poesia surgiu."

A lógica paradoxal da linguagem está em ação também ali: se Novalis conseguiu dizer a poesia, não foi graças às capacidades referenciais da linguagem, mas porque nenhuma enunciação se faz em função de um referente. A linguagem é que falou através de Novalis, e ele disse consigo mesmo:

> E se esse impulso de palavra, de falar, fosse o signo distintivo da intervenção da linguagem, da eficácia da linguagem em mim? E se a minha vontade só tivesse querido o que eu devia querer, de modo que, afinal, tudo isso, sem que eu saiba ou creia, é poesia e torna compreensível um mistério de linguagem?

O sujeito falante é apenas uma máscara usada pelo único e constante sujeito da enunciação, a própria linguagem. O escritor não é aquele que se serve da linguagem, mas aquele de

Teorias do símbolo

que a linguagem se serve: "O escritor é uma pessoa animada pela linguagem" (*Sprachbegeisterter*).

Sabemos que a prática poética dos românticos – se excluirmos Hölderlin, que, de fato, só pertence ao grupo do *Athenaeum* – permanece aquém de sua teoria (dir-se-ia que fazem a teoria da poesia que lhes é posterior de um século). Escreve Novalis, na série de fragmentos chamados "Grande repertório geral", na seção "Literatura futura": "Que belos tempos serão quando nada mais se ler, além de belas composições, obras de arte literária. Todos os outros livros não passam de meios que são esquecidos tão logo deixam de ser meios úteis, algo que os livros não permanecem por muito tempo" (VI, 155); e, em outro fragmento célebre, descreve com maior precisão essas futuras composições belas e puras:

> Narrativas desconexas, incoerentes, mas com associações, como os *sonhos*. Poemas de harmonia simplesmente perfeita, e belos com palavras perfeitas, mas também sem nenhuma coerência nem sentido, com no máximo duas ou três estrofes inteligíveis – que devem ser como puros fragmentos das mais diversas coisas. A poesia, a de verdade, pode no máximo ter, *grosso modo*, um sentido alegórico e produzir, como a música etc., um efeito indireto. (VII, 188)

Para Santo Agostinho, só Deus podia ser um fim em si mesmo. Para os românticos, todas as coisas devem sê-lo: o homem, a arte e até a menor palavra. Ao Estado hierárquico e dominado por valores absolutos, sucedeu a república burguesa, de que todo membro tem direito de se considerar igual aos outros, onde ninguém é meio em relação ao outro. Friedrich

Schlegel encerrará em uma frase a evolução paralela do poético e do político: "A poesia é um discurso republicano, um discurso que é a sua própria lei e o seu próprio fim, em que todas as partes são cidadãos livres e têm direito a entrarem em acordo umas com as outras" (L, 65).

Coerência

Novalis rejeita uma forma de coerência – a coerência da razão – para afirmar outra, a do sonho e de seu sistema de associações. De um modo geral, a afirmação da coerência vai de par com a da intransitividade: a abundância de finalidade interna, dizia já Moritz, deve compensar a ausência de finalidade externa. E Schelling assim enunciará essa solidariedade, que é, ao mesmo tempo, uma definição da linguagem poética:

> A obra poética [...] só é possível através de uma separação entre a totalidade da linguagem e o discurso pelo qual se exprime a obra de arte. Mas tal separação, por um lado, e esse caráter absoluto, por outro, não são possíveis se o discurso não tiver em si mesmo seu próprio movimento independente e, portanto, seu tempo, como os corpos do mundo; assim, ele se separa de tudo o mais, obedecendo a uma regularidade interna. Do ponto de vista exterior, o discurso move-se livremente e de maneira autônoma, só em si mesmo ele se ordena e se submete à regularidade. (V, p.635-6)

Podemos conceber, abstratamente, duas formas de coerência de uma obra. Em primeiro lugar, coerência entre os seus *estratos*: identifica-se na obra certo número de planos que percorrem todo o texto, e se afirma a sua harmonia, por assim dizer, *ver-*

tical. Coerência, em seguida, entre os seus *segmentos*: recorta-se, então, a continuidade e se decide que cada parte é necessária e solidária às outras; esta seria uma coerência, por assim dizer, *horizontal*.

Na realidade, os românticos não se preocuparam com a distinção entre essas duas formas de coerência. Se há variação entre eles, ela provém da diversidade de metáforas usadas ou dos contextos impostos; cabe a nós distinguir o que estava misturado ou reunir o que se traduzia em terminologias várias.

A forma mais tradicional de coerência vertical provavelmente é esta: os signos da poesia são motivados, em oposição aos da linguagem, que permanecem arbitrários. Esta é, como vimos, a teoria de Lessing; eis que a imitação, outrora princípio onipotente, se vê reduzida, em forma de motivação entre sons e sentidos, a ser apenas uma das muitas características da obra de arte.

Aquele que, entre os românticos, exige da poesia essa forma de coerência é August Wilhelm Schlegel (que conhece e cita a *Doutrina cristã* de Santo Agostinho). Nos planos de suas conferências acerca da *Doutrina da arte*, encontramos esta anotação: "Exigência de que os signos linguísticos tenham uma semelhança com o designado. Satisfação pelo tratamento poético em geral" (p.281). E eis aqui um desenvolvimento dessa ideia:

Como acabamos de ver, a linguagem passa da pura expressão ao uso arbitrário com vistas à representação; mas quando a arbitrariedade se torna seu caráter dominante, a representação, isto é, a conexão do signo com o designado, desaparece; e a linguagem passa a ser nada mais que uma coleção de cifras lógicas, capaz de fazer as contas da razão. Para torná-la poética de novo, devemos restabelecer o seu caráter de imagem [*Bildlichkeit*], e é por isso que o impróprio, o transposto, o trópico são considerados essenciais à expressão poética. (p.83)

Vemos que essa ideia se molda, em August Wilhelm Schlegel, a um esquema histórico característico: originalmente, a língua é pura expressão (vimos o desenvolvimento desse tema em Humboldt), logo motivada; a seguir, ela se torna arbitrária; mas a poesia pode intervir para reparar esse defeito das línguas. A poesia une-se à língua primitiva, e August Wilhelm Schlegel recupera o ditado de Hamann: a poesia é a língua materna da humanidade (aqui se insere também a oposição de Herder entre poesia natural e poesia artificial):

> Por tudo o que precede, fica estabelecido que as onomato-peias, as metáforas, toda espécie de tropos e a personificação, figuras do discurso que a poesia artística busca intencionalmen-te, se encontram na protolíngua por si mesmas, nelas estão por uma necessidade inelutável, e até são ali dominantes ao máximo; é nisto que reside a poesia elementar anunciada na origem da linguagem. Nesse sentido, é verdade o que muitas vezes se diz: a poesia existiu antes da prosa, o que não poderia ser afirmado se se pensar a poesia como uma forma artística estabelecida. (p.242)

Embora August Wilhelm Schlegel evoque o caráter *imagético* das expressões trópicas, fica claro que o que lhe importa não é uma eventual visualização, mas a motivação: é o que têm em comum as onomatopeias e as metáforas. O significante deve estar o mais próximo possível do significado. A mesma exigên-cia traduz-se em outro vocabulário, cujas amostras já vimos:

é a descrição da obra de arte como um ser orgânico, em que a relação motivada não se situa mais entre sons e sentido, mas entre forma e conteúdo. A forma é orgânica (ao conteúdo): isso quer dizer que é não arbitrária, mas necessária; não necessariamente semelhante, mas, em todo caso, determinada pelo conteúdo.

É ainda August Wilhelm Schlegel que formula da maneira mais eloquente a ideia da forma orgânica e a oposição entre orgânico e mecânico. Esse assunto é conhecido demais para que nele me detenha;[5] contentar-me-ei em recordar apenas dois trechos, particularmente explícitos, de August Wilhelm Schlegel. O primeiro encontra-se na *Doutrina da arte* e diz respeito, na verdade, não às obras, mas às concepções que dela fazem os críticos (passagem de uma tipologia dos objetos à dos discursos que lhes dizem respeito, comparável à observada por Novalis acerca da intransitividade da linguagem). Escreve Schlegel:

> Poderíamos chamá-la de crítica atomística (por analogia com a física atomística), por considerar a obra de arte como um mosaico, como a laboriosa reunião de partículas mortas; ao passo que a obra de arte digna do nome é de natureza orgânica, porque o particular só existe por intermédio do todo. (p.27)

Toda obra de arte, ou pelo menos toda obra de arte autêntica, é orgânica; aqui, o adjetivo parece referir-se tanto à coerên-

---

5 Um estudo minucioso das metáforas orgânicas nas teorias literárias românticas encontra-se no livro de Abrams, *The Mirror and the Lamp*; seu objeto é essencialmente o romantismo inglês.

cia vertical, quanto à coerência horizontal. Opõe-se o orgânico ao mineral, como o vivo ao morto; se sempre podemos subtrair ou acrescentar partes a este último, é porque o seu fechamento e, portanto, a sua constituição são arbitrários.

O segundo trecho, talvez o mais célebre de tudo o que escreveu August Wilhelm Schlegel, enuncia a oposição entre forma orgânica e forma mecânica no que diz respeito à história do drama. Cito-o por inteiro:

> A forma [*Form*] é mecânica quando é conferida a certa matéria por uma ação externa, como intervenção puramente acidental, sem relação com a constituição dessa matéria; como, por exemplo, se dá uma figura [*Gestalt*] qualquer a uma massa mole para que ela permaneça assim depois de endurecer. A forma orgânica, pelo contrário, é inata; ela se forma [*bildet*] de dentro para fora e alcança a sua determinação ao mesmo tempo que o desenvolvimento inteiro do germe. Descobrimos formas como essas na natureza, em toda parte onde se fazem sentir forças vivas, desde a cristalização dos sais e dos minerais até as plantas e flores, e destas até a formação do corpo humano. Também nas belas-artes, como no campo da natureza, esse artista superior, as formas autênticas são orgânicas, isto é, determinadas pelo fundo [*Gehalt*] da obra de arte. Em suma, a forma nada mais é que um exterior significante, a fisionomia expressiva de cada coisa, que não foi alterada por acidentes infelizes e presta um testemunho verídico acerca da essência [*Wesen*] oculta dessa coisa. (*Vorlesungen*, t.II, p.109-10)

Ressaltemos alguns pontos desse texto. Até mesmo os minerais conhecem agora a forma orgânica – pelo menos no

Teorias do símbolo

processo dinâmico que é a cristalização. Inscreve-se a obra de arte na mesma série das obras da natureza. A arte é como a natureza, não precisa imitá-la. A forma mecânica é arbitrária (acidental, qualquer); a forma orgânica é natural (portanto, nos dois sentidos da palavra). A forma é a consequência (mais do que a imagem) do fundo; o que não deixa dúvidas acerca da anterioridade e da superioridade deste sobre aquela.

O conceito de "forma interna" tem parentesco com o de forma orgânica.[6] A forma interna está diretamente vinculada ao conteúdo, de que é, com isso, necessariamente reveladora. Em certos casos, a forma interna torna-se um intermediário cômodo entre forma e conteúdo, o elo que permite restabelecer, sem ininterrupção, a relação de motivação: mais abstrata que a forma, mais estruturada que o conteúdo.

Em tudo o que precede, trata-se, ainda que isso não seja enunciado claramente, do que chamamos de coerência vertical. A outra espécie de coerência chamou menos a atenção; é ela, porém, que Novalis parece ter em vista quando fala da coesão necessária da obra de arte. A obra é uma pura rede de relações entre os elementos que a constituem; daí as frequentes assimilações feitas por Novalis entre poesia, música e matemática (cada uma dessas atividades torna ainda mais explícito esse caráter de pura coerência interna). "A língua é um instrumento musical para ideias. [...] A fuga é totalmente lógica, totalmente científica. Também podemos tratá-la poeticamente (VI, 492).

---

6 Quanto à sua história, cf. Schwinger, *Innere Form. Ein Beitrag zur Definition des Begriffes auf Grund seiner Geschichte von Shaftesbury bis W. v. Humboldt* (trata-se, na realidade, das 90 primeiras páginas de um livro coletivo).

A álgebra é a poesia (VI, 244). Devemos escrever do mesmo modo como compomos música (VII, 51)."

Ou, em uma fórmula unificante: "A lógica, em sentido amplo, compreende as mesmas ciências, ou será dividida da mesma maneira que a ciência da linguagem e a arte tonal. A linguística aplicada e a lógica aplicada encontram-se e formam uma ciência superior das conexões" (*Verbindungswissenschaft*).

A obra de arte não é senão conexões; esta é também, um pouco, a definição da poesia. "Em que consiste propriamente a essência da poesia, não saberíamos definir. É uma coerência infinita e simples, porém" (VII, 284). A poesia transforma o discurso, tornando necessário cada um dos seus elementos: "A poesia eleva cada elemento isolado por uma conexão particular com o resto do conjunto, do todo" (III, 29). A coerência desempenha aqui o papel assumido pela motivação em Diderot, Lessing ou August Wilhelm Schlegel; a motivação torna-se, por sua vez, "horizontal". Daí à análise formal dos textos é só um passo – e Novalis não deixa de esboçá-lo acerca do *Wilhelm Meister*, portanto do romance, estabelecendo um autêntico inventário dos "possíveis narrativos". Esboça-se, com isso, uma passagem do paradigmático ao sintagmático, da semelhança à participação – embora a relação ideal, tanto para Novalis como para os demais, seja aquela em que um elemento é, ao mesmo tempo, parte e imagem do todo, onde "participa" sem, porém, deixar de "assemelhar-se".

Um desenvolvimento um pouco marginal em relação à corrente principal da estética romântica e, no entanto, estreitamente ligado às ideias românticas sobre a coerência da obra é o que se refere ao círculo hermenêutico. O próprio "círculo" é, antes, uma consequência da coerência integral da obra; não

Teorias do símbolo

é por acaso, portanto, que a sua teoria seja formulada pelo discípulo de Friedrich Schlegel e de Schelling, Ast, e pelo amigo deles, Schleiermacher. Mas, mais ou menos como no trecho de August Wilhelm Schlegel acerca da crítica orgânica, esses teóricos da interpretação que são Ast e Schleiermacher não contrapõem duas espécies de obras (orgânicas e mecânicas, motivadas ou imotivadas); admitem, implícita ou explicitamente, que todas as obras são coerentes; é simplesmente por defeito que uma interpretação não se dá conta disso ou não é capaz de evidenciar tal unidade.

Escreve Ast, por exemplo:

> O verdadeiro ser das coisas só pode ser conhecido se reconduzirmos a sua vida exterior à interior, ao espírito, se unificarmos harmoniosamente o exterior e o interior. O interior não pode subsistir sem o exterior (pois só se pode provar que o interior exista por sua exteriorização, e a exterioridade, por sua vez, nada mais é que a saída do interior, e supõe, portanto, um interior como princípio); e tampouco podemos separar um do outro; eles são uma vida, e a verdade de toda vida é a unidade. (*Grundriss*, p.1-2)

Toda coisa, portanto, é uma unidade inseparável de exterior e interior, de forma e de conteúdo; e a tarefa do conhecimento é restabelecer essa relação, em qualquer direção (vertical ou horizontal):

> A verdade só reside na ideia do todo, no encadeamento correto e harmonioso de todas as instâncias particulares em um conjunto vivo. É por isso que só tem uma verdadeira ideia da Antiguida-

de aquele que julga cada coisa particular no espírito do todo. (*Grundriss*, p.25)

Mas essa solidariedade das partes (segmentos ou estratos) entre si, e das partes com o todo não tarda em colocar um problema para o conhecimento, que decorre justamente dessa determinação recíproca: como conhecer um, quando isso já implica sempre o conhecimento do outro? Schelling formulara o problema com toda a precisão desejada (no *Sistema*). "Dado que só se pode depreender a ideia do Todo na medida em que ela se vê realizada nas partes e que, por outro lado, as partes só são possíveis em função do Todo, parece que há aí uma contradição..." (III, p.624; trad. franc., p.172).

É essa aparente contradição que será chamada de *círculo hermenêutico*. Ast lhe dá a seguinte formulação:

Mas se só podemos conhecer o espírito da Antiguidade inteira através da sua manifestação nas obras dos escritores, e estas, por sua vez, pressupõem o conhecimento do espírito universal, como é possível conhecer o particular, já que pressupõe o conhecimento do todo (e só podemos apreender um depois do outro, nunca tudo ao mesmo tempo)? Que eu só possa conhecer a, b, c etc. por A, e esse A, por sua vez, unicamente por a, b, c etc., é um círculo insolúvel, se A e a, b, c forem pensados como opostos que se condicionam e pressupõem mutuamente, sem que se reconheça a sua unidade. (*Grundlinien*, p.179-80)

Como sair desse círculo vicioso? A resposta de Ast é simples – talvez simples demais. Cada parte do todo, diz ele, é, ao mesmo tempo, uma imagem dele; o todo já nos é dado em cada parte, e não precisamos preocupar-nos em conhecê-lo de outra forma. Segundo Ast, o círculo, afinal, não existe.

> A não vem de a, b, c etc., não é composto por eles, mas os precede, os penetra a todos de maneira igual; a, b, c não são, portanto, nada mais que representações individuais do A único; a, b, c já residem originalmente em A; esses membros são os desdobramentos particulares do único A, que, portanto, já reside em cada um de maneira particular e não preciso percorrer primeiro a série infinita das instâncias particulares para descobrir sua unidade.
>
> Só assim é possível conhecer o particular pelo todo e, inversamente, o todo pelo particular; pois ambos são dados juntos em cada particularidade; colocando a, colocamos A, pois aquele é apenas a revelação (*Offenbarung*) deste; portanto, com o particular também o todo; e quanto mais progrido na compreensão do particular, percorrendo a linha a, b, c etc., mais o espírito se torna manifesto e evidente para mim, mais se desenvolve a ideia do todo, que nasceu em mim já pelo primeiro membro da série. (*Grundlinien*, p.180-1)

Schleiermacher não dirá nada diferente: todo objeto singular implica o conhecimento de uma totalidade que, porém, só se compõe desses objetos singulares; a solução por ele proposta (e que, na realidade, já estava presente em Ast) é ganhar, primeiro, um rápido conhecimento do conjunto, antes de aprofundar as suas partes. Não é o que já sugeria Friedrich Schlegel com a palavra *cíclico*, em um caderno de anotações que, sem dúvida, Ast e Schleiermacher haviam consultado? "O método cíclico seria exclusivamente filológico?" "Toda leitura crítica... é cíclica." "Devemos chegar muito rapidamente ao pressentimento do todo por uma aplicação do método cíclico" (*Philosophie der Philologie*, p.48, 50, 53). Schleiermacher, por seu lado, escreve:

> Toda coisa particular só pode ser compreendida por intermédio do todo e, portanto, toda explicação do particular já pressupõe a compreensão do todo (p.160). Mesmo no interior de um só escrito, só podemos compreender o particular a partir do todo, e é por isso que uma leitura cursiva que dê uma visão de conjunto do todo deve preceder a interpretação mais precisa (p.89).

Isso vale para as duas interpretações consideradas por Schleiermacher: gramatical e técnica. A compreensão do enunciado linguístico particular implica tanto o conhecimento da língua inteira (gramática, vocabulário) como de todo o discurso (ou conjunto dos escritos do escritor).[7]

Signos motivados, forma orgânica e forma interna, coesão e conexão dos elementos poéticos, círculo hermenêutico: estas são apenas algumas das manifestações variadas, mas unificadas, de uma mesma ideia: a necessária coerência interna. E, mais uma vez, podemos notar que os traços característicos da estética romântica, ainda que decorram uns dos outros, podem achar-se em desacordo, ou até entrar em contradição entre si: assim, a valorização da coerência nem sempre se harmoniza com a do inacabamento. O que talvez explique por que, em seguida, esses dois preceitos serão explorados por escolas

---

7 Examino em pormenor essas formas da interpretação, bem como as outras noções da hermenêutica contemporânea, em *Stratégies de l'interprétation* [Estratégias da interpretação], no prelo.

Teorias do símbolo

artísticas diferentes; mesmo entre os românticos alemães, não são necessariamente os mesmos autores que defendem as duas teses – o que não os impede de serem próximos, e até irmãos: é o caso de August Wilhelm e de Friedrich Schlegel.

Sintetismo

Exigir a unidade entre forma e conteúdo, ou entre o material e o espiritual, é afirmar a unidade dos dois contrários. Essa exigência é assumida por muitos românticos, e ultrapassa em muito o simples postulado de coerência da obra. Friedrich Schlegel assim definiu ao mesmo tempo a ideia em geral e o conceito chave de ironia: "A ideia é um conceito realizado até a ironia, uma síntese absoluta de antíteses absolutas, a troca incessante e autocriadora de dois pensamentos em conflito" (A, 121; recordemo-nos das características da sinfilosofia). E Novalis sonha com uma lógica em que fosse suprimida a lei do terceiro excluído. "Aniquilar o princípio de contradição talvez seja a mais alta missão da lógica superior" (VII, 180). O *sintetismo*, ou fusão dos contrários, é um traço constitutivo da estética romântica.

Mais do que qualquer outro romântico, Schelling contribui para o estabelecimento do sintetismo. Encontrou precursores em uma longa tradição filosófica: de Nicolau de Cusa a Kant; mas nenhum atribuiu a essa figura um papel comparável: toda a *filosofia da identidade* se baseia nisso. O que nos interessa, no presente contexto, é que cabe especialmente à arte a honra de reabsorver todos os contrários; é por isso que a arte se acha no ápice da construção exposta pelo *Sistema do idealismo transcendental;* é também por isso, sem dúvida, que Schelling, filósofo, se interessa pela arte. Essa afirmação do papel tem o peso de uma definição, e Schelling volta a ela várias vezes.

> Assim como nasce de um sentimento de contradição aparentemente irredutível, a criação artística desemboca, segundo todos os artistas e todos os que compartilham seu entusiasmo, no sentimento de harmonia *infinita* (III, p.617, trad. franc., p.166). Toda criação artística se baseia no desdobramento infinito de atividades opostas, que se vê completamente suprimido em cada obra de arte (III, p.626, trad. franc., p.173). O poder poético [...] é capaz de pensar a contradição e operar a sua síntese (III, p.626, trad. franc., p.174).

O artista parte da oposição dos contrários para chegar à sua reabsorção; o reconhecimento desses dois momentos é necessário. É o que nos dará também a definição de gênio: "O que distingue o gênio de tudo o que não passa de mero talento ou habilidade é que só ele é capaz de reduzir contradições que, sem ele, permaneceriam irredutíveis" (III, p.624, trad. franc., p.172); assim como da beleza: "Na obra de arte [...] vemo-nos na presença de um Infinito representado de maneira finita. Mas o Infinito representado é Beleza" (III, p.620, trad. franc., p.169).

A arte absorve todas as oposições; é, portanto, supérfluo enumerá-las uma por uma. Algumas delas, porém, são mais importantes que as outras. No *Sistema do idealismo transcendental*, Schelling insiste particularmente na que existe entre o consciente e o inconsciente. "O consciente e o inconsciente devem ser uma só coisa no produto da arte (III, p.614, trad. franc., p.163). A obra de arte representa, para nós, a identidade do consciente e do inconsciente (III, p.619, trad. franc., p.168)."

Teorias do símbolo

Na *Filosofia da arte*, esse par de categorias une-se a outro, liberdade e necessidade, permanecendo a mesma a afirmação global: "A arte é uma síntese absoluta ou uma interpenetração mútua da liberdade e da necessidade (V, p.383). Necessidade e liberdade relacionam-se como o inconsciente e o consciente. Baseia-se a arte, portanto, na identidade das atividades consciente e inconsciente (V, p.384)."

Em Friedrich Schlegel, os termos são "intencional" e "instintivo": "Em cada bom poema, tudo deve ser intenção e tudo deve ser instinto. É assim que ele se torna ideal" (L, 23). Ou mesmo arte e natureza: "É completo o que seja ao mesmo tempo natural e artificial" (A, 419); ele fala também desse "intercâmbio maravilhoso e eterno de entusiasmo e de ironia" (*GP*, p.318-9).

Essa primeira oposição e sua reabsorção estão ligadas ao processo de criação; já estamos, aliás, familiarizados, como característica da própria obra de arte, com a fusão forma-conteúdo ou matéria espírito ou real-ideal etc. Eis, a este respeito, algumas formulações, entre outras. Segundo Schelling, forma e matéria brotam inseparadas da arte (V, p.360), a arte é a indiferença do ideal e do real (V, p.380). Friedrich Schlegel descreve a arte como a interpenetração da alegoria e da personificação, que, por sua vez, ele define da seguinte maneira: "Na base da personificação, deparamo-nos com o imperativo: *Tornar espiritual todo o sensível*. Da alegoria: *Tornar sensível todo o espiritual*. Os dois conjuntos são a determinação da arte" (*LN*, 221). Novalis é mais lacônico e mais geral: "Para o homem, a equação é: corpo = alma; para a espécie humana: homem = mulher" (VI, 624).

Reencontra-se em Schelling a interpenetração do masculino e do feminino; ele estaria disposto a afirmar que a única razão da castração na Antiguidade era criar para a arte objetos que lhe permitissem alcançar a maior perfeição.

> Fora da moderação geral, os artistas gregos buscavam imitar na arte essas naturezas que misturavam o masculino e o feminino, que a languidez asiática produzia pela castração dos menininhos; buscavam, assim, representar, por assim dizer, um estado de não separação e de identidade dos gêneros. Tal estado, alcançado por uma espécie de equilíbrio, que não é pura anulação, mas um verdadeiro amálgama dos dois caracteres opostos, pertence aos ápices que a arte conseguiu alcançar. (V, p.615-6)

Mais do que em qualquer outra, Schelling insiste na reabsorção, na arte, da oposição entre geral e particular. "O *em si* da poesia é o de toda arte: é a representação do absoluto ou do universo em um particular" (V, p.634). Cada parte da obra é, ao mesmo tempo, um todo.

> É uma reunião do particular e do geral que reencontramos em cada ser orgânico, bem como em cada obra poética, em que, por exemplo, as diferentes figuras são todas elas um membro que serve ao todo e, no entanto, na formação perfeita da obra, cada uma é um absoluto em si mesma. (V, p.367)

O modo de significação artístico é essa interpenetração do geral e do particular (o que equivale, aqui, ao significado e ao significante): "A exigência da representação artística absoluta é representação com *indiferença completa*, e, em especial, de modo tal que o geral seja inteiramente o particular e o particular seja, ao mesmo tempo, todo o geral, e não que o signifique" (V, p.411).

Teorias do símbolo

A oposição entre geral e particular é, por sua vez, solidária de várias outras, como espírito e matéria, ideal e real, verdade e ação:

> Pode-se dizer que a beleza está presente em toda parte onde se tocam luz e matéria, ideal e real. A beleza não é nem só o geral ou o ideal (isso é a verdade), nem o puro real (isso está na ação), ela é apenas, portanto, a perfeita interpenetração ou incorporação mútua dos dois. (V, p.382)

Faz parte, portanto, da natureza do espírito romântico aspirar à fusão dos contrários, sejam eles quais forem, como provam estas enumerações um tanto caóticas de August Wilhelm Schlegel: "os românticos misturam da maneira mais íntima todos os contrários, natureza e arte, poesia e prosa, seriedade e brincadeira, recordação e pressentimento, espiritualidade e sensualidade, o terrestre e o divino, vida e morte" (*Vorlesungen*, II, p.112); ou de Novalis: "São ligas cheias de espírito, como, por exemplo, judeu e cosmopolita, infância e sabedoria, banditismo e nobreza de coração, heterismo e virtude, excesso e carência de juízo na ingenuidade, e assim por diante, ao infinito" (t.I, p.365). Friedrich Schlegel conseguiu aplicar a si mesmo as consequências irônicas desse princípio: "É tão mortal para o espírito ter um sistema quanto não tê-lo. Deve, portanto, decidir-se a reunir a ambos" (A, 53).

Essa valorização do amálgama em relação às essências separadas tem implicações para o sistema romântico dos gêneros. Friedrich Schlegel, que tratou disso mais que os outros, tem a este respeito uma posição ambígua: por um lado, fiel ao ensinamento de Lessing, reconhece as pressões exercidas pela forma literária sobre a obra individual; por outro lado, no entanto, aprecia a diferença irredutível de cada obra, anunciando com isso a postura extrema de um Croce: "As espécies poéticas modernas são uma só, ou então em número infinito. Cada poema, um gênero por si só" (*LN*, 1090). Justamente a sua admiração pelo sintetismo é que o fará pender a balança no sentido da superação dos gêneros; colocará no ápice da pirâmide poética um gênero — mas que será ele mesmo o amálgama de todos os outros gêneros, puros ou já mistos; é o romance, no sentido romântico da palavra. "O romance é uma mistura de todas as espécies poéticas, da poesia natural carente de artifícios e dos gêneros mistos da poesia de arte" (*LN*, 55). E essa mistura supera os limites da simples literatura: engloba todos os discursos. "Toda a história da poesia moderna é um comentário contínuo ao breve texto da filosofia: toda arte deve tornar-se ciência, e toda ciência, arte; poesia e filosofia devem ser reunidas" (L, 115).

A própria palavra "romantismo" determina-se por referência a essa síntese de contrários. "Romântico" (que remete à época da arte cristã e à arte do Renascimento, em oposição à arte grega) define-se, decerto, em sua relação com "clássico"; e ambos os termos estão relacionados com a fusão dos contrários; simplesmente, tal relação não é a mesma. Os textos fundamentais ainda são os de Schelling, que contrapõe não clássico e romântico, mas natureza e arte: cada qual realiza um amálgama dos contrários; mas o amálgama da natureza é, de certo modo, anterior à separação dos contrários: é *sincretismo*; enquanto o da arte é posterior, e é aquele que chamo aqui de *sintetismo*. Escreve Schelling no *Sistema*: "A obra de arte difere do produto natural pelo fato de que o ser orgânico ainda apresenta

Teorias do símbolo

no estado de indivisão o que a produção artística representa após a divisão, mas reunido" (III, p.621; trad. franc., p.170); e na *Filosofia da arte*: "A obra orgânica da natureza apresenta a mesma indiferença ainda inseparada, ao passo que a obra de arte a apresenta *depois* da separação, mas sempre como indiferença" (V, p.384).

Pertence a August Wilhelm Schlegel a formulação mais popular da distinção entre clássicos e românticos; ela se calcará na distinção entre natureza e arte, tal como a encontramos em Schelling. Os clássicos estão no sincretismo, os românticos praticam o sintetismo.

> O ideal grego da humanidade era a perfeita concórdia e proporção de todas as faculdades, uma harmonia natural. Os modernos, ao contrário, adquiriram a consciência de um desdobramento interior, que torna impossível tal ideal. Eis porque sua poesia tende a conciliar, a amalgamar de maneira inseparável esses dois mundos, entre os quais nos sentimos divididos, o espiritual e o sensível. [...] Na arte e na poesia gregas, há uma unidade original e inconsciente de forma e de matéria; entre os modernos, na medida em que permanecem fiéis a seu espírito particular, buscaremos uma interpenetração interna dos dois como dois contrários. (*Vorlesungen*, I, p.26)

Essa definição dos modernos ou dos românticos não deixa de criar um problema, que poderia ter sido previsto na lógica e se apresenta na prática. Se o romantismo se definir pela absorção de todos os contrários, fatalmente topará em seu caminho com o par clássico e romântico; se o tragar, realizará um daqueles paradoxos que Russell sabia explicar, em que um conjunto é levado a aparecer como elemento dentro de si mesmo. Tal gulodice tem aqui, evidentemente, consequências nefastas: não mais permite a separação entre clássicos e românticos, e esvazia, na realidade, de todo sentido o próprio termo "romântico". Observa particularmente tal transformação do conceito em Friedrich Schlegel. Na *Conversação sobre a poesia*, define, pela boca de um dos personagens, Marcus, a "tarefa suprema de toda poesia" como "a harmonia do clássico e do romântico" (p.346); e pela de outro personagem, Antonio, declara – o que é a afirmação ao mesmo tempo da supremacia do romantismo e de sua dissolução: "Toda poesia deve ser romântica" (p.335).

O indizível

A arte exprime algo que não pode ser dito de nenhuma outra maneira. Essa afirmação dos românticos aparece mais frequentemente como constatação de uma diferença tipológica que como credo místico (embora isso também aconteça). Friedrich Schlegel tratara de se distinguir dos que, com o pretexto de que só a arte é capaz de exprimir o que exprime, se recusam a toda análise do fato poético:

> Se certos amadores místicos da arte, que consideram toda crítica como uma destruição do prazer, pensassem de maneira consequente, "caramba!" seria o melhor juízo artístico sobre a obra mais estimada. Críticos há, aliás, que não dizem nada mais que isso, só que de maneira mais prolixa. (L, 57)

O próprio Novalis é igualmente categórico: "Estou convencido de que chegamos mais rápido a *autênticas revelações* por

Teorias do símbolo

um frio entendimento técnico e por um sereno senso moral do que pela fantasia, que parece levar-nos apenas ao reino dos espectros, esse antípoda do verdadeiro céu".

E porá na boca de Klingsohr, em *Heinrich von Ofterdingen*:

O fresco e vivificante calor de uma alma poética é o exato contrário da febre furiosa de um coração doente. Essa febre é pobre, entontece e é só momentânea; o outro calor, lúcido e puro, discerne com nitidez todas as formas e cada contorno, favorece a multiplicação de relações diferentes, é eterna por si mesma. (t.I, p.166)

Quando chegamos a este ponto – o conteúdo indizível da arte –, é difícil não partir deste parágrafo da *Crítica da faculdade de julgar*, em que Kant trata das ideias estéticas, conceito essencial do seu sistema: "Podemos, em geral, chamar a beleza (quer a beleza natural, quer a beleza artística) de *expressão* de ideias estéticas" (p.149). As "ideias estéticas" são, portanto, o conteúdo das obras de arte. Mas o que é uma ideia estética?

Pela expressão Ideia estética, entendo essa representação da imaginação que dá muito que pensar, sem que nenhum pensamento determinado, isto é, *conceito*, possa ser-lhe adequado e, por conseguinte, nenhuma língua possa alcançar completamente e tornar inteligível (p.143-4). Em suma: a Ideia estética é uma representação da imaginação associada a um conceito dado e que se acha ligada a uma tal diversidade de representações parciais no livre uso destes, que nenhuma expressão que designe um conceito determinado pode ser encontrada para ela e que faz pensar em mais de um conceito muitas coisas indizíveis, cujo sentimento anima a capacidade de conhecimento e inspira um espírito à letra da linguagem. (p.146)

Deixo de lado a situação dessa categoria no conjunto conceitual kantiano. Podemos ater-nos aqui às seguintes características da ideia estética: é o que a arte exprime; a mesma coisa não pode ser dita por nenhuma fórmula linguística: a arte exprime o que a língua não diz; essa impossibilidade inicial provoca uma atividade de compensação que, no lugar do indizível central, diz uma infinidade de associações marginais. Furtando-se à língua, a ideia estética oferece-lhe, na realidade, um papel invejável, pois interminável: tem-se mais onde se acreditava ter menos.

As formas que transmitem as ideias estéticas são os atributos estéticos.

> Chamamos essas formas – que não constituem a própria apresentação de um conceito dado, mas exprimem apenas, enquanto representações secundárias da imaginação, as consequências que a ela se vinculam e o parentesco desse conceito com outros – de *atributos* (estéticos) de um objeto cujo conceito, como ideia da razão, jamais pode ser apresentado adequadamente. (p.144-5)

É revelador o vocabulário usado por Kant para designar a relação entre o conceito indizível e as formas que o evocam: as "consequências", o "parentesco"; ele funciona, diz Kant alhures, "sempre segundo leis analógicas" (p.144): não estamos longe da matriz trópica estabelecida pela retórica e que se baseia nas categorias de participação, causalidade e semelhança.

Embora a linguagem seja sua matéria-prima, a poesia é dotada de atributos estéticos e pode, portanto, exprimir as ideias

Teorias do símbolo

estéticas inacessíveis a essa mesma linguagem; ela é, no interior
da linguagem, o que permite transmitir o indizível.

A arte não realiza isso só na pintura ou na escultura (onde se
usa normalmente o termo de atributo), mas também a poesia e
a eloquência devem a alma que anima suas obras unicamente aos
atributos estéticos dos objetos, que acompanham os atributos
lógicos e dão à imaginação um impulso para pensar, embora de
modo inexplícito, mais do que podemos pensar em um conceito
determinado e, por conseguinte, mais do que pode ser compreendido em uma expressão determinada. (p.145)

Opõe-se a linguagem poética (a arte na linguagem) à linguagem não poética por essa superabundância de sentido – ainda
que não tenha a nitidez, a explicitação dos atributos lógicos e
dos conceitos. Ou, como diz também Kant, ela "suscita em nós
uma multidão de sensações e de representações secundárias, para
os quais não acha nenhuma expressão" (p.145). A pluralidade
das representações secundárias supre a falta de uma representação principal; a linguagem lógica é adequada, a linguagem
poética não, mas, graças à pluralidade, exprime o indizível. Essa
é também uma definição do gênio (diferente da de Schelling).
Entre os românticos alemães, Wackenroder é aquele que
mais se aproxima da imagem que formamos, tradicionalmente,
do personagem romântico: é sentimental, irracional e ama a
arte acima de tudo. Não é inteiramente por acaso que encontramos nesse aluno de Moritz os mais amplos desenvolvimentos
sobre a arte como expressão do indizível. A arte, aliás, não está
sozinha no ápice das atividades humanas: ela compartilha essa
posição com a religião; a comparação é mantida ao longo de

Tzvetan Todorov

todos os escritos de Wackenroder, em nome de uma comum irracionalidade.

Esse caráter irracional da arte manifesta-se ao longo de todo o processo que leva do criador ao consumidor: esse jamais conseguiria explicar como produziu tal forma, este jamais conseguirá compreendê-la até o fim. Mas a insistência no irracional é mais forte quando se trata de caracterizar a obra de própria arte. E se a natureza será por vezes assimilada à arte, é porque são duas "linguagens maravilhosas", em contraste com a pobre linguagem das palavras.

A linguagem verbal só pode exprimir o racional, o terrestre, o visível.

> Pelas palavras, reinamos sobre a terra inteira, por palavras, adquirimos sem grande dificuldade todos os tesouros da terra. Só o invisível que plana acima de nós não pode descer em nossa alma ao chamado das palavras (p.171). A linguagem só pode contar e nomear miseravelmente as mudanças, mas não nos torna visíveis as transformações contínuas das gotas d'água (p.367).

A linguagem das palavras não capta nem o invisível, nem o contínuo; é "o túmulo do furor íntimo do coração" (p.367). Com isso, ele é particularmente inapto à descrição das obras de arte. "A meu ver, não há realmente nenhum jeito de descrever uma bela imagem ou um belo quadro" (p.133).

A arte (e a natureza), em compensação, permitem aos homens "apreender e compreender as coisas celestes em todo o seu poder" (p.171). A arte exprime "coisas misteriosas que não consigo exprimir por palavras" (p.173). Essas coisas misteriosas ou celestes, equivalentes às "ideias estéticas" de Kant,

Teorias do símbolo

formam o teor das obras de arte; assim, compreendidas da perspectiva da razão, estas últimas sempre parecerão obscuras, misteriosas, indescritíveis. A música cria a impressão de algo obscuro e indescritível (p.359), a sua linguagem é obscura e misteriosa (p.249). A linguagem da arte é intraduzível na língua das palavras (p.345); e Wackenroder exclama:

> Que querem os raciocinadores medrosos e incertos, que exigem para cada uma dessas centenas de obras musicais uma explicação em palavras e não conseguem resignar-se a admitir que não há para cada uma delas uma significação denominável, como para um quadro pintado? Tendem eles a medir a linguagem mais rica no metro da mais pobre e a fundir na palavra o que despreza a palavra? (p.367)

Como em Kant, essa impossibilidade de nomear com palavras o conteúdo da arte, essa intraduzibilidade da obra artística é, até certo ponto, compensada pela interpretação plural, infinita que essa obra suscita.

> Um quadro precioso não é um parágrafo de um livro didático que eu possa deixar de lado, como uma casca inútil, quando, depois de um breve esforço, dele tiver extraído a significação das palavras: mais ainda, no caso das obras de arte excelentes, o prazer dura para sempre, sem cessar. Cremos penetrá-las cada vez mais profundamente e, no entanto, elas excitam repetidas vezes os nossos sentidos, e não vemos limite em que a nossa alma possa exauri-las. (p.199)

O indizível provoca, também aqui, uma superabundância de palavras, um transbordamento do significante pelo significado.

Será preciso acrescentar que Wackenroder não hesita na escolha da sua linguagem preferida? Ele só é feliz "no país da música, onde todas as nossas dúvidas e todos os nossos sofrimentos se perdem em um mar sonoro, – onde esquecemos todos os grasnidos dos homens, em que nenhuma gritaria de palavras e de linguagem, nenhuma confusão de letras e de hieróglifos monstruosos nos dão vertigem, mas onde um suave toque cura de imediato toda a angústia do nosso coração" (p.329).

Esse conjunto de afirmações – o que a arte exprime, as palavras da linguagem do dia a dia não podem traduzir; e tal impossibilidade dá origem a uma infinidade de interpretações – torna a se encontrar intacto nos membros do *Athenaeum*. O que não é de surpreender: que a poesia seja intraduzível é uma afirmação solidária com a de sua intransitividade; que seu sentido seja inesgotável vai de par com a sua natureza em perpétua transformação e com o seu caráter orgânico. Friedrich Schlegel vai empenhar-se em descrever ambos os termos dessa relação, a arte e o seu conteúdo; ao fazê-lo, tornará a encontrar uma ideia que já era familiar a Orígenes ou Clemente de Alexandria: do divino, só se pode falar de maneira indireta (Orígenes escrevia, por exemplo: "Existem matérias cuja significação não pode ser exposta como convém por absolutamente nenhuma palavra da linguagem humana", *Tratado dos princípios*, IV, 3, 15; e Clemente: Todos os que trataram da divindade, tanto bárbaros como gregos, esconderam os princípios das coisas e transmitiram a verdade por meio de enigmas, de símbolos e, depois, de alegorias, de metáforas e de outros processos análogos; como os oráculos dos gregos, e Apolo Pítio é corretamente chamado de 'oblíquo'", *Estrômatas*, V, 21, 4). Declara Ludovico na *Conversação sobre a poesia*: "Só podemos dizer alegoricamente o mais alto,

Teorias do símbolo

justamente por ser inexprimível" (p.324); e Antonio: "O divino só indiretamente pode ser comunicado e exteriorizado na esfera da natureza" (p.334; a segunda versão desse texto troca "o divino" por "o puramente espiritual"). Uma nota inédita chega a estabelecer uma solidariedade mútua entre o modo de expressão indireto ou alegórico e o teor divino de tal mensagem: o sentido da alegoria participa necessariamente do divino (convém lembrar, aqui, que, para Friedrich Schlegel, o termo "alegoria" tem um sentido genérico e não se opõe, como é o caso entre os românticos, a "símbolo"). "Toda alegoria significa Deus, e só podemos falar de Deus alegoricamente" (XVIII, V, 315). Esse conteúdo, que Wackenroder chamava "celeste", é exprimido não só pela arte, mas por toda expressão indireta ou alegórica. Portanto, de um lado, "toda obra de arte é uma alusão ao infinito" (XVIII, V, 1140); de outro, "os símbolos são signos, representantes dos elementos que não são jamais representáveis em si mesmos" (XVIII, V, 1197). Reciprocamente, a expressão indireta não está só presente na poesia, é o seu princípio construtivo. "A alegoria é o centro do jogo e da aparência poéticas (XVIII, IV, 666). A alegoria, a simbólica, a personificação, bem como a simetria e as figuras retóricas, são *princípios* da poesia, não elementos: os *elementos* são uma massa morta (XVIII, IV, 148)."

A linguagem comum é incapaz de alcançar essas alturas, a poesia não pode ser traduzida em prosa e a *crítica* da *arte* é uma contradição nos termos. "A crítica da poesia carece de sentido", escreve Novalis (VII, 304). Ou melhor, ela é bem possível, mas, como sugeria Moritz, com a condição de se tornar ela mesma poesia, música, pintura. "Só se pode falar propriamente de poesia na poesia", "uma teoria do romance deveria ser ela mesma um romance", afirmam os personagens da *Conversação*; e um fragmento do *Lyceum*:

> A poesia só pode ser criticada pela poesia. Um juízo sobre a arte que não seja ele mesmo uma obra de arte, quer em sua matéria, como representação da impressão necessária em sua transformação, quer por uma bela forma e um tom liberal, no espírito das antigas sátiras romanas, não tem nenhum direito de cidade no reino da arte. (L, 117)

Como a arte exprime o indizível, a sua interpretação é infinita. Segundo Schelling, "toda verdadeira obra de arte [...] se presta a infinitas interpretações, sem que se possa dizer se tal infinitude seja obra do próprio artista ou resida apenas na obra" (III, p.620, trad. franc., p.168-9). Para August Wilhelm Schlegel, "a visão não poética das coisas é aquela que as considera regidas pela percepção dos sentidos e pelas determinações da razão; a visão poética é aquela que as interpreta continuamente e nelas vê um caráter figurado inesgotável" (*Die Kunstlehre*, p.81). Define-se a poesia pela pluralidade de sentidos.

Athenaeum 116

[1] A poesia romântica é uma poesia universal progressiva. [2] A sua vocação não é só unificar de novo todos os gêneros separados da poesia e pôr em contato a poesia com a filosofia e a retórica. [3] Ela quer e também deve ora misturar, ora amalgamar poesia e prosa, genialidade e crítica, poesia de arte e poesia natural; tornar viva e social a poesia, e a vida e a sociedade poéticas, poetizar o *Witz* e preencher e saturar as formas da arte de toda espécie de ma-

Teorias do símbolo

térias formadoras sólidas, e animá-las com pulsações de humor. [4] Abarca tudo o que é poético, desde o mais vasto sistema de arte, que contenha em si mesmo vários outros, até o suspiro e o beijo, soprados pela criança-poeta em um canto sem arte. [5] Ela pode a tal ponto perder-se no representado, que seria de crer que seu objetivo único e último seja caracterizar as individualidades poéticas de toda espécie; e, no entanto, não existe nenhuma forma que seja capaz de exprimir plenamente o espírito do autor: assim, determinado artista que só queria escrever um romance, fortuitamente se representou a si mesmo. [6] Só ela pode tornar--se, como a epopeia, um espelho de todo o mundo circundante, um quadro do século. [7] E, no entanto, ela pode ainda mais flutuar no meio, entre o representado e o representante, nas asas da reflexão poética, livre de todo interesse real e ideal, e dar a essa reflexão uma potência cada vez maior e multiplicá-la como uma série infinita de espelhos. [8] É capaz da mais alta e mais completa formação, não só de dentro para fora, mas também de fora para dentro; de modo que ela organiza de maneira semelhante todas as partes do que deve ser um todo em seus produtos e, com isso, se lhe abre a perspectiva de um classicismo em crescimento ilimitado. [9] A poesia romântica é, entre as artes, o que o *Witz* é para a filosofia, e o que a sociedade, as relações, a amizade e o amor são na vida. [10] As outras formas de poesia chegaram ao acabamento e podem, agora, ser completamente dissecadas. [11] A poesia romântica ainda está em transformação, esta é até a sua natureza específica, só poder eternamente transformar-se e jamais chegar a um acabamento. [12] Não pode ser exaurida por nenhuma teoria, e só uma crítica divinatória deveria ousar caracterizar o seu ideal. [13] Só ela é infinita, como também só ela é livre, e a sua primeira lei é que a arbitrariedade do poeta não suporte nenhuma lei. [14] O gênero romântico é o único a ser mais que um gênero, a ser, de certo modo, a própria poesia: pois, em certo sentido, toda poesia é ou deve ser romântica.

Esse fragmento 116 do *Athenaeum* é obra de Friedrich Schlegel, e geralmente é considerado o manifesto da escola romântica. Cito-o aqui por nele encontrar, na realidade, de modo condensado, todos os traços característicos da estética romântica, tais como os enumerei até aqui.[8]

Como é composto esse fragmento? A frase [1] é uma definição da poesia romântica, que comporta dois termos fecundos, "universal" e "progressiva". As frases [2] a [8] comentam o termo "universal"; as frases [8] a [13] relacionam-se com a palavra "progressiva". A última frase [14] qualifica de novo o objeto em sua generalidade; está, por assim dizer, no mesmo plano que [1].

"Universal", explicitado pelas frases [2] a [8], toma aqui um sentido próximo do que já atribuí a "sintetismo" (e, acidentalmente, a "intransitividade"): a poesia romântica é universal no sentido de superar as oposições habituais. São-nos dados vários exemplos, de maneira gradual. Primeiro, no interior mesmo da poesia, ela sintetiza todos os gêneros, inclusive a poesia artificial e a poesia natural (popular); em seguida, elevando-se um degrau, a síntese está ligada às diferentes espécies de discurso (de que a poesia não é senão um exemplo): poesia, eloquência, filosofia ou ainda poesia e prosa. Ultrapassamos,

---

8 Pode-se encontrar um comentário justalinear do fragmento 116 na introdução ao volume II da *Kritsiche Ausgabe*, p.LIX-LXIV, de autoria de Hans Eichner.

Teorias do símbolo

depois, o terreno da linguagem: a síntese abrange poesia e vida, forma e matéria, espírito e intuição ou, no campo da criação, gênio e sentido crítico. Ao fazer isso, Schlegel aboliu uma velha separação entre a poesia e o que não é ela; transformou, portanto, a própria definição de poesia: existe um movimento ininterrupto desde o suspiro da criança, que participa por isso mesmo da poesia (*das dichtende Kind*) até as mais complexas construções poéticas: a poesia é apreendida, em sua gênese, a partir das formas discursivas mais elementares.

A frase [5] explora duas outras oposições mostradas pela poesia romântica; a dificuldade de sua interpretação vem do fato de que a própria expressão de Schlegel participa dessa troca de contrários que constitui o seu objeto. Depois da primeira proposição ("ela pode a tal ponto perder-se no representado") e do começo da segunda ("que seria de crer que seu objetivo único e último seja..."), esperaríamos uma continuação deste tipo: "representar o mundo e não exprimir o individual"; fazendo como se esse começo dissesse exatamente o contrário do que na realidade antecipou (unificação dos opostos), Schlegel engata: "caracterizar as individualidades poéticas de toda espécie". A mesma inversão reproduz-se na segunda metade da frase: depois de "no entanto, não existe nenhuma forma que seja capaz de exprimir plenamente o espírito do autor", era de esperar "de modo que tal artista, que só queria representar-se a si mesmo, escreveu fortuitamente um romance"; mas o consequente é novamente invertido: "que só queria escrever um romance, fortuitamente se representou a si mesmo". Tais encadeamentos são, por assim dizer, contrários à lógica; mas tal é também a poesia romântica, e Schlegel encontra aqui um modo de representar o que está dizendo. Assim se reabsorvem as oposições entre expressão e imitação, entre transparência (subjetiva) e opacidade.

A continuação refere-se a formas de expressão mais convencionais: a distância entre o fora e o dentro será percorrida em ambos os sentidos (do mesmo modo, a poesia apresentava-se como síntese da personificação e da alegoria), assim como serão mantidos simultaneamente o "realismo" e o "formalismo" da obra de arte – que "flutua entre o representado e o representante". A metáfora aparentemente banal da arte como espelho do mundo, que aparece em [6], mudará de sentido em [7]: a "série infinita de espelhos" pode provir de algo que não seja um espelho situado diante de outro? Mas então o mundo seria sempre já um reflexo de si mesmo? A intransitividade da arte receberá aqui uma rápida menção: a arte é "livre de todo interesse".

[8] representa a transição de "universal" para "progressivo". Mas antes de chegar a isto, evoca Schlegel, de passagem, outra propriedade canônica da poesia romântica: a sua coerência interna, devida ao mesmo tempo à semelhança entre as partes e sua integração em um todo. É aqui que passamos ao "crescimento ilimitado", sobre o qual se há de observar que qualifica um "classicismo", decididamente não em oposição com a poesia romântica.

De [8] a [13], Schlegel evoca características que designei com as palavras "produção" ou "expressão do indizível"; ambas parecem solidárias para ele. O *Witz*, o amor e a poesia são, cada um em seu terreno, agentes de transformação, muito mais movimentos motores do que substâncias apreensíveis; até [11] (inclusive), a ênfase é dada ao aspecto "transformação" da poesia romântica; e, neste plano, ela se opõe a "outras formas de poesia".

[12] e [13] deslocam a atenção para o aspecto inefável dessa arte; é como uma consequência de seu caráter ilimitado. A teoria, vinculada à razão e ao discurso, não poderia exauri-la; e a única crítica eficaz da poesia é ainda a poesia: é o que significa a expressão "crítica divinatória". Schlegel vai até mais longe, formulando uma máxima que sabe muito bem que está em contradição com outros fragmentos do *Athenaeum*: a saber, que a arbitrariedade do poeta não tolera nenhuma lei.

Enfim, [14] conecta-se diretamente com [1], ao retomar uma questão que [2] e [10], de maneira oposta, iluminam: é a poesia romântica um gênero entre outros? A resposta não é nem sim, nem não: enquanto princípio gerador, ela está na base de toda poesia e não se deixa, portanto, encerrar em um gênero; mas, ao mesmo tempo, existem obras que encarnam esse princípio de modo mais feliz do que outros; e é o que normalmente se chama "gênero romântico" [*die romantische Dichtart*]. Daí esta frase paradoxal, mas perfeitamente explicável: esse gênero não é um gênero...

Athenaeum 116 realiza como o reverso da sinfilosofia: em vez do pensamento único de vários, é a afirmação plural de um só.

Símbolo e alegoria

Quando August Wilhelm Schlegel expõe de maneira sistemática, em 1801, a doutrina romântica, não deixa de se referir ao livro publicado, no ano anterior, por seu amigo Schelling. Esse livro já contém, de fato, os princípios da doutrina romântica; Schlegel a aprova completamente e só sugere uma modificação terminológica.

Segundo Schelling, *o infinito representado de modo finito* [III, p.620; trad. franc., p.169] é beleza, definição em que já está compreendido o sublime, como devido. Estou de pleno acordo quanto a isso, só gostaria de formular melhor essa expressão, da seguinte maneira: o belo é uma representação simbólica do infinito; pois assim fica ao mesmo tempo claro como o infinito pode aparecer no finito. [...] Como pode o infinito ser conduzido à superfície, ao aparecimento? Só simbolicamente, em imagens e signos. [...] Fazer poesia (no sentido mais amplo do poético, que se encontra na base de todas as artes) nada mais é que um eterno simbolizar. (*Die Kunstlehre*, p.81-2)

Sem exagero, seria possível dizer que, se fosse preciso condensar a estética romântica em uma única palavra, esta seria aquela que aqui é introduzida por August Wilhelm Schlegel: *símbolo*; toda a estética romântica seria, então, afinal, uma teoria semiótica. Reciprocamente, para compreender o sentido moderno da palavra "símbolo", é necessário e suficiente reler os textos românticos. Em nenhum lugar o sentido de "símbolo" aparece de modo tão claro quanto na oposição entre símbolo e alegoria – oposição inventada pelos românticos e que lhes permite opor-se a tudo o que não seja eles mesmos. Examinarei brevemente aqui as principais colocações dessa oposição.

Goethe

Os objetos serão determinados por um sentimento profundo, que, quando é puro e natural, coincide com os melhores e mais elevados objetos e os tornará, no limite, simbólicos. Os objetos assim representados parecem existir por si mesmos apenas e são, porém, significativos no mais profundo de si mesmos, e isso por causa do ideal, que sempre carrega consigo uma generalidade. Se o simbólico indica ainda outra coisa além da representação, será sempre de maneira indireta. [...] Agora, há também obras de arte que brilham pela razão, a tirada espirituosa, a galanteria, e classificamos também aí todas as obras alegóricas; é delas que menos devemos esperar o bom, pois destroem igualmente o interesse pela própria representação e encerram, por assim dizer, o espírito em si mesmo e retiram de seu olhar o que é verdadeiramente representado. Distingue-se o alegórico do simbólico por esse designar indiretamente; aquele, diretamente. (1797; JA 33, p.94)

Esta citação é tirada de um pequeno artigo intitulado *Sobre os objetos das artes figurativas*, escrito em 1797, mas publicado muito depois da morte de Goethe. É a primeira vez que Goethe formula a oposição símbolo-alegoria em um escrito destinado à publicação (ainda que, definitivamente, não a alcance).

Conhecemos hoje muito bem a pré-história dessa oposição na obra de Goethe. Até 1790, a palavra símbolo não tem de modo algum o sentido que será o seu na época romântica: ou é mero sinônimo de uma série de outros termos mais usuais (como: alegoria, hieróglifo, cifra, emblema etc.), ou designa de preferência o signo puramente arbitrário e abstrato (os símbolos matemáticos). Esse segundo sentido, em particular, é comum nos leibnizianos: por exemplo, em Wolff. Kant, na *Crítica da faculdade de julgar*, é que inverte esse uso e leva a palavra "símbolo" para bem perto do seu sentido moderno. Longe de caracterizar a razão abstrata, o símbolo é próprio à maneira intuitiva e sensível de apreender as coisas. "Os novos lógicos admitem um uso da palavra *simbólico* que é absurdo e inexato, quando o opõem ao modo de representação *intuitivo*; a representação simbólica, com efeito, não é senão um modo da representação intuitiva" (§ 59, p.174).

Schiller será um leitor imediato e atento de Kant; adotará o novo uso da palavra "símbolo"; ora, é na correspondência entre Goethe e Schiller, ao longo dos anos que antecedem a redação do pequeno artigo que nos interessa aqui, que a palavra "símbolo" aparece em Goethe em seu sentido novo (o que não quer dizer, porém, que Kant, Schiller e Goethe tenham a mesma concepção do símbolo; simplesmente, seu uso opõe--se em bloco ao dos autores anteriores). Depois dessas cartas, Goethe decide redigir um pequeno texto em colaboração com seu amigo, o historiador da arte Heinrich Meyer; por fim, cada um escreve um artigo com o mesmo título, e só o de Meyer é publicado.[9]

Diga-se o que se disser dos antecessores de Goethe na determinação quer do significante, quer do significado de "símbolo", resta que, se deixarmos de lado o ensaio de Meyer, sobre o qual voltaremos a falar, foi mesmo Goethe que introduziu a oposição entre símbolo e alegoria.

---

9 A gênese e a estrutura do símbolo em Goethe são estudadas com toda a atenção necessária por: Rouge, Goethe et la notion du symbole, *Goethe*. Études publiées pour le centenaire de sa mort par l'Université de Strasbourg, 1932, p.285-310; Müller, *Die geschichtliche Voraussetzungen des Symbolbegriffs in Goethes Kunstanschauung*; Müller, Der Symbolbegriff in Goethes Kunstanschauung, *Goethe, Viermonatsschrift der Goethe-Gesellschaft*, 8, 1943; Marache, *Le Symbole dans la pensée et l'oeuvre de Goethe*, em especial cap. VI (p.111-29) e X (p.206-19); Sørensen, *op. cit.*, cap. VII (p.86-132). O estudo de Rouge dá uma boa visão de conjunto; o de Sørensen aborda todos os matizes.

Em *Os objetos das artes figurativas*, essa oposição aparece ao fim do desenvolvimento. Goethe já comparou os méritos respectivos dos diferentes objetos aos olhos do pintor. Passa, então, à maneira de tratar [*die Behandlung*] os objetos, e é aí que surgem os termos símbolo e alegoria. Em que consiste a diferença?

Afirmemos, em primeiro lugar, um caráter comum: símbolo e alegoria permitem representar ou designar; ao introduzir um termo, na verdade ausente do texto de Goethe, poder-se-ia dizer que se trata de duas espécies de signos.

A primeira diferença vem, então, do fato de, na alegoria, a face significante ser atravessada instantaneamente, com vistas ao conhecimento do que é significado; ao passo que, no símbolo, ela conserva seu valor próprio, sua opacidade. A alegoria é transitiva; o símbolo, intransitivo – mas de tal sorte que não deixa de significar; ou seja, a sua intransitividade vai de par com o seu sintetismo. Assim, o símbolo dirige-se à percepção (e à intelecção); a alegoria, na realidade, só à intelecção. Note-se que Goethe chama "o representado" o que é, para nós, o representante (o objeto sensível).

Esse modo específico de significação permite-nos formular uma segunda diferença. A alegoria significa diretamente, isto é, a sua face sensível não tem nenhuma outra razão de ser, além de transmitir um sentido. O símbolo só significa indiretamente, de maneira secundária: está lá, em primeiro lugar, por si mesmo, e é só em um segundo momento que descobrimos que ele também significa. Na alegoria, a designação é primária; no símbolo, é secundária. Poder-se-ia, talvez, dizer também, forçando o vocabulário de Goethe: o símbolo representa e (eventualmente) designa; a alegoria designa, mas não representa mais.

Pode-se deduzir uma terceira diferença do que Goethe atribui ao símbolo; ela diz respeito à natureza da relação significante. No caso do símbolo, ela tem um caráter muito preciso: é uma passagem do particular (o objeto) ao geral (e ao ideal); ou seja, a significação simbólica, para Goethe, é necessariamente da espécie do *exemplo*: ou seja, um caso particular através do qual (mas não no lugar do qual) vemos, de certo modo por transparência, a lei geral de que ele é a emanação. O simbólico é o exemplar, o típico, o que permite ser considerado como a manifestação de uma lei geral. Com isso se confirma o valor da relação de participação para a estética romântica, em detrimento da relação de semelhança, que reinara inconteste sobre as doutrinas clássicas (e, em especial, por intermédio da imitação). A relação significante que se acha na base da alegoria não é especificada, por enquanto.

Uma quarta e última diferença reside no modo de percepção. No caso do símbolo, há como uma surpresa devida a uma ilusão: julgava-se que a coisa existisse simplesmente por si mesma, mas depois se descobre que ela também tem um sentido (secundário). Quanto à alegoria, Goethe insiste no parentesco com as outras manifestações da razão (o espírito, a galanteria). A oposição não é realmente articulada e, no entanto, a percebemos bem próxima: a razão é senhora aqui, mas não lá.

*

916. Poderíamos, então, chamar de simbólico determinado uso que esteja em pleno acordo com a natureza, pois a cor seria usada em conformidade com seu efeito e a relação real exprimiria de imediato a significação. Por exemplo, se colocarmos que a púr-

pura designa a majestade, não haverá nenhuma dúvida de que encontramos a expressão correta, como já foi suficientemente explicado anteriormente. 917. A isto está ligado outro uso que poderíamos chamar alegórico. Este é mais fortuito e arbitrário, poderíamos até dizer convencional, pelo fato de dever, em primeiro lugar, transmitir-nos o sentido do signo, antes de sabermos o que ele significa, como é o caso, por exemplo, da cor verde que se atribuiu à esperança. (1808; JA 40, p.116-7)

Esses dois breves parágrafos constam da *Doutrina das cores*, no fim da exposição didática, com o título "Uso alegórico, simbólico, místico das cores". Existe aqui, com efeito, um terceiro termo, místico; mas poderíamos deixá-lo de lado; pois simbólico e alegórico compartilham de novo a qualidade significante, que não é determinante para o uso místico da cor.

A oposição enunciada no trecho citado é simplíssima; a única surpresa vem do fato de ser diferente das dicotomias estabelecidas no ensaio *Sobre os objetos das artes figurativas*. Isso porque, desta vez, se trata dos signos motivados e imotivados, ou ainda, dos signos naturais e arbitrários (convencionais). Dessa primeira diferença decorre uma segunda: sendo natural a significação do símbolo, é imediatamente compreensível para todos; a da alegoria, que procede de uma convenção "arbitrária", deve ser aprendida antes de ser compreendida; o inato e o adquirido sobrepõem-se, aqui, ao universal e ao particular. Os exemplos dados talvez sejam um pouco menos convincentes: é a majestade mais própria à púrpura do que a esperança à cor verde? A quarta diferença observadas no texto precedente reaparece aqui no segundo plano: o símbolo produz um efeito e, somente através dele, uma significação; a alegoria tem um sentido que é transmitido e ensinado; o papel da razão parece, portanto, de novo diferente, tanto em um como no outro.

*

O fogo natural será apresentado, ainda que no limite, sujeito a um fim artístico, e com razão chamamos essas apresentações de simbólicas. [...] É a coisa sem ser a coisa, e ainda assim é a coisa; uma imagem resumida no espelho do espírito e, mesmo assim, idêntica ao objeto. Como a alegoria, em compensação, permanece aquém; ela talvez seja cheia de espírito, mas a maior parte do tempo é retórica e convencional, e seu valor cresce na medida em que se aproxima do que chamamos de símbolo. (1820; WA 41-1, p.142)

Esse texto aparece no comentário das pinturas de Filóstrato, e se mostra explicitamente como uma defesa do conceito e da palavra *simbólica*. Descreve Goethe como exemplo um quadro (São Pedro junto à fogueira, na noite da prisão de Jesus) que ele chama de muito "lacônico" e do qual, portanto, ninguém ousaria afirmar o caráter alegórico; é, em compensação, simbólico. Observemos aqui os traços característicos do símbolo, em oposição à alegoria.

O primeiro remete à diferença observada em nosso primeiro texto, entre designação direta e indireta: a fogueira representada é, em primeiro lugar, uma fogueira; se significa algo além disso, no limite, é só em um segundo momento.

Segunda diferença, que já nos é familiar: embora dotado de significação, o símbolo é intransitivo. Esse estatuto paradoxal é evidenciado por uma frase igualmente paradoxal: o símbolo é a coisa sem sê-la, embora sendo-a... (a intransitividade está ainda aliada com o sintetismo). O objeto simbólico, ao mesmo tempo, é e não é idêntico a si mesmo. A alegoria, em contrapartida, é transitiva, funcional, utilitária, sem valor próprio: este é, sem dúvida, o sentido do adjetivo "retórico", nesse contexto.

Terceira diferença já familiar: a alegoria é convencional e, portanto, pode ser arbitrária, imotivada. O símbolo, por seu lado, é uma imagem [*Bild*] e está ligado ao natural.

Quarta diferença: a alegoria é "cheia de espírito"; o símbolo tem apenas uma relação oblíqua com o "espelho do espírito". Reconhecemos aí o caráter racional da alegoria, oposto à natureza intuitiva do símbolo.

Enfim, por duas vezes, Goethe insiste no caráter lacônico, condensado, do símbolo. Ele parece apontar aqui para a densidade simbólica, em oposição à expansão discursiva: é representada apenas uma fogueira, e a interpretação simbólica é que lhe acrescenta novos valores. A alegoria seria menos lacônica no sentido de que, nela, há como uma obrigação de interpretar; a expansão é quase tão presente quanto no discurso explícito.

Acrescentemos que aqui, como nos textos anteriores (em particular, no primeiro), Goethe não esconde as suas preferências pelo símbolo.

*

Há grande diferença para o poeta entre buscar o particular com vistas ao geral e ver o geral no particular. Da primeira maneira nasce a alegoria, em que o particular vale unicamente como exemplo do geral; a segunda, porém, é propriamente a natureza da poesia: ela diz um particular sem pensar a partir do geral e indicá-lo. Mas aquele que capta vivamente esse particular recebe ao mesmo tempo o geral, sem se dar conta disso ou apenas mais tarde. (1822; JA 38, p.261)

É a mais célebre formulação da oposição entre símbolo e alegoria. Ela se segue a uma comparação entre ele mesmo e Schiller; a diferença entre os dois conceitos é também a que existe entre os dois poetas, com Goethe, evidentemente, reservando-se o papel do poeta simbólico. A valorização de um dos termos opostos prossegue aqui: não só porque Goethe se identifica com ele, mas também porque a poesia, toda poesia, é ou deve ser fundamentalmente simbólica. Essa é a primeira vez, note-se, que a oposição é aplicada à poesia e não mais a uma matéria visível.

A insistência na passagem do particular ao geral é mais forte aqui; ao mesmo tempo, ela se especifica. Obrigatória para o símbolo, está também presente na alegoria: os dois, portanto, não se distinguem pela natureza lógica da relação entre simbolizante e simbolizado, mas a partir do modo de evocação do geral pelo particular.

Goethe parece dar mais atenção ao processo de produção e de recepção dos símbolos e das alegorias. Na obra acabada, estamos sempre diante de um particular; e esse particular sempre pode evocar um geral. Mas há diferença no processo de criação, conforme se parta do particular e nele se descubra, posteriormente, o geral (é o símbolo), ou se tenha, primeiro, o geral e, em seguida, se busque para ele uma encarnação particular. Essa diferença de percurso influencia a própria obra: não podemos separar a produção do produto. É esta, portanto, a oposição mais importante: na alegoria, a significação é obrigatória ("direta", dizia o primeiro texto), e a imagem presente na obra é, portanto, transitiva; no símbolo, a imagem presente não indica por si mesma que tem um sentido diferente, só "mais tarde" ou inconscientemente somos levados a um trabalho de reinterpretação. Eis que passamos do processo de produção, e por intermédio da própria obra, ao de recepção: afinal, a diferença decisiva parece residir especialmente ali, na maneira como se interpreta; ou, segundo as palavras de Goethe, como se passa de um particular a um geral.

Goethe não afirma aqui ideias radicalmente novas em relação aos textos anteriores e, no entanto, produz uma nova iluminação, pela menção rápida do percurso autor-obra-leitor e, sobretudo, por sua insistência sobre a diferença dos processos psíquicos (de produção e de recepção), mais do que sobre as diferenças lógicas inerentes à própria obra.

*

A alegoria transforma o fenômeno em conceito, o conceito em imagem, mas de tal forma que o conceito continua, porém, ainda contido na imagem e que podemos segurá-lo inteiramente e tê-lo e exprimi-lo nela. A simbólica transforma o fenômeno em ideia, a ideia em imagem, e de tal forma que a ideia continua ainda infinitamente ativa e inacessível na imagem e, mesmo dita em todas as línguas, permanece indizível. (*Nachlass*; JA 35, p.325-6)

Esta é a última máxima dedicada por Goethe à oposição símbolo-alegoria; data de seus anos de velhice. Aqui, como no texto anterior, a atenção concentra-se em uma gênese ideal. As analogias entre as duas noções permanecem fortes, mais fortes até que no texto anterior, pois agora desaparece a diferença de percurso (do particular ao geral no símbolo, do geral ao particular na alegoria); toda produção segue a trajetória particular-geral-particular. Sempre há um fenômeno concreto no começo, depois uma fase de abstração, para por fim chegar à imagem, igualmente concreta (e que é a única presente na obra acabada). A partir daí, porém, estabelecem-se as diferenças. Em primeiro lugar, a abstração não é a mesma aqui e ali: ao *conceito*, que pertence estritamente à razão, na alegoria, opõe-se a *ideia* no símbolo, acerca da qual podemos pensar que suas ressonâncias kantianas a atraem no sentido de uma apreensão global e "intuitiva". É importante e nova esta diferença: pela primeira vez, Goethe afirma que o conteúdo do símbolo e da alegoria não é idêntico, que não se exprime "a mesma coisa" por meio de um e de outro. Para voltar à distinção inicial de nosso primeiro texto, a diferença não está mais na maneira de tratar, mas no próprio objeto tratado.

Uma segunda diferença fora preparada pelos outros textos, mas jamais encontrara uma formulação tão forte: é a diferença entre o dizível, na alegoria, e o indizível [*Unaussprechliche*] no símbolo; ela acompanha, como se vê, aquela que existe entre conceito e ideia. Ela é duplicada por outra, que nada mais é que a sua consequência e nos conduz à diferença entre produção e produto, entre devir e ser: o sentido da alegoria é finito, o do símbolo é infinito, inexaurível; ou ainda: o sentido está acabado, terminado e, portanto, por assim dizer, morto na alegoria; está ativo e vivo no símbolo. Também aqui, a diferença entre símbolo e alegoria é definida antes de tudo pelo trabalho que um e outro impõem à mente do receptor, ainda que tais diferenças de postura sejam determinadas por propriedades da própria obra (sobre a qual Goethe, desta vez, se cala).

Teorias do símbolo

Examinaremos todas essas menções do par símbolo-alegoria na obra de Goethe como complementares, mais do que como divergentes; somente a colação desses enunciados produz a definição completa. No que se refere ao símbolo, reencontramos a panóplia das características valorizadas pelos românticos: é produtor, intransitivo, motivado; executa a fusão dos contrários: é e significa ao mesmo tempo; seu conteúdo escapa à razão: exprime o indizível. Em contrapartida, a alegoria é, evidentemente, já pronta, transitiva, arbitrária, pura significação, expressão da razão. A esse estereótipo romântico somam-se algumas observações mais particulares. Mais do que por suas formas lógicas (símbolo e alegoria designam igualmente o geral por intermédio do particular), os dois tipos de remessa significante distinguem-se pelo processo de produção e de recepção de que são o acabamento ou o ponto de partida: o símbolo é produzido inconscientemente e provoca um trabalho de interpretação infinito; a alegoria é intencional e pode ser compreendida sem "resto". Igualmente pessoal é a interpretação do símbolo como representação do típico. Há, enfim, uma diferença morfológica e, portanto, especialmente interessante, entre caráter direto e indireto de designação (lembremo-nos de sua importância em Clemente de Alexandria e Santo Agostinho); embora presente, não parece desempenhar em Goethe um papel de primeiro plano.

Schelling

Sensível à sugestão de August Wilhelm Schlegel e, provavelmente, também à vizinhança espiritual de Goethe, Schelling introduz a noção de símbolo em seu sistema conceitual, tal como exposto em seus cursos de 1802-1803, publicados após a sua morte, com o título *Filosofia da arte*. Mais ainda, esta noção de símbolo, definida por oposição à alegoria, ocupa o ponto mais alto do edifício inteiro, tal como descrito nessa obra. Para ser mais exato, o par símbolo-alegoria aparece em dois lugares do texto, e não é evidente que o sentido dos termos continue o mesmo aqui e lá. É, portanto, preferível examiná--los separadamente.

O primeiro aparecimento da palavra símbolo situa-o não em oposição à alegoria, mas dentro de uma série de três termos: esquemático, alegórico, simbólico. Também aqui, será preciso recordar o uso kantiano de certas palavras. Vimos que Kant era responsável pela inversão do sentido da palavra símbolo; no mesmo parágrafo da *Crítica da faculdade de julgar*, ele opõe o simbólico ao esquemático (o qual já estava presente na *Crítica da razão pura*).

> É dupla toda *hipotipose* (apresentação, *subjectio sub adspectum*) como ato que consiste em tornar sensível: ou é *esquemática*, quando *a priori* a intuição correspondente é dada a um conceito que o entendimento apreende; ou é *simbólica*, quando a um conceito que só a razão pode pensar e ao qual não pode convir nenhuma intuição sensível submetemos uma intuição tal que, em relação a ela, o procedimento da faculdade de julgar é simplesmente análogo ao que ela observa quando esquematiza. (p.173)

Esquemas e símbolos têm algo em comum, além do fato de significarem: são hipotiposes, ou apresentações, isto é, unidades cuja parte sensível já não é puramente transparente e indiferente, como o é no caso dos caracteres, das palavras ou dos signos algébricos; ou seja, são signos motivados, por oposição aos outros signos imotivados, em que essa mesma parte sensível "nada contém do que pertence à intuição dos objetos" (p.174). Essa primeira propriedade comum serve para melhor contrapô-los, por outro lado: o significado esquemático pode ser adequadamente exprimido, portanto a sua designação é direta; o significado simbólico, em compensação, como uma ideia estética, não possui designação adequada, não tem "intuição sensível" que lhe convenha; só pode ser evocado de modo indireto, por analogia com outra esquematização. O exprimível é solidário com o direto; o inefável, com o indireto e, portanto, com o símbolo.

Schelling reúne, de certa forma, as duas oposições, a de Kant, entre esquemático e simbólico, e a de Goethe, entre alegórico e simbólico; e obtém uma série de três termos. Mas o conteúdo das palavras não é mais o mesmo. As definições de Schelling estão muito mais vinculadas à lógica do que as de seus antecessores: a diferença entre as três noções resulta das combinações de duas categorias fundamentais, o geral e o particular.

> A representação [*Darstellung*] em que o geral significa o particular ou em que o particular é apreendido por meio do geral, é o *esquemático*. A representação, porém, em que o particular significa o geral ou em que o geral é apreendido por meio do particular, é *alegórica*. A síntese dessas duas, em que nem o geral significa o particular, nem o particular o geral, mas em que os dois são absolutamente um só, é o *simbólico*. (V, p.407)

O esquematismo tornou-se a designação do particular pelo geral. O caso mais comum de esquematismo é, evidentemente, a linguagem: as palavras, sempre gerais, são, porém, capazes de designar realidades individuais. Schelling cita outro exemplo: o artesão que fabrica um objeto com base em um desenho ou em uma ideia realiza a mesma relação entre o geral e o particular.

Inversamente, a alegoria é a designação do geral pelo particular. É novo esse emprego da palavra, em relação à tradição antiga, pela qual a relação entre as duas partes da alegoria, quando especificada, é de semelhança, portanto liga dois particulares. No próprio século XVIII, Lessing contrapunha, nos *Tratados sobre a fábula*, a *alegoria*, designação de um particular por outro particular, ao *exemplo*, designação do geral por um particular. A "alegoria" de Schelling está, portanto, mais próxima do que Lessing chama de exemplo (e, é claro, da alegoria de Goethe) do que da alegoria clássica. Schelling acrescenta que há uma diferença entre o texto alegórico e a leitura alegórica: podemos ler alegoricamente qualquer livro. "O encanto da poesia homérica e de toda mitologia repousa, na verdade, sobre o fato de conter também a significação alegórica como *possibilidade* – poderíamos, com efeito, também alegorizar tudo. Aí se baseia a infinitude do sentido na mitologia grega" (V, p.409).

Quanto ao símbolo, ele se caracteriza pela fusão desses dois contrários que são o geral e o particular; ou, segundo a formulação preferida por Schelling, porque o símbolo não apenas significa, mas *é*; ou seja, pela intransitividade do simbolizante. No símbolo, "o finito é ao mesmo tempo o infinito mesmo, e não apenas o significa" (V, p.452-3). "É simbólica uma imagem cujo objeto não apenas significa a ideia, mas é essa ideia *mesma*" (V, p.554-5). Os exemplos analisados vão no mesmo sentido: "Não convém dizer, por exemplo, que Júpiter ou Minerva *signifiquem* ou *devam* significar isso. Teríamos anulado,

Teorias do símbolo

com isso, toda independência poética dessas figuras. Elas não o significam, elas *são* a coisa mesma" (V, p.400-1).

Ou ainda:

> Assim, Maria Madalena não *significa* apenas o arrependimento, mas é o arrependimento mesmo vivo. Assim a imagem de santa Cecília, a santa protetora da música, é uma imagem não alegórica, mas simbólica, pois tem uma existência independente da significação, sem perder a significação. (V, p.555)

Observe-se que, ainda que repita Moritz nessa insistência sobre o heterotelismo da alegoria e o autotelismo do símbolo ("o que não é por si mesmo, mas por outro, *significa* este último", escreve ele também; V, p.566), Schelling jamais esquece que o símbolo é e *ao mesmo tempo* significa (ao passo que Moritz tinha maior propensão a dizer que ele é *em vez de* significar). Nisso, o símbolo é diferente da imagem, que, por seu lado, pode exaurir-se em sua percepção sensível.

> Não nos contentamos, é verdade, nem com o ser puramente insignificante, aquele, por exemplo, que é dado pela pura imagem, nem tampouco com a pura significação, mas queremos que aquilo que deve ser o objeto de uma representação artística absoluta seja tão concreto, que seja igual a si mesmo como a imagem, e, ao mesmo tempo, tão geral e rico em sentido quanto o conceito; eis porque a língua alemã traduz bem a palavra símbolo por *Sinnbild*, imagem significativa. (V, p.411-2)

Assim definido, o símbolo coincide em sua extensão com a arte, ou, em todo caso, com a essência da arte. "O pensamento é puro esquematismo, toda ação, ao contrário, é alegórica (pois significa, como particular, um geral), a arte é simbólica" (V, p.411).

Ao mesmo tempo, o símbolo coincide com o belo: "Segundo essas observações, podemos reduzir a uma só todas as exigências do quadro no estilo simbólico, a saber, que tudo está submetido à beleza, pois esta é sempre simbólica" (V, p.558).

Ainda mais forte é a assimilação entre símbolo e mitologia (é a este respeito que Schelling reconhece a sua dívida com Moritz).

> Na alegoria, o particular limita-se a *significar* o geral; na mitologia, ele próprio *é*, ao mesmo tempo, o geral (V, p.409). Segue-se de toda essa investigação, como consequência necessária: a mitologia, em geral, e cada uma de suas poesias em particular não devem ser compreendidas nem esquematicamente, nem alegoricamente, mas *simbolicamente* (p.411). A exigência de uma mitologia é, portanto, justamente, *não* que seus símbolos signifiquem simplesmente ideias, mas que sejam seres significantes por si mesmos, independentes (p.447).

Como para o símbolo em geral, no caso da mitologia, Schelling insiste particularmente no lado paradoxal de sua definição: a mitologia é *ao mesmo tempo* geral e particular, ela é *e* significa; mais ainda, ela só significa porque é:

> Cada figura da mitologia deve ser tomada tal como é, pois é com isso que será tomada como o que significa. Aqui, a significação é ao mesmo tempo o próprio ser, passou para o objeto, sendo uma só coisa com ele. Tão logo deixamos esses seres *significarem*

Teorias do símbolo

alguma coisa, eles mesmos não são *mais nada*. [...] Seu maior atrativo reside até no fato de que, enquanto apenas *são,* sem nenhuma relação, absolutos em si mesmos, deixam, ao mesmo tempo, a significação brilhar através deles. (V, p.411)

Esta é a primeira acepção dos termos símbolo e alegoria em Schelling. Ela aparece no § 39 da *Filosofia da arte;* e os termos conservam o mesmo sentido em outros trechos. Existe, porém, outra longa discussão dessas duas noções; versa sobre a pintura.

Em primeiro lugar, a tríade esquemático-alegórico-simbólico se verá reduzida a dois termos, já que na arte só se percebe o particular e, portanto, nunca se pode partir do geral. "Ou a arte figurativa faz significar o geral através do particular, ou este, embora significando aquele, o *é* ao mesmo tempo. A primeira espécie de representação é o *alegórico,* a outra, o *simbólico...*" (V, p.549).

As palavras simbólico e alegórico conservam aqui o mesmo sentido que antes, mas logo a situação mudará. Com efeito, na análise concreta da pintura simbólica e alegórica, Schelling parece partir de uma velha oposição, já característica da hermenêutica dos estoicos: a oposição entre sentido literal ou histórico e sentido alegórico. "A pintura simbólica coincide plenamente com a que chamamos de histórico, designa simplesmente a sua potência superior. [...] Segundo a nossa explicação, o próprio histórico é apenas uma espécie do simbólico" (V, p.555). Quanto à alegoria, ela se subdivide segundo categorias igualmente familiares à antiga hermenêutica: "Nos quadros, a alegoria pode ser ou física, e se relacionar com os objetos naturais, ou moral ou histórica" (V, p.552).

Essa alegoria não é idêntica à dos textos anteriores; a prova disso é que, nos exemplos evocados, a relação constituída não é mais entre um particular e um geral, mas, como na concepção antiga da alegoria, entre dois particulares. Eis um exemplo de alegoria física: "O Nilo e sua inundação de até dezesseis pés, que, segundo as antigas opiniões, significa a maior fertilidade, seria reproduzido em igual número de crianças sentadas ao pé da figura colossal" (V, p.552).

E um exemplo de alegoria histórica, tomando esta última palavra, aqui, uma significação diferente da que tem na expressão "sentido histórico" (ou literal): "O renascimento de uma cidade pelos favores de um príncipe será representado, nas moedas antigas, por um corpo feminino erguido acima da terra por um corpo masculino" (V, p.554).

Ora, o rio e as crianças, a cidade e o corpo humano são também entidades particulares: a relação entre eles só pode ser de semelhança, e não de exemplificação.

Um trecho da segunda seção dedicada à alegoria (e ao símbolo) ilustra particularmente bem essa mudança de sentido. Schelling parece distinguir entre uma alegoria no sentido frouxo, que corresponde à sua primeira definição da alegoria (o particular designa o geral), e uma alegoria no sentido forte, que se contenta (a nosso ver, de maneira muito mais frouxa) em marcar a diferença entre o que designa e o que é designado. Curiosamente, é justamente nesse momento que Schelling se recordou (como Kant) de outra teoria clássica, aquela que contrapõe signos motivados e imotivados.

Podemos, em geral, comparar a alegoria a uma língua *geral*, que, ao contrário das línguas particulares, não se baseasse em signos

Teorias do símbolo

arbitrários, mas em signos naturais e objetivamente válidos. Ela é significação de ideias através das imagens reais e concretas, e é por isso que a linguagem da arte e, em particular, da arte figurativa, que, segundo a expressão de um antigo, é uma poesia muda, deve apresentar os seus pensamentos, por assim dizer, pessoalmente, por figuras. Mas o conceito forte de alegoria, que também pressupomos aqui, é que aquilo que é representado significa algo outro do que ele mesmo, indica algo que é diferente dele mesmo. (V, p.549)

É impressionante constatar que, chegado às análises concretas, Schelling retorna a um sentido antigo – e, portanto, em seu contexto, banal – da oposição entre alegoria e símbolo (ainda que o último termo não tenha sido usado assim antes). De qualquer modo, o uso das palavras pelo qual Schelling se liga ao conjunto da tradição romântica é o primeiro, aquele que ele desenvolvia na parte geral do seu livro.

Outros

O primeiro a contrapor publicamente símbolo e alegoria não é Kant (que não menciona a alegoria nas páginas em que redefine o símbolo), nem Schiller (que só reflete sobre ela em suas cartas a Goethe), nem Goethe (que guarda na gaveta o escrito que lhe consagra), nem Schelling (que não publica durante a vida a *Filosofia da arte*), mas Heinrich Meyer, historiador da arte e amigo de Goethe. No mesmo ano de 1797, em que Goethe redige sua primeira exposição da dicotomia, Meyer publica, por seu lado, um ensaio com o mesmo título, *Sobre os objetos das artes figurativas*, ensaio aparentemente inspirado pelas discussões que tem com Goethe. Ainda que não se deva atribuir a Goethe a paternidade desse ensaio, compreende-se por que Meyer não desempenha um papel essencial na história desses dois conceitos: ele usa as palavras sem nenhum espírito crítico e sem se preocupar em especificar em que consiste exatamente a diferença entre eles. Eis aqui os trechos do seu ensaio que contêm o que mais se parece com a definição:

> Chamaremos puramente alegóricos os objetos que escondem, sob a superfície da imagem poética, histórica ou simbólica, uma verdade importante e profunda, que a razão só descobre depois que o sentido satisfeito não espera mais nada. [...] Nas imagens simbólicas das divindades ou de suas propriedades, a arte figurativa elabora seus objetos mais elevados, se impõe às ideias e até aos conceitos que nos apareçam de maneira sensível, força-os a entrar no espaço, a ganhar forma e a se oferecer ao olhar. (*Kleine Schriften*, p.14, 20)

No símbolo, o próprio significado é que se tornou significante, há uma fusão das duas faces do signo. Na alegoria, em compensação, as duas faces estão bem separadas: primeiro, contemplamos o sensível; uma vez que os sentidos nada mais encontram, intervém a razão, que descobre um sentido independente dessas imagens sensíveis. Observe-se, porém, que os percursos mencionados por Meyer estão no sentido oposto dos que encontrávamos em Goethe (em uma formulação, é bem verdade, posterior de vinte anos): aqui a alegoria é que vai do particular ao geral (da "imagem" à "verdade"), e o simbólico, do geral ao particular (das "ideias e conceitos" ao que se

Teorias do símbolo

oferece ao olhar). A falta de atenção dada por Meyer à oposição é ressaltada pelo fato de que, na primeira frase, embora quase uma definição de alegoria, a palavra "símbolo" aparece em um sentido não técnico.

Outra fórmula de Meyer chamará mais a atenção dos contemporâneos; mas só sai de sua pluma aproximadamente dez anos mais tarde. Para explicar a oposição entre símbolo e alegoria, recorre à oposição entre ser e significar, que já encontramos, com o mesmo emprego, em Schelling. A junção dos dois verbos é, até, ainda mais antiga e mais bem estabelecida. Em uma carta a Meyer, justamente, datada de 13 de março de 1791, escrevia Goethe ("alegoria" designa aqui o que mais tarde chamará de "símbolo"): "No que diz respeito à invenção, tocaste, a meu ver, a linha feliz que a alegoria não deve ultrapassar. São figuras que significam o todo, mas não significam, como tampouco mostram e, ouso até dizer, nem são". Nesse meio tempo, também, em 1800, Herder escrevera em *Kalligone* que os tons musicais "não apenas significam, mas são...". Eis agora as frases de Meyer acerca do símbolo e da alegoria (que censura a Winckelmann não ter distinguido):

> [Os símbolos] não têm nenhuma outra relação, mas são realmente o que representam: Júpiter, a imagem da maior dignidade na potência ilimitada [...], Vênus, a mulher criada para o amor etc.; caracteres, portanto, da mais alta espécie ou conceitos gerais encarnados pela arte; tais representações são chamadas símbolos, ao contrário das alegorias propriamente ditas [...]. A representação simbólica é o próprio conceito geral, tornado sensível; a representação alegórica significa apenas um conceito geral diferente dela. ("Notas" para a edição de *Winckelmann*, p.684-5)

337

O símbolo é, a alegoria significa; o primeiro funde significante e significado, a segunda os separa.

Entre os dois textos de Meyer, será publicada outra formulação que, mais que de Goethe, deriva de Schelling. Encontramo-la em Frierdrich Ast; seu livro, *System der Kunstlehre* [Sistema de ensino de arte], publicado em 1805, contém, por assim dizer, uma exposição esquemática e dogmática da estética (então inédita) de Schelling. A distinção que se segue encontra seu lugar em uma página que contrapõe natureza e arte, segundo a categoria da transitividade. Escreve Ast:

> O produto particular do universo não é senão uma alegoria do absoluto, isto é, está ligado ao absoluto e significa o todo, sem representá-lo, portanto sem representar um absoluto; a obra de arte, ao contrário, é símbolo do absoluto, isto é, significação e ao mesmo tempo representação do absoluto. (*System der Kunstlehre*, p.6)

Ast reencontra, provavelmente sem o saber, os termos de que se servia Diderot para opor o uso poético e o uso utilitário da linguagem: no primeiro, significa-se e se representa ao mesmo tempo; no segundo, limita-se à significação. Referindo-se, por outro lado, às ideias desenvolvidas por Ast acerca da natureza da obra de arte ou até do discurso em geral, podemos interpretar, sem hesitação, essa diferença. A relação entre o sensível e o inteligível é motivada no caso do símbolo, imotivada no caso da alegoria; o que, por sua vez, remete à maior ou menor coerência entre os diferentes planos da obra (com o qual, como já vimos, Ast tanto se preocupa).

Outro autor que trata do mesmo problema, nessa época, é Wilhelm von Humboldt. A sua discussão da relação entre símbolo e alegoria aparece no fim de um ensaio dedicado ao Estado grego; Humboldt reflete sobre as formas de arte próprias dos gregos (omito os exemplos):

> Nem sempre se entende corretamente o conceito de símbolo, e muitas vezes ele é confundido com o de alegoria. É verdade que em ambos é exprimida uma ideia por uma figura visível, mas de modo muito diferente em um e outro caso. [...] [Nas] representações alegóricas, [...] uma ideia claramente pensada é vinculada arbitrariamente a uma imagem. [...] [Nos] símbolos verdadeiros e autênticos, [...] partindo de objetos simples e naturais, [...] chegam às ideias que não conhecem de antemão, que até permanecem eternamente inapreensíveis em si mesmas, sem que nada percam de sua individualidade e de sua própria natureza. [...] Pois é próprio do símbolo que a representação e o representado, em constante intercâmbio mútuo, incitam e obrigam o espírito a se demorar mais longamente e a penetrar mais profundamente, ao passo que a alegoria, ao contrário, uma vez encontrada a ideia transmitida, como um enigma resolvido, só produz uma admiração fria ou uma ligeira satisfação da figura graciosamente bem executada. (III, p.216-8)

Semelhante nisso a Goethe, Humboldt não esquece as características comuns do símbolo e da alegoria: são, como diria Kant, apresentações ou hipotiposes. Mas ênfase é dada às diferenças. A alegoria é caracterizada de modo mais sucinto: é, por um lado, arbitrária, no sentido, provavelmente, de imotivada; por outro, tem um sentido finito, nomeado de maneira exaustiva. Do símbolo não se diz que seja motivado, mas podemos induzi-lo da oposição com a alegoria. Enquanto o sentido dessa última era um produto acabado, há no símbolo uma simultaneidade entre o processo de produção e seu acabamento: o sentido só existe no momento de seu surgimento. Do mesmo modo, o caráter fechado do sentido alegórico contrapõe-se ao processo significante inexaurível, característico do símbolo; por isso mesmo, o símbolo é capaz de exprimir o indizível. Por outro lado, a face simbolizante e a face simbolizada estão em constante interpenetração, ou seja, o simbolizante significa, mas nem por isso deixa de *ser*.

Esse texto de Humboldt merece atenção: em uma época em que, ainda que lesse os inéditos dos contemporâneos, só podia neles encontrar oposições simples entre símbolo e alegoria, ele produz uma descrição que sintetiza todas as categorias que caracterizam a doutrina romântica da arte: o símbolo é ao mesmo tempo produção, intransitividade, motivação, sintetismo e expressão do indizível; além disso, a diferença entre as duas noções é situada, mais do que nos objetos da interpretação, nas atitudes que estas provocam. Retenhamos também a afirmação de uma incessante troca mútua entre simbolizante e simbolizado.

É interessante notar que aproximadamente quinze anos depois (em 1822), quando Humboldt se dedicar exclusivamente ao trabalho sobre a linguagem, voltará a usar essa mesma oposição, mas trocando os termos; não mais se trata de símbolo e alegoria, mas de arte e linguagem. Desta vez, a arte é que funde o sensível e o inteligível, ao passo que a linguagem os separa; a arte é natural, enquanto a linguagem é o arbitrário. Podemos formar um juízo a este respeito a partir disto:

> Por um lado, a linguagem [...] deve ser comparada à arte, pois, como esta, tende a representar o invisível de maneira sensível.

Teorias do símbolo

[...] Mas, por outro lado, a linguagem, em certa medida, opõe-se à arte, pois só se considera como um meio de representação, ao passo que a arte, abolindo realidade e ideia, na medida em que estas se apresentam de maneira separada, coloca no lugar delas a sua obra. Nascem desta propriedade mais limitada da linguagem como signo outras diferenças de caráter entre as duas. Uma língua mostra mais vestígios do uso e da convenção, traz consigo mais arbitrariedade; enquanto a outra traz consigo mais natureza... (IV, p.433)

Creuzer e Solger

As ideias expostas nos textos que acabamos de examinar são, como é fácil ver, inteiramente dependentes da doutrina estética dos românticos. Não será esse o caso em nossos dois últimos autores, Creuzer e Solger; é verdade que mais de dez anos os separam da época do *Athenaeum*. Ambos se movem à sombra dos românticos e retomam textualmente algumas de suas ideias. Mas cada qual faz uma contribuição original, senão à doutrina em geral, pelo menos à articulação da oposição e ao sentido dos dois termos, símbolo e alegoria.

Creuzer precisa da distinção entre as duas noções, como de muitas outras, para usá-la em uma gigantesca construção, dedicada à mitologia dos povos antigos; o título da obra começa, significativamente, com as palavras *Simbólica e mitologia...* Creuzer participa de modo muito ativo da revalorização do mito e do estabelecimento da dicotomia signo-símbolo, *logos-mythos*; chega a falar, em outro livro, do Oriente como de um "mundo simbólico" e do Ocidente como de um "mundo silogístico". Na introdução a *Simbólica e mitologia* (1810), define

341

ambos os termos que nos interessam, bem como vários outros, dentro de um quadro geral do "iconismo". Atribui ao símbolo muitas propriedades que já nos são familiares: é uma "expressão do infinito" (p.57, 62), do "ilimitado" (p.62), do "indizível" (p.63), o que significa e, ao mesmo tempo, é, ao passo que a alegoria apenas significa (p.70) etc. Mas a contribuição original de Creuzer foi a de vincular ao par símbolo-alegoria a categoria do tempo. Eis como ele caracteriza a metáfora, para ele, subespécie do símbolo:

> A propriedade essencial desta forma de representação continua sendo a de produzir algo uno e indiviso. O que a razão analítica e sintética reúne em uma série sucessiva como traços particulares, em vista da formação de um conceito, essa outra maneira de apreender o dá por inteiro e ao mesmo tempo. É um único olhar; realiza-se de um só golpe a intuição. (p.57)

A oposição geral entre símbolo e alegoria está de acordo com esse caráter instantâneo da metáfora (em outro trecho, Creuzer compara o símbolo ao "relâmpago que de uma só vez ilumina a noite escura"; p.59; e essa fórmula lembra muito uma expressão de Schelling, que aparece na *Filosofia da arte*, então inédita: "No poema lírico, assim como na tragédia, a metáfora muitas vezes só age como um relâmpago que ilumina de repente um lugar escuro e é de novo engolido pela noite. Na epopeia, ela vive em si mesma e se torna, por sua vez, uma pequena epopeia"; V, p. 654):

> A diferença entre as duas formas [símbolo e alegoria] deve ser colocada na instantaneidade, que falta à alegoria. Abre-se a

Teorias do símbolo

ideia no símbolo em um instante, e inteiramente, e atinge todas as forças de nossa alma. É um raio que cai direto do fundo escuro do ser e do pensar em nossos olhos e atravessa toda a nossa natureza. A alegoria convida-nos a respeitar e seguir a marcha assumida pelo pensamento oculto na imagem. Lá está a totalidade instantânea; aqui, a progressão em uma série de momentos. É por isso que a alegoria, mas não o símbolo, compreende o mito, ao qual convém da maneira mais perfeita a epopeia em progressão e que só tende a se condensar em simbolismo na teomitia, como veremos posteriormente. Há, portanto, uma grande verdade no fato de alguns retóricos chamarem de alegoria a realização ou, por assim dizer, o desdobrar-se de uma única e mesma imagem (tropo, metáfora etc.); pois essa realização e conduta da imagem é, em geral, uma propensão inata da alegoria. (p.70-1)

A alegoria é sucessiva, o símbolo é simultâneo. A referência aos antigos retóricos é enganosa. Creuzer menciona a oposição feita por um Quintiliano entre metáfora e alegoria, sendo a última definida como uma metáfora continuada. Mas a duração de que fala Quintiliano está no significante linguístico (várias palavras em vez de uma só), enquanto aquela a que se refere Creuzer diz respeito, visivelmente, à atividade psíquica de compreensão e de interpretação. O uso feito por Creuzer dos termos símbolo e alegoria é diferente tanto do dos antigos, quanto do modo como os seus contemporâneos agrupam várias categorias dentro de uma única noção: para um Schelling, por exemplo, como, creio, para todos nós, o mito vai de par com o símbolo (não com a alegoria), pois um e outro tendem ao literalismo; de um modo mais geral, a alegoria é que suspende o tempo, obrigando-nos a uma interpretação atemporal, ao passo que o símbolo está ligado ao narrativo e, portanto, ao desenvolvimento temporal. Vê-se, porém, de onde vem a conclusão de Creuzer: não dos ensinamentos da retórica clássica, mas da referência a outras características do símbolo e da alegoria. A instantaneidade do símbolo está ligada à ênfase que nele é dado ao processo de produção, à fusão entre simbolizante e simbolizado, à incapacidade, para a razão, de analisar e dizer de outra maneira esse simbolizado. Creuzer adicionou ao repertório romântico uma categoria na qual não se havia pensado antes, mas que reencontraremos na estética do século XX (ela será revigorada, em especial, por Benjamin).

Passemos, por fim, a Solger. O símbolo é a principal noção de sua estética; é coextensivo ao belo e, portanto, à arte, e só se opõe a outras relações significantes, como o signo, a imagem ou o esquema. O símbolo, nesse sentido da palavra, caracteriza--se por vários traços que já nos são familiares: atividade mais do que obra, entidade intransitiva e não instrumental, ele opera a fusão dos contrários, aqui do espiritual e do material, do geral e do particular, do ser e do significar. Mas dentro desse simbolismo-em-geral, podemos distinguir várias formas, às quais Solger, de um modo um tanto desconcertante, dá o nome de símbolo e de alegoria. Examinaremos aqui essa oposição entre símbolo, no sentido estrito, e alegoria.

O modo mais simples de explicar o sentido dado por Solger a esses termos seria dizer que ele projeta a distinção entre clássicos e românticos, tal como a encontramos, por exemplo, em August Wilhelm Schlegel, sobre a de símbolo e alegoria, associando, portanto, de modo surpreendente, a arte moderna e romântica à alegoria – que se torna o seu modo de expressão

Teorias do símbolo

fundamental.[10] Tal projeção é assumida pelo próprio Solger, que escreve: "Reina a alegoria na arte cristã. [...] Na arte antiga, em compensação, reina o símbolo, [frase cuja continuação

---

10 Assim como Solger, Hegel vai buscar, em sua *Estética*, estabelecer solidariedades entre a tipologia das formas (símbolo, alegoria) e os períodos da história (clássico, romântico). Mas, para ele, símbolo e alegoria não se opõem diretamente, e é por isso que a sua doutrina não tem verdadeiramente lugar na presente exposição.

Quanto aos períodos, dispomos de três termos e não mais dois. O clássico permanece definido como em August Wilhelm Schlegel, mas a categoria oposta se subdivide em duas, conforme predomine a forma ou a ideia. Só a última variedade é chamada em Hegel de "romântica"; quando é em proveito da forma que se desenlaça a associação do sensível e do inteligível, ela recebe o nome, desconcertante neste contexto, de "simbólica". Essa tríade aproximaria Hegel, para além de Solger e de August Wilhelm Schlegel, de sua fonte comum: Schelling. Os dois sistemas poderiam ser assim colocados em correspondência um com o outro: Schelling, esquematismo-símbolo-alegoria; Hegel, simbólico-clássico-romântico.

Quanto às formas (que aparecessem como uma subdivisão de uma das variedades da arte simbólica; entretanto, poderemos responsabilizar Hegel por essa articulação difícil?), ele institui outra tríade, estritamente análoga à primeira e composta de enigma, alegoria e imagem. As equivalências instituem-se da seguinte forma: enigma-simbólico, imagem-clássico, alegoria-romântico (sendo essa última igual à de Solger).

A oposição mais geral de Hegel, aquela que tem uma função comparável à do par símbolo-alegoria dos românticos, articula-se entre símbolo e signo. O símbolo (que parece estar a uma grande distância do "simbólico" como período) define-se como sendo motivado e não necessário (secundário). Mas não podemos identificar a alegoria de Goethe e o signo de Hegel.

Quer nos ocupemos das palavras ou interroguemos os conceitos, é necessário constatar que, embora a sua *Estética* seja baseada em ideias românticas, Hegel não retoma a oposição símbolo-alegoria.

já sugere qual é o conteúdo da oposição:] no qual permanece indissoluta a unidade que a alegoria dissolve" (*Erwin*, p.301).

E, em um trecho mais complexo:

> Assim como no espírito da arte antiga, a essência e a manifestação estão sempre já unificados simbolicamente na própria atividade, assim também elas se encontram aqui [na arte moderna] em uma oposição alegórica, que só pode ser mediatizada pelo *Witz*, que reúne as relações isoladas das coisas e, com isso, recupera o seu caráter isolado... (*Erwin*, p.376)

Símbolo e alegoria caracterizam-se pela reunião dos contrários. Mas essa reunião pode ter diversas modalidades, como o sabemos desde a oposição da arte grega e da arte cristã (ou até, em Schelling, da natureza e da arte): os contrários podem ser harmoniosamente combinados ou copresentes em sua irredutibilidade essencial. A unidade é abolida ou mantida, como podia ser consciente ou não. O *Witz* vem desempenhar aqui um papel que não poderemos detalhar: no caso da alegoria, logo precisamente da copresença irredutível e, de certo modo, desesperada dos contrários, ele vem oferecer um meio de distensão ou, como diz Solger, de absorção (*Aufhebung*): a alegoria é uma negação da negação.

Dessa primeira característica decorre uma segunda, que diz respeito não mais ao sintetismo próprio de um ou de outro, mas ao fato de estar em estado de perpétuo devir. Ambos estão; mas, como a alegoria é mais um dilaceramento e o símbolo, um acordo, aquela se situa, de certo modo, antes deste último e permanece, portanto, mais perto do devir puro, ao passo que o símbolo se vê atraído para o lado do resultado em que

Teorias do símbolo

desemboca o processo (reencontramos aqui a introdução de uma dimensão temporal).

> A alegoria contém a mesma coisa que o símbolo; só que nela apreendemos mais a ação da ideia, que se realizou no símbolo. [...] Quando consideramos o símbolo [no sentido amplo] do ponto de vista da atividade, nele reconhecemos, em especial: 1. toda a ação como nele exaurida, portanto como sendo ela mesma objeto ou matéria, na qual, porém, ela ainda é percebida como ação. É o símbolo no sentido estrito. Reconhecemos 2. o belo como matéria apreendida ainda na atividade, como um momento da atividade, que se liga ainda aos dois lados. É a alegoria. (*Vorlesungen*, p.131, 129)

Os contrários, o devir, estão presentes em ambas as partes; mas a dualidade é mais forte na alegoria, mais harmoniosamente absorvida no símbolo. Ou, como diz outra formulação: a atividade é colorida de matéria na alegoria, a matéria é colorida de atividade no símbolo (Ibid.).

A oposição *entre* símbolo e alegoria é feita, no caso de Solger, por meio de categorias familiares à estética romântica, mas que servem habitualmente para caracterizar apenas o símbolo romântico. Com isso, desaparece a depreciação, obrigatória em Goethe, Schelling, Ast, Humboldt etc., da alegoria, pois agora esta participa das mesmas qualidades que o símbolo no sentido amplo – e até as possui, por vezes, em mais alto grau que o símbolo no sentido estrito. Comparável nisso a Creuzer, Solger afirmará explicitamente os direitos iguais do símbolo e da alegoria: "As duas formas têm os mesmos direitos, e nenhuma deve ser preferida incondicionalmente à outra" (*Vorlesungen*, p.134); ele se contentará em atribuir simplesmente a cada um uma esfera de ação em que seria mais apropriado que o outro.

> O símbolo tem a grande vantagem de ser capaz de tudo figurar como uma presença sensível, pois concentra toda a ideia em um ponto da manifestação. [...] Mas a alegoria tem vantagens infinitas para um pensamento mais profundo. Ela pode captar o objeto real como puro pensamento, sem perdê-lo como objeto. (*Vorlesungen*, p.134-5)

Existem muitos outros autores que escreveram sobre o símbolo e a alegoria entre 1797 e 1827 (data aproximada do último fragmento de Goethe); mas me detenho aqui. Se aceitarmos reconhecer os traços principais da estética romântica nas poucas categorias que enumerei anteriormente – produção, intransitividade, coerência, sintetismo, expressão do indizível –, admitiremos também que a noção de símbolo se opõe à de alegoria por uma ou outra dessas mesmas categorias e, portanto, que essa noção concentra, por si só, o conjunto, ou pelo menos as grandes linhas, da estética romântica.

Nota bibliográfica

Friedrich Ast: cito os seguintes livros: *System der Kunstlehre*. Leipzig: Hinrichs, 1805; *Grundriss der Philologie*. Landshut: P. Krüll, 1808; *Grundlinien der Grammatik, Hermeneutik und Kritik*. Landshut: J. Thomann, 1808.

Friedrich Creuzer: *Symbolik und Mythologie der alten Völker* (1810), 1819, t.I. Existe uma tradução francesa dessa obra, mas é inutilizável.

As obras de Goethe são citadas segundo Jubiläumsausgabe (abreviado como JA) ou, na falta dela, segundo Weimarer Ausgabe (abreviado como WA); a menção da edição é seguida de um primeiro número que indica o volume e de um segundo para a página.

Wilhelm von Humboldt é citado na edição da Academia da Prússia; o número romano indica o volume, o árabe, a página. Existe uma tradução francesa da *Verschiedenheit...*, com o título de *Introduction à l'oeuvre sur le kavi* [Introdução à obra sobre o kavi], Paris, 1974; não me servi dela aqui; ela traz a paginação da edição da academia na margem.

Kant: cito a *Critique de la faculté de juger* [Crítica da faculdade de julgar] na tradução francesa de Philonenko, Paris, 1974.

Heinrich Meyer: por um lado, o volume *Kleine Schriften zur Kunst*, Heilbronn, 1886; por outro, as suas notas aos *Werke* de Winckelmann, t.II, 1808.

Os textos de Karl Philipp Moritz são citados segundo *Schriften zur Aesthetik und Poetik:* Kritische Ausgabe, Tübingen, 1962; ou, na ausência dela, segundo *Götterlehre, oder mythologische Dichtungen der Alten*, Lahr, 1948 (essa referência é precedida da menção: *Götterlehre*).

Quanto aos textos de Novalis, resignei-me a remeter às *Oeuvres complètes*, 2 v., Paris, 1975, edição cuidada por Armel Guerne, pois é a mais completa que existe em francês. As minhas referências comportam: quanto ao tomo II, o número da seção (em algarismos romanos) e o número do fragmento (em algarismos arábicos); quanto ao tomo I, o número desse tomo e o da página. Nem sempre segui a tradução de Guerne, que é, às vezes, equivocada e muitas vezes inexata. Para o texto, preferimos a de M. de Gandillac, publicada com o título *L'Encyclopédie*, Paris, 1960 (mas que é menos completa).

Todas as referências a Schelling remetem à edição original *Sämmtliche Werke*, Stuttgart e Augsburg: o algarismo romano indica o número do volume (salvo menção em contrário, da primeira série), o algarismo arábico o da página. Acrescento, quando pertinente (portanto, para todas as obras, com exceção da *Philosophie de l'art* [Filosofia da arte]) a paginação da tradução francesa: o último capítulo do *Système de l'idéalisme transcendantal* [Sistema do idealismo transcendental], nos *Essais* [Ensaios] de Schelling, Paris, 1946; "Sobre a relação das artes figurativas com a natureza", nos *Écrits philosophiques* [Escritos filosóficos], publicados em 1847; e a *Introduction à la philosophie de la mythologie* [Introdução à filosofia da mitologia], Paris, 1946, t.I.

As referências de August Wilhelm Schlegel remetem a *Vorlesungen über schöne Literatur und Kunst*, t.I, *Die Kunstlehre*, Stuttgart, 1963 (abreviado como *Die Kunstlehre*) e aos *Vorlesungen über dramatische Kunst und Literatur*, Stuttgart, t.I, 1966; t.II, 1967 (abreviado como *Vorlesungen*). Essa última obra foi traduzida em francês, mas a sua tradução é inutilizável. Em compensação, dou as referências da excelente tradução de Ch. Bénard de um trecho da *Kunstlehre*, publicado como apêndice aos *Écrits philosophiques* [Escritos filosóficos] de Schelling (Paris, 1847).

Quanto aos textos de Friedrich Schlegel, adotei as seguintes abreviações: os fragmentos publicados por Schlegel são designados por uma letra que indica o nome da coleção (L = Lyceum, A = Athenaeum) e por um número, que é o do fragmento; o texto é o do t.II da *Kritische Ausgabe* (desconfiaremos das traduções, parciais, de A. Guerne). Quanto aos fragmentos que permaneceram inéditos enquanto viveu: *LN* seguido de um número designa *Literary Notebooks 1797-1801*, Londres, 1957, e o número do fragmento; "Philosophie der Philologie" remete a J. Körner, "Friedrich Schlegels 'Philosophie der Philologie'", *Logos*, 17 (1928), p.1-72, o número indica a página; por fim, o v.XVIII da *Kritische Ausgabe* é designado por seu número, seguido do número da seção (em algarismos romanos) e do número do fragmento (em algarismos arábicos). *Gespräch über die Poesie*, abreviado como *GP* e seguido do número da página remete ao v.II da *Kritische Ausgabe*.

De Friedrich Schleiermacher, cito *Hermeneutik*, Heidelberg, 1959.

K. W. F. Solger: *Erwin*, Munique, 1971 (reimpressão da edição de 1907); *Vorlesungen über Aesthetik*, 1829.

W. H. Wackenroder: as minhas referências remetem à edição bilíngue publicada em Paris, em 1945, com o título *Fantaisies sur l'art, par un religieux ami de l'art* [Fantasias sobre a arte, por um religioso amigo da arte].

7
A linguagem e seus duplos

A linguagem original. A linguagem selvagem.

A deusa do conhecimento não sorri aos que desdenham os velhos.

Bhartrhari

Santo Agostinho admite a existência de signos próprios e transpostos; os retóricos estão acostumados a falar de sentido próprio e de sentido figurado; a estética romântica separa a alegoria do símbolo. Como vimos, tais dicotomias não coincidem entre si; todas elas mostram, porém, uma consciência da diferença entre várias formas, que são reunidas (às vezes) sob o título geral de signos. Ao mesmo tempo, raramente se contentam em constatar que os signos são variados: tão logo formulada, e até mesmo antes de sê-lo, a oposição se vê muito valorizada. O presente capítulo é consagrado a uma das formas dessa valorização, particularmente influente na tradição das ciências humanas.

De fato, a existência de signos e de símbolos (adotemos por enquanto essas denominações das duas grandes formas de evocação do sentido) provoca, de modo espantosamente frequente, duas atitudes contraditórias: por um lado, na prática, se convertem incansavelmente os signos em símbolos, enxertam-se em cada signo inúmeros símbolos; por outro lado, em declarações teóricas, afirma-se sem cessar que tudo é signo, que o símbolo não existe ou não deveria existir.

Quanto mais intensa é a atividade simbolizante, mais ela secreta esse anticorpo que é a afirmação metassimbólica segundo a qual o símbolo nos é desconhecido. Guardadas todas as proporções, do mesmo modo como não quiseram admitir que a terra não é o centro do universo ou que o homem descende dos animais ou que a razão não é a única senhora de seus gestos, afirma-se que a linguagem é o único modo de representação e que essa linguagem é composta só de signos, no sentido restrito – logo de lógica, logo de razão. Mais exatamente, como é difícil ignorar inteiramente o símbolo, declaramos que nós – os homens adultos normais do Ocidente contemporâneo – estamos livres das fraquezas ligadas ao pensamento simbólico e que este só existe nos *outros*: os animais, as crianças, as mulheres, os loucos, os poetas – esses loucos inofensivos –, os selvagens, os antepassados – que, em compensação, nada mais conhecem do que ele. Resulta daí uma situação curiosa: durante séculos, os homens descreveram seus símbolos, mas pretendendo observar os signos dos outros. É de crer que uma censura vigilante só autorizava falar do simbólico se se usassem nomes emprestados, como "loucura", "infância", "selvagens", "pré-história". Um

Teorias do símbolo

tabu territorial (os selvagens), temporal (os hominídeos e as crianças), biológico (os animais e as mulheres) ou ideológico (os loucos e os artistas) impediu admitir o simbólico em nossa vida e, em especial, em nossa língua. Ora (esta será a minha tese), as descrições do signo "selvagem" (o dos outros) são descrições selvagens do símbolo (o nosso).

Tal situação implica uma reação dupla.

Primeiro, pode-se provar que o nosso pensamento conhece os mesmos procedimentos que o dos "primitivos" ou dos "doentes". É um trabalho ainda mais difícil de executar por envolver os nossos próprios hábitos; ele teve início, porém, com a denúncia de uma série de centrismos: o etnocentrismo, o antropocentrismo, o adultocentrismo (o termo é de Piaget), o logocentrismo. Paralelamente, podemos acostumar-nos a observar, em nosso pensamento, os procedimentos pretensamente primitivos. Gostaria de dar aqui dois exemplos, escolhidos entre outros por se situarem nesses próprios raciocínios segundo os quais o nosso pensamento só conhece signos, e o *outro*, símbolos!

O primeiro vem de Lévy-Bruhl. A enunciação original da "mentalidade primitiva", embora granjeasse ampla adesão, provocara alguns protestos referentes ao uso das palavras "primitivo", "pré-lógico", "participação", "místico". Durante aproximadamente trinta anos, Lévy-Bruhl teve de se explicar longamente, nas páginas de introdução ou de conclusão, acerca do sentido por ele dado a essas palavras. "Primitivo" não queria dizer *primitivo*, era só uma denominação convencional; "místico" não significava *místico*, mas a crença na existência real das coisas invisíveis... Só que jamais quis substituir essas *palavras* (arbitrárias, segundo a sua própria doutrina, que contrapõe, neste ponto, línguas ocidentais e línguas primitivas) por outras. Escreve Maurice Leenhardt no prefácio dos *Carnets*:[1] "Não é essa mesma razão da novidade de sua obra na época que explica em seu vocabulário a escolha do termo místico, apesar de sua insuficiência e apesar de não lhe agradar? Se lhe sugeriam suprimir o *s* para dizer mítico, ele opunha o seu sorriso irônico..."

Mas quem tinha razão eram os leitores de Lévy-Bruhl. Dezenas de páginas de explicação não bastaram para convencer que o sentido em que Lévy-Bruhl usava a palavra "místico" e o sentido corrente da palavra nada tinham em comum. Escrevia Lévy-Bruhl acerca dos nomes entre os primitivos: "A nosso ver, dar um nome a um objeto em nada o modifica, e uma homonímia arbitrariamente estabelecida não poderia produzir nenhum efeito real. Para os primitivos, a coisa é completamente diferente. Sendo o nome, pertença essencial, o ser mesmo, homonímia vale identidade".[2] Mas foi exatamente assim que reagiram os seus leitores, para os quais a homonímia das duas "místicas" equivalia à identidade ou pelo menos ao parentesco! Pior ainda, era assim mesmo que ele próprio reagia, pois, senão, por que teria feito questão de conservar a palavra, embora não estivesse satisfeito com ela? Em seus *Carnets*, ele desiste de falar de pré-lógico e de princípio de não contradição entre os primitivos, mas permanece igualmente cego diante dos procedimentos que regem o nosso próprio pensamento: escreve, tendo em mente os seus exemplos: "Aquele que mais agiu sobre os leitores, a dualidade Bororo-Araras..."; mas não se dá conta de que a

---

1 Lévy-Bruhl, *Carnets*, p.xiv.
2 *L'Expérience mystique et les symboles chez les primitifs*, p.236.

Teorias do símbolo

razão pela qual esse exemplo foi tão bem-sucedido não é a sua singularidade lógica, mas a construção fônica perfeitamente análoga das duas palavras, *bororo* e *arara*...

Tomo de Piaget o outro exemplo. O ilustre psicólogo descreveu a abundância de símbolos entre as crianças, de signos entre os adultos. Mostrou que no símbolo se enxerta um tipo de raciocínio por ele chamado, na esteira de Stern, de "transdução" (como oposta à indução e à dedução), e que se define como uma "inferência não regulada (não necessária), porque se refere a esquemas que permanecem a meio-caminho entre o individual e o geral".[3] Assim, para Jacqueline, um menino corcunda com gripe não deveria mais ser corcunda quando sarar da gripe: as doenças são diretamente assimiladas uma à outra, sem passar pela classe geral das doenças, em que se distinguiriam aquela que provocou a corcunda e as outras. Ora, quando Piaget se volta para a evolução na função semiótica, afirma a abundância de "símbolos" na criança, sua quase ausência no adulto e conclui: "Atendo-nos à função semiótica, já não podemos, ao aceitarmos a distinção saussuriana entre o signo e o símbolo, pensar que houve evolução do sistema figurativo ao signo analítico?"[4]

Deixemos de lado a questão de saber se é verdade que os "signos analíticos" predominam no adulto ou que o signo tem sua origem no símbolo (o que Piaget nega explicitamente alhures); atenhamo-nos apenas à forma do raciocínio. Uma propriedade singular do símbolo (ser menos frequente) permite a Piaget inferir outra propriedade (ele evolui no sentido do signo). É como se se observasse que houve "mais" música

---

3 *La formation du symbole chez l'enfant*, p.248.
4 *Les Structuralisme*, p.97.

que pintura no século XIX e, inversamente, no século XX, e daí se concluísse que a música evolui no sentido da pintura... Eis um belo exemplo de "transdução" – que se acha, porém, no pensamento de um adulto (Piaget), embora este só devesse dispor de "signos analíticos" e, portanto, de deduções corretas!

O primeiro trabalho consiste, portanto, em assinalar os procedimentos do "pensamento simbólico" naqueles mesmos que pretendem não tê-los. Um segundo trabalho, complementar, dedicar-se-á a reinterpretar as descrições que foram feitas, pretensamente, da "mentalidade primitiva" ou da "linguagem original". Descrições que não são necessariamente falsas, mas se enganaram de objeto: crendo observar o *outro* signo, muitas vezes descreveram o *nosso* símbolo.

É preciso desconfiar, de fato, de uma reação excessiva contra a ideia de "mentalidade primitiva", que recuse não só a implantação obrigatória de tal "mentalidade" entre os outros, mas também a própria existência de outra coisa do que o signo e a lógica do signo. Retornando ao que cria ser, no fim de sua vida, uma afirmação abusiva, escrevia Lévy-Bruhl em seus *Carnets* (p.62-3): "A estrutura lógica do espírito é a mesma em todas as sociedades humanas conhecidas, como têm todas elas uma língua, costumes ou instituições; não mais falar, portanto, de 'pré-lógico' e dizer explicitamente porque renuncio a esse termo e a tudo o que ele parece implicar." A estrutura do "espírito humano" talvez seja a *mesma* em toda parte e desde sempre,[5] mas isso não quer dizer que ela seja *una*: o símbolo é irredutível ao signo, e inversamente. Quando escreve Lévi-Strauss: "Em

---

5 Como mostrou Leroi-Gourhan, o homem não provém do macaco. Mas de outro homem.

Teorias do símbolo

vez de contrapor magia e ciência, melhor seria colocá-las em paralelo, como dois modos de conhecimento, desiguais quanto aos resultados teóricos e práticos, [...] mas não pelo gênero de operações mentais que ambas supõem e que diferem menos em natureza do que em função dos tipos de fenômenos a que se aplicam",[6] podemos perguntar-nos se tal afirmação não procede de um etnocentrismo (ou se um logocentrismo) invertido, que, depois de ter recusado demasiado à magia, agora lhe concede demais: há magia na ciência e não só ciência na magia; não são estes dois princípios arraigados no signo e no símbolo, que diferem por natureza e não só pela função, nas operações mentais envolvidas e não só nos resultados? Mais uma vez, ciência e magia talvez sejam a mesma coisa; mas será uma coisa una? De preferência, portanto, a relegar ao esquecimento as pesquisas do passado acerca do signo primitivo, deveríamos verificar se nelas não há as primeiras descrições, sempre úteis, do símbolo.

As atitudes que aqui descrevo não têm uma inscrição histórica precisa, e os exemplos que as ilustram podem ser tomados de autores distantes no tempo. As especulações sobre a língua original são muito antigas; as sobre a linguagem dos loucos continuam em nossos dias. Podemos constatar que a crise romântica não as fez desaparecer; seríamos tentados a dizer: ao contrário. Quando um Wackenroder contrapõe linguagem verbal e linguagem da arte segundo as categorias que separam, em outro lugar, signo e símbolo, participa do mesmo paradigma que Vico e Lévy-Bruhl; a diferença — mesmo assim, nem sempre presente — está nas marcas apreciativas, negativas aqui, positivas ali, vinculadas ao símbolo (esse juízo, é claro, não exaure a con-

---

6 *La Pensée sauvage*, p.21.

cepção romântica do símbolo). Mais que "clássica" ou "romântica", a tradição de que falo me aparece como um complemento, difícil de evitar, de todas as teorias: seu *duplo*; de que escolho aqui duas versões: a "linguagem original" e a "linguagem selvagem".[7]

A linguagem original

A minha hipótese será, portanto, a seguinte: crendo descrever a origem da linguagem e do signo linguístico, ou sua infância, na realidade se projetou sobre o passado um conhecimento implícito do símbolo, tal como existe no presente.

As especulações sobre a origem da linguagem são tão abundantes, que não bastaria um livro inteiro para resumi-las.[8]

---

7 É uma escolha arbitrária. Poderíamos, por exemplo, entregar-nos ao mesmo trabalho a partir das descrições psiquiátricas da linguagem dos doentes mentais. Teríamos, então, de refletir sobre fórmulas deste tipo: "Os nossos doentes, como o Sr. Jourdain, são simbolistas inconscientes. [...] Basta-lhe a doença para descobrir as leis do simbolismo" (Pouderoux, *Remarques sur l'incohérence des propos de quelques aliénés*, p.56). "Para traduzir o seu pensamento, o esquizofrênico prefere esse tipo de interjeição simbólica ao uso de palavras triviais, mas articuladas em uma proposição lógica que satisfaça às leis da sintaxe" (Pottier, *Réflexions sur les troubles du langage dans les psychoses paranoïdes*, p.129). Arieti, com sua equação esquizofrenia = paleológico, seria um fértil campo de pesquisas.

8 O que, aliás, já foi feito: são os seis volumes de Borst, *Der Turmbau von Babel*, Stuttgart, 1957-1963. Para visões mais sintéticas, cf. Rosenkranz, *Der Ursprung der Sprache*; ou Sommerfelt, The origine of language. Theories and hypotheses, *Cahiers d'histoire mondiale*, I (1953-1954), 4, p.885-902; ou Allen, Ancient ideas on the origin and development of language, *Transactions of the Philological Society*, 1948, p.35-60. O livro de Révész, *Origine et Préhistoire du langage*, também contém algumas informações úteis.

Assim, não tentarei oferecer aqui uma visão, necessariamente superficial, da história dessas especulações; mas antes propor um retrato robô, acrônico em si mesmo, que só conserva alguns traços típicos. Além disso, limitar-nos-emos a um de seus aspectos: o que está ligado à relação entre significante e significado.

A divisão clássica dessas teorias contrapõe *physei* a *thesei*, a origem natural à origem convencional. Esses termos podem abranger duas oposições: entre motivado (natural) e imotivado; ou entre social (convencional) e individual. Ora, ninguém, ou quase (veremos mais adiante quais são essas exceções), afirmou que a linguagem *natural* fosse, por isso mesmo, *individual*; o caráter convencional – no sentido de social e obrigatório – da linguagem é, na realidade, aceito pelos defensores das duas opiniões opostas. Pode-se concluir daí que a oposição real passa entre motivado e imotivado. Mas, então, só a primeira opção pode ser qualificada de hipótese sobre a linguagem original, mais exatamente sobre a relação que une significante e significado: trata-se, de fato, de renunciar a procurar uma diferença não temporal entre linguagem presente e passada, mais que de ver esta à imagem daquela. Ou seja, todas as hipóteses, no sentido construtivo, sobre a linguagem original reduzem-se à busca de uma *motivação* entre as duas faces constitutivas do signo; ou, segundo a fórmula de August Wilhelm Schlegel: "A protolíngua consistirá em signos naturais, isto é, signos que se acham em uma relação essencial com o designado" (*Die Kunstlehre*, p.239). São, portanto, mais as formas dessa motivação que nos vão ocupar aqui.

Ainda esquematizando bastante, poderíamos distinguir três etapas principais que a busca da motivação atravessa, na ordem: I. da linguagem abstrata (atual) à linguagem figurada;

2. da linguagem figurada à onomatopeia; 3. da onomatopeia à linguagem gestual. Essa gradação baseia-se no grau de presença do referente no signo. Com efeito, postulando de antemão a presença de motivação, mas limitando-se sempre ao signo, só poderíamos tratar da relação de denotação (entre signo e referente) ou de simbolização (não há motivação possível entre significante e significado). No caso do tropo, ou símbolo verbal, confrontamos dois termos homogêneos, o sentido próprio e o sentido figurado. No da onomatopeia, é uma parte do referente que, em geral, se torna o seu signo. Por fim, na linguagem dos gestos, o referente permanece presente quase por inteiro. Examinemos rapidamente, agora, cada um desses patamares.

Quando a busca da origem permanece no campo *verbal* e não se refere a um modo de significação diferente (como o símbolo), recebe o nome de *etimologia*. Ora, a etimologia, no plano semântico, não conhece outras relações senão as trópicas. Para ilustrar essa afirmação, lembrarei uma apresentação sintética e lúcida de suas práticas, que encontramos em Stephen Ullmann.[9] Depois de ter passado em revista as diversas classificações das operações praticadas pelos etimologistas, estabelece o autor dois princípios irredutíveis, que levam a uma "classificação lógica" e a uma "classificação psicológica". Observemos, primeiro, a classificação lógica. Ela "está ligada às tradições da retórica clássica e medieval", pois "os pioneiros da semântica, Darmesteter, Bréal, Clédat e outros, ainda não conseguiram libertar-se do ponto de vista retórico" (p.271). O resultado é o seguinte:

---

9 Cito seu livro em francês, *Précis de sémantique française*.

Teorias do símbolo

A classificação é feita por meio de uma comparação puramente quantitativa da área da significação antes e depois da mudança. Haverá, portanto, três possibilidades: a área nova poderá ser mais extensa que antes; poderá ser mais reduzida; enfim, ambas as noções podem achar-se em pé de igualdade. (p.271-2)

Portanto, três casos: *extensão*, por exemplo, *arripare*, em latim, significa "alcançar a margem" e produz em francês *arriver* [chegar], cujo sentido é mais geral; *restrição*, por exemplo, o latim *vivenda*, que significa "os víveres" (toda espécie de alimento) produz em francês *viande* (carne), cujo sentido é obviamente mais restrito; e *deslocamento*, por exemplo, *canard*, que em francês tem o sentido de pato e jornal – aqui, "toda comparação de suas áreas seria absurda" (p.273).

Vemos bem, de fato, os vestígios do "ponto de vista retórico". Atendo-nos às retóricas clássicas ou voltando-nos para as apresentações modernas, sempre observamos as mesmas relações trópicas: a sinédoque, que pode ir da espécie ao gênero ou do gênero à espécie, portanto ampliar ou reduzir a sua extensão; e, por outro lado, a metáfora e a metonímia, que deslocam a extensão sem mudar as suas dimensões. Permanecemos, portanto, explicitamente no campo das figuras retóricas.

A segunda classificação é psicológica, isto é, vale-se da classificação das associações mentais. Aqui, são distinguidos quatro casos: "1º semelhanças entre os dois sentidos (metáfora); 2º contiguidade entre os dois sentidos (metonímia); 3º semelhança entre os dois nomes; 4º contiguidade entre os dois nomes" (p.277).

Os *dentes* de um pente, eis uma mudança por metáfora; o *estilo* vem de *stilus*, buril de escrever, estilete, por metonímia. O terceiro caso é ilustrado pelo exemplo de *forain* [forasteiro, de feira] que é ligado à palavra *foire* [feira], embora significasse inicialmente "estrangeiro". Mas, ainda que falsa, essa etimologia não deixa de funcionar por tropo, mais exatamente, por metonímia (os saltimbancos, chamados *forains*, com frequência se apresentam nas feiras); não constitui, portanto, um caso à parte. Enfim, a quarta possibilidade é ilustrada pela palavra *capita*, usada por "cidade capital": trata-se de uma sinédoque generalizante, em que a propriedade substitui a coisa que qualificava. Falar de contiguidade e de semelhança significa especificar uma das categorias da classificação precedente, aquela, justamente, em que metáfora e metonímia estavam lado a lado. A segunda classificação, portanto, longe de ser independente da primeira, é apenas uma sua subdivisão. A etimologia continua sendo uma parte da retórica.

Mas talvez eu tenha escolhido mal o meu ponto de partida. Jamais conseguirei citar exemplos suficientes para provar *com isso* a minha afirmação; contentar-me-ei, portanto, em lembrar brevemente as ideias de um dos mais brilhantes etimologistas contemporâneos, Émile Benveniste. Em um artigo de metodologia intitulado "Problemas semânticos da reconstrução",[10] Benveniste assim formula a principal regra da etimologia: "Na presença de morfemas idênticos portadores de sentidos diferentes, devemos examinar se existe um emprego em que esses dois sentidos recuperem a sua unidade" (p.290). Aqui vão dois exemplos. Em inglês, *story* (narrativa) e *story* (pavimento) são homófonos perfeitos. "O que obsta à sua identificação não é a nossa sensação de uma 'narrativa' e um 'pavimento' seja inconciliáveis, mas a impossibilidade de encontrar um emprego

---

10 Incluído em *Problèmes de linguistique générale*.

Teorias do símbolo

tal, que nele um sentido seja comutável com o outro" (p.290). A verificação histórica confirma a diferença entre as duas palavras. O caso inverso é ilustrado pelo verbo francês *voler* [voar e furtar], sinônimo ao mesmo tempo de *fly* e *steal*. Aqui, existe o contexto comum. "Encontramos esse contexto na língua da falcoaria, é a expressão francesa "le faucon vole la perdrix" (= o falcão alcança e captura durante o voo a perdiz)" (p.290).

À primeira vista, o critério retórico de sentido foi substituído por um critério formal de distribuição. Mas examinemos com maior atenção este último. O que nos permite afirmar que os dois sentidos de *voler* têm uma origem comum é a possibilidade de encontrar um contexto em que um dos sentidos faz parte do outro: o sentido original é *fly*, o sentido de *steal* é claramente uma sinédoque: é um voo específico do falcão. Ou, acerca de outro exemplo: em indoeuropeu, *colher* e *outono* serão aparentados, porque na realidade *outono* significa "tempo de colher"; ora, "colher" e "tempo de colher" estão ligados por uma relação metonímica. Portanto, é de novo o velho aparelho trópico que está em jogo aqui, conjuntamente, é claro, com a erudição infalível de Benveniste.

Para retornar à origem, apoiam-se na matriz trópica que, porém, caracteriza o presente da linguagem, não o seu passado (vimos que esta assimilação se operava pela primeira vez em Santo Agostinho). Não será surpresa, portanto, encontrar afirmações sobre a natureza metafórica da linguagem antiga, ainda que nem por isso se inscrevam no quadro etimológico. Diz Vico:

> A segunda língua, que corresponde à idade dos heróis, teria usado, segundo os egípcios, símbolos de que podemos aproximar os emblemas heroicos e que tiveram de consistir em imitações

mudas; esses signos de que os heróis se serviam para escrever são chamados por Homero de *sémata*; eram metáforas, imagens e comparações que, com o surgimento da linguagem articulada, deviam constituir toda a riqueza da poesia.[11]

Renan:

O *transporte* ou a metáfora foi, assim, o grande procedimento da formação da linguagem.[12]

Jespersen:

A expressão do pensamento tende a se tornar cada vez mais mecânica ou prosaica. O homem primitivo, porém, a julgar pela natureza da sua linguagem, era constantemente obrigado a usar palavras e expressões de maneira figurada: era forçado a exprimir os pensamentos na linguagem da poesia. A língua dos selvagens modernos é amiúde descrita como abundantemente metafórica e rica em toda espécie de expressões figuradas e metafóricas.[13]

Essa conclusão é, aliás, menos necessária do que parece. Com efeito, era de esperar que, ao descobrirmos que todas as palavras são derivadas por metáfora, sinédoque etc., víssemos a linguagem atual como figurada, ao passo que a linguagem primeira seria não figurada, "própria"; ora, em princípio, o que se afirma é o inverso. Dirá Vico que essas transferências de sentido já haviam ocorrido, desde o começo, e que hoje

---

11 Vico, *La Science nouvelle*, p.438.

12 Renan, *De l'origine du langage*, p.123.

13 Jespersen, *Progress in language*, p.353 ou *Language*, p.432.

Teorias do símbolo

esquecemos a origem metafórica da maioria das palavras: é, portanto, o passado, e não o presente, o tempo da metáfora. Para Condillac, há uma diferença qualitativa entre os tropos dos primeiros tempos e os tropos atuais: os primeiros eram autênticos, porque frutos da necessidade (só se dispunha de muito poucas palavras), enquanto estes são sinal de decadência e de morte próxima, pois só servem de ornamento (reencontramos aí a oposição tropos de sentido-tropos de beleza, presente em Quintiliano); o procedimento trópico, portanto, e não os tropos particulares é que merecem no passado o título de tempo figurativo. Diz Jespersen também que, se há tantos tropos mortos na língua de hoje, é porque houve um tempo em que estavam vivos: portanto, a primeira língua era figurada etc. Seja qual for a explicação dada, a conclusão é a mesma: fundam-se os signos primitivos na possibilidade de motivação.

A segunda grande etapa na busca da linguagem original consiste na passagem às onomatopeias e às interjeições (conforme nos baseemos em uma teoria mimética ou expressiva da linguagem). Condillac, que defende a interjeição, dirá que "os gritos das paixões contribuíram para o desenvolvimento das operações da alma, ocasionando naturalmente a linguagem de ação" e, falando dos primeiros homens, que "os gritos naturais lhes serviram de modelo para criar uma nova linguagem".[14] Renan, partidário da onomatopeia, afirma, por sua vez, que "o motivo determinante na escolha das palavras deve ter sido, na maioria das vezes, o desejo de imitar o objeto que se quisesse exprimir [...]. A língua dos primeiros homens foi apenas, de certo modo, o eco da natureza na consciência humana"

---

14 *Essai sur l'origine des connaissances humaines, Oeuvres philosophiques*, t.I, p.61.

(p.136). August Wilhelm Schlegel assim resume, de maneira divertida, essas teorias: "Eis que os primeiros homens, além de emitirem gritos inarticulados de alegria, dor, raiva, se ocupam em assobiar como a tempestade, a mugir como as ondas do mar agitado, a fazer barulho com a voz como pedras a rolar, a uivar como os lobos, a arrulhar como pombas, a berrar como asnos"[15]

Devo lembrar que essas teorias têm seus defensores entre os linguistas contemporâneos. Um autor soviético, A. M. Gazov-Ginzberg, expõe em seu livro intitulado *Era originalmente representativa a linguagem?*[16] uma nova versão da tese mimética. A onomatopeia recebeu aqui o nome mais nobre de *mimema* e seu estudo, o de *mimologia*. Dividem-se os mimemas em quatro classes, segundo a origem do som: 1° reprodução dos sons humanos internos; 2° reprodução dos sons externos; 3° sonorização de gestos e mímicas não sonoras da boca e do nariz; 4° a tagarelice, em que as combinações sonoras mais fáceis designam as situações e as experiências mais acessíveis. O autor analisa, então, as raízes da língua proto-hebraica e demonstra a presença da onomatopeia em 140 de 180 casos, sendo os outros palavras estrangeiras ou de origem desconhecida.

Outro linguista, Jacques van Ginneken, pode ilustrar as formas recentes assumidas pela teoria da interjeição; isso em um livro intitulado *A reconstrução tipológica das línguas arcaicas da humanidade*.[17] Também Van Ginneken amplia a noção de interjeição e a substitui pela de *clique*. O clique é um complexo sono-

---

15 De l'étymologie en géneral. *Oeuvres écrites en français*, t.II, p.124-5.

16 *Byl li jazyk izobrazitelen v svoikh istokakh?*

17 Van Ginneken, *La Reconstruction typologique des langues archaïques de l'humanité.*

ro que muitas vezes comporta sons desconhecidos ao sistema fonológico da língua; e nasceu dos movimentos naturais do homem. Escreve Van Ginneken:

> O movimento bucal do signo-clique era e é realmente um movimento inato e universalmente humano, que serve para a sucção do bebê, cujas diferenciações acidentais mais tarde se adaptaram como signos de nossos diversos estados de consciência. [...] Na ausência da mãe, cada bebê normal, no segundo ou terceiro mês de vida, sente o desejo de sugar e começa a fazer refeições imaginárias. (p.63)

Os exemplos de Van Ginneken são tomados de todas as "línguas arcaicas da humanidade".

Por fim, a terceira etapa no retorno à linguagem original leva-nos à linguagem gestual ou, como se dizia no século XVIII, à linguagem de ação. Vico, Warburton e, sobretudo, Condillac farão delas descrições minuciosas. Escreve Condillac no primeiro capítulo de sua *Gramática*: "Os gestos, os movimentos do rosto e os acentos inarticulados, eis, Senhor, os primeiros recursos de que dispuseram os homens para comunicar os pensamentos. A linguagem que se forma com esses signos chama-se *linguagem de ação*" (Ibid., p.428).

Tal linguagem é, ao mesmo tempo, natural (isto é, motivada) e adquirida; é a única que se conforma ao que exprime, pois não sofre a pressão da linearidade; ora, as ideias mesmas vêm simultaneamente e não sucessivamente ("a linguagem das ideias simultâneas é a única linguagem natural"; p.430).

O que continua sendo em Condillac uma pura ideia do espírito, sem esteio em dados empíricos (embora fale desse "estabelecimento para surdos-mudos" dirigido pelo abade de l'Épée; p.429), torna-se matéria de pesquisas concretas nos séculos XIX e XX. Em particular, o descobrimento de vários códigos gestuais entre os índios da América do Norte estimula as pesquisas acerca de uma "linguagem de ação" autônoma e até primeira. Convém mencionar aqui, em particular, um estudo que marcou as pesquisas nesse campo, o de Cushing, intitulado *Manual Concepts*.[18] Mas foi ainda Van Ginneken que tentou sistematizar todos os dados da linguagem gestual, para elevar essa última à condição de origem absoluta da linguagem. Segundo ele, o gesto é primeiro, pois faz parte da ação que designará; alcançamos o grau zero do signo, pois tal signo se significa a si mesmo. "O gesto, nesse caso, não é senão o trabalho começado no ar, por fora, e o conceito manual revivificado por dentro. É, portanto, a linguagem natural. Pois aqui não há nenhuma convenção. O signo é o signo natural, pois é o próprio significado" (Ibid., p.127).

Para completar o quadro, deveríamos lembrar as pesquisas paralelas acerca da escrita. Vico já estabelecera um paralelismo rigoroso entre as "três línguas" da humanidade e as três escritas dos egípcios (hieroglífica, simbólica e epistolar). E um contemporâneo de Vico, o bispo de Gloucester, William Warburton, desenvolverá longamente essa analogia, em *The Divine Legation of Moses*, de que logo se traduziu em francês uma parte,

---

18 Publicado em *American Anthropologist*, V (1892), p.289-317.

com o título de *Ensaio sobre os hieróglifos dos egípcios* (1744).[19] As etapas da língua são: linguagem abstrata atual, linguagem metafórica e linguagem de ação; quanto à escrita, são as seguintes: "A primeira tentativa de escrita foi uma simples pintura" (p.5); o exemplo evocado é o dos astecas, que remete, *grosso modo*, ao pictograma. – Vem em seguida a etapa dos hieróglifos. A passagem de um ao outro dá-se de três modos. "A primeira maneira consistia em empregar a principal circunstância de um assunto para fazer as vezes do todo. [...] Se se tratasse de exprimir um tumulto ou uma revolta popular, pintavam um homem armado que lançava flechas" (p.19-20): uma sinédoque, diríamos. "Há mais arte no segundo método, que consistia em substituir pelo instrumento real ou metafórico da coisa a própria coisa. Assim é que um olho colocado em situação eminente era destinado a representar a omnisciência de Deus" (p.20): o instrumento pela coisa, em termos retóricos, é uma metonímia (eventualmente já metafórica, previne-nos Warburton). "O terceiro método de que o Egito se valeu para abreviar a escrita na pintura revela ainda mais arte. Consistia em fazer que uma coisa ocupasse o lugar de outra e a representasse, quando havia, naquela que servia para representar, alguma semelhança ou analogia delicada com a outra, extraída quer das observações da natureza, quer das tradições supersticiosas dos egípcios" (p.21-3): eis-nos diante da metáfora. – No interior mesmo dessa segunda etapa, distinguem-se duas fases: a dos hieróglifos e a dos ideogramas chineses, altamente estilizados. –

---

19 Sobre o papel de Warburton, cf. David, *Le Débat sur les écritures et l'hiéroglyphe aux XVII et XVIIIe siècles...*

Quanto á terceira etapa, é constituída pelos alfabetos, marcas não motivadas.

Notemos, por fim, que Warburton não se limita a estabelecer a identidade formal do hieróglifo e do tropo, mas estende esse mesmo tipo de relação a outras atividades simbólicas e, em especial, ao sonho (sentimos aqui ainda a influência de Clemente de Alexandria). Ao analisar a *Onirocrítica* de Artemidoro, observa que o modo de interpretar as imagens do sonho não é senão o que vemos em ação no hieróglifo e no tropo. "Os antigos onirocríticos [...] fundamentavam as regras que lhes serviam para interpretar as coisas vistas em sonho na significação que essas mesmas coisas tinham na escrita hieroglífica" (p.210). "Os onirocríticos tomaram emprestados dos símbolos hieroglíficos sua arte de decifrar" (p.238). Tem, então, origem no hieróglifo a interpretação do sonho?[20]

Observemos o conjunto desses dados: o traço dominante, o que determina direta ou indiretamente os outros, poderia ser formulado da seguinte maneira: a linguagem original é pensada

---

20 Não quero com isso insinuar que Warburton prefigure Freud. A classificação dos tropos (relações entre dois sentidos) fundamenta-se, na Antiguidade, na das associações psíquicas (relações entre duas entidades mentais). Isso parece óbvio. É difícil compreender, então, por que teimam em afirmar que a grande descoberta de Freud consiste em ter batizado a metonímia como deslocamento e a metáfora como condensação; e a de Lacan, em ter "reconhecido [nos termos freudianos] duas figuras essenciais designadas pela linguística: a metonímia e a metáfora". Será mesmo um passo adiante? Tanto mais que a oposição condensação-deslocamento *não é* equivalente à que existe entre as figuras de retórica. Ver, entre outros, Lyotard, *Discours, figure*, p.239-70, e Bellemin-Noël, "Psychanalyser le rêve de Swann", *Poétique*, 8, 1971, p.468. Voltaremos a tratar disto longamente no próximo capítulo.

Teorias do símbolo

em termos de proximidade crescente entre o signo e o que ele designa ou, como dizia anteriormente, de uma presença do referente no signo. A linguagem de ação é a mais original que existe porque se significa a si mesma e, com isso, realiza o grau superior da presença: ela *é* a coisa designada, mais do que a designa (lembremo-nos das fórmulas de Goethe e de Schiller). O fantasma da linguagem primitiva é aquele, ao mesmo tempo, do desvanecimento da linguagem, pois as coisas tomam o lugar dos signos e a distância introduzida pelo signo entre o homem e o mundo é, por fim, reduzida.

Essa concepção da linguagem, não nos esqueçamos, é o oposto do que hoje se crê ser a sua verdadeira natureza. Em uma perspectiva sincrônica, como os fundadores da semiótica moderna tantas vezes repetiram, o objeto denotado só tem como signo um "leve efeito" (Peirce), é um "ser exterior" (Saussure). Diacronicamente, não se pode conceber a origem da linguagem sem colocar no início a *ausência* de objetos; como escreve Leroi-Gourhan, "isso equivale a fazer da linguagem o instrumento da libertação em relação à vivência".[21] Em compensação – e esta é a verdadeira justificação de toda a reflexão antiga – o simbolizante poder ser parte do simbolizado ou vice-versa.

Uma consequência – ou variante – deste primeiro traço atribuído à linguagem original é crer que esta era composta exclusivamente de nomes concretos. Uma vez que o objeto deve estar presente no signo, a abstração será sempre considerada tardia, sendo já em si mesma uma ausência. Essa opinião (cuja

---

21 *Le Geste et la Parole*, t.II, p.21. A escrita assinala, nesse sentido, um passo a mais na direção da "hominização": implica a ausência possível não só do referente, mas também dos interlocutores.

formulação canônica encontramos no *Ensaio* de Locke)[22] serve de pedra angular para grande parte das pesquisas etimológicas atuais. Ora, uma contra-análise de Benveniste (em *Problèmes*, p.298 e ss.) mostra como o preconceito "concretista" pode obrigar os linguistas a fecharem os olhos para os fatos. Trata-se da família etimológica *trust, true, truce*, ligada, portanto, à ideia de fidelidade, que se acha aparentada fonética e morfologicamente aos termos grego, sânscrito, inglês etc. para "árvore" (*tree*), "por vezes em especial ao 'carvalho' ou à 'madeira' em geral" (p.299). A explicação tradicional, dada por H. Osthoff

> coloca na origem de todo o desenvolvimento morfológico e semântico a palavra indo-europeia, representada pelo grego *drûs* "carvalho", de onde viriam os valores morais envolvidos em *Treue* e *truste*. O adjetivo gótico *triggws*, v.h.a. *gitriuwi* "getreu, fiel" significaria propriamente "firme como um carvalho". Na mentalidade germânica, o "carvalho" teria sido o símbolo da solidez e da confiança, e a imagem do "carvalho" inspiraria o conjunto das representações da "fidelidade". (p.299)

Benveniste não tem nenhuma dificuldade para demonstrar a incoerência dessa explicação universalmente aceita e que tão bem ilustraria a anterioridade do concreto sobre o abstrato. Primeiro, a raiz *drū* só significa carvalho em grego; enquanto

---

22 "Não tenho dúvida de que, se pudéssemos conduzir todas as palavras até sua fonte, descobriríamos que em todas as línguas as palavras que usamos para significar coisas que não estão ao alcance dos sentidos têm sua primeira origem em ideias sensíveis" (Livro III, cap. I, 5). Lévi-Strauss mostrou, em *La Pensée sauvage*, p.3 e ss., a impossibilidade de defender esse ponto de vista.

Teorias do símbolo

um exame das outras línguas indo-europeias prova indiscutivelmente que o seu sentido é o de "madeira", "árvore" em geral; mesmo em grego a outra significação é relativamente recente; o que é ainda mais compreensível pelo fato de que a árvore "carvalho" não cresce no território de todas as línguas indo-europeias! Retomando, por sua vez, a análise, Benveniste mostra que o sentido indo-europeu nada mais pode ter sido do que "ser firme, sólido, sadio" (p.300).

> Assim, é dessa comum significação que participa igualmente a designação da "árvore". Ao inverso do raciocínio de Osthoff, consideramos que o °*derwo-*, °*drwo-*, °*dreu-* no sentido de "árvore" não passa de um emprego particular do sentido geral de "firme, sólido". Não foi o nome "primitivo" geral do carvalho que criou a noção de solidez, foi, ao contrário, pela expressão da solidez que se designou a árvore em geral e o carvalho em particular. (p.301)

E cita Benveniste uma série de casos paralelos.

Um terceiro traço geral da linguagem "primitiva" viria de que, no início, todas as palavras eram nomes próprios. Com isso, apenas se leva ao extremo a característica precedente: se as palavras devem ser pensadas como cada vez mais concretas, acaba-se por colocar um nome para cada coisa. O que não deixa de sugerir Adam Smith: "A determinação dos nomes próprios para a designação de cada objeto em particular, isto é, a escolha dos nomes substantivos, seria provavelmente um dos primeiros passos no sentido da formação da linguagem";[23] as outras pa-

---

23 "Considérations sur l'origine et la formation des langues", reproduzido em *Varia linguistica*, p.307.

lavras são derivadas, em seguida, por antonomásia (segundo o modelo "é um César"). As palavras originais seriam os nomes próprios dos objetos, a língua seria uma nomenclatura. Encontramos afirmações análogas em Rousseau.

A este respeito, Saussure deixou uma página muito explícita, que gostaria de lembrar aqui. Escreve ele:

> O fundo da linguagem não é constituído por nomes. É um acidente quando calha de o signo linguístico corresponder a um objeto definido pelos sentidos, como um *cavalo*, o *fogo*, o *sol*, em vez de a uma ideia como... "ele colocou". Seja qual for a importância desse caso, não há nenhuma razão evidente, muito pelo contrário, para tomá-la como tipo de linguagem. [...] há aí, implicitamente, certa tendência que não podemos ignorar, nem deixar passar, acerca do que seria, em definitivo, a linguagem; a saber, uma nomenclatura de objetos dados. *Em primeiro lugar* o objeto, depois o signo; portanto (o que sempre negaremos), base exterior dada ao signo, e figuração da linguagem por esta relação:

$$\text{objetos} \left\{ \begin{array}{l} * \underline{\hspace{3cm}} a \\ * \underline{\hspace{3cm}} b \\ * \underline{\hspace{3cm}} c \end{array} \right\} \text{nomes}$$

> ao passo que a verdadeira figuração é *a-b-c*, fora de qualquer conhecimento de uma relação efetiva, como * − *a*, fundada no objeto. Se um objeto, ou o que quer que seja, pudesse ser o termo sobre o qual é fixado o signo, a linguística deixaria imediatamente de ser o que é, desde o topo até a base.[24]

---

24 Notes inédites, *Cahiers Ferdinand de Saussure*, XII (1954), p.68-9; *Cours de linguistique générale*, fasc. II, n.1089-91, p.148.

Teorias do símbolo

Quarta característica da linguagem original: já que a palavra está próxima da coisa, ela existe por si mesma (significa "naturalmente") e não precisa, ao contrário das palavras atuais, pertencer a um sistema rígido. Renan concluirá da seguinte maneira: "Nunca a linguagem foi mais individual que na origem do homem" (Ibid., p.176). O usuário dispõe de certa liberdade na escolha deste ou daquele signo, pois são todos motivados na natureza e, portanto, compreensíveis de imediato. Não parece, de novo, que lemos uma descrição dos usos metafóricos da *nossa* linguagem?

Passo a outras características, igualmente derivadas das anteriores: a natureza afetiva, ou irracional, ou pobre, ou ainda sincrética[25] da linguagem original. Signo e símbolo permanecem mesclados nessas especulações; seus traços principais, porém, estão esboçados, em meio, é verdade, de outras asserções que temos dificuldade em admitir. Mas isso já não basta para dizer que Whitney e tantos outros depois dele estavam errados ao afirmarem, evocando as pesquisas sobre a origem da linguagem, que "a maioria do que é dito e escrito a este respeito não passa de palavras ao vento..."?

A linguagem selvagem

Voltemo-nos, agora, para uma segunda variante da mesma postura: descreve-se o símbolo, pretendendo referir-se ao

---

25 No sentido de indistinção entre subjetivo e objetivo. Escreve Renan, por exemplo: "Parece que o homem primitivo não viveu consigo mesmo, mas espalhado pelo mundo, de que mal se distinguia" (p.211), e cita com aprovação Maine de Biran, para quem o homem primitivo "existe inteiramente fora de si" (*Oeuvres*, III, p.42-3).

signo dos outros. Não mais se trata de um outrora, mas de um "alhures": o tempo é substituído pelo espaço e a história, pela etnografia.

Representante típico dessa atitude é Lucien Lévy-Bruhl. Típico, e não isolado: o que justifica que hoje nos debrucemos sobre a sua obra, apesar de certo descrédito em que é tida. Não é necessário voltar à crítica de suas ideias principais: isso já foi feito; devemos buscar formular, em compensação, a teoria do simbólico por ele esboçada – em parte sem o saber.

Mais uma vez, é preciso começar pela *presença* do simbolizado no simbolizante.

> Não se trata de uma relação apercebida, ainda menos uma convenção que os faz nascer. O símbolo é sentido como sendo, de certo modo, o ser ou o próprio objeto que representa, e "representar" tem aqui o sentido literal de tornar atualmente presente. [...] O maxilar da criança morta é, para sua mãe, o "representante" dela no sentido forte, isto é, realiza a sua presença atual.[26]

Não é uma relação de identidade, como acreditaram outros (nesse caso, não mais haveria simbolização), mas de pertença; o símbolo *é* o ser, no sentido de fazer parte dele. "Da pertença ao símbolo, tal como o entendem os primitivos, a transição pode ser imperceptível. Pois o símbolo, assim como a pertença, participa do ser ou objeto que ele "representa", e com isso mesmo garante a sua presença atual" (Ibid., p.200-1).

Essa concepção do símbolo aplica-se não só aos gestos e aos objetos (como o maxilar da criança), mas também às pala-

---

26 *L'Expérience mystique et les Symboles chez les primitifs.*

Teorias do símbolo

vras, na medida em que estas denotam (ora, a denotação está próxima da simbolização); os nomes próprios serão, portanto, como era de se esperar, o exemplo privilegiado.

> O nome, para eles, é algo completamente diferente de um modo cômodo de designar alguém e de reconhecê-lo entre outros, uma espécie de rótulo colado a cada indivíduo, que pode ser escolhido arbitrariamente e, se necessário, modificado, e que permanece exterior a ele, sem nada de comum com a sua personalidade íntima. O nome real, pelo contrário... é uma pertença, no sentido pleno da palavra, consubstancial, como os outros, àquele que o ostenta. (Ibid., p.236)

Já vimos que essa atitude selvagem era compartilhada pelo próprio Lévy-Bruhl, que se recusava a trocar os rótulos, apesar de necessário...

Não poderíamos, também, lembrar, a este respeito, que a pertença está na base de um tropo retórico, a sinédoque? Temos a impressão de que a variedade dos nomes (pertença, participação, *pars pro toto*, sinédoque) contribuiu, como devia fazer apenas entre os primitivos, para ocultar a identidade da coisa. "Há muito se observaram as ousadas aplicações da fórmula *pars pro toto* que os primitivos fazem, sem nem ver nisso nenhuma dificuldade. [...] Se os primitivos fazem tão livre uso disso, é porque assim se exprime a participação íntima que eles sentem entre as partes de um ser vivo e a sua totalidade, entre suas pertenças e ele mesmo" (Ibid., p.176-8). Escreve Lévy-Bruhl também, em seus *Carnets*: "Compreendemos, então, que uma parte pareça 'representar o todo', isto é, desempenhar a função de signo, de símbolo...: por uma espécie de convenção..." (op. cit., p.109).

Mas se os símbolos têm parentesco com os tropos, pode-se ainda pretender que sejam o apanágio exclusivo dos selvagens? Lévy-Bruhl admira-se de que, entre eles, as cores não sejam designadas por nomes abstratos, como entre nós, mas pelo nome dos objetos que têm essa cor (sinédoque conceitual generalizante); ao fazer isso, esquece que falamos da mesma maneira de *laranja* (a fruta pela cor) ou de *rosa*. É fácil encontrar os outros tropos entre os seus exemplos. O que não impede um discípulo de Lévy-Bruhl de escrever: "A nossa língua inicia-nos no pensamento lógico e não poderia traduzir outra forma de pensamento".[27]

O próprio Lévy-Bruhl, aliás, dá-se conta da semelhança formal entre simbolismo primitivo e tropos retóricos, mas para recusá-la: "Rejeitemos a ideia de que se trate apenas de uma metáfora, de uma 'figura' em ato" (*Symboles*, p.270). Se procurarmos as razões dessa recusa, damo-nos conta de que, para Lévy-Bruhl, a metáfora, sendo "jogo", se opõe à "seriedade". Mas o tropo poético como ornamento supérfluo não passa, afinal, de uma ideia (falsa) entre outras. Não é a figura que é assim recusada por Lévy-Bruhl, mas uma de suas descrições.

Há uma segunda razão para o não reconhecimento dos tropos nos símbolos primitivos: é que estamos acostumados a reduzir todos os tropos à metáfora apenas, e até mesmo a uma variedade desta, que se baseia na semelhança material e não mais sabemos identificar as outras. O que faz que Lévy-Bruhl escreva, perplexo: "Os símbolos dos primitivos [...] não consistem necessariamente em reproduções ou imagens desses seres e desses objetos" (Ibid., p.180), ou ainda: "Para *serem*, assim, os

---

27 Cailliet, *Symbolisme et Ames primitives*, p.145.

mortos que representam, não é de modo algum necessário que os símbolos reproduzam os seus traços" (Ibid., p.204). Qual é, então, a relação em que se baseia o símbolo? Lévy-Bruhl cita o exemplo da casa para a pessoa que a habita ou a descrição tirada da obra clássica de Spencer e Gillen:

> Quando perguntamos aos indígenas o que significam certos desenhos, eles sempre respondem que esses desenhos só são feitos por diversão e não têm nenhuma significação. Mas os mesmos desenhos, exatamente semelhantes aos primeiros quanto à forma, se forem executados sobre um objeto ritual ou em determinado lugar, têm uma significação bem precisa.[28]

Ou nos *Carnets*: "As pegadas não são parte do homem; mas são um símbolo dele..." (p. 206).

Lévy-Bruhl explica esses fatos pela presença de uma abstração de tipo novo, que chama de abstração mística; basta, porém, analisar os exemplos para perceber que se trata do que a retórica chamava de *metonímia*. O retrato não inquieta enquanto não é pintado pelo etnólogo: a relação metonímica agente-ação importa mais que a relação metafórica (ou sinedóquica) entre a imagem e o ser representado. Tal desenho só tem sentido quando gravado em um objeto particular: é através da relação metonímica de lugar que ele ganha sentido. O mesmo acontece com a moradia que simboliza seu habitante, ou a pegada e o homem. A aparente ausência de tropos é apenas a presença de tropos diferentes da metáfora.

---

28 *Les Fonctions mentales dans les sociétés primitives*; cito a edição de 1951.

As propriedades dos sistemas simbólicos decorrem logicamente da definição do símbolo.

Em primeiro lugar, no nível dos símbolos isolados. Primeiro, todo ataque ao nome (ou ao símbolo) é um ataque ao ser — pois um faz parte do outro; ou, como escreve Lévy-Bruhl, "agir sobre o símbolo de um ser ou de um objeto é agir sobre ele mesmo" (*Symboles*, p.225). Eis um exemplo. Segundo J. Mooney, "o índio encara o seu nome não como um simples rótulo, mas como parte distinta de seu indivíduo, do mesmo modo que os olhos ou os dentes. Crê que sofreria tão certamente de um uso malévolo de seu nome quanto de um ferimento infligido a uma parte de seu corpo" (*Fonctions*, p.46). Somos todos índios?

Segunda consequência, a identidade dos nomes significa a identidade, pelo menos parcial, dos seres denominados. Vimos que Lévy-Bruhl conseguira formular esse princípio, mas não compreendera que ele se aplicava também ao seu próprio discurso. Eis um exemplo tirado do livro de Cailliet:

> Corria outro trocadilho acerca da denominação de "Sociedade das missões". Aproximavam-na das palavras malgaches *asosay ity* (o que está muito perto da pronúncia inglesa da palavra *society*), que significam: "introduzi-os entre nós". Esses enviados dos países de além-mar, diziam, receberam a missão de englobar em seu país de origem a dos Hova.

E conclui Cailliet: "A consonância das palavras importa mais que o sentido. Onde buscamos sinônimos, os não civilizados espreitam a homonímia: as palavras são consideradas como o foram as coisas" (p.120-1).

Terceira consequência do fato de o simbolizante ser parte do simbolizado: representar ou dizer uma coisa já é fazê-la existir. Assim, as predições se realizam não porque os adivinhos saibam ler o futuro, mas porque essas palavras dão vida ao que designam. Lévy-Bruhl relata casos em que se denomina algo no indicativo para que ele se realize (*Symboles*, p.286-8). Conta Cailliet o pavor provocado pelo alerta ante uma desgraça: a própria palavra já a torna um pouco presente.

Quarta consequência: os selvagens confundem a sucessão com a causalidade. Segundo Gray, "que um deles, ao passar por um caminho, veja cair sobre ele, de uma árvore, uma cobra e, no dia seguinte ou na semana seguinte, fique sabendo que seu filho morreu em Queensland, ele relacionará os fatos um ao outro" (*Fonctions*, p.72). Lévy-Bruhl resume essas teorias da seguinte maneira: "Os primitivos... confundem o antecedente com a causa. Seria o erro de raciocínio muito comum que é chamado de sofisma *post hoc, ergo propter hoc*" (Ibid., p.73). Ele mesmo veria aí antes uma "relação mística... entre o antecedente e o consequente" (p.74). Mas essa característica é ainda uma consequência das propriedades constitutivas do símbolo. Já que o simbolizante faz parte do simbolizado e a homonímia acarreta a sinonímia, a proximidade dos simbolizantes acarretará a dos simbolizados: não é "por acaso" que dois símbolos se acharão lado a lado. Lembremos, a este respeito, que Roland Barthes define a lei da narrativa, literária ou não, nos seguintes termos:

> O motor da atividade narrativa é a própria confusão da consecução e da consequência, sendo o que vem *depois* lido na narrativa como *causado por*; a narrativa seria, neste caso, uma aplicação sistemática do erro lógico, denunciado pela escolástica com a fórmula *post hoc, ergo propter hoc*.

E que Freud – cada qual falando do objeto que conhece – encontrava essa mesma lógica selvagem em ação no sonho: "Ensina-nos a psicanálise a reduzir a proximidade no tempo à interdependência dos fatos. O sonho [...] apresenta as *relações lógicas* como *simultâneas*. [...] A *causação* é representada por uma *sucessão*".[29]

Convém, então, reservar a narrativa e o sonho aos selvagens ou à participação mística?

No que se refere ao *sistema* simbólico, a concepção de Lévy--Bruhl ainda só se deixa apreender por inversão. Com efeito, o traço característico do uso simbólico é, segundo ele, a ausência de sistema, que ele justifica assim: "O que eles [os símbolos] 'representam' parece não ser senão vagamente definido na mente dos primitivos" (*Symboles*, p.195). Podemos, porém, perguntar-nos se essa vaguidão, essa pretensa ausência de sistema não é, antes, o índice de um sistema diferente, que Lévy-Bruhl não é capaz de perceber, mas poderíamos tentar deduzir a partir de seus exemplos.

Um simbolizante evoca vários simbolizados, não por falta de sistema, mas porque cada simbolizado pode converter-se, por sua vez, em simbolizante. Cita Lévy-Bruhl o seguinte exemplo: uma folha de árvore simboliza a pegada deixada sobre ela (por metonímia), esta última remete ao homem que pisou nela (também por metonímia); este simboliza a tribo a que pertence (por sinédoque) (Ibid., p.230 e ss.).

Deparamos com um exemplo particularmente eloquente de conversão no livro de Cailliet, *Symbolisme et Ames primitives*

---

29 Barthes, Introduction à l'analyse structurale des récits. In: Barthes et al., *Poétique du récit*, p.22; Freud, *L'interprétation des rêves*, p.216, 271-2.

[Simbolismo e almas primitivas], que podemos resumir numa só frase: "As pessoas nascidas sob a lua vermelha tornar-se-ão reis". Essa afirmação explica-se pelo fato de que o vermelho é associado ao sangue e, portanto, ao poder. Poderíamos apresentar o processo de simbolização da seguinte maneira:

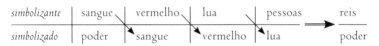

O sangue é o simbolizante do poder (por metonímia), mas é o simbolizado de vermelho (por sinédoque). O vermelho é o simbolizante do sangue e o simbolizado da lua, mais exatamente de certo período da lua (outra sinédoque). Ora, esse próprio período (tendo assim adquirido o sentido de poder) converteu-se em simbolizado das pessoas que nele nasceram, por metonímia temporal. Cada simbolizante é, por sua vez, simbolizado; a conversão desenvolve-se em uma sequência que pode durar indefinidamente; e cada novo simbolizante adquire os simbolizados dos processos simbólicos anteriores: assim, o vermelho ganha, por intermédio do sangue, o "sentido" de poder (assim como acontece com certo período da lua ou as pessoas nascidas nesse período), embora não haja relação simbólica direta. Depois esse processo se detém e a relação muda (designei-a por uma seta dupla, em oposição às setas simples): o rei simboliza igualmente a potência; é um encontro de duas cadeias simbólicas distintas, que pode efetuar-se graças à identidade de um simbolizado ("poder"). Eis-nos, portanto, diante de uma nova relação, própria dos sistemas de símbolos; poderíamos chamá-la de *equivalenciação*.

Outra operação característica do simbolismo é a sobredeterminação; ignorando-a, podemos ainda julgá-la como índice de uma ausência de sistema. Caillet oferece o seguinte exemplo:

Tendo perdido um primeiro filho, um jovem indígena deu ao segundo o nome de *Roalahy*. Aos meus questionamentos explicou: Chamei-o assim, Roalahy (= dois + homem), porque ele é ele e substitui o primeiro e também porque a pronúncia de seu nome lembra a de Roland, que foi, ao que parece, um branco famoso. (op. cit., p.119)

Joyce, portanto, não é o inventor desse procedimento: todo usuário de sistemas simbólicos faz o mesmo.

Adiante...

8

A retórica de Freud

Humor das palavras-humor do pensamento. Condensação, sobredeterminação, alusão, representação indireta. Unificação, deslocamento. Trocadilho, uso múltiplo, duplo sentido. A economia e o absurdo. Retórica e simbólica de Freud.

Poucos autores interessaram-se mais pela descrição geral das formas discursivas do que pela interpretação de textos particulares; com isso, o resultado de suas pesquisas merece uma atenção ainda maior. Um lugar de honra entre esses solitários, em algum lugar entre os *Tratados sobre a fábula* de Lessing e a *Morfologia do conto* de Propp, é ocupado por *Os chistes e suas relações com o inconsciente*.

Como é sabido, os clássicos merecem mais que a veneração; ora, infelizmente, foi o que essa obra obteve. A admiração global impediu muitos leitores de adotarem a atitude que o próprio Freud ensina, a saber: dar a descrição mais exata e mais completa possível do objeto observado. Era o caminho indicado por Freud no interior mesmo do *Chiste*, fazendo dependerem os resultados gerais de seu estudo do trabalho de análise linguística e retórica que tratam de exemplos particulares:

> Para resolver a questão [do valor de sua tese], basta decidir se uma crítica judiciosa, atendo-se a cada exemplo em particular, pode provar que tal concepção da técnica do humor [como a sua] torce a verdade e comete, assim, violência contra toda concepção mais simples e mais profunda, ou se, ao contrário, a crítica deve admitir que as proposições sugeridas pelo estudo dos sonhos são realmente confirmadas pelo estudo do humor. (p.255)[1]

É justamente a esse tipo de prova aqui sugerida que gostaria de submeter o texto de Freud, "atendo-me a cada exemplo em particular".

O funcionamento do chiste é análogo ao do sonho; é o que leva Freud, depois de ter estudado um, a se voltar para o outro. O chiste tem, porém, um privilégio em relação ao sonho, a meu ver, pelo menos, que não parece ter sido levado muito em conta: é mais facilmente acessível à observação. Ao passo que, no caso do sonho, temos de nos basear nas interpretações e associações

---

1 Os números de página remetem à edição de bolso publicada pela Gallimard em 1971. Doravante, as referências sem menção particular se relacionam com essa obra; os outros textos de Freud são designados pelas seguintes abreviações: *IS = Interpretação dos sonhos* [L'Interprétation des rêves]; *IP = Introdução à psicanálise* [Introduction à la psychanalyse]; *NC = Novas conferências sobre a psicanálise* [Nouvelles Conférences sur la psychanalyse]; *SI = O sonho e a sua interpretação* [Le rêve et son interprétation]).

Teorias do símbolo

do sonhador – difíceis de controlar –, com o chiste dispomos de uma matéria verbal fixa e incontestável; e do testemunho social, comum aos sujeitos de uma mesma cultura, acerca da maneira como essas palavras devam ser interpretadas (como diz Freud, o sonho "não constitui nem uma manifestação social, nem um meio de se fazer compreender"; *NC*, p.14). Partirei, portanto, ao contrário do que exigiria a hierarquia interna da obra freudiana, do chiste, confrontando-o só em um segundo momento com outros terrenos, como o do sonho.

O chiste, como o seu nome (em francês: *mot d'esprit*) indica, é um produto da linguagem (uma *palavra* [*mot*]...). Toda afirmação a seu respeito deve basear-se em uma observação acerca de sua natureza verbal. Freud obedece a essa regra a maior parte do tempo, mas nem sempre; por isso, não o acompanharemos quando as suas distinções se basearem em traços não linguísticos. Escreve ele, por exemplo: "Uma nova variedade da técnica do duplo sentido [...]: o sal de todas elas depende particularmente do sentido sexual. Poderíamos reservar a esse grupo a denominação de *equívoco* (*Zweideutigkeit*)" (p.57). Ora, não há diferença linguística entre *Doppelsinn*, ou duplo sentido (nome do grupo em geral), e essa *Zweideutigkeit* ou equívoco (nome do subgrupo), como mostram, aliás, essas denominações; o "sentido sexual" não é uma categoria linguística. Vamos limitar-nos, então, à descrição do *discurso do humor*. A minha perspectiva não é a de Freud ou dos psicanalistas que o seguiram: o chiste não interessa à psicanálise por si mesmo, mas só enquanto meio de conhecer o inconsciente (ou o psiquismo humano em geral). Será esta uma razão para dizer que o trabalho de descrição linguística a que se dedica Freud (em especial no primeiro capítulo de seu livro) é de alcance insignificante? Creio o contrário: ainda que os problemas do funcionamento textual não ocupem o centro da sua atenção, Freud consegue percebê-los e tratá-los de maneira notável. Convém, portanto, ler atentamente essas páginas, tentando explicitar as intuições, mostrar as razões das contradições, alcançar a lógica do conjunto.

De outro ponto de vista, impõe-se uma precaução metodológica desde o começo, que coloca em questão o trabalho descritivo de Freud de maneira fundamental, mas, paradoxalmente, não acarreta consequências importantes. Ao longo de todo o capítulo "Técnica do chiste", Freud dá a impressão de descrever *classes* de chistes; ora, a sua descrição só é aceitável, em bloco, se se tratar de categorias, as quais não formam, porém, classes mutuamente excludentes. A própria prática da separação entre subcapítulos prova que, para Freud, se trata realmente de classes excludentes: "um grupo importante" (p.64), "os grupos anteriores" (p.68), "esses dois grupos de exemplos" (p.86), "a técnica de um novo grupo" (p.107) etc. O exame de um exemplo bastará para mostrar que, ao contrário, a única maneira de manter as suas subdivisões é considerar que elas não correspondem a grupos impermeáveis, mas constituem características que podemos identificar sucessivamente e poderiam, eventualmente, ser aplicadas, todas juntas, a um único chiste.

No início do livro, Freud definiu um grupo pelo traço "condensação com palavras compostas"; ou seja, segundo um princípio *morfólogico* de construção, por exemplo: "Quando Flaubert publicou seu famoso romance, *Salammbô*, que tinha como cenário Cartago, Sainte-Beuve chamou ironicamente o romance de 'carthaginoiserie'[2] ("cartaginice"), em razão de sua busca meticulosa do pormenor" (p.30).

Ora, aproximadamente oitenta páginas adiante, Freud identifica um novo grupo, o da "representação pelo semelhante", de que um dos subgrupos é a alusão por semelhança, em que aparece a seguinte palavra: "*Dichteria*. Essa alusão compara o perigo das epidemias de difteria com o das eflorescências de poetas (*Dichter*, em alemão) sem inspiração" (p.112).

O que permite incluir esse exemplo no grupo das alusões é a afirmação de uma semelhança *semântica* entre a difteria e os poetas.

Ora, é evidente que cada um desses dois exemplos poderia ter sido descrito como o outro. A Cartago de Flaubert *assemelha-se* a um bibelô chinês; e *Dichteria* é realmente uma "palavra composta" (*Dichter* + *Difteria*)! Freud simplesmente reteve um dos exemplos para ilustrar o procedimento morfológico, o outro, para mostrar o procedimento semântico. Trata-se de dois procedimentos (duas categorias) diferentes, não de duas classes excludentes. O mesmo se pode dizer de muitos outros "grupos" de chistes, e, às vezes, o próprio Freud se dá conta disso (uma palavra do grupo *unificação* não deixa de comportar também a *alusão* ou até a *condensação*...; cf. também o reaparecimento constrangido dos mesmos exemplos em diversos grupos, por exemplo, p.47 e 58).

Resta que essa confusão, embora fundamental, em nada influencia o sistema classificatório: basta lembrarmo-nos sempre da diferença entre classe e categoria. Não nos ocuparemos, aqui, de reclassificar, em função dessa correção, os exemplos mal distribuídos.

---

2 Jogo de palavras, em francês, com "chinoiserie" (chinesice), bibelô chinês, algo complicado e esquisito. (N.T.)

Eis aqui, agora, como se apresenta a classificação de conjunto a que chega Freud no interior do primeiro capítulo do *Chiste*.

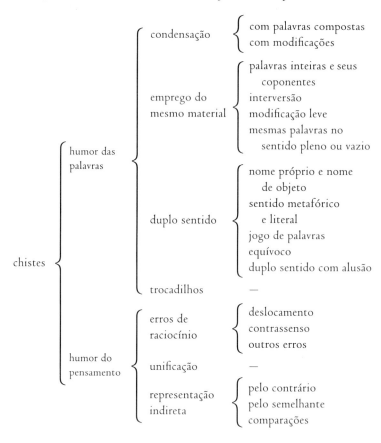

Esse quadro não aparece nunca por completo no livro de Freud, mas as suas partes são identificáveis, p.59, p.86 (em que o deslocamento e o contrassenso são descritos como erros de raciocínio) e p.116 ("Erros de raciocínio – Unificação – Representação indireta seriam, portanto, partes essenciais a que se reduziriam as técnicas, por nós conhecidas, do humor do pensamento").

Teorias do símbolo

Humor das palavras – humor do pensamento

Detenhamo-nos, primeiro, na grande oposição entre humor das palavras e humor do pensamento. Tal dicotomia, curiosamente, jamais é introduzida; ora, Freud a ela se refere como a uma categoria bem estabelecida; por exemplo: "segundo os materiais usados pela técnica do chiste, distinguimos anteriormente o humor das palavras e o humor do pensamento" (p.132). Contudo, o papel dessa dicotomia é, evidentemente, capital; assim escreve Freud: "A dupla raiz do prazer humorístico – jogar com as palavras, jogar com os pensamentos – e, por conseguinte, *a distinção principal entre o humor das palavras e o humor do pensamento* tornam difícil a formulação em frases curtas e precisas das proposições gerais relativas ao humor" (p.209, grifo meu). Oposição fundamental, que resiste à perturbação da classificação na segunda parte, quando Freud se situa no ponto de vista da "psicogênese do espírito" (e não mais da técnica verbal).

A articulação dessas duas classificações, linguística e psicogenética, merece, aliás, também, que nela nos detenhamos por um instante. Do ponto de vista psicogenético, Freud divide todos os chistes em três grupos: 1. Os jogos de palavras (p.180-1). 2. As palavras em que "se reconhece algo de conhecido" (p.183-4). 3. O contrassenso (p.188-9). Como correspondem esses três grupos à oposição humor das palavras – humor do pensamento? Diz Freud, inicialmente, que o terceiro subgrupo (o contrassenso) "engloba a maioria dos chistes de pensamento" (p.188); temos, portanto, a impressão de que 1 e 2 pertençam ao humor das palavras. Algumas páginas adiante, porém, prossegue Freud:

O primeiro e o terceiro [grupos de técnicas de humor]... são alívios psíquicos que podemos, em certa medida, contrapor à economia, que constitui a técnica do segundo grupo. Assim, toda técnica de humor, portanto todo prazer vindo dessas técnicas, se reduz a esses dois princípios [...] Essas duas ordens de técnica e de "benefício de prazer" correspondem, pelo menos *grosso modo*, à distinção entre o humor das palavras e o humor do pensamento. (p.192-3)

Isto é surpreendente: 1 e 3 estão ligados ao humor das palavras, 2 ao do pensamento. 2 e 3 mudaram de domínio no espaço de poucas páginas...

Seja qual for a sua articulação com a nova subdivisão, a oposição humor das palavras-humor do pensamento persiste, e mostra, assim, a sua importância na descrição de Freud. Mas, como já dissemos, ele muito mais se refere a essa oposição do que a define (cf. outros exemplos, p.107, 110). O melhor seria, sem dúvida, buscar entender a diferença no momento mesmo em que introduz o primeiro grupo de palavras que se vinculam ao espírito do pensamento; é o dos deslocamentos. "O nosso exemplo (*salmão maionese*), escreve ele, mostra que o chiste por deslocamento permanece muito independente de sua expressão verbal. Ele não está vinculado à sequência das palavras, mas à das ideias" (p.74). Designaríamos, hoje, a oposição entre "expressão verbal" e "ideias" pelos termos *significante* e *significado*. Pode-se dizer, então, que a oposição se situe entre: um humor que se realiza apenas no significante e um humor que se realiza apenas no significado?

Essa é, aparentemente, a interpretação da dicotomia sugerida por Freud; ela exige, porém, algumas explicações. Pois nenhum chiste ou *palavra* de *humor* (como prova o seu nome francês, *mot d'esprit*) não pode dispensar nem um, nem outro. Uma palavra como "cartaginice" mexe com o significante, mas também, é claro, com o significado (senão não haveria humor); e o humor não pode realizar-se senão em palavras, ou seja, por significantes. Tratar-se-ia de uma *modificação* do significante no primeiro caso (como na "cartaginice", exatamente)? Mas, então, convém eliminar desse primeiro grupo duas de suas subclasses, o "uso do mesmo material" e o "duplo sentido" (cujo nome já indica que está ligado ao significado); o grupo ver-se-ia reduzido, de imediato, a muito pouca coisa.

Deve-se, portanto, interpretar diferentemente a oposição. O significado é sempre pertinente, e o significante, sempre necessário. Mas, além disso, o significante (a palavra) pode ou não prestar-se à substituição. Se pudermos substituir a palavra de que parte o humor por um dos seus sinônimos, sem com isso impedir o riso, estamos no terreno do "pensamento". Se tal substituição for impossível sem prejudicar o humor, estamos no terreno das "palavras" (não é necessário, porém, que haja modificação do significante).

Condensação, sobredeterminação, alusão, representação indireta

O termo condensação desempenha um papel particularmente importante na argumentação de Freud; é por isso que começaremos por observá-lo em seus diversos usos.[3]

---

3 É útil a leitura da análise desse termo (principalmente em *A interpretação dos sonhos*) feita por Lyotard em *Discours, figure*, em particular p.243, e a de Martin, La condensation, *Poétique*, 26, 1976, p.180-206.

Ele aparece pela primeira vez para designar a contaminação que leva, de "familiar" e "milionário", a "familionário" (p.26); a condensação consiste aqui na omissão de algumas *sílabas*.

Mas o sentido de "condensação" se amplia na análise de outro exemplo, o de *rote Fadian* (p.33-4): "Não é esse *vermelho Fadian* que se estende por toda a história dos Napoleônidas?" (p.31), resulta de duas frases assim reconstituídas: "Assim é esse homem *vermelho* que escreve coisas *enfadonhas* sobre Napoleão" e "O vermelho fio (*Faden*) que se estende através de tudo". "A condensação leva, por um lado, a uma abreviação notável, por outro, não à edificação de uma palavra composta notável, mas antes à interpenetração dos elementos dos dois componentes" (p.34). O termo designa aqui a eliminação não mais de sílabas, mas de *frases* inteiras que reconstituímos ao longo da interpretação. E isso não é tudo; o fio vermelho evoca, por sua vez, por metáfora, a unidade de um conjunto (cf. p.31-2); ora, isso também é condensação. Poderíamos, portanto, dizer que há condensação toda vez que um único significante nos leva ao conhecimento de mais de um significado; ou, mais simplesmente: *toda vez que o significado é mais abundante que o significante*. Era já assim que definia o símbolo o grande mitólogo romântico Creuzer: pela "inadequação do ser e da forma e pela superabundância do conteúdo em comparação com a sua expressão" (*Symbolik und Mythologie...*, p.59).

Na sequência do livro, o termo conserva a ambiguidade.

Ora é usado no sentido de *toda superabundância do significante em relação ao significado*. Assim, à p.60, Freud renuncia à distinção que acaba de estabelecer (entre condensação e duplo sentido) e transforma a condensação em um termo genérico, que engloba todos os grupos até então isolados (por meio, é verdade, da noção ainda menos clara, e da qual tornarei a falar, de economia). Ele usa um exemplo de duplo sentido: "Um dos primeiros atos do reinado de Napoleão III, como se sabe, foi confiscar os bens da família d'Orléans. Fizeram sobre isso um belo trocadilho: 'C'est le premier vol de l'aigle'"[4] (p.52); e o comenta assim: "Mas esse voo é um rapto; trata-se, aqui, portanto, do duplo sentido da palavra *vol*. Para justificar essa palavra, *vol* significa ao mesmo tempo a ação de voar batendo as asas e o roubo. Não há aí, ao mesmo tempo, condensação e economia?" (p.60). Ou ainda, à p.250, para comparar os procedimentos do humor aos do sonho: "Um elemento do sonho representa para os pensamentos oníricos um ponto de intersecção, uma encruzilhada, e deve, em geral, ser considerado 'sobredeterminado' em relação a esses pensamentos." E se um elemento representa o ponto de intersecção de duas cadeias, é porque pertence aos dois ao mesmo tempo e possui, portanto, um "duplo emprego".

Ora, ao contrário, a condensação continua a se *opor* a outros termos do mesmo nível, como, por exemplo, ao deslocamento e à representação indireta (cf. p.253).

É preciso começar explicitando a oposição entre "condensação" e "duplo sentido", dissimulada pela hesitação entre uma relação de inclusão e uma relação de exclusão: a designação *simultânea* de vários significados (como *familionário* que remete a *familiar* e a *milionário*) opõe-se à sua designação *sucessiva* (como no caso do fio vermelho). A questão que se coloca em seguida

---

4 Literalmente, "O primeiro voo da águia". *Vol*, em francês pode significar também "roubo", o que daria "O primeiro roubo da águia". Além disso, a águia era o símbolo de Napoleão. (N.T.)

é a de saber se o termo condensação designa as duas espécies de superabundância do significante em relação ao significado, ou uma só, e, nesse caso, qual? Acho que permaneceríamos mais fiéis a Freud (e também ao uso que é feito da palavra na *Interpretação dos sonhos*), apesar das declarações contraditórias, reservando à condensação o sentido genérico. Os dois exemplos que permitiram a sua introdução já nos convidam a isso: *der rote Fadian* comporta uma simbolização sucessiva; *familionário* está ligado à simbolização múltipla simultânea. *Condensação* seria, aliás, o nome de um processo cujo resultado é a *densidade* simbólica do chiste; densidade coextensiva a todo simbolismo linguístico; processo, igualmente, que a *sobredeterminação* (palavra usada por Freud, em particular na *Interpretação dos sonhos*, de modo intercambiável com "condensação"[5]) e a *conversão*, termos pelos quais podemos designar mais propriamente as duas espécies de condensação, na simultaneidade ou na sucessão.

---

5 É a respeito da *condensação* que Freud escreve: "Podemos exprimir de outra maneira ainda o fato que explica tudo isso e dizer: cada um dos elementos do conteúdo do sonho é *sobredeterminado*, como representado várias vezes nos pensamentos do sonho" (*IS*, p.246). Essa proximidade dos termos foi depois muitas vezes observada: cf. Jones, The Theory of Symbolism, *Papers on Psychoanalysis*, n.2, 1961, p.106; *Überdeterminierung*...: this is the same as condensation [isto é o mesmo que condensação]; ou Laplanche; Pontalis, *Vocabulaire de la psychanalyse*, p.468: "A sobredeterminação é o efeito do trabalho de condensação". Quando tenta delimitar o sentido de "sobredeterminação", Freud insiste no caráter simultâneo da relação: "É mais frequente constatar uma sobredeterminação graças à qual um fragmento de sonho cujo conteúdo sai da trama dos pensamentos serve *ao mesmo tempo* para representar algum estado funcional" (*IS*, p.430; grifos de Freud).

Teorias do símbolo

O termo "condensação", muito frequente na descrição do "humor das palavras", desaparece na do "humor do pensamento". Esse sumiço deve deixar-nos alertas: não estaria a noção dissimulada por trás de outro vocábulo? É o que sugere uma frase de Freud: "Mal distinguimos entre a condensação e a substituição, entre a alusão e a modificação..." (p.112). Estabelece-se o parentesco por meio da mediação de um terceiro termo: a omissão, sinônimo da condensação, como se pode inferir das nossas observações precedentes,[6] mas também característica inseparável da alusão: "No fundo, toda alusão comporta uma omissão, a saber, a da sequência de pensamentos que leva à alusão" (Ibid.). A alusão desempenha agora um papel comparável ao que tinha a condensação: "A alusão talvez seja o procedimento mais corrente e mais cômodo da técnica do chiste" (p.115). Um exemplo de alusão: "Reencontramos os nossos dois judeus diante da casa de banhos. Um deles suspira: Eis que já se passou um ano" (p.114).

Alusão à hidrofobia e, portanto, à falta de higiene dos judeus.

Como definir a alusão? "Seu traço característico consiste na substituição por um elemento ligado à associação de ideias..." (p.109). Ou seja, a alusão nada mais é que a evocação de um sentido que não é o sentido imediato e primeiro das palavras enunciadas: a existência, em outras palavras, de mais de um significado para um único significante. Mas, dessa vez, o termo só se aplica a um dos dois processos distinguidos anteriormente: o da evocação sucessiva (e não simultânea, como no caso da

---

6 Sinônimo parcial, sem dúvida, mas mesmo assim sinônimo. Cf. *l'Interprétation des rêves*, p.244: "Parece, inicialmente, que a condensação se dá através da *omissão*...".

sobredeterminação). Em outro texto (*IP*, p.159), estabelece Freud uma comparação interessante entre a alusão no discurso ordinário, no chiste e no sonho. A sua forma lógica é sempre a mesma; mas, no discurso comum, ela também deve satisfazer a duas outras condições: "A alusão deve ser facilmente inteligível, e deve haver entre a alusão e o pensamento verdadeiro uma relação de conteúdo". O chiste pode suspender a segunda condição; o sonho o faz com as duas (também aqui se percebe que a capacidade de observação de Freud supera a qualidade da sua descrição).

À mesma família semântica que a condensação, a sobredeterminação e a alusão, pertence também um quarto termo: o de *representação indireta*. Mas ele desempenha um papel mais limitado e se acha, aliás, explicitamente vinculado à alusão. Eis como Freud o introduz:

> Defini, de passagem, a alusão como uma "representação indireta" e acabo de me dar conta de que os diferentes modos de alusão, bem como a representação pelo contrário ou por outras técnicas ainda em estudo [só falta a comparação], podem ser colocados em um único grande grupo, para o qual o nome de "representação indireta" me parece o mais abrangente. (p.116)

Mas esses diversos modos de alusão foram descritos, p.107, como o que é "semelhante", o "que tem contato" ou "que pertence": nada mais, portanto, que uma variante terminológica de: metáfora, metonímia, sinédoque. Se acrescentarmos a "representação pelo contrário", isto é, a antífrase, e a comparação, temos uma lista mais ou menos completa dos *tropos* retóricos, que, como todos sabem, são, com efeito, "representações indiretas".

Os tropos aqui apresentados aparecem, portanto, como modalidades de uma alusão. Não haveria nenhuma diferença entre uns e outra? Deixa-o entrever uma nota da página 35, na qual aparece a primeira ocorrência do termo "alusão": "A modificação que substitui a injúria omitida deve ser qualificada de alusão a esta última, *dado que só chega a ela por intermédio de um silogismo*" (grifos meus). Tropos e alusões estão igualmente ligados à simbolização sucessiva (a conversão); mas se distinguem de outro ponto de vista, que não é explorado no livro de Freud e teremos, por enquanto, de deixar de lado. Com efeito, os tropos suspendem o sentido literal das palavras (sem fazer que desapareça completamente) e impõem em seu lugar um sentido novo; a alusão, ao contrário, conserva o sentido inicial da frase, mas nos permite associar, por dedução, uma nova asserção.[7] Resta que a superabundância do significado é patente, em ambos os casos, e isso justifica a utilização de um termo único: o de condensação, precisamente.

Unificação, deslocamento

Voltemo-nos, agora, para outras categorias da classificação freudiana.

A de *unificação*, em primeiro lugar. O termo aparece na descrição dos dois grupos de humor, tanto no das palavras como no do pensamento. No primeiro, caracteriza uma técnica que vem somar-se a outros mecanismos já identificados. É usado pela primeira vez na descrição de uma frase atribuída a Sch-

---

7 Cf. aqui mesmo p.126-35 e "O simbolismo linguístico", op. cit., p.593-4.

leiermacher: "*Eifersucht ist eine Leidenschaft die mit Eifer sucht was Leiden schafft*" (p.49).[8]

Comenta Freud: "É o estabelecimento de uma relação pouco usual, de uma espécie de *unificação*, definindo *Eifersucht* [ciúme] pelas mesmas sílabas do seu nome, por assim dizer, por ela mesma" (p.50). E acerca de um exemplo parecido: "Podemos alegar, aqui, o ponto de vista da unificação, a saber, o estabelecimento entre os elementos do enunciado de uma relação mais íntima do que era de se esperar de seu caráter" (p.56).

Apesar da simplicidade do exemplo, é difícil saber a que fato linguístico Freud se refere exatamente, ao falar de unificação. Não é o procedimento pseudoetimológico, que ele tem o cuidado de identificar na frase anterior (p.56), mas antes a categoria mais geral e mais vaga de *proximidade semântica* (paradigmática) que se acha *projetada em uma proximidade sintagmática*. Mas como medir a "proximidade"?

A unificação reaparece no segundo grande grupo; ali serve para delimitar uma subclasse das palavras de humor do pensamento. Dois exemplos, em particular, necessitam do emprego do termo unificação: "O mês de janeiro é aquele no qual se fazem votos para os amigos, e os outros meses são aqueles nos quais nenhum desses votos se realiza (p.95). A vida humana é composta de duas partes: a primeira se passa desejando a segunda, a segunda, desejando o retorno à primeira (p.95)".

Escreve Freud: "Diria, até, que aqui se constituem unidades novas e inesperadas, relações recíprocas entre as representações, e definições uma pela outra ou por sua relação com um terceiro

---

8 [O ciúme é uma paixão que com avidez procura o que leva à dor] (N.T.)

fator comum. Proporia para esse processo o nome de *unificação*; é evidentemente análogo à condensação por compressão dos mesmos termos" (p.96).

Freud mantém, portanto, por um lado, a ideia de uma proximidade semântica; confirma-a, em especial, na longa nota das páginas 97-8, na qual a "unificação" iguala a existência de um elo temático entre palavras: por exemplo, "corda" – "enforcado" – "forca" são termos "unificados" (em colocação, diríamos nós na tradição da linguística inglesa). Essa mesma direção é seguida por Freud um pouco adiante: "A unificação, que não é senão a repetição aplicada às relações entre as ideias, em vez de aplicar-se ao material verbal..." (p.187).

Mas acrescenta duas qualificações suplementares. Primeiro, a unidade em questão deve ser *nova e inesperada* (cf. p.122: "é um caso de *unificação*, de estabelecimento de uma relação inesperada"; mas já na p.50: "uma relação inabitual"). As afirmações precedentes são, portanto, contraditas: não são mais unidades próximas paradigmaticamente que aparecem em uma proximidade sintagmática, mas, muito pelo contrário, unidades paradigmaticamente independentes e até distantes. Eis aí duas definições da unificação que não podem ser verdadeiras ao mesmo tempo: a menos que se suponha que seja especialmente surpreendente reunir unidades próximas tematicamente. Admitamos, por um instante, que seja esse o caso; como medir essa "surpresa"? Ademais, a julgar pela maioria dos exemplos dados, é a primeira definição (a que implicava a proximidade paradigmática) que deve ser retida; pois o que há de surpreendente na aproximação de "corda", "enforcado" e "forca"?

A confusão é ainda maior na segunda característica nova da unificação, quando Freud aproxima unificação e condensação.

Esta última, como vimos, consistia em que um significante qualquer evocasse mais de um significado. A condensação é a relação entre uma frase presente e uma ou várias frases ausentes (que a primeira simboliza segundo este ou aquele processo). É uma relação *in absentia*. A unificação, em compensação, e sejam quais forem as hesitações acerca da sua definição exata, é uma relação entre duas ou mais unidades, todas presentes, como mostram *todos* os exemplos citados (*Eifersucht* [ciúme], *Eifer* [Avidez], *sucht* [procura]; *Leidenschaft* [paixão], *Leiden* [dor], *schaft* [leva a] etc.). É, portanto, uma relação *in praesentia*. É difícil confundir as duas (Freud, aliás, voltará à análise da frase de Schleiermacher, para classificá-la como uma simples brincadeira, ou seja, uma pura relação *in praesentia*, cf. p.195).

Como, então, se subdivide o "humor do pensamento", entre outras coisas, em "representação indireta" e "unificação"? Como pode subdividir-se em duas unidades incomensuráveis? É como se somasse uma classe de "animais amarelos" à classe dos "animais aquáticos".[9] Supondo que se trate de categorias, e não de classes, as coisas não melhoram: as duas noções não pertencem ao mesmo "gênero comum". Vimos o parentesco da representação indireta com a condensação; trata-se, é claro, de uma relação *in absentia*; e não pode contrapor-se a uma relação de tipo *in praesentia*.

Que dizer do terceiro grupo que encontramos no "humor do pensamento": os "erros de raciocínio"? Para nos darmos

---

9 Classificação comparável em sua heterogeneidade a esta outra, que encontro na *Introduction à la psychanalyse*: "Queríamos, sobretudo, estabelecer as relações existentes entre os elementos dos sonhos e seus substratos, e descobrimos que essas relações eram quatro: relação de uma parte com o todo, aproximação ou alusão, relação simbólica e representação verbal plástica" (p.155, cf. p.135).

conta deles, examinaremos a sua espécie mais importante e mais interessante, a saber, o *deslocamento*; esse termo desempenha, aliás, um papel importante em outros escritos de Freud e, em especial, na *Interpretação dos sonhos*.

Observemos as suas principais ocorrências em nosso texto.

Deixa-nos insatisfeitos a primeira definição proposta por Freud. Escreve ele que o "elemento essencial consiste no desvio do curso do pensamento, no deslocamento do acento psíquico do tema primitivo para um tema diferente" (p.74). Consiste o deslocamento no deslocamento... No entanto, é preciosa a indicação relativa a uma mudança na posição do acento psíquico. As outras definições de Freud, aliás, vão todas nessa direção. Para haver deslocamento, é preciso haver pelo menos duas réplicas e que o "acento psíquico" não caia no mesmo lugar em uma e na outra. "O deslocamento funciona sempre *entre um discurso e uma resposta (zwischen einer Rede und einer Antwort)*, cuja sequência das ideias assume um curso diferente do indicado pelo discurso inicial" (p.78, nota). Para caracterizar o comportamento do segundo locutor, diz Freud que ele "responde obliquamente" (p.72), que ele "se afasta do pensamento sugerido", que ele "sai pela tangente" ou "se concentra em um dos elementos da frase... como se essa palavra tivesse sido o próprio centro da sua frase" (p.73), e torna a falar do "desvio do sentido na resposta", da "mudança de ponto de vista" ou do "deslocamento do acento psíquico" (p.72).

Para tornar explícitas essas observações, seremos levados a introduzir algumas noções suplementares. O chiste comporta um duplo contexto de enunciação. Primeiro, o das réplicas trocadas entre os personagens. Em seguida, o do narrador e de seu ouvinte.[10] Atribuamos um número a esses interlocutores: 1 e 2 (os autores das réplicas), 3 e 4 (narrador e alocutário). Observemos, agora, as diferentes fases pelas quais passa o intercâmbio verbal. O interlocutor 1 profere uma frase cujo sentido ele escolhe, de preferência a todos os outros sentidos possíveis; tal sentido é, portanto, "acentuado". O interlocutor 2 engana-se, voluntariamente ou não, sobre a interpretação desse primeiro enunciado; substitui-o por um segundo e formula uma resposta ao enunciado assim modificado, a qual não é adequada ao enunciado inicial. Esse conjunto é transmitido pelo interlocutor 3; o interlocutor 4 (nós, o ouvinte) deve repercorrer o mesmo caminho, mas em sentido inverso. Percebe, em primeiro lugar, o enunciado do primeiro interlocutor; na ausência de todo contexto sintagmático, interpreta-o da mesma maneira que este último; percebendo a réplica do segundo, constata que ela não responde ao primeiro enunciado; para entender essa incoerência, substitui a sua primeira interpretação do enunciado inicial por uma interpretação nova. O processo comporta, portanto, dois tempos qualitativamente diferentes, que se seguem em ordem inversa no interlocutor 2 e no interlocutor 4 (este último parecido, sem dúvida, nesse ponto ao interlocutor 1): *interpretação errada*, seguida da *incoerência* entre réplicas dela decorrente, quanto àquele; constatação da *incoerência* das réplicas e *reinterpretação* que corrige o problema, quanto a este último.

O termo de deslocamento descreve esse processo como um todo, ou uma de suas partes, e então qual? A nota já citada da

---

10 Freud mostrou que, nesse segundo nível, há três, e não dois papéis diferentes (cf., aqui mesmo, p.493-9). Mas tal fato não é pertinente na presente perspectiva.

Teorias do símbolo

página 78 suprime toda hesitação: o deslocamento não é o "duplo sentido" do enunciado inicial, que permite interpretá-lo desta ou daquela maneira, mas o fato de haver ruptura entre as duas réplicas que se seguem. Acrescenta Freud: "A diferença entre deslocamento e duplo sentido encontra a sua melhor justificação nos exemplos em que ambos se combinam, em que, por conseguinte, os termos do discurso admitem um sentido duplo que não está na mente do locutor, mas permite o deslocamento na resposta."

Vejamos se essa descrição está correta com base em um exemplo em que o deslocamento é chamado de "patente" por Freud: "O comerciante de cavalos oferece ao cliente um cavalo de sela: – Se você pegar este cavalo e partir às quatro horas da manhã, você vai estar em Bratislava às seis e meia. – E vou fazer o que em Bratislava às seis e meia da manhã?" (p.78).

A primeira réplica, considerada como um enunciado global, pode ter muitos *empregos* (trata-se aqui, portanto, de uma ambiguidade que não é semântica, mas pragmática): pode ser vista como um exemplo da qualidade do cavalo (e, então, a viagem a Bratislava permanece hipotética) ou como a descrição de uma viagem real; a construção condicional – e, através dela, o valor ilocutório global do enunciado – é que permite uma dupla interpretação. Mas quando só esse primeiro enunciado estava presente, só havíamos retido uma das interpretações: a do condicional irreal e, portanto, do valor de "exemplo". A partir dessa primeira interpretação, a réplica do interlocutor 2 parece incoerente; para encontrar um sentido para a resposta, temos de optar pela outra interpretação do condicional e do enunciado primeiro por inteiro (devemos "acentuá-lo" de modo diferente). O deslocamento consiste na incoerência dos dois segmentos de um texto, incoerência que reduzimos, modificando a nossa interpretação.

O que confirma essa definição do deslocamento é a análise de um "exemplo típico que contrasta com o chiste por deslocamento": "Um especulador, famoso diretor de banco, passeia com um amigo pela Ringstrasse de Viena. Passando diante de um café, o especulador propõe: — Vamos entrar e tomar alguma coisa. — O amigo segura-o pelo braço, dizendo: — Mas, senhor conselheiro, tem muita gente lá dentro" (p.74).

À primeira vista, o mecanismo é idêntico a um deslocamento. O primeiro enunciado tem vários sentidos. Nós (interlocutor 4) havíamos instintivamente escolhido um primeiro sentido, mas a réplica nos faz compreender que o interlocutor 2 escolheu outro sentido. Por que não há deslocamento? Porque as duas falas não formam um discurso incoerente. O amigo do especulador poderia referir-se ao cuidado de evitar a multidão, o barulho, o ar esfumaçado. O que nos põe "a pulga atrás da orelha" não é o deslocamento, mas o contexto no qual percebemos seu enunciado: sabemos (graças a um comentário metadiscursivo) que se trata de uma piada; ora, não haveria nenhum sentido se a frase fosse interpretada no sentido inocente que acabamos de mencionar (some-se a isso o fato de o interlocutor ser um especulador, personagem de reputação ambígua). Não pode, portanto, haver nenhuma dúvida quanto ao sentido específico da palavra "deslocamento": trata-se da *incoerência entre "um discurso e uma resposta"*.

Vários outros exemplos de deslocamento citados por Freud conformam-se exatamente a esta descrição: a frase de Heine diante de Soulié, sobre o bezerro de ouro; a história do salmão maionese; a do judeu pilantra que queria ir a Ostende. Um

Teorias do símbolo

exemplo, porém, merece que nele nos detenhamos com maior vagar, por causa da atenção que lhe dá Freud e da relativa complexidade que apresenta. "Dois judeus se encontram nas proximidades de uma sauna: — Você tomou um banho? pergunta um deles. – Como? diz outro. Está faltando algum?" (p.70).

Comenta Freud: "Temos... a impressão de que, na resposta do segundo judeu, o fato de não compreender a ideia de banho importa mais do que o mal-entendido sobre a palavra 'tomar'..." (p.71). "O primeiro pergunta: 'Você tomou um *banho*?' O acento recai no elemento 'banho'. O segundo responde como se a pergunta tivesse sido acentuada assim: 'Você *tomou* um banho?'" (p.73).

O deslocamento é aqui um fato mais específico que o descrito até agora: o acento passa, diante de nossos olhos, de uma *palavra* a outra (e não mais de um sentido ou de um emprego a outro). Mas examinemos a análise feita por Freud. Cai realmente o acento na palavra "banho", a primeira vez? Se admitirmos, como parece indispensável, que o "acento" recai sobre o que constitui o *rema* de um enunciado, em oposição ao seu *tema*, há realmente uma mudança de acento neste exemplo; mas não exatamente o descrito por Freud. Na primeira interpretação da frase inicial, o acento não recai sobre a palavra "banho" (não esperamos uma resposta do tipo: "não, tomei uma ducha"), mas sobre o predicado inteiro, representado pela locução "tomar um banho". A segunda interpretação, em compensação, acentua o verbo "tomar" sozinho, como observa Freud; a locução é decomposta, e a palavra "banho" já não faz parte do "verbo", recupera um lugar de objeto direto.

Apesar do erro de descrição, Freud tem, portanto, razão ao ver aqui um efeito novo, que não resulta só da reinterpretação de um segmento do enunciado (a escolha de um sentido de preferência a outro), mas também de uma diferença entre os segmentos sobre os quais recai o acento, pois o "rema" é ora o predicado inteiro, ora apenas o verbo. Talvez também tenha razão quando acha que essa segunda diferença importa mais que a primeira (nesse chiste em particular). Mas já não o acompanharemos quando tenta apresentar todos os casos anteriores como análogos a este: afirmando a identidade do "deslocamento" assim descrito em todos os exemplos. Se exigíssemos a presença dessa mudança de lugar do acento na frase como condição necessária do deslocamento, o exemplo do banho seria o *único* apropriado. *Todos* os exemplos, em compensação, inclusive o do banho, se caracterizam pela sequência que acabo de descrever: incoerência-reinterpretação. A mudança de lugar do acento é um efeito muito real, mas que se soma à reinterpretação, sem substituí-la; é uma condição facultativa, que estaríamos errados em elevar ao estatuto de traço constitutivo. A oposição dos dois passa pela mesma categoria que mencionei a respeito da unificação: a escolha de um sentido é feita entre termos *in absentia* (um só estará presente, e os outros, ausentes); o de um segmento, entre termos *copresentes*.

O sentido de *deslocamento* que acabamos de estabelecer não é, porém, mantido ao longo de todo o texto de Freud e, principalmente, não coincide com o que tem a palavra na *Interpretação dos sonhos*, onde Freud só dá atenção ao último processo, o da acentuação de um segmento de preferência a outro; mas onde Freud não indica as condições dessa "mudança de acento". "Os elementos que nos parecem essenciais para o conteúdo só desempenhavam nos pensamentos do sonho um papel muito apagado. Inversamente, o que é visivelmente o essencial dos

Teorias do símbolo

pensamentos do sonho, às vezes, não é de modo algum representado neste último" (p.263). "No trabalho do sonho se manifesta um poder psíquico que, por um lado, tira a intensidade de elementos de alto valor psíquico e, por outro lado, graças à sobredeterminação, dá um valor maior a elementos de menor importância, de modo que estes últimos podem penetrar no sonho" (p.265-6). O papel essencial opõe-se ao papel apagado, a intensidade forte à intensidade fraca; trata-se, portanto, realmente de uma mudança de acento; mas Freud não se detém na eventual incoerência que resulta dessa mudança e que, por sua vez, convida o interlocutor (o intérprete) a se empenhar no processo inverso, o de uma reinterpretação que lhe permita chegar de novo a um texto coerente.

Do mesmo modo, na *Introdução à psicanálise*, Freud não mais menciona, a respeito do deslocamento, a incoerência inicial, mas retém dois outros sentidos, para nós muito diferentes:

> Exprime-se o deslocamento de duas maneiras: em primeiro lugar, um elemento latente é substituído, não por um de seus próprios elementos constitutivos, mas por algo demais distante, portanto por uma alusão; em segundo lugar, o acento psíquico é transferido de um elemento importante a outro, pouco importante, de modo que o sonho recebe outro centro e parece estranho. (p.158)

Essa qualificação de "estranho" é o único indício que sobrou do uso do termo em *Os chistes*.

A razão dessa modificação no sentido do termo talvez esteja na diferença de natureza entre sonho e chiste: aquele formado por quadros estáticos descontínuos, o que impede perceber a incoerência entre dois segmentos que se seguem (ou, em todo caso, a torna menos importante); este último participando da linearidade do discurso, onde cada parte vem necessariamente *antes* e *depois* de outra. Não podendo entrar na descrição do sonho, deixo aberta a questão; mas é um fato notável que quando, em *O chiste*, Freud relata o funcionamento do mecanismo onírico, ele retoma a descrição do deslocamento tal como aparecia na *Interpretação dos sonhos*, sem se dar conta da contradição resultante do uso desse termo no terreno do humor: "Este deslocamento manifesta-se pelo fato de que tudo o que, nos pensamentos oníricos, era periférico e acessório, se vê, no sonho manifesto, transposto para o centro e se impõe vivamente aos sentidos; e vice-versa" (p.251).

De qualquer modo, na parte descritiva de *Os chistes*, a única, portanto, que trata diretamente dos fatos verbais, o deslocamento ou incoerência semântica é bem distinguido da reinterpretação que permite reabsorvê-lo; é uma relação incomparável com a condensação ou com a representação indireta etc. Em compensação, ele é análogo ao de unificação, que corresponde também a uma relação entre partes *in praesentia*, e vemos até esboçar-se uma relação simétrica: lidamos, no caso da unificação, com um discurso superorganizado, em que a relação sintagmática dos termos próximos é duplicada por uma relação paradigmática; e, no caso do deslocamento (ou dos outros "erros de raciocínio"), trata-se de um discurso por assim dizer "suborganizado": a coerência mínima das réplicas sucessivas não é mais garantida. Pouco importa, afinal, que Freud tenha usado esse termo em diversos sentidos; para nós, o interessante é distinguir entre: 1. qualquer substituição de sentido; 2. a mudança de acento, de um segmento do enuncia-

Teorias do símbolo

do a outro; 3. a incoerência semântica entre segmentos contíguos. É evidente que a primeira acepção da palavra é a menos interessante (porque a mais trivial); as duas outras são mais ricas, mas, seja qual for a que é chamada de "deslocamento", convém não confundi-las.

Vemos, a partir daí, como são parciais as tentativas, feitas na esteira de Lacan, de reduzir os dois conceitos freudianos, condensação e deslocamento, a categorias retóricas como a metáfora e a metonímia (a menos, é claro, que se reestruture o sentido de um ou outro desses pares terminológicos; mas qual é, então, o interesse da operação?). A condensação engloba todos os tropos, tanto a metáfora como a metonímia, bem como outras relações de evocação de sentido;[11] o deslocamento não é uma metonímia, não é um tropo, pois não é uma substituição de sentido, mas um relacionamento de dois sentidos copresentes.[12] Mas a ambiguidade está, cumpre dizê-lo, no próprio texto freudiano. Depois de ter tão bem ilustrado o deslocamento como uma relação entre partes sucessivas, depois de ter distinguido o deslocamento da condensação e da repre-

---

11 Como diz Freud em outro lugar: "Há também certa quantidade de relações que parecem mais úteis que as outras para o mecanismo da formação do sonho: são as associações por semelhança, contato e correspondência. O sonho delas se serve para servir de base para o seu trabalho de condensação" (*RI*, p.66); na *Interpretação dos sonhos*, ele fala também das "associações de ideias por contiguidade e por semelhança" (p.268).

12 Para ser mais preciso: o que a metonímia tem de paradoxal é participar ao mesmo tempo do que chamamos de substituição (um sentido "substitui" o outro) e da contiguidade (os dois sentidos evocam objetos ou ações copresentes). Aqui, presença e ausência se juntam.

sentação indireta, Freud escreve na *Interpretação dos sonhos*: "Os deslocamentos que observamos parecem ser substituições por certa representação de outra que lhe estava diretamente associada; eles serviam para a condensação do sonho, pois, assim, em vez de dois elementos, um só, que tinha traços comuns a ambos, entrava no sonho" (p.291-2); e em *Os chistes*:

> Convém contar entre os deslocamentos não só o desvio do curso das ideias, mas também toda espécie de representação indireta, em particular a substituição de um elemento significativo, mas ofensivo, por outro elemento indiferente, mas aparentemente inofensivo à censura, elemento que figura uma alusão das mais longínquas ao primeiro, um símbolo, uma equivalência, um pormenor. [...] A elaboração do sonho utiliza até demais esses recursos da representação indireta. Toda espécie de conexão, sob a pressão da censura, basta para criar um substituto por alusão; parece permitido o deslocamento de um elemento para qualquer outro. (*Le Mot d'esprit et ses rapports avec l'inconscient*, p.263-4)

Eis, portanto, que o deslocamento engloba o símbolo, os tropos, as alusões, as representações indiretas, dos quais, porém, tanto se haviam empenhado em distingui-lo! Nesse nível de generalidade, o termo perde todo interesse, tornando-se um sinônimo supérfluo; ao passo que ele tem um interesse certo em seu uso específico,[13] em que permite identificar um processo semântico que até o presente se ignorava. Renun-

---

13 Que é essencial para a compreensão do mecanismo do humor. Separo-me aqui de Lyotard, quando escreve: "O chiste [...] age sobretudo condensando unidades linguísticas; como ele tem de se conservar na comunicação e obter um efeito fulgurante, limita o

Teorias do símbolo

ciaremos a acompanhar *esse* Freud; se o chiste cultiva de bom grado o procedimento de deslocamento, é difícil ver por que a investigação científica faria o mesmo.

Resta a necessidade de manter uma distinção essencial, que não desempenha nenhum papel em Freud: a das relações que se estabelecem entre as partes *presentes* de um enunciado e das relações que se formam entre essas mesmas partes e outras, *ausentes*.

Trocadilho, uso múltiplo, duplo sentido

Retomemos, agora, a classificação interior do primeiro grupo, o "humor das palavras". Vimos que a condensação, mais que um subgrupo, é uma categoria que se aplica a todos os chistes. Os dois grupos restantes são o "uso do mesmo material" e o "duplo sentido", aos quais somei um quarto grupo, os trocadilhos [*calembur*], que não aparece no quadro da página 59 do livro de Freud, mas é discutido antes da primeira subcategoria do "humor do pensamento", o deslocamento.

Esse lugar marginal concedido ao trocadilho não pode deixar de chamar a atenção. Freud o atribui à influência do "desdém que em geral recai sobre esse tipo de chiste" (p.64). Tal desdém é patente, mesmo entre aqueles, raros, que se interessam pelos jogos de palavras. "O trocadilho é um mau jogo de palavras, pois joga com a palavra, não enquanto palavra, mas enquanto som", escreve K. Fischer, citado por Freud (p.66); e para dar mais só um exemplo, um Louis Renou, sensibilizado, porém, pela tradição sânscrita, fala também do "procedimento

---

deslocamento que torna o reconhecimento particularmente difícil" (op. cit., p.306, nota).

415

bárbaro do trocadilho ou da aliteração".[14] O próprio Freud, que conhece essa tradição, não compartilha o mesmo desprezo. "A técnica de sua expressão é das mais simples, ao passo que o jogo de palavras propriamente dito recorre às mais elevadas delas [as técnicas]" (p.64). "O trocadilho é apenas uma subvariedade do grupo de que o jogo de palavras propriamente continua sendo o tipo mais elevado" (p.67-8). O jogo de palavras é "elevado", o trocadilho, baixo... Por quê? Freud identifica a técnica dos trocadilhos da seguinte forma: "Basta que duas palavras vetores se sugiram uma à outra por uma semelhança qualquer: semelhança geral de estrutura, assonância ou aliteração etc." (p.64). Mas a mesma descrição se aplica aos "jogos de palavras". O próprio Freud nota:

No jogo de palavras, trata-se também de uma assonância, à qual se associa um sentido ou outro. A linguagem corrente estabelece pouca diferença nítida entre os dois, e, se trata com desprezo o trocadilho e com certo respeito o jogo de palavras, é porque essa apreciação não parece depender da técnica, mas de outras considerações. (p.66-7)

Curiosa "consideração" em um capítulo dedicado justamente à técnica. E Freud jamais explica em que consiste a diferença "rebaixante".

Aqui vai um exemplo representativo de todos os que são citados nessa parte do livro: "Hevesi aplica as seguintes palavras a um poeta italiano, que, apesar de suas opiniões anti-

---

14 L'énigme dans la littérature ancienne de l'Inde, *Diogène*, 29, 1960, p.39.

Teorias do símbolo

-imperialistas, se viu obrigado a celebrar em hexâmetros um imperador alemão: 'Não podendo expulsar os Césares, fez pelo menos explodir as cesuras'." (p.65-6).

A "técnica" consiste aqui em aproximar na cadeia sintagmática duas palavras cujos significantes se assemelham, mas cujos significados são independentes; consegue-se, com isso, certo efeito semântico.

Comparemos, agora, com essa descrição os chistes pertencentes ao grupo "uso múltiplo do mesmo material", subespécie "com leve modificação". Por exemplo:

> Senhor Conselheiro, diz ele, conhecia o seu antessemitismo, ignorava o seu antissemitismo. (p.47)
>
> Traduttore – Traditore! (p.47)
>
> Amantes amentes [amantes dementes]. (p.47)

Nenhuma relação de parentesco liga os significados *ante--anti, traduttore-traditore* etc., mas os significantes se assemelham e sua aproximação na cadeia cria um efeito semântico (de semelhança ou de oposição). Tais chistes são idênticos, do ponto de vista linguístico, ao exemplo anterior (César, cesuras). O erro na classificação de Freud vem do fato de falar aqui do uso do *mesmo* material, embora esse material esteja *modificado*, ainda que ligeiramente: *ante* não é *anti*, como *César* não é *cesura*.

Por que essa recusa generalizada do trocadilho, por que essa depreciação da "semelhança qualquer" entre duas palavras, por que esses erros de descrição? A distinção entre "trocadilho" e "jogo de palavras", tal como se observa na frase de Fischer, relega à condição de trocadilho as frases em que só está presente uma relação (de semelhança) entre significantes; e admite, entre os jogos de palavras, frases em que a relação entre os significantes é duplicada por uma relação entre significados. Assim formulada, a distinção poderia ser defendida: a "gratuidade" da aproximação fônica, em um caso, se oporia à sua "carga" semântica no outro.

A oposição, porém, é factícia: *a relação dos significantes*, e esta não é a menor lição da análise dos trocadilhos, *provoca sempre uma relação entre significados*. As palavras "César" e "cesura" não têm nenhum sema comum, segundo o dicionário. Mas a *significância* de que os signos são providos no vocabulário não é idêntica ao *sentido* em ação no discurso, para usar a terminologia de Benveniste[15] (Beauzée teria dito: *acepção* e *sentido*). Na frase

---

15 Em alguns de seus últimos estudos, Émile Benveniste insistiu na necessidade de conceber essa clivagem inerente à linguagem, entre o que chama de semiótica, isto é, os signos como inventário, e a semântica, isto é, as palavras em seu encadeamento que forma discurso. Reteremos dessa oposição os diferentes modos segundo os quais se apresenta a significação tanto em um como no outro. "O 'sentido' (na acepção semântica que acaba de ser caracterizada) realiza-se em e por uma forma específica, a do sintagma, ao contrário da semiótica, que se define por uma relação de paradigma." Da parte da semiótica, em que a unidade de base é o signo, este "tem sempre e somente valor genérico e conceitual. Não admite, portanto, significado particular ou ocasional; tudo o que é individual é excluído; as situações de circunstância devem ser tidas como não existentes". Da parte semântica, em compensação, em que as unidades de base são a palavra e a frase, "o locutor reúne palavras que *nesse* emprego têm um 'sentido' particular". O sentido das *palavras* (e não mais dos signos) "resulta precisamente da maneira como elas são combinadas" (*Problèmes de linguistique générale II*, p.225 e ss.). Aliás, quando preciso, Freud sabe manejar essa mesma distinção: "Eu estaria muito mais propenso a dizer que o mesmo conteúdo [= significância] pode ter um sentido diferente em assuntos diferentes e com um contexto diferente" (*IS*, p.97).

Teorias do símbolo

de Hevesi, César e cesura tornam-se antônimos; o essencial (expulsar os Césares) opõe-se ao insignificante (explodir as cesuras). A estrutura sêmica de uma palavra, encarada na perspectiva do discurso, não é mais a intersecção de um número finito de categorias elementares; toda aproximação pode fazer surgir um sema novo no interior da palavra: a lista dos semas que constituem o sentido nunca é fechada (o que quer dizer também: não se pode deduzir o sentido da significância). A prática poética acostumou-nos, aliás, a este fato: basta que duas palavras rimem, ou mesmo sejam vizinhas, para surgir daí um efeito semântico. Não há, pois, no discurso relação entre significantes sem relação entre significados; não há diferença, nesse sentido, entre "trocadilhos" e "jogos de palavras"; tudo o que podemos observar é a maior ou menor riqueza da relação semântica, a motivação mais ou menos forte da relação entre significantes.

Resta resolver a questão, secundária, de terminologia. Na tradição francesa dos tratados sobre a questão, pelo menos, o procedimento aqui presente ostenta outro nome, que é o de uma figura de retórica (é de se lamentar profundamente a ignorância de Freud em relação à retórica): é a *paronomásia*, que se define habitualmente como uma figura que "reúne, na mesma frase, palavras cujo som é aproximadamente o mesmo, mas de sentido completamente diferente".[16]

Que dizer dos exemplos reunidos na seção "uso do mesmo material"? Dos treze chistes analisados, só três justificam o nome.

---

16 Fontanier, *Les Figures du discours*, p.347.

O casal X vive em grande estilo. Segundo alguns, o marido teria ganhado muito dinheiro para se vestir de veludo; segundo outros, a mulher se teria despido de muito veludo para ganhar muito dinheiro (p.46). *Put not your trust in money but put your money in trust* (p.46).[17] O candidato [em um exame de direito] deve traduzir um trecho do código: *Labeo ait...* Eu caí, diz ele... – O senhor caiu, digo eu! replica o examinador, e o exame é dado por encerrado (p.47-8).

Em cada um desses casos, é um mesmo "material" que se vê retomado, isto é, as mesmas palavras; elas, porém, têm significados diferentes, o que justifica o nome de "uso múltiplo do mesmo material". Essa figura, aliás, também tem um nome retórico: é a antanáclese, definida por Fontaine como "a repetição de uma mesma palavra, tomada em sentidos diferentes" (p.348). A diferença entre paronomásia e antanáclase é a que existe entre a semelhança e a identidade; esta última inclui, como uma de suas subclasses, a derivação (ou a conjugação, ou a declinação): o essencial é que a raiz continua a mesma.[18] Note-se, por outro lado, que a antanáclase está próxima do deslocamento; mas este exige a mais: 1º que não haja segunda

---

17 [Não coloque sua confiança no dinheiro, mas ponha seu dinheiro em confiança]. (N.T.)

18 Vale notar que Tabourot des Accords já se servia dessa diferença entre semelhança parcial e semelhança total (ou identidade) para distinguir entre paronomásia (que chama de "alusão") e anfibologia, ou duplo sentido: "A alusão é feita de dicções aproximadas de algum nome, ao passo que [...] a anfibologia de um único nome representa duas ou três significações" (*Les Bigarrures du Seigneur des Accords (1583)*, p.80).

Teorias do símbolo

ocorrência da palavra, mas que se deduza o segundo significado por implicação; e 2º que esses dois sentidos sejam evocados por réplicas atribuídas a interlocutores diferentes (não creio que se deva reter nesse nível o caráter voluntário ou involuntário na mudança de sentido).

Examinemos os outros exemplos dados por Freud de "usos múltiplos do mesmo material", isto é, como escreverei de agora em diante, de antanáclases: "Como vai?, diz o cego ao paralítico. – Como você vê, responde este último ao cego" (p.48).

A subclasse a que pertence esse exemplo é assim identificada: as mesmas palavras são usadas em seu sentido *pleno* ou *vazio*; ou, mais exatamente, lexical ou idiomático. Mas podemos falar aqui de um "uso múltiplo", como pretende Freud? Os verbos "ir" e "ver" só aparecem uma única vez; são portadores de dois sentidos simultaneamente, o sentido do dicionário e o de uma locução. Trata-se de um *duplo sentido* e não de um *uso múltiplo*.

Freud hesita durante muito tempo, é verdade, em distinguir essas duas categorias. Às vezes se apoia na oposição ("nesse caso particular, o uso múltiplo é muito mais aparente que o duplo sentido"; p.55); outras vezes, ele a considera vã: "As outras modalidades do uso múltiplo, que podemos também, com o nome de *duplo sentido*, agrupar em uma terceira categoria, são suscetíveis de ser subdivididas em grupos, na verdade tão pouco diferentes um do outro como a terceira categoria o é, como um todo, da segunda" (p.50-1), ou ainda: "Não há dificuldade no que se refere à fusão da segunda e da terceira categorias, como já dissemos. O duplo sentido e o jogo de palavras representam o caso ideal do uso do mesmo material" (p.60). Digamos que a primeira intuição era a certa, retoricamente: o "duplo sentido" não é idêntico à antanáclase: uma única ocorrência aqui da palavra (do significante) opõe-se às múltiplas ocorrências lá. A aptidão de uma palavra a ter vários sentidos simultaneamente, no interior de uma mesma frase, era, aliás, repertoriada pela retórica: é a *silepse*. Mas Freud não confiou em sua própria categoria; daí o aparecimento de antanáclases em seu grupo de "duplo sentido"; e de silepses no de "uso múltiplo".

Acabamos de deduzir, a partir da análise dos exemplos de Freud, duas categorias mal identificadas por ele: a oposição entre *identidade e semelhança dos significantes*; a oposição entre *ocorrência única* e *ocorrência múltipla de um significante* idêntico ou semelhante (no caso de haver mais de um significado). Mas um sistema combinatório de duas dimensões produz quatro termos; ora, até agora só encontramos três deles: ocorrência única do mesmo, *silepse*; ocorrência múltipla do mesmo, *antanáclase*; ocorrência múltipla do semelhante, *paronomásia*. Que dizer da quarta categoria, a ocorrência única do semelhante? Existe? Como imaginá-la?

Essa classe misteriosa existe, e contém até duas variedades importantes. A primeira é a que Freud descreve com o nome de "condensação, com palavras compostas". Qual é o mecanismo desses chistes? Retomemos o primeiro exemplo analisado: "Hirsch-Hyacinthe gaba-se de suas relações com o rico barão de Rothschild e conclui com estas palavras: — Doutor, juro por Deus, eu estava sentado ao lado de Salomon Rothschild e ele me tratava de igual para igual, de maneira totalmente *familionária*" (p.21).

O significante "familionário", ocorrência única, remete a dois significados, *familiar* e *milionário*, cujos significantes não são idênticos, mas semelhantes. Para sugerir os dois significados, foi preciso construir um significante composto, que comporta partes de um e de outro. O termo linguístico para designar essas construções é *contaminação* (ou ainda *palavra-valise*).

Essa forma de simbolização parece particularmente frequente no sonho, no qual leva à criação, por exemplo, de "pessoas coletivas", e isto segundo várias modalidades: simples adição ou sobreimposição, ao estilo das imagens "genéricas" de Galton (cf. *IS*, p.254-5).

Mas é igualmente possível evocar dois significados cujos significantes são só semelhantes, sem produzirem uma contaminação. Tal evocação exige, porém, a realização de outra condição: o significante 2 substitui o significante 1 no interior de um contexto que, porém, evoca o significante 1. No caso mais simples, o contexto é uma locução, um provérbio, uma citação famosa, em que uma palavra é substituída por um parônimo. Aqui vão alguns exemplos:

> Viajei cara a cara com ela. (p.34)
>
> Um rapaz que até então levara uma boa vida no estrangeiro, depois de longa ausência, faz uma visita a um amigo. Este, espantado de vê-lo com uma aliança no dedo, exclama: "O quê, você casado? – Sim, responde o outro, *Trauring aber wahr* ["Triste, mas verdadeiro". Jogo de palavras: *Trauring*, "anel de casamento"; *Traurug*, "triste".]". (p.28-9)

Substitui-se no interior de uma locução, de uma expressão (*cara a cara, Traurig aber wahr*) um dos termos por uma palavra foneticamente semelhante, mas de sentido diferente; o termo suprimido é, porém, evocado pelo contexto. Uma variante desse procedimento é ilustrado pelos exemplos seguintes:

Jeder Klafter eine Königin (com base em *Jeder Zoll ein König*).[19] (p.111)

Er hat ein Ideal vor dem Kopf (em vez de *ein Brett*).[20] (p.112)

Trata-se, mais uma vez, de uma substituição no interior de uma expressão fixa, mas não há semelhança entre os significantes (*Zoll-Klafter* [polegada-braçada], *Ideal-Brett* [ideal-duro como madeira]); a relação é apenas semântica; no entanto, o contexto definido basta para evocar o termo ausente.

Ora, esse tipo de chiste sempre teve um nome que os tradutores franceses de Freud usam, aliás, quando preciso: é, justamente, *calembour* [trocadilho].

Proporemos, portanto, em lugar de "condensações", "usos múltiplos", "duplo sentido" e "trocadilhos", quatro outros grupos, baseados na oposição entre semelhança e identidade, ocorrência única e múltipla: *antanáclases, paronomásias, silepses* e, para o quarto caso, conforme o segundo significante esteja parcial ou totalmente ausente, *contaminações* e *trocadilhos*.

A economia e o absurdo

Acabamos de passar em revista as principais categorias de que se vale Freud para descrever a técnica do chiste. Convém, agora, voltarmo-nos, para concluir este exame, para a explicação de conjunto que ele dá ao fenômeno do humor.

---

19 [Rainha em cada braçada (com base em Rei em cada polegada).] (N.T.)

20 [Tem um ideal na cabeça (em vez de cabeça dura como madeira).] (N.T.)

Teorias do símbolo

Ao longo de todo o capítulo dedicado à técnica do chiste, essa explicação de conjunto é suspensa à noção de "economia". "Uma tendência à compressão, ou melhor, à *economia*, domina todas essas técnicas" (p.60); ou ainda: "Essa tendência à economia, único e último fator comum que as nossas investigações acerca da técnica do humor das palavras deixam subsistir..." (p.117). A mesma explicação é repetida e amplificada no capítulo consagrado ao "mecanismo do prazer e à psicogênese do humor": "Em todos esses casos de repetição das mesmas relações ou do mesmo material verbal, de redescoberta do conhecido e do recente, teremos, sem dúvida, o direito de atribuir o prazer experimentado à economia do gasto psíquico..." (p.188).

Os exemplos citados por Freud em apoio a essa hipótese estão longe, porém, de serem esclarecedores. No primeiro, a economia viria da palavra francesa "vol" [roubo e voo] usada simultaneamente em seus dois sentidos. Mas a economia do esforço físico que teria sido necessário para pronunciar duas palavras em vez de uma não é amplamente compensada pelo gasto de esforço mental necessário para que se ache uma palavra tão apropriada aos dois sentidos buscados? Ou ainda: "Testa de ferro – caixa de ferro – coroa de ferro. Que extraordinária economia de palavras em comparação com a extensão das frases que traduziriam esse pensamento na ausência do termo 'de ferro'" (p.61). Mas então, toda palavra é uma economia: na sua ausência, não poderíamos exprimir seu conteúdo a não ser por uma perífrase; não é, portanto, mais possível caracterizar com isso certos discursos, em oposição a outros.

Do mesmo modo, Freud afirma haver economia em encontrar uma descrição do objeto em seu próprio nome, ou ainda em reutilizar, com sentido diferente, as mesmas palavras que acabamos de ouvir: mas, neste caso, ao gasto psíquico evidente (pois se chega a exprimir *outro* sentido) não se soma nem sequer uma "economia" fonética. Ainda menos aceitável parece a tentativa de vincular a sinédoque (a representação por um pormenor) à economia (p.117): a parte é, com efeito, menor que o todo, mas a mente deve efetuar uma operação a mais, não a menos, para obter o mesmo resultado. Escreve Freud em outro lugar: "Quanto mais distantes forem uma da outra duas ordens de ideias que a mesma palavra aproxima, quanto mais estranhas uma à outra, maior será a economia de percurso que o pensamento realiza graças à técnica do humor" (p.181-2); mas poderíamos acrescentar: e também maior será o gasto envolvido no próprio chiste.

Não escapou a Freud a fragilidade desse conceito de economia e, no mesmo instante em que o apresenta, lhe acrescenta esta reflexão cética:

> Além disso, admitamo-lo, as economias realizadas pela técnica do humor não são capazes de se nos impor. Algumas delas nos fazem lembrar, talvez, as donas de casa que perdem tempo e gastam dinheiro com transporte na esperança de pagarem, em um mercado distante, alguns centavos a menos por seus legumes. Que economia faz, então, o espírito com sua técnica? Ele se poupa a reunião de algumas palavras novas que, a maior parte do tempo, seria fácil encontrar; em compensação o espírito deve dar-se ao trabalho de procurar a palavra capaz de vestir os dois pensamentos; muitas vezes, até, precisa procurar primeiro, para um de seus pensamentos, uma expressão pouco usual, mas capaz de realizar a sua fusão com a segunda. Não seria mais simples, mais realmente econômico, exprimir os dois pensamentos tais

Teorias do símbolo

como se apresentam, com o risco de não encontrar para elas uma expressão comum? A economia de palavras não é mais que compensada por um suplemento de despesa intelectual? (p.63-4)

E, mais adiante, Freud confirma essa dúvida: "A economia realizada ao usar as mesmas palavras ou ao evitar novos arranjos de pensamentos teria sido insignificante em comparação com a despesa colossal de nossa atividade cogitativa" (p.237).

Assim, ao que parece, é eliminada a explicação pela economia. Mas, na realidade, e como acontece com tanta frequência em Freud no interior de um único texto, a mesma categoria é, primeiro, afirmada, e depois negada sem desaparecer – ela adquire o estatuto de uma presença ambígua. Na versão revista da explicação do humor, a noção de economia é mantida, mas limitada a uma só de suas espécies. Escreve Freud: "As economias feitas pelo espírito quanto ao esforço de inibição psíquica, economias que, em relação ao esforço psíquico total, são insignificantes, continuam sendo para nós uma fonte de prazer, porque nos fazem poupar um gasto particular, ao qual estávamos acostumados e que mais uma vez estávamos já prontos para fazer" (p.238). E conclui: "Assim, graças a uma compreensão mais justa dos processos psíquicos do humor, o fator alívio vem substituir para nós o fator economia" (p.239). Eis como é definido esse alívio específico: "Descobrimos, por analogia com a elaboração do sonho, o caráter essencial do chiste em um compromisso, administrado pela elaboração do humor, entre as exigências da crítica racional e a pulsão de não abrir mão desse prazer de outrora, ligado ao absurdo e ao jogo de palavras" (p.314). O segredo do humor reside em um *retorno ao absurdo primitivo*.

Essa nova equivalência entre humor e absurdo merece ser examinada com maior atenção. Escreve Freud:

> É mais fácil e mais cômodo abandonar o caminho já batido pelo pensamento do que manter-se nele, mais fácil reunir em uma mistura elementos heteróclitos do que opô-los uns aos outros; é particularmente fácil admitir as fórmulas silogísticas repudiadas pela lógica e, finalmente, agrupar as palavras e as ideias sem preocupar-se com o sentido: quanto a isso, não há dúvida. Ora, são justamente estes os métodos das técnicas humorísticas em questão. (p.189)

É o que Freud chama "por abreviação" o "prazer do absurdo". Tais frases não podem deixar de surpreender o leitor do capítulo consagrado à técnica do humor. Ele aprende, o que não é pouco, que é mais difícil seguir os esquemas conhecidos do que abandoná-los; mas, além disso, como poderá conciliar as práticas do humor descritas anteriormente por Freud com a afirmação aqui enunciada de que as palavras são ali "reunidas em uma mistura", sem nenhuma "preocupação com o seu sentido"? No entanto, só essa última afirmação permite reduzir o humor ao "prazer do absurdo", esse avatar da economia.

Embora querendo afirmar a existência de uma experiência que se opõe ao "jugo da razão", o próprio Freud, em sua descrição, contribui para manter esse jugo. As frases anteriores não podem significar senão que: *tudo o que não é sentido é absurdo*. Tudo o que não corresponde às nossas noções clássicas de sentido, de lógica, de razão só pode ser o contrário delas, só pode existir para o prazer de produzir o absurdo. Em nenhum momento, a ideia de que tal atividade possa ser gerida por

Teorias do símbolo

um princípio diferente do princípio de "sentido" não vem contrabalançar esse juízo negativo. O preço da explicação pelo absurdo é, justamente, o seguinte: só reconhecer o "sentido" como princípio diretor da nossa atividade psíquica. Eis aí uma constatação singular, se pensarmos que ela é inferida de um texto de Freud que afirma a autonomia dos processos inconscientes; explicação do humor pelo absurdo.[21] A economia da explicação freudiana não dá lugar a um mecanismo simbólico, ao lado do que é encarnado pelos signos e sua lógica.

Mais exatamente, por um gesto repetido milhares de vezes antes e depois dele, Freud concede a existência do simbólico aos que não são semelhantes a *nós* – homens adultos e normais do Ocidente contemporâneo; reconhecerá a existência do "absurdo" (ou seja, do simbólico), mas só nos *outros*: os loucos, os selvagens, as crianças... "A criança une as palavras sem se preocupar com o sentido delas, para gozar do prazer do ritmo e da rima" (p.189): supondo que o fato seja comprovado, por que reduzir o prazer do ritmo ao do absurdo? "Esses processos podem ser encontrados em certas categorias de psicopatia" (p.190). Ou nos bêbados: "O álcool transforma o adulto em uma autêntica criança, que se diverte deixando-se levar pelos pensamentos, sem se preocupar com as condições da lógica" (p.192). Freud não está muito longe de compartilhar as ideias de Lévy-Bruhl ou de Renan acerca das linguagens primitivas:

---

21 Longe de nos escandalizarmos com isso, deveríamos ver aí a prova, negativa, do caráter revolucionário do pensamento freudiano; como diz Heidegger (*Essais et Conférences*, p.142): "Que um pensamento permaneça atrás do que pensa, caracteriza o que ele tem de criador".

Tzvetan Todorov

Todos os modos da linguagem próprios para traduzir as formas mais sutis do pensamento: conjunções, preposições, mudanças de declinação e de conjugação, tudo isso é abandonado, na falta de meios de expressão, só a matéria bruta do pensamento pode ainda ser exprimido como em uma língua primitiva, sem gramática.

Quando abundam os símbolos, escreve ele ainda, "tal fato pode ser atribuído a uma regressão arcaica no aparelho psíquico" (*NC*, p.29). Em sua recusa do simbólico, Freud desemboca em um racismo e elitismo declarados:

> É fácil ver que uma criança, um homem do povo, um sujeito de certas raças não se contentam, em suas narrativas e em suas descrições, com palavras claras e explícitas para comunicarem a sua representação ao ouvinte: eles traduzem o seu conteúdo por uma mímica expressiva, associam a linguagem mímica à mensagem verbal, dão ênfase sobretudo à quantidade e à intensidade. (p.296)

Esse preço da explicação do humor pela economia ou pelo absurdo, que nada mais é que a eliminação do terreno inteiro do simbólico, quando não é a afirmação aberta dessa espécie de egocentrismo que é o racismo, não podemos, nem queremos pagar. Se o simbólico existe – tanto na criança, como no adulto, tanto nos selvagens de "certas raças" como entre nós –, se a razão do símbolo não se esgota em simplesmente não ser um signo, então essa explicação é inadmissível. O segredo do humor permanece por descobrir.

Teorias do símbolo

Retórica e simbólica de Freud

Em seu trabalho sobre o chiste e sobre o sonho, Freud descreve um mecanismo específico, por ele chamado o mais das vezes de "trabalho (do sonho)" e que considera ser próprio exclusivamente e, portanto, característico, do inconsciente. Os procedimentos assinalados por Freud, como a condensação, a representação indireta, o deslocamento, o trocadilho etc. devem ser atribuídos, diz ele, não ao sonho em particular, mas a todas as atividades do inconsciente – e só a elas. "Não é necessário admitir a existência, no trabalho do sonho, de uma atividade simbólica especial do espírito. Os sonhos usam os símbolos já preparados no inconsciente" (*IS*, p.300). Quando vem a comparar o sonho com a histeria, Freud mantém a mesma afirmação, com força ainda maior – trabalho do sonho e sintomas histéricos têm uma origem comum: *"Essa elaboração psíquica anormal de um pensamento normal só pode acontecer quando tiver sido transferido, para esse pensamento normal, um desejo inconsciente de origem infantil e que se encontra reprimido"* (*IS*, p.508, grifos de Freud).

Ora, toda a análise a que acabamos de nos entregar (e, a este respeito, *Os chistes* é simplesmente mais cômodo de se analisar, mas os resultados não seriam diferentes com a *Interpretação dos sonhos*) nos prova o contrário: o mecanismo simbólico descrito por Freud nada tem de específico; as operações por ele identificadas (no caso do humor) são simplesmente as de todo simbolismo linguístico, tais como foram repertoriadas, em particular, pela tradição retórica. Em um estudo publicado em 1956, Benveniste havia visto bem isso: ao descrever o sonho e o humor, Freud reencontrara, sem se dar conta disso, o "velho catálogo dos tropos".

Tzvetan Todorov

Não que todas as distinções e definições de Freud já se encontrem em um tratado de retórica; mas a natureza dos fatos por ele descritos é rigorosamente a mesma. Em certos pontos, ele fica aquém da descrição retórica (como no caso das palavras e da delimitação de figuras como a paronomásia, a antanáclese, a silepse etc.); em outros, chega a resultados semelhantes (por exemplo, a confusão que ele faz entre fatos copresentes, por um lado, presentes e ausentes, por outro, encontra-se na incapacidade que os retóricos tinham de definir com clareza a diferença entre figura e tropo); enfim, em certos momentos, ele assinala e descreve fatos verbais que haviam escapado à atenção dos retóricos: como o deslocamento, apesar das incertezas que observamos no uso dessa palavra. Se acrescentarmos que nessa época (começo do século XX) a tradição retórica caíra no esquecimento, o mérito de Freud aumenta ainda mais: *Os chistes* é a mais importante obra de semântica do seu tempo.

Alguns trechos da *Interpretação dos sonhos* mostram Freud quase consciente do fato de estar descrevendo as formas de todo processo simbólico, e não de um simbolismo inconsciente. Assim, na famosa primeira página do capítulo sobre o "Trabalho do sonho", em que Freud define globalmente este último pela transposição, *Übertragung*, palavra que traduz com precisão *metaphora* na *Poética* de Aristóteles. "O conteúdo [manifesto] do sonho aparece-nos como uma transposição dos pensamentos [latentes] do sonho, em outro modo de expressão [...] O conteúdo do sonho é-nos dado em forma de hieróglifos, cujos signos devem ser sucessivamente transpostos na língua dos pensamentos do sonho" (*IS*, p.241-2). A descrição do hieróglifo e do procedimento do enigma que segue essas frases faz lembrar, mais do que qualquer outra, a de Clemente

Teorias do símbolo

de Alexandria (cf. aqui mesmo, p.41 e ss.). Freud contrapõe a imagem ao enigma: ora, esta é a oposição estabelecida por Clemente entre o primeiro e o segundo grau dos hieróglifos simbólicos; e vimos que essa diferença era paralela à diferença entre sentido próprio e sentido transposto ou tropo. O sonho, portanto, fala em tropos.

Para voltarmos à aproximação entre os procedimentos do sonho e a metáfora segundo Aristóteles, ela aparece uma vez no próprio texto de Freud. Depois de ter notado a ausência no sonho de certas relações lógicas, escreve Freud: "Uma só das relações lógicas é favorecida pelo mecanismo da formação do sonho. É a *semelhança*, o *acordo*, o *contato*, o 'assim como'; o sonho dispõe, para representá-las, de inúmeros meios" (*IS*, p.275). Uma nota anexa a esta última palavra acrescenta: "Vide a observação de Aristóteles acerca das aptidões necessárias à interpretação, cf. p.91, nota 2." E na dita nota 2, lemos: "Segundo Aristóteles, o melhor comentador de sonhos é o que capta melhor as semelhanças..." Mas nos lembramos de que, para Aristóteles, tal propriedade qualifica igualmente sonho e tropos, pois também "bem fazer as metáforas é bem se dar conta das semelhanças" (*Poética*, 1459a). Freud, aliás, como Aristóteles, entende por "semelhança" toda equivalência simbólica, pois *metaphora* inclui, em Aristóteles, sinédoques e metáforas; e a transposição em Freud, a semelhança, mas também o "acordo" e o "contato".

Ao processo simétrico e inverso da simbolização, Freud dá o nome geral de *interpretação*. "O trabalho que transforma o sonho latente em sonho manifesto chama-se *elaboração do sonho*. O trabalho oposto, o que pretende do sonho manifesto chegar ao sonho latente chama-se *trabalho de interpretação*" (*IP*, p.155).

"O trabalho do sonho, diz outra fórmula célebre, contenta-se em transformar" (*IS*, p.432). Mas não é esta a definição de toda simbolização?

Ao contrário do que ele mesmo devia pensar, a contribuição original de Freud à teoria do simbolismo em geral não está na descrição do trabalho do sonho ou da técnica do humor: aqui, a sua originalidade é só de pormenor; em geral, ele se contenta em redescobrir as distinções retóricas e em aplicá-las sistematicamente a um campo novo. Em compensação, da parte da *interpretação*, Freud realmente inova. Distingue, com efeito, duas técnicas de interpretação: *simbólica* e *associativa*; ou, em suas próprias palavras: "Duas técnicas: vamos apoiar-nos nas associações de ideias do sonhador, supriremos o que falta com o conhecimento dos símbolos do interpretador" (*IS*, p.303). Ora, a delimitação e a descrição da técnica associativa (mais importante que a outra, segundo Freud) jamais haviam sido empreendidas antes.

A técnica simbólica — anexo — consiste em se servir de um repertório estabelecido uma vez por todas, como uma "chave dos sonhos", para traduzir, uma por uma, em pensamentos latentes, as imagens presentes. Essa técnica só deve ser aplicada a uma parte do sonho, aquela, como o nome indica, que é constituída por símbolos (no sentido estrito). O traço constitutivo do símbolo, para Freud, é que o seu sentido não varia: os símbolos são universais. "Entre os símbolos usados, muitos há que têm sempre ou quase sempre o mesmo sentido" (*IS*, p.302). "Damos a essa relação constante entre o elemento de um sonho e a sua tradução o nome de *simbólica*, sendo o próprio elemento um *símbolo* do pensamento inconsciente do sonho" (*IP*, p.135). Essa fixidez do sentido, porém, não exclui a pluralidade: "Pela comparação com os outros elementos do sonho, podemos atribuir-lhe uma significação fixa, que não é necessariamente única" (*NC*, p.19).

A diferença entre a simbólica de Freud e as chaves dos sonhos populares (Freud usa a respeito delas também o termo "decifração"; *IS*, p.91-2) não está na forma lógica, mas na fonte de que se bebe para descobrir o sentido latente: "Na interpretação simbólica (tradicional), a chave do símbolo é escolhida arbitrariamente pelo intérprete; em nossos casos de disfarce verbal, as chaves são universalmente conhecidas e transmitidas por locuções habituais" (*IS*, p.294). São as locuções da língua que nos transmitem essas equivalências universais; o mesmo fazem os mitos, os contos populares e outros costumes. "Essa simbólica não é específica do sonho, reencontramo-la em todas as figurações inconscientes, em todas as representações coletivas, sobretudo as populares: no folclore, nos mitos, nas lendas, nos ditados, nos provérbios, nos jogos de palavras comuns" (*IS*, p.301; outra enumeração enfileira "costumes, usos, provérbios e cantos de diversos povos, linguagem poética e linguagem comum"; *IP*, p.144).

Mais uma vez, portanto, Freud admite que a simbólica do sonho não lhe é específica; mas crê que ela é própria apenas da "figuração inconsciente". Diga-se o que se disser da existência de símbolos universais e constantes, não podemos impedir-nos de assinalar que Freud declara sem hesitar "inconsciente" o simbolismo em toda uma série de atividades que vão dos costumes à poesia: é o preço que ele tem de pagar para manter a sua afirmação de que existe um simbolismo inconsciente específico. Note-se, também, de passagem, que o uso feito por Freud da palavra "símbolo" se opõe ao dos românticos (para os quais o sentido fixo corresponde mais à alegoria); Freud, aliás, é também antirromântico quando afirma que os pensamentos latentes em nada diferem dos pensamentos *stricto sensu*, apesar de seu método de transmissão simbólica: para os românticos, ao contrário, o conteúdo do símbolo é diferente do conteúdo do signo, e é por isso que o símbolo é intraduzível.

Se o traço constitutivo dos símbolos e, portanto, da técnica da interpretação simbólica é seu sentido constante e universal, a técnica associativa, obviamente, define-se, por sua vez, pelo caráter individual; não sendo o indivíduo em questão, evidentemente, o intérprete, mas o produtor. "A técnica que vou expor nas páginas que se seguem difere da dos antigos pelo fato essencial de encarregar do trabalho de interpretação o próprio sonhador. Ela leva em conta o que tal elemento do sonho sugere, não ao intérprete, mas ao sonhador" (*IS*, p.92). Essa técnica consiste em pedir ao sonhador, assim que ele termina a narração do seu sonho, que diga tudo o que os elementos deste último evocam nele; consideram-se as associações assim estabelecidas como sendo a interpretação do sonho. "Convidaremos o sonhador [...] a concentrar a sua atenção nos diferentes elementos do conteúdo do sonho e a nos comunicar, à medida que elas se apresentarem, associações que esses fragmentos produzem" (*NC*, p.16). "Perguntaremos ao sonhador como foi levado a ter este ou aquele sonho, e consideraremos a sua primeira resposta como uma explicação" (*IP*, p.91). Essa interpretação do sonho contém, primeiramente, uma parte dos pensamentos latentes (a outra nos é transmitida pelo conhecimento dos símbolos) e, em segundo lugar, uma série de "desenvolvimentos, transições e relações" (*NC*, p.18) que vinculam pensamentos latentes e conteúdo manifesto. Essas associações do sonhador, ligadas a

Teorias do símbolo

um momento particular de sua vida, são, como era de se esperar, carentes de toda universalidade. Um simbolizante pode evocar inúmeros simbolizados; inversamente, um simbolizado pode ser designado por uma infinidade de simbolizantes. "Não só os elementos do sonho são determinados várias vezes pelos pensamentos do sonho, mas cada um dos pensamentos do sonho nele é representado por vários elementos. As associações de ideias levam de um elemento do sonho a vários pensamentos, de um pensamento a vários elementos" (*IS*, p.247).

Não julgarei a correção do método de Freud (isso cabe aos especialistas em onirologia); contentar-me-ei em assinalar a sua originalidade, que consiste[22] nessa exploração das associações que surgem no momento que se segue à narrativa do sonho, na assimilação, portanto, das relações por contiguidade do significante a relações simbólicas. A explicitação dessa técnica também permite compreender melhor o processo de condensação. Uma vez que interpretar é associar, é óbvio que o enunciado simbólico é sempre "condensado": a condensação é um efeito inevitável da interpretação.

Que o simbolismo inconsciente, se existir, não se define por suas operações, isto é uma constatação de consequências diversas. Reterei aqui apenas uma delas. Uma estratégia interpretativa pode codificar quer seu ponto de chegada (o sentido por descobrir), quer o trajeto que une texto de partida e texto de chegada: ela pode ser quer "finalista", quer "operacional". Freud apresenta a interpretação psicanalítica, de acordo com suas exigências científicas, como uma estratégia que não

---

22 Deixo de lado, aqui, o papel desempenhado pela transferência. Cf. mais adiante, p.501-8.

prejulga o sentido final, mas o descobre. Ora, sabemos agora que as operações interpretativas descritas por Freud são, com diferenças de terminologia, as de todo simbolismo. Nenhuma exigência operacional particular pesa sobre a interpretação psicanalítica; não é, portanto, a natureza dessas operações que explica os resultados obtidos. Se a psicanálise é realmente uma estratégia particular (é o que creio), só pode sê-lo, ao contrário, pela codificação prévia dos resultados por obter. A única definição possível da interpretação psicanalítica será: uma interpretação que descobre nos objetos analisados um conteúdo de acordo com a doutrina psicanalítica.

A prova disso nos é dada, aliás, não só pela análise da prática de Freud, mas também, ocasionalmente, por suas próprias formulações teóricas. Vimos que Freud era consciente de que a relação entre simbolizante (conteúdo manifesto) e simbolizado (pensamentos latentes) em nada diferia daquele entre os dois sentidos de um tropo ou entre os dois termos de uma comparação. Não de qualquer comparação, porém. Escreve Freud:

> A essência da relação simbólica consiste em uma comparação. Mas não basta uma comparação qualquer para que essa relação seja estabelecida. Suspeitamos que a comparação requeira certas condições, sem podermos dizer de que tipo sejam essas condições. Tudo o que pode servir de comparação com um objeto ou um processo não aparece no sonho como um símbolo desse objeto ou processo. Por outro lado, o sonho, longe de simbolizar sem escolha, só escolhe para isso certos elementos das ideias latentes do sonho. O simbolismo vê-se, assim, limitado de todos os lados. (*IP*, p.137)

Teorias do símbolo

Na realidade, Freud não se limitou apenas a essas suspeitas, sobretudo no que se refere à escolha das ideias latentes. Na *Interpretação dos sonhos*, ele coloca um limite para a multiplicação dos sentidos, um lugar onde se detêm as remissões de um sentido a outro: existem simbolizados últimos, que não são mais conversíveis, por sua vez, em simbolizantes.

> Com frequência, o sonho parece ter várias significações. Não só ele realiza diversos desejos; mas um sentido, a realização de um desejo, pode ocultar outros, até que, de pouco em pouco, topamos com um desejo da primeira infância. Também aqui podemos perguntar-nos se, em vez de "com frequência", não seria melhor dizer "sempre". (*IS*, p.193)

Os desejos da primeira infância detêm aí o circuito simbólico. A mesma limitação dos sentidos possíveis, que faz da interpretação psicanalítica uma interpretação finalista, será afirmada em outro lugar. "São pouco numerosos os objetos que encontram no sonho uma representação simbólica. O corpo humano como um todo, os pais, filhos, irmãos, irmãs, o nascimento, a morte, a nudez [...]. A maior parte dos símbolos no sonho são símbolos sexuais" (*IP*, p.137-8).[23] Assim se vê definida a estratégia interpretativa do psicanalista, uma das mais potentes de nossa época. Seu caráter "finalista" é patente, e involuntariamente se impõem à mente aproximações com outra grande estratégia finalista, a da exegese patrística. Com a diferença da substância dos termos, a frase anterior citada não evoca

---

23 Na exegese freudiana, escreve Jones, "o pênis não pode jamais ser significante, mas sempre unicamente significado...".

outra que aparece no remoto *Tratado dos princípios* de Orígenes? Eis como são ali caracterizados os hermeneutas cristãos: na interpretação,

> a doutrina referente a Deus, isto é, o Pai, o Filho e o Espírito Santo, é que é indicada principalmente por esses homens cheios do Espírito divino; depois são os mistérios relativos ao Filho de Deus — como o Verbo se fez carne, por que razão ele veio, até assumir a forma do escravo — que, cheios, como dissemos, do Espírito divino, eles deram a conhecer. (IV, 2, 7)

Tanto em um como no outro, é a presença do sentido por descobrir que guia a interpretação (o que não quer dizer que a psicanálise seja uma religião).[24]

Poderíamos resumir em uma frase esse longo percurso através dos textos de Freud consagrados à retórica e à simbólica: a contribuição de Freud a esses campos é considerável, mas nem sempre está onde o autor acreditava, nem onde a veem seus discípulos. Nem por isso deixa de ser pertinente.

---

24 Marthe Robert ressaltou energicamente o fato de que, ao contrário das interpretações religiosas, o percurso hermenêutico freudiano vai sempre do espiritual ao carnal (*Sur le papier*, p.239).

9
A simbólica em Saussure

Foi por volta de meados do século XIX que a glossolalia deixa o campo reservado da religião e entra no da medicina. No início do século, o romântico alemão Justinius Kerner ainda podia considerar revelações vindas do Céu as sequências sonoras incompreensíveis da "vidente de Prevorst".[1] Mas o espírito positivista não se fará esperar e, no fim do século, se falará de "glossolalia" ou de "falar em línguas" toda vez que uma pessoa enunciar sequências sonoras, incompreensíveis para todos, salvo para ela mesma, mas que ela considera pertencente a uma língua desconhecida. A seita religiosa dos irvinguianos, na Inglaterra, ou os êxtases místicos coletivos na Suécia, ou ainda um pastor alemão iluminado, Paul (para não falar de seu ilustre homônimo, São Paulo), serão tratados pelos psicólogos e pelos médicos como não sendo qualitativamente diferentes do caso do extravagante norte-americano Le Baron (um pseudônimo),

---

1 *Die Seherin von Prevorst.*

que crê conversar com os faraós egípcios: uns e outros imaginam de repente que compreendem e falam uma língua estrangeira, embora não a conheçam fora desses estados extáticos.[2] Os linguistas logo vão constatar que essas pretensas línguas nada têm a ver com os idiomas que reivindicam, mas são, em compensação, o produto "deformado" das línguas conhecidas pela mesma pessoa em seu estado normal. Assim, Wilhelm Grimm mostrara que a língua "divina" de uma das glossolalas mais famosas, Santa Hildegarda, nada mais era que uma mistura de alemão e de latim.

Um caso entre tantos outros merece que nele nos detenhamos mais longamente, pelas reações que provocou. É o de uma moça, designada com o pseudônimo de senhorita Hélène Smith, que vivia em Genebra no fim do século XIX e começo do século XX. Ela atrai a atenção dos psicólogos da cidade por seus estados sonambúlicos e mediúnicos, tema caro à psicologia da época. Ela é um notável sujeito de observação, cooperativa e franca, não tendo a sua mediunidade jamais, por outro lado, sido posta a serviço de fins lucrativos. Durante os seus estados de mediunidade, ela começa a "falar em línguas"; o fato intriga a tal ponto um dos observadores, que ele publica, pouco depois, um grosso volume com a descrição minuciosa do seu caso: trata-se de Théodore Flournoy, professor de psicologia na Universidade de Genebra, e de seu livro *Des Indes à la planète Mars* [Das Índias ao planeta Marte].

De fato, a senhorita Smith vive dois "romances", como os chama Flournoy: em um, ela visita o planeta Marte e se comuni-

---

2 Para visões panorâmicas, cf. Bobon, *Introduction historique à l'étude des néologismes et des glossolalies en psychopatologie*; Samarin, *Tongues of men and angels*.

Teorias do símbolo

ca com seres estelares; no outro, vive uma aventura oriental, que se passa, em parte, nas Índias. Consequentemente, Flournoy identifica e transcreve duas "línguas": o marciano e o hindu, ou sanscritoide. Sendo limitadíssimos os seus conhecimentos das línguas hinduizantes, recorre a vários colegas da Universidade de Genebra e, em especial, ao "eminente orientalista, o sr. Ferdinand de Saussure.[3] Desenrola-se a ação entre 1895 e 1898.

A análise da língua "hindu" parece apaixonar Saussure em um grau inimaginável. Toma o maior cuidado para comentar as produções linguísticas da srta. Smith, assiste às sessões mediúnicas e sugere interpretações possíveis de seu caso. De modo que metade do capítulo de Flournoy que trata da língua hindu é composta por trechos de cartas de Saussure.

O fato inicial, inexplicável, é que a srta. Smith jamais aprendeu sequer uma palavra de sânscrito (sua probidade é indubitável: não se trata de uma mistificação); ora, o seu discurso hindu assemelha-se muito ao sânscrito. Vêm à mente várias soluções: ou, em uma vida anterior, ela viveu nas Índias; ou sua alma para lá viaja enquanto o corpo permanece diante dos olhos dos professores de Genebra e lá pratica a língua hindu. Ou então, solução mais aceitável para a psicologia científica, ela se apodera, pela comunhão telepática, dos conhecimentos de outras pessoas – mas não se conhece ninguém, ao seu redor, que saiba sânscrito, e Saussure vai pela primeira vez a uma sessão dois anos depois das primeiras emissões glossolálicas. Ou então, enfim, se supõe que a srta. Smith tenha ouvido um estudante de sânscrito de Genebra, recitando em voz alta as suas conjugações no quarto ao lado, ou ainda, ao acaso não mais de

---

3 A expressão é de Lombard, *De la glossolalie chez les premiers chrétiens et des phénomènes similaires*, p.62.

Tzvetan Todorov

suas residências, mas de seus passeios, ela tenha topado com um tratado de sânscrito e esse fato tenha se apagado de sua memória; seria esta a solução mais satisfatória, mas Flournoy não consegue comprová-la.

Eis a caracterização geral dada por Saussure dessa língua sanscritoide:

> Sobre a questão de se tudo isso representa positivamente algo de "sânscrito", cumpre responder evidentemente *não*. Só podemos dizer: 1. Que é uma misturada de sílabas, em meio das quais há incontestavelmente sequências de oito a dez sílabas que dão um fragmento de frase com sentido [...]. 2. Que as outras sílabas, de aspecto ininteligível, jamais têm um caráter antissânscrito, isto é, não apresentam grupos materialmente contrários ou em oposição com a figura geral das palavras sânscritas. (p.303)

Ao mesmo tempo, Saussure assinala uma série de incompatibilidades ou de contradições. Eis aqui dois exemplos:

> O mais surpreendente, escreve ele, é que a sra. Simandini [a reencarnação indiana da srta. Smith] fale o sânscrito, e não o prácrito [as mulheres, nas Índias, falam prácrito e não sânscrito]... Ora, o idioma de Simandini, se é um sânscrito muito irreconhecível, não é, em todo caso, o prácrito. (p.297)

E, ao comentar outro de seus discursos:

> *Sumina* não lembra nada; *attamana*, no máximo *âtmânam* (acusativo de *âtmâ*), a alma; mas me apresso em dizer que no contexto em que aparece *attamana* não se poderia sequer usar a palavra

Teorias do símbolo

sânscrita que a ela se assemelha, e que, no fundo, só significa *alma* na linguagem filosófica, e no sentido de alma universal ou outros sentidos eruditos. (p.299)

Flournoy conta do seguinte modo o último episódio da intervenção de Saussure:

As páginas precedentes já estavam no prelo, quando o sr. Saussure teve uma ideia tão gentil como engenhosa. [...] Ele se dispôs a compor para eles [os leitores não sanscritistas] um texto de aparência latina que estivesse o mais exatamente possível para a língua de Tito Lívio ou de Cícero como o sânscrito de Simandini está para o dos brâmanes. (p.315)

Segue-se o texto paralatino em questão e os seus comentários. Conclui Saussure:

Impõem-se duas conclusões importantes:
1. O texto não mistura "duas línguas". Por menos latinas que sejam essas palavras, pelo menos não vemos intervir uma terceira língua, como o grego, o russo ou o inglês [...]. 2. Ele oferece também um valor preciso para o fato de *nada apresentar de contrário ao latim*, mesmo nos pontos em que não corresponde a nada, pela ausência de sentido das palavras. Deixemos, aqui, o latim e voltemos ao sânscrito da srta. Smith: esse sânscrito *jamais contém a consoante f*. É um fato considerável, embora negativo. O *f* é, de fato, estranho ao sânscrito; ora, na invenção livre, teríamos vinte chances contra uma de criar palavras sânscritas com *f*, parecendo essa consoante tão legítima como qualquer outra, se não estivermos cientes do fato. (p.316)

A perturbadora ausência do *f* permanece incompreensível, e Flournoy conclui, perplexo: como explicar que a srta. Smith tenha adivinhado uma característica tão específica da língua sânscrita, sem recorrer às potências ocultas (já que a fraude é descartada de saída)? Teria bastado folhear um tratado de sânscrito para se dar conta disso?

Mas a história da srta. Smith e do *f* faltante não para por aí. Assim que o livro de Flournoy foi publicado, caiu nas mãos de outro linguista, professor de sânscrito como Saussure; entusiasmado com a curiosa matéria linguística assim oferecida, ele escreveu rapidamente um opúsculo que seria publicado no ano seguinte: *Le Langage martien* [A linguagem marciana] de Victor Henry. Esse opúsculo é consagrado, com efeito, à interpretação do marciano, e não do hindu, sendo o primeiro representado de maneira mais completa; além disso, Henry inclina-se diante da autoridade de seu eminente colega, o sr. Saussure, que comentou abundantemente os textos sanscritoides. Apenas sobre um ponto limitado ele se permitirá uma sugestão: justamente, o da ausência do *f*. Mas essa sugestão lança uma luz surpreendente sobre tudo o que precede. Eis o que escreve Victor Henry:

> Se há um pensamento geral que ocupa inteiramente o subconsciente da srta. Smith no momento em que ela articula os sons do sanscritoide ou do marciano é, com certeza, o de não falar "francês": toda a sua atenção deve estar vinculada a esse esforço. Ora, a palavra "francês" começa com *f*, e por isso o *f* deve parecer-lhe a letra "francesa" por excelência e, portanto, ela a evita o máximo possível... (p.23)

A ausência da letra *f* não se explicaria, portanto, por um conhecimento sobrenatural do sânscrito, mas pela atitude da srta.

Teorias do símbolo

Smith em relação à sua própria língua natal: a significação do *f* é determinada pelo procedimento da acrofonia, bem conhecido desde a história da escrita. Para descobri-la, basta admitir que a lógica do simbolismo *não* é necessariamente a mesma que a da língua; ou mesmo, mais simplesmente: que existem, ao lado da língua, outros modos de simbolização que é preciso primeiro aprender a perceber. O *f* simboliza "francês", graças a uma relação que não é constitutiva da língua entendida como um sistema de signos.

Ora, Saussure não admite a diversidade dos sistemas simbólicos. Se reexaminarmos agora os seus comentários, perceberemos que ele está mais disposto, diante de um problema aparentemente insolúvel, a admitir o sobrenatural (as transmigrações da alma da srta. Smith) do que a modificar o seu método de conhecimento — relativo, aqui, aos princípios do funcionamento simbólico. Em vez de vincular esses enunciados sanscritoides ao francês (pois é evidente que a srta. Smith não conhece o sânscrito), ele se encerra em uma lógica do verossímil referencial: por que essa língua se assemelha ao sânscrito, embora as mulheres devam falar prácrito (como se a srta. Smith, aliás Simandini, assistisse realmente às cerimônias que relata, cerimônias anteriores de dezenas de séculos e distantes milhares de quilômetros)? Por que utilizaria palavras filosóficas em um contexto cotidiano? Incapaz de se deter na própria relação simbólica, Saussure só atenta para o contexto referencial — o que é ainda mais paradoxal porque, a menos que se admitam as transmigrações da alma, esse contexto é puramente imaginário. A censura relativa ao símbolo revela- -se mais forte que a censura científica corrente, que exclui o recurso ao sobrenatural. Flournoy caminha na mesma direção, quando convoca Saussure a uma sessão para garantir uma melhor transcrição do sanscritoide: "O sr. Saussure, infinitamente mais apto que nós... a distinguir os sons hindus..." (p.301). Mas para que haja "sons hindus", é preciso que a srta. Smith tenha visitado as Índias, o que não aconteceu em toda a sua vida... Tanto um como outro, portanto, admitiram implicitamente a versão sobrenatural dos acontecimentos, embora professores, e além do mais em Genebra: e isso para não admitir a existência de uma lógica do simbolismo diferente da lógica da linguagem, confundida com a da razão. Uma "escuta" (analítica) teria substituído com vantagem a orelha experiente do professor de sânscrito.

O fato é ainda mais impressionante por se tratar continuamente, nesse livro, do *subconsciente* (e Flournoy cita, com aprovação, os *Estudos sobre a histeria* de Breuer e Freud). Saussure, por seu lado, não está longe da solução: ele comete um lapso significativo, ao apresentar o seu latinoide: escreve que "o texto não mistura *duas* línguas" e acrescenta logo em seguida que "não vemos intervir uma *terceira* língua, como o grego, o russo ou o inglês". O dois tornou-se três pela adição da língua materna, do francês, que, significativamente, não aparece entre as línguas citadas como exemplos possíveis. E, em outro momento:

> Suponhamos que Simandini queira dizer esta frase: *Eu vos abençoo em nome de Ganapati*. Colocada no estado sivroukiano [alusão a príncipe da dinastia Nayak], a única coisa que não lhe passa pela cabeça é enunciar, ou melhor, *pronunciar* aquilo em palavras francesas, que permanecem sendo o tema ou o substrato do que ela vai dizer; e a lei a que sua mente obedece é que cada uma dessas palavras familiares seja substituída por outra de aspecto exótico.

Teorias do símbolo

Pouco importa como: é preciso, antes de tudo e somente, que aquilo não tenha um ar francês aos seus próprios olhos... (p.304-5)

Saussure, portanto, está bem perto da solução; ela, porém, lhe escapa. Como tantas outras vezes depois disso, ele terá pressentido o caminho, mas não conseguiu superar os limites das suas premissas e se deteve no limiar da descoberta.

Voltemos, agora, à outra língua da srta. Smith: o marciano. Os enunciados em marciano são mais numerosos do que os da língua hindu. A srta. Smith fornece, por outro lado, algum tempo depois de tê-los pronunciado, uma tradução literal de cada um deles; encontramos a transcrição completa dos dois no livro de Flournoy. Esse autor começa já o trabalho de interpretação, optando rapidamente por uma hipótese básica: "o marciano não passa, para mim, de um disfarce infantil do francês" (p.223). Para defender essa opinião, Flournoy se baseia, primeiramente, nas propriedades fonéticas e gráficas: "A fonética marciana é apenas uma reprodução incompleta da fonética francesa" (p.227); a escrita? "Também aqui estamos diante de uma imitação empobrecida do nosso sistema de escrita" (p.228). Em segundo lugar, e aqui só podemos render-nos à evidência, Flournoy se baseia no sistema morfológico, em especial no fato de que os homônimos franceses são homônimos também em marciano: "A todo momento, o marciano traduz a palavra francesa, deixando-se guiar por analogias auditivas, sem relação com o sentido verdadeiro, de modo que temos a surpresa de reencontrar no idioma do planeta Marte as mesmas particularidades de homonímia que entre nós" (p.233).

Assim, a proposição francesa *à* e o verbo francês *a* se traduzem pela mesma palavra *é*; o mesmo acontece com *si, le, de, te* etc.

O que resiste, porém, à análise é o próprio léxico marciano: ele aparece, aos olhos de Flournoy, como perfeitamente arbitrário.

O livro de Victor Henry sobre a *Le Langage martien* é dedicado à decifração desse léxico, ou, mais exatamente, de seu modo de produção. Cumpre lembrar aqui que, cinco anos antes, o mesmo Henry havia publicado um livro de linguística geral, intitulado *Antinomies linguistiques* [Antinomias linguísticas], rico em ideias novas e audaciosas e cujo terceiro capítulo tem certa pertinência para as questões que nos preocupam. Esse capítulo trata do caráter consciente ou inconsciente da linguagem; esta é uma "antinomia", que Henry resolve da seguinte maneira: "A linguagem é o produto da atividade inconsciente de um sujeito consciente" (p.65), ou ainda: "Se a linguagem é um fato consciente, os procedimentos da linguagem são inconscientes" (p.78). Como exemplos de procedimentos inconscientes aparecem, entre outros, os lapsos, as contaminações de várias palavras ou frases, a etimologia popular, a transferência de sentido por tropos etc.

Essa ideia servirá de base para o estudo da linguagem marciana, pois Henry supõe que a srta. Smith tenha usado inconscientemente, na criação da linguagem marciana, dos mesmos procedimentos da linguagem em geral: "A linguagem criada por uma glossolala deve reproduzir e nos permitir apreender, com a nitidez resultante da observação direta, os procedimentos inconscientes e subconscientes da linguagem normal..." (p.V). Certos caminhos do pensamento não existem para a consciência desperta; não se deve concluir daí que um sujeito qualquer não possa trilhá-los; pois ele dispõe também de um eu subconsciente ou inconsciente; o outro lugar em que o subconsciente se manifesta espontaneamente (fora da criação

Teorias do símbolo

linguística) é o sonho; e Henry justifica sem cessar esse processo com referências à lógica do sonho: "A lógica do sonho não é a do homem desperto e plenamente consciente" (p.23). "A lógica do sonho é mais ousada e mais vaga que a do sujeito desperto" (p.48). Vemos despontar, assim, essa outra lógica, cuja existência Saussure não queria reconhecer.

Os procedimentos desenvolvidos por Henry serão familiares a todo especialista em etimologia (ou, mais geralmente, em retórica, sendo os procedimentos de derivação etimológica apenas, como vimos, uma projeção na história da matriz trópica). No plano do significante, observamos a adição, a supressão e a permutação (metátese). No plano do significado, em que mais nos deteremos, reencontramos os tropos fundamentais.[4] Aqui vão, para começar, algumas sinédoques: *miza*, derivado do francês *maison* [casa], significa em marciano "pavilhão locomotivo" (sinédoque material particularizante); *chéké*, do francês *chèque* [cheque], significa "papel" (sinédoque conceitual generalizante); *épizi*, do francês *épine* [espinho], significa "[a cor] rosa" (o que é uma dupla sinédoque: o espinho pela rosa, por sinédoque material particularizante; e a rosa pela cor, por sinédoque conceitual particularizante). E aqui vão algumas metonímias: *zati*, do francês *myosotis* [miosótis], significa "lembrança" (o signo pela coisa); *chiré*, do francês *chéri* [querido], significa "filho" (a qualidade pela coisa); *ziné*, do francês *Chine* [China], significa "porcelana" (o lugar de origem pela coisa). E aqui, uma antífrase: *abadâ*, do francês *abondant* [abundante], significa "pouco"...

---

4 Sirvo-me aqui da terminologia proposta por Dubois et al., *Rhétorique générale*.

Outros procedimentos apresentam maior interesse, pela complexidade das operações que executam. Assim, em primeiro lugar, as contaminações (palavras-valises): a palavra marciana *midée*, contração de *misère* [miséria] *e de hideux* [horrendo], significa "feia"; *forimé*, de *forme* [forma] e de *firme* [firme], quer dizer "marcas (de escritura)". O mesmo acontece com os jogos de palavras plurilíngues (Henry se apoia bastante nos conhecimentos – por mais parciais que fossem – das línguas alemã e húngara de que dispõe a srta. Hélène Smith). Assim, a palavra marciana *nazère* vem, segundo ele, da palavra *Nase*, que em alemão significa "nariz" e também "tromba (de elefante) [em francês, *trompe*]; em marciano, ele significa a primeira pessoa do singular do verbo "enganar": em francês *(je) trompe* [(eu) engano]. A homonímia francesa dos dois "trompe" permite designar um pelo equivalente alemão do outro (procedimento igualmente disseminado na história das escrituras, com o nome de "rébus"). Ou ainda, a palavra marciana *tiziné* viria do húngaro *tiz*, que significa "dez (dedos)"; ora, dez dedos são as "duas mãos" [em francês, *deux mains*]; e *tiziné* significa em marciano "amanhã" [em francês, *demain*]"!

Esse último exemplo aproximou-nos já das interpretações que Freud fazia dos sonhos de seus doentes; os dois seguintes, transformações multilíngues, demonstram uma acrobacia mental que dificilmente podemos verificar. O nome próprio *Esenale*, no romance marciano, corresponde, é certo, ao de uma pessoa que viveu na terra, um certo *Alexis*; mas como se passou de Alexis para Esenale?

A sequência *-al-* permaneceu intacta, passando do começo do primeiro nome para o fim do segundo; *exis* faz lembrar a palavra húngara *csacsi*, que quer dizer "asno", palavra que se diz em alemão *Esel*; o *l* torna-se *n* por dissimilação, e *Al-exis* se torna

Esenale. Último exemplo: a palavra marciana *éréduté* significa "solitário". Eis aqui como se opera a passagem. Decomponhamos, em primeiro lugar, *éréduté* em *éréd-* (que dá, por metátese *Erde*, em alemão "terra"), *-ut* (o nome da nota "sol"[5]) e *-é*, que se transforma na vogal vizinha *i*, *sol-i-terre*, produz o francês *solitaire* [solitário]... Henry consegue assim desmontar o processo de criação da quase totalidade dos termos que constituem o léxico da língua marciana.

Assim como Freud dizia que aprendera tudo com suas histéricas, não sabemos quem mais admirar aqui: a engenhosidade de Victor Henry ou a do "eu subconsciente" da srta. Hélène Smith. É evidente, porém, que, ainda que possamos fazer aproximações (impressionantes por causa da coincidência cronológica), as páginas de Henry permanecem apenas *assombradas* por um espírito freudiano, que jamais as habita realmente. Perde-se uma primeira ocasião de introduzir a nova linguística no caminho da simbólica (e, portanto, de abri-la à psicanálise nascente). Será preciso aguardar algumas décadas antes que a ocasião se apresente de novo: *Le Langage martien* não teve nenhuma incidência sobre a evolução da ciência.

A conclusão tirada por Victor Henry é, pelo menos, clara: as palavras "inventadas" e "carentes de sentido" são, na realidade, derivadas de outras palavras; a linguagem da glossolala é uma linguagem *motivada*. Escreve ele:

> Nem mesmo aquele que se esforçasse constantemente para criar uma linguagem *que não se parece com nada* poderia escapar da

---

5 Mas *ut* quer dizer *dó*, e não *sol*... Trata-se de um esquecimento de Henry ou de uma confusão na cabeça da srta. Smith?

fatalidade de nela trair e de nela deixar adivinhar-se o jogo dos órgãos secretos que contribuem, no eu subconsciente, para a elaboração totalmente mecânica da linguagem humana. (p.7)

E também: "O homem, mesmo que quisesse, não poderia inventar uma língua: não pode falar, não fala senão com suas lembranças, imediatas, mediatas ou atávicas" (p.140).

Seria preciso acrescentar de imediato que a ausência de toda interpretação não é impossível; encontramos até essa variante, realizada em outro momento da vida da srta. Hélène Smith. Dando-se conta de que identificamos as estruturas do francês através de seus próprios marcianos, ela passa a outra "língua" por ela descoberta, que Flournoy chama de "ultramarciano". Esta última não se presta visivelmente à interpretação, mas é justamente este o seu sentido: ser ininteligível. Parafraseando Jakobson, poderíamos dizer que os neologismos da glossolala são linguísticos ou antilinguísticos, mas nunca alinguísticos.

Outra característica das produções glossolálicas chamou a atenção de quase todos os observadores: é a abundância de aliterações e de figuras rítmicas. Como tantas vezes antes e depois, esse outro procedimento do pensamento simbólico é considerado um traço atávico – ou, na melhor das hipóteses, poético. Nota Flournoy o "emprego frequente da aliteração, da assonância, da rima" (p.240) e aproxima esse fato da poesia. Henry faz o mesmo ("como em todas as línguas primitivas", escreve ele) e fala desse "subconsciente que gosta de rimar" (p.34). Escreve Lombard que "a propensão a versejar é muito marcada entre os glossolalos, como em geral entre os profetas e os videntes. É um traço regressivo a mais, se é verdade que em todas as literaturas do mundo a poesia surgiu antes da prosa" (p.140). Podemos concluir daí que um sistema simbólico como o discurso do glossolalo reforça, pela comparação com a língua, a "sintaxe", entendida no sentido amplo (isto é, a relação dos elementos constitutivos entre si), em detrimento, muitas vezes, da "semântica" (a relação dos elementos com o que designam).

O primeiro contato de Saussure com o simbólico termina, portanto, em um fracasso. Se fiz questão de relatá-lo em pormenor, é porque ele passou, que eu saiba, despercebido até aqui; mas também porque prefigura singularmente as relações de Saussure com os fatos simbólicos, até o fim de sua carreira. Não se trata de censurá-lo por isso, ainda que retrospectivamente; o estado de rascunho em que permaneceram *todas* as pesquisas de Saussure desde essa época mostra bem como ele mesmo estava insatisfeito com os resultados obtidos. Mas os impasses de Saussure têm um valor exemplar: anunciam os de grande parte da linguística moderna.

Embora seja difícil datar os manuscritos de Saussure, parece que o primeiro grupo em que nos devamos deter seja o dos estudos dedicados aos programas, entre 1906 e 1909.[6] Na verdade, o que nos chama a atenção nesses textos é, antes de tudo, a ausência de toda problemática ligada às dimensões simbólicas da linguagem – ausência ainda mais espantosa por se tratar de análises de fatos poéticos. Coloca-se Saussure na perspectiva de um "formalismo" extremo, se assim pudermos chamar a atenção exclusiva dada aos fenômenos "sintáticos".

---

6 Publicados parcialmente por Starobinski, com o título *Les Mots sous les mots*.

O que lhe interessa é a configuração formada por elementos do significante ("acoplamentos", "dífonos", "manequins", ou ainda o que ele chama de "paráfrase fônica", outras tantas variantes da paronomásia), jamais as relações de evocação ou de sugestão simbólica. Se a palavra que é objeto da "paráfrase fônica" estiver ausente do verbo, ele poderá ser levado a se preocupar com essas relações de evocação; mas, de imediato, ele reduz a sua espessura semântica a zero: os sons "fazem alusão" não a um sentido (e ainda menos, como teriam desejado os românticos, a uma infinidade de sentidos), mas só a um *nome* – a palavra é reduzida ao seu significante; os "temas" que Saussure procura e encontra nos versos védicos, gregos e latinos são, antes de tudo, nomes próprios.

Em um segundo grupo de rascunhos, que datam aparentemente de 1909-1910[7] e são dedicados ao estudo dos *Nibelungen* e de outras lendas, trata-se mais do símbolo. Mas a maior parte do tempo Saussure só fala de símbolos para afirmar que essas lendas carecem deles; que aquilo que o leitor moderno considera como tal não é senão uma projeção injustificada de seus próprios hábitos de leitura. Mais exatamente, esses textos antigos tornaram-se "simbólicos" por meio de deformações: as lacunas, os esquecimentos, os erros de transmissão é que induzem o leitor moderno à interpretação simbólica.

Um autor épico ou até mesmo histórico narra a batalha de dois exércitos, e, entre outros, o combate dos chefes. Logo, não se trata senão dos chefes. Então o duelo do chefe A com o chefe B

---

7 Foram publicados extratos por Avalle, La sémiologie de la narrativité chez Saussure. In: Avalle et al. *Essais de la théorie du texte.*

Teorias do símbolo

se torna (inevitavelmente) simbólico, pois esse combate singular representa todo o resultado da batalha [...]. A redução da batalha a um duelo é um fato natural de transmissão semiológica, produzido por um espaço de tempo entre as narrativas, e o símbolo, portanto, só existe na imaginação do crítico que vem após o fato consumado e julga mal. (p.30)

Ou ainda:

Crer-se-ia que há *símbolo*, quando se trata de um simples erro de transmissão referente a palavras que tinham um sentido totalmente direto, no começo. — As criações simbólicas existem, mas são o produto de erros naturais de transmissão (p.31). É admissível um símbolo que se explica como não tendo inicialmente sido um símbolo. [...] A interpretação simbólica só existe no crítico [...]. Para quem escuta o que lhe narram imediatamente, como o rapsodo que o recebeu tal qual de seu predecessor, é a pura verdade que Hagen tenha jogado o tesouro no Reno — e não há aí, *por conseguinte*, nenhum símbolo no fim, como *tampouco* havia no começo. (Ibid.)

Se o símbolo só existe para quem "julga mal", ou até não existe de modo algum, é porque Saussure precisa, para identificá-lo, de uma categoria que teria podido encontrar em Santo Agostinho: a do intencional (mas Santo Agostinho, por seu lado, reconhecia a existência, ao lado dos signos intencionais, de signos não intencionais). Para Saussure, de acordo com o quadro psicológico em que se coloca, a intencionalidade é um traço constitutivo do símbolo; ora, ela está ausente das lendas em questão, estas só seriam "simbólicas" para o leitor de hoje.

Uma *intenção* de *símbolo* não existiu, naquele tempo, em nenhum momento (p.30). As criações simbólicas são sempre involuntárias (Ibid.). Os símbolos não são jamais, como toda espécie de signo, senão o resultado de uma evolução que criou uma relação involuntária entre as coisas: eles não se inventam nem se impõem de imediato (p.31).

Não sendo intencionais, os símbolos não conseguem existir. É verdade que encontramos nesses mesmos cadernos outra nota que reserva aos símbolos um lugar mais importante e proclama a necessidade de uma *semiologia*. Mas a palavra "símbolo" é usada aqui, na realidade, no sentido de *signo*:

— A lenda é composta por uma série de símbolos em um sentido por precisar.

— Esses símbolos, sem nos darmos conta disso, são submetidos às mesmas vicissitudes e às mesmas leis que todas as outras séries de símbolos, por exemplo, os símbolos que são as palavras da língua.

— Todos eles fazem parte da *semiologia*. (p.28)

Esse "sentido por precisar" pode ser descoberto nos cursos de linguística geral, professados por Saussure entre 1907 e 1911, para os quais, infelizmente, não dispomos de nenhum rascunho, mas só das notas, amiúde divergentes, dos alunos.[8]

---

8 Essas notas foram editadas por Engler no *Cours de linguistique générale*, edição crítica, fasc. 1 e 2 (no que nos diz respeito). As referências a essa edição compõem-se de um primeiro número que remete ao número da frase e de um segundo que indica o caderno de notas utilizado (correspondente ao número de coluna da edição de Engler).

Aqui, o termo geral se tornará, sistematicamente, *signo*; *símbolo* terá o sentido de signo motivado; com termos diferentes, reencontramos uma oposição familiar a Port-Royal, Dubos, Lessing etc. Por exemplo:

1131.2. Os signos da língua são totalmente arbitrários, enquanto em certos atos de polidez [...] eles abandonaram esse caráter arbitrário para se aproximarem do símbolo. [...] 1137.2. O símbolo tem por caráter não ser nunca completamente arbitrário; o símbolo não é vazio. Há um rudimento de elo entre ideia e signo, em símbolo: 1138.2. Balança, símbolo da justiça.

O "signo" de Saussure é o que Ast, ou às vezes Goethe, chamavam de *alegoria*, opondo-a, como ele, ao *símbolo*.

Sabemos, porém, que o arbitrário não é, para Saussure, uma característica entre outras do signo, mas a fundamental: o signo arbitrário é o signo por excelência. Esse postulado tem implicações importantes no que se refere ao lugar dos símbolos dentro da futura semiologia: esse lugar é necessariamente dos mais reduzidos. O *Cours* [Curso] editado por Bally e Sechehaye é, a este respeito, particularmente brutal: afirma que todos os signos devem ser compreendidos a partir do modelo do signo linguístico, e que toda a semiologia deve basear-se na linguística.

Podemos, portanto, dizer que os signos inteiramente arbitrários realizam melhor do que os outros o ideal do procedimento semiológico; por isso, a língua, o mais complexo e mais difundido dos sistemas de expressão, é também o mais característico de todos; nesse sentido, a linguística pode tornar-se o padrão geral de toda a semiologia, embora a língua seja apenas um sistema particular.[9]

A lição dos manuscritos é mais moderada. A proposição "por isso a língua... é também o mais característico" não encontra neles nenhuma base; um único aluno (Riedlinger) registra a última proposição e, em particular, a expressão "padrão geral de toda a semiologia"; a formulação mais comum é esta: "276.4. Não é só a língua que é um sistema de signos, mas é o mais importante". Riedlinger, aliás, nota uma restrição que Bally e Sechehaye omitem: "290.2. Mas é preciso logo dizer que a língua ocupará o compartimento principal desta ciência [a semiologia]; será o seu padrão geral. Mas isso será *por acaso* [grifo meu]: teoricamente, ela será apenas *um* caso particular dela".

Os editores, portanto, enrijeceram o pensamento de Saussure, mas não o traíram. Ora, tal afirmação significa claramente que não há lugar para os símbolos na semiologia; esta admite signos outros do que os linguísticos somente na medida em que eles não se distingam em nada dos signos linguísticos! Mais ampla em extensão, a semiologia coincide exatamente com a linguística em sua compreensão. Saussure pode dizer, portanto: "I 128.2. Quando a semiologia for organizada, ela terá de ver se outros sistemas além dos arbitrários serão também de sua alçada. I 192.2. Em todo caso, ela se ocupará sobretudo dos sistemas arbitrários". A questão permanece aberta, como notaram os editores do *Cours*, que trocam, à margem do manuscrito que estabelecem, estas réplicas: "288.6. *A.S.* A

---

9 *Cours de linguistique générale*, p.101.

semiologia estuda os signos e os símbolos? *Ch. B.* De Saussure responde em algum lugar: a verificar!".

Não só os símbolos não linguísticos não merecem realmente um lugar na semiologia, mas até os aspectos simbólicos do signo linguístico serão desdenhados: Saussure encara como símbolos na língua a onomatopeia e a interjeição ("a exclamação"), mas nunca os tropos ou as alusões (é verdade que estes últimos só existem no que ele chama de "fala", não "na língua"). Um Lessing dispunha de muito mais coisas para nos ensinar a este respeito. A única sugestão que pode levar a uma real tipologia dos signos permanece sem continuidade: lemos nas notas: "276.2. Na língua, [os] signos evocam *diretamente* as ideias..."; "276.5. Quase todas as instituições, poder-se-ia dizer, têm como base signos, mas eles não evocam diretamente as coisas". Não só essa oposição entre direto e indireto não será retomada ou explicitada; é possível ver que ela só aparece na confrontação de duas versões das mesmas palavras de Saussure (nenhum aluno anotou as duas frases ao mesmo tempo).

A obra de Saussure aparece-nos agora como notavelmente homogênea em sua recusa de reconhecer os fatos simbólicos. Na correspondência com Flournoy, Saussure pura e simplesmente os ignora, o que faz fracassarem as suas tentativas de explicar a linguagem da srta. Smith. Na pesquisa sobre os anagramas, só dá atenção aos fatos de repetição, não aos de evocação; quando é obrigado a dar atenção a eles, contenta-se com identificar uma palavra, o mais das vezes um nome próprio, que não abre nenhuma trajetória simbólica. Nos estudos sobre os *Nibelungen*, só reconhece símbolos para atribuí-los a leituras errôneas: já que não foram intencionais, os símbolos não existem. Enfim, em seus cursos de linguística geral, considera a existência da semiologia e, portanto, de signos outros do que os linguísticos; mas tal afirmação se vê de imediato limitada pelo fato de que a semiologia se dedica a uma única espécie de signos: aqueles que são arbitrários como os signos linguísticos. Não há lugar para o simbólico em Saussure.

Curiosamente, os efeitos da crise romântica mal se fazem sentir nas ciências humanas, por volta de 1900: em sua condenação, explícita ou implícita, do símbolo, em sua própria concepção do que é o símbolo, Saussure, Lévy-Bruhl e até Freud são, em medidas diferentes, é verdade — e por aspectos desigualmente importantes de seus pensamentos —, mais neoclássicos do que românticos, bem mais contemporâneos de Condillac do que netos de Moritz, Goethe ou Schlegel. Saussure é romântico quando concede uma importância particular ao sistema ou em sua recusa de explicar o sentido por uma relação ao referente externo; cessa de sê-lo quando demonstra uma surdez simbólica.

10
A poética de Jakobson

Quando tentamos compreender, em uma visão panorâmica, a obra de um teórico da poesia, surge uma primeira questão: o que é a literatura?

Acontece que, ao longo de todos os escritos de Jakobson, essa pergunta – e a sua resposta – permanecem presentes; a tal ponto, que um dos seus estudos traz como título: *Qu'est-ce que la poésie?* [O que é a poesia?] A resposta, através de leves variações terminológicas, permanece espantosamente estável. Em 1919, escreve Jakobson:[1] "Qualifico de momento único e essencial da poesia essa focagem da expressão, da massa verbal [...] A poesia nada mais é que um *enunciado que visa à expressão*" (*QP*, p.20, 14).

Em 1933: "O conteúdo da noção de *poesia* é instável e varia ao longo do tempo, mas a função poética, a *poeticidade*, como

---

1 As referências aos textos de Jakobson remetem, salvo indicação em contrário, às coletâneas *Essais de linguistique générale* (abreviado daqui por diante como *ELG*) e *Questions de poétique* (abreviado como *QP*).

ressaltaram os Formalistas, é um elemento *sui generis...* Mas como se manifesta a poeticidade? Em ser a palavra sentida como palavra, e não como mero substituto do objeto nomeado, nem como explosão de emoção" (*QP*, p.123, 124).

E em 1960: "A focagem (*Einstellung*) da mensagem enquanto tal, a ênfase dada à mensagem por sua própria conta, é o que caracteriza a função *poética* da linguagem" (*ELG*, p.218).

Distingue-se dos outros usos o uso poético da linguagem pelo fato de a linguagem ser nele percebido em si mesmo e não como um mediador transparente e transitivo de "outra coisa". O termo assim definido é, em 1919, a *poesia*; torna-se, mais tarde, o *poético* (a função poética), isto é, a categoria abstrata que captamos por meio do fenômeno perceptível. Mas a definição mesma não mudou. A linguagem poética é uma linguagem autotélica.

De onde vem essa definição? Um texto recente de Jakobson confirma a resposta que poderia dar a essa pergunta um leitor dos capítulos anteriores. Interrogando-se ele mesmo acerca das influências que o marcaram, escreve ele:

> Mas já muito antes [de 1915, ano em que lê Husserl], por volta de 1912 [isto é, aos dezesseis anos de idade], como aluno do secundário que havia decididamente escolhido a linguagem e a poesia como objeto de suas futuras pesquisas, topei com os textos de Novalis, e fiquei encantado para sempre ao nele descobrir, como, ao mesmo tempo, em Mallarmé, a junção inseparável do grande poeta com o profundo teórico da linguagem. [...] A chamada escola do formalismo russo vivia o seu período de germinação, antes da Primeira Guerra Mundial. A noção controvertida de *autorregulação* [*Selbstgesetzmässigkeit*] *da forma*, para falar como o

Teorias do símbolo

poeta, sofreu nesse movimento uma evolução, desde os primeiros posicionamentos mecanicistas, até uma concepção autenticamente dialética. Esta última já se encontrava em Novalis, em seu célebre "Monólogo", um convite plenamente sintético – que me havia, desde o começo, enchido de espanto e enfeitiçado...[2]

Novalis e Mallarmé são, de fato, dois nomes que aparecem já nos primeiros escritos de Jakobson. A segunda fonte tem, aliás, ela mesma a sua origem na primeira, ainda que seja indireta a filiação: Mallarmé vive depois de Baudelaire, que admira Poe, o qual absorve Coleridge – cujos escritos teóricos são um resumo da doutrina dos românticos alemães, logo de Novalis... Mallarmé apresenta aos seus leitores franceses (ou russos) uma síntese das ideias românticas sobre a poesia – ideias que não haviam tido repercussão no que na França se chama de romantismo. E não temos, com efeito, nenhuma dificuldade em reconhecer na definição jakobsoniana de poesia a ideia romântica de intransitividade, exprimida tanto por Novalis como por seus amigos, no "Monólogo" e em outros fragmentos. Foi Novalis, e não Jakobson, que, de fato, definiu a poesia como uma "expressão pela expressão"... E não é grande a distância entre a *Selbstsprache*, autolíngua, de Novalis, e a *samovitaja rech'*, discurso autônomo, de Khlebnikov, esse outro intermediário entre Novalis (ou Mallarmé) e Jakobson.

Jakobson e os formalistas russos não são os únicos, atualmente, a defender a definição romântica. Depois de ter sido esquecida durante um século, ela se tornou, desde o início do século XX, a palavra de ordem de todas as escolas poéticas de

---

2 *Form und Sinn*, p.176-7.

vanguarda (ainda que se insurjam contra o que chamam de romantismo). Lembrarei aqui apenas mais uma testemunha, Sartre. Depois de ter declarado que "ninguém jamais se perguntou" "o que é escrever", reformula assim o tropo romântico:

Os poetas são homens que se recusam a *utilizar* a linguagem. [...] O poeta retirou-se de uma vez da linguagem-instrumento; escolheu de uma vez por todas a atitude poética que considera as palavras como coisas, e não como signos. Pois a ambiguidade do signo implica que possamos, à vontade, atravessá-la como um vidro e perseguir através dela a coisa significada ou voltar o olhar para a sua *realidade* e considerá-la como objeto.[3]

Muitas vezes se pretendeu confundir a concepção formalista da poesia com a doutrina da arte pela arte. Que as duas tenham uma origem comum (chamada aqui de "romantismo alemão") é evidente: a ligação é explícita em Jakobson; quanto às primeiras formulações da ideia de arte pela arte, elas são apenas, como se sabe, um eco francês de ideias alemãs: o de Benjamin Constant depois de uma conversa com Schiller em 1804; o de Victor Cousin depois de uma visita a Solger, em 1817. Mas as diferenças são igualmente consideráveis: no primeiro caso, trata-se da função da linguagem na literatura (ou do som na música etc.); no segundo, da função da literatura ou da arte na vida social. Jakobson terá, portanto, razão em protestar contra as acusações abusivas: "Nem Tynianov, nem Mukařovský, nem Chklóvski, nem eu pregamos que a arte se baste a si mesma; nós

---

3 *Qu'est-ce que la littérature?*, p.17-8.

Teorias do símbolo

mostramos, ao contrário, que a arte é parte do edifício social, um componente em correlação com os outros..." (*QP*, p.123).

A função social da poesia, com que ele se preocupará mais particularmente (em *Qu'est-ce que la poésie?*, por exemplo), é a mesma que é resumida pelo preceito mallarmeano: "dar um sentido mais puro às palavras da tribo...". Dirá Jakobson:

> Protege-nos a poesia contra a ferrugem que ameaça a nossa fórmula do amor e do ódio, da revolta e da reconciliação, da fé e da negação. Não é muito grande o número de cidadãos da República tchecoslovaca que leram, por exemplo, os versos de Nezval. Na medida em que os leram e aceitaram, sem querer, vão caçoar com um amigo, injuriar um adversário, exprimir sua emoção, declarar e viver o seu amor, falar de política de um jeito um pouco diferente... (*QP*, p.125)[4]

Ao mesmo tempo, a reflexão de Jakobson sobre essa questão não permanece imóvel, e é instrutiva a sua evolução. Em 1919, a recusa total da representação, da relação entre as palavras e o que elas designam é, senão a norma de toda poesia, pelo menos o seu ideal. "A poesia é indiferente em relação ao objeto do enunciado." "O que Husserl chama de *dinglicher Bezug* está

---

4 Desenvolvimento paralelo em Eliot, dez anos mais tarde: "O dever direto do poeta, enquanto poeta, é para com a sua *língua*, que deve primeiro proteger, depois enriquecer e melhorar. [...] Com o tempo, a influência da poesia se exerce sobre a língua, a sensibilidade, a vida de todos os membros de uma sociedade, de todos os membros da comunidade e do povo inteiro, quer as pessoas leiam e apreciem a poesia, quer não" etc. (La fonction sociale de la poesie. In: *De la poésie et de quelques poètes*, p.17, 22).

ausente" (*QP*, p.14, 21). Em 1921, dedica um estudo integral ao "realismo na arte", denunciando a polissemia do termo, mas sem se decidir pela existência ou não de uma relação de representação. Dez anos mais tarde, dissociando a poética da poesia, vê esta última como uma "estrutura complexa", de que o autotelismo poético é apenas um dos componentes. No estudo consagrado a Pasternak, considera que a "tendência à supressão dos objetos" é própria de certas escolas poéticas apenas, como o futurismo russo ("Constatamos na poesia de Pasternak e dos poetas da sua geração uma tendência a levar a um grau extremo a emancipação do signo em relação ao seu objeto"; *QP*, p.143). Finalmente, em 1960, escreve: "A supremacia da função poética sobre a função referencial não oblitera a referência (a denotação), mas a torna ambígua" (*ELG*, p.238). Terá, assim, sido percorrido, em aproximadamente quarenta anos, a trajetória integral da estética romântica.

Para superar a doutrina do autotelismo puro, Jakobson (solidário neste ponto aos outros formalistas) indica duas direções principais. A primeira é o estudo da *motivação*: "às vezes chamam de realismo a motivação consequente, a justificação das construções poéticas" (*QP*, p.38); serão estudados, então, não a "realidade" designada pela literatura, mas os meios pelos quais o texto nos dá a impressão de fazê-lo. A sua verossimilhança, mais do que a sua verdade.

Em segundo lugar, será estendida a análise dos elementos não significativos (sons, prosódia, formas gramaticais) ao *semântico*, à "estrutura temática"; mais uma vez, não é a "realidade" como tal que se torna objeto da análise, mas o seu modo de apresentação no texto. O modelo não superado desse tipo de trabalho continua sendo as *Notes marginales sur la prose du poète Par-*

ternak [Notas marginais sobre a prosa do poeta Pasternak], em que, por uma autêntica proeza [*tour de force*], Jakobson engloba na mesma "figura" não só o jogo retórico e as configurações semânticas ou narrativas ("Tomando como ponto de partida as particularidades estruturais fundamentais de sua poética, tentamos delas deduzir a temática de Pasternak e de Maiakovski"; *QP*, p.14), mas também a biografia *poética* (por oposição à anedótica) do escritor: "Tomando, assim, como ponto de partida a estrutura semântica da poesia de Maiakovski, conseguimos dela deduzir o seu verdadeiro libreto e descobrir o núcleo central da biografia desse poeta" (*QP*, p.133).

Mas a única diferença entre Novalis (ou Sartre) e Jakobson não é que os primeiros definam a poesia como puro autotelismo da linguagem, enquanto o segundo permite entrever a interação desses dois componentes, imitação e jogo. Há mais: o discurso poético ou profético de Novalis, o discurso panfletário de Sartre são qualitativamente distintos do discurso *científico* de Jakobson. Talvez haja uma grande semelhança entre as fórmulas de uns e de outro, quando as tiramos de seu contexto; mas aparece a dissemelhança, igualmente considerável, tão logo se considera a utilização que delas se faz. O sentido é parecido, mas não a função. O que interessa a Jakobson não é enunciar revelações ou denunciar os seus adversários, mas colocar uma base a partir da qual seja possível a descrição, o *conhecimento* dos fatos literários particulares.

Já em seu primeiro texto sobre a literatura, escreve Jakobson: "O objeto da ciência literária não é a literatura, mas a literariedade... Se os estudos literários quiserem tornar-se ciência, devem reconhecer o *procedimento* como seu 'personagem' único" (*QP*, p.15).

E, cinquenta anos mais tarde, no "Post-scriptum" a suas *Questions de poétique* [Questões de poética]: "A literariedade (*literaturnost'*), ou seja, a transformação da palavra em obra poética, e o sistema de procedimentos que efetuam essa transformação, eis o tema que o linguista desenvolve em sua análise da poesia" (*QP*, p.486).

O objeto da ciência não é, nunca foi, um objeto real, tomado enquanto tal em si mesmo; não são, portanto, no caso dos estudos literários, as obras literárias em si mesmas (assim como os "corpos" não o são para a física, para a química ou para a geometria). Esse objeto só pode ser construído: é feito de categorias abstratas que este ou aquele ponto de vista permite identificar dentro do objeto real, e as leis de sua interação. O discurso científico deve levar em conta fatos observados, mas não tem *como objetivo* a descrição dos fatos em si mesmos. O estudo da literatura, que Jakobson chamará, mais tarde, de *poética*, terá como objeto, não as obras, mas os "procedimentos" literários.

Essa opção fundamental coloca o discurso de Jakobson na perspectiva da ciência. Convém afastar aqui dois mal-entendidos frequentes e complementares. O primeiro é o cometido pelos "técnicos": creem que a ciência comece com os símbolos matemáticos, as verificações quantitativas e a austeridade de estilo. Não compreendem que tudo isso, na melhor das hipóteses, são instrumentos da ciência; que o discurso científico não precisa deles para se constituir: ele consiste na adoção de certa atitude em relação aos fatos. O segundo é o dos "estetas": consideram sacrílego falar de abstração, correndo, assim, o risco de obliterar a singularidade preciosa da obra de arte. Esquecem-se de que o individual é inefável: entramos na abstração tão logo aceitamos falar. Não podemos escolher entre nos servir ou não das categorias abstratas, mas só de fazê-lo conscientemente ou não.

A evocação simultânea, por um lado, da ciência, na perspectiva da qual se perfila a poética, e, por outro lado, da semântica ("os problemas de semântica é que, em todos os níveis da linguagem, preocupam hoje o linguista, e se ele procura descrever aquilo de que é feito o poema, a significação do poema só apresenta uma parte integrante desse todo", escreve Jakobson em 1973; *QP*, p.486), não deixa de colocar um problema que merece que nele nos detenhamos. Ao contrário das outras partes da linguística, a semântica não possui uma doutrina universalmente aceita; continuamos, hoje, a discutir sobre a sua própria possibilidade. Os críticos literários, cujo testemunho é importante no presente contexto, perfilar-se-iam de preferência, nesse debate, entre os céticos. Segundo eles, quando se trata do sentido, não há mais um limite insuperável entre descrição e interpretação (portanto, aqui, entre ciência e crítica), toda nomeação do sentido é subjetiva, o que explicaria a extraordinária abundância de interpretações diferentes de um único texto, ao longo dos séculos ou mesmo, simplesmente, conforme os indivíduos. Permitem as leituras poéticas de um linguista dirimir essas objeções, levam-nos a introduzir a certeza científica até nos problemas do sentido?

Para situar melhor a posição matizada de Jakobson ante este problema, observemos com mais atenção a sua prática na análise literária.

Parte de seu estudo do soneto de Dante *Si vedi li occhi miei* é dedicada ao nível semântico. Que tipo de fatos será evocado? Ele assinala quatro termos, *pietà* [misericórdia], *giustizia* [justiça], *paura* [medo], *virtù* [virtude], e observa: "A *angústia* e *pavor* são as respostas respectivas do poeta e de cada qual, respostas indissociáveis dos sofrimentos infligidos à *justiça-virtude*" (*QP*, p.308); nota, também, que "as referências diretas e as referências deslocadas se sucedem segundo uma alternância regular" ou que "se estabelece um vínculo estreito entre *pietà* e *virtù*" (Ibid.). Na análise de um soneto de Du Bellay, Jakobson afirma que "a atualidade de *i'adore* [eu adoro] vem substituir o caráter potencial do verbo *pouras*" [poderás] (*QP*, p.351), ou que "os dois circunstantes designam um — *no mais alto céu* — a distância máxima, e o outro — *neste mundo* — a proximidade mais íntima no espaço" (*QP*, p.352). Falando do *Spleen* de Baudelaire, mostra que "o sujeito, *Angoisse* (angústia), substantivo abstrato personificado, em contraste com os *corbillards* (carros fúnebres) da primeira sentença, pertence à esfera do espiritual. Ora, a ação desse sujeito abstrato, bem como o objeto direto por ele regido, são, em compensação, totalmente concretos" (*QP*, p.432) etc.

O que une esses diversos exemplos de análise semântica? Poderíamos, em um primeiro momento, distinguir duas séries: pertencem à primeira todos os fatos de semântica *sintagmática*, todos os casos em que Jakobson identifica o valor posicional, relativo, de determinado segmento linguístico em relação a outro (relação de paralelismo, de contraste, de gradação, de subordinação etc.). Um segundo grupo é formado por fatos que se estabelecem não mais *in praesentia*, mas *in absentia*, no âmbito de um *paradigma*, do qual só um dos termos aparece no poema analisado: observar-se-á, assim, que tal substantivo é abstrato, tal outro, concreto; que tal estrofe participa da substância, tal outra do acidente; que o atual se opõe aqui ao

Teorias do símbolo

virtual ali, e assim por diante. Na verdade, as duas séries de fatos, sintagmáticos e paradigmáticos, encontram a sua unidade em serem sempre fatos *relacionais*. Não se denominará de outro modo a *angústia*, mas se explicará que ela se aparenta ao *pavor* e se articula com a *virtude*. Não se dirá o que "quer dizer" o *céu* para Du Bellay, mas se assinalará que ele pertence à classe dos objetos distantes — e, com isso, contrasta com os termos pertencentes à classe oposta, dos objetos próximos. Não se falará do *sentido*, mas sempre e somente *dos* sentidos.

No debate, portanto, que reúne e opõe teóricos da semântica e críticos, a posição de Jakobson seria a de atribuir a cada qual um domínio que lhe seja próprio e para o qual só ele esteja qualificado. Ao crítico que afirma a subjetividade do sentido, Jakobson contrapõe, de modo igualmente implícito, outro argumento: só podemos *descrever*, em uma linguagem coerente e incontestável, relações formais (inclusive as relações formais entre sentidos); os conteúdos semânticos individuais não se prestam à metalinguagem, mas só à paráfrase — a qual continua sendo da alçada do crítico. Mais próximo de Saussure do que poderia parecer à primeira vista, Jakobson reserva à linguística apenas a semântica relacional, composta pelas diferenças e identidades dos termos dentro dos sintagmas e dos paradigmas, deixando à interpretação (à crítica) o cuidado de nomear o sentido de uma obra — para uma época, um meio, uma sensibilidade dada.

Voltemos, porém, ao conjunto dos "procedimentos" constituídos por Jakobson como o objeto da poética. Quais são eles? Sua identificação decorre da definição dada por Jakobson à poesia: uma linguagem que tende a se tornar opaca. Serão, portanto, todos os meios postos em prática pelos poetas que nos levem a perceber a linguagem em si mesma, e não como simples substituto das coisas ou das ideias: as figuras, os jogos com o tempo e o espaço, o léxico singular, a construção da frase, os epítetos, a derivação e a etimologia poéticas, a eufonia, a sinonímia e a homonímia, a rima, a decomposição da palavra...

Há uma tendência da linguagem poética que chama em especial a atenção de Jakobson: a tendência à repetição. Pois "não nos damos conta da forma da palavra a menos que ela se repita no sistema linguístico", escreve em 1919 (*QP*, p.21). E, em 1960, ao perguntar: "Segundo que critério linguístico se reconhece empiricamente a função poética?", ele formula esta resposta: "A função poética projeta o princípio de equivalência do eixo da seleção sobre o eixo da combinação" (*ELG*, p.220). É o que explica a atenção especial por ele prestada, ao longo de todo o seu trabalho, nas diferentes formas de repetição e, ainda mais especificamente, no paralelismo (o qual inclui tanto a semelhança quanto a diferença). Adora citar esta frase de G. M. Hopkins: "A parte artificial da poesia, talvez fosse justo dizer de toda forma de artifício, reduz-se ao princípio do paralelismo", e ele mesmo escreve: "Em todos os níveis da linguagem, consiste a essência do artifício poético em retornos periódicos" (*ELG*, p.235; *QP*, p.234).

A coerência interna é o melhor modo de realizar a intransitividade: eis uma relação bem conhecida dos românticos alemães. O pormenor mesmo dessa afirmação tão essencial para Jakobson (a de que o ritmo poético mostra que um discurso encontra a sua finalidade em si mesmo e que, graças a tais procedimentos, a linguagem deixa de ser arbitrária) era estabelecido em uma página de August Wilhelm Schlegel, que gostaria de lembrar aqui.

Quanto mais prosaico é um discurso, mais perde a sua acentuação cantante e se limita a se articular secamente. A tendência da poesia é exatamente inversa e, por conseguinte, para anunciar que ela é um discurso com fim em si mesmo, que não serve para nenhum negócio exterior e, portanto, não intervirá em uma sucessão temporal determinada alhures, ela deve formar a sua própria sucessão temporal. Só assim o ouvinte será extraído da realidade e recolocado em uma série temporal imaginária, perceberá uma subdivisão regular das sucessões, uma medida no próprio discurso; daí esse fenômeno maravilhoso, que, em seu mais livre surgimento, quando é usada como puro jogo, a língua se despe voluntariamente de seu caráter arbitrário, que por outro lado nela reina solidamente, e se submete a uma lei aparentemente estranha ao seu conteúdo. Essa lei é a medida, a cadência, o ritmo. (*Die Kunstlehre*, p.103-4)[5]

Na prática, Jakobson explora três níveis textuais na óptica do princípio de paralelismo: o dos sons ou das letras, o da prosódia, o das categorias gramaticais; mas essa escolha é ditada

---

5 Gérard Genette ressaltou, na análise minuciosa por ele dedicada à poética de Jakobson (*Mimologiques*, p.302-12), uma ambiguidade que não levei em conta aqui. Vários desenvolvimentos atestam uma posição que se confunde na mente de Jakobson com a que ele crê defender, embora, na realidade, ambas estejam longe de serem idênticas: Jakobson seria partidário tanto da motivação vertical, quanto da repetição horizontal; mesmo permanecendo no quadro romântico, estaria mais do lado de August Wilhelm Schlegel do que do de Novalis. Não podemos negar os fatos estabelecidos por Genette; conservo, porém, a impressão de que ele lhes conceda um papel exagerado.

por motivos práticos, mais do que teóricos. Desde 1960, ele se dedicou à ilustração desse princípio, por meio de análises concretas de poemas, que escolheu deliberadamente em idiomas diversos e de épocas muito distantes umas das outras. Essa amostragem universal inclui textos de Dante e Shakespeare, Puchkin e Baudelaire, Mácha e Norwid, Pessoa e Brecht etc. O objetivo dessas análises é duplo: teórico, por tenderem a ilustrar a sua hipótese sobre o funcionamento da poesia (embora o teorema inicial quase desapareça por trás da abundância das provas); e histórico, por tornarem possível uma melhor compreensão de certos textos fundamentais da tradição literária europeia. Nomear o sentido de uma obra individual, como vimos, não faz parte das tarefas da poética, como tampouco a explicação de seu efeito estético; mas a descrição exata dos procedimentos poéticos postos em prática permite *invalidar* as interpretações abusivas. Basta, para nos convencermos disso, ler a conclusão de seu estudo de um soneto de Shakespeare (escrito em colaboração com L. G. Jones; *QP*, p.356-7): uma boa dezena de leituras anteriores do mesmo soneto revelam-se inconsistentes, uma vez confrontadas com a descrição rigorosa das estruturas verbais próprias do texto.

Dizia Valéry: "A literatura é, e não pode ser outra coisa, uma espécie de extensão e de aplicação de certas propriedades da linguagem", e Paulhan: "Que toda obra literária seja essencialmente uma máquina – ou, se preferirmos, um monumento – de linguagem, eis o que se mostra de imediato óbvio". Aproximadamente vinte ou trinta anos antes, Jakobson já havia dedicado a sua vida à *paixão da linguagem* – e, portanto, necessariamente à literatura. Aqueles que o acusam de superado não se dão conta

Teorias do símbolo

de que suas acusações se baseiam em uma dicotomia prévia, que contrapõe a "forma" ao "fundo" ou às "ideias". A escolha de Jakobson – de jamais cessar de perceber a linguagem, de jamais deixá-la soçobrar na transparência e no "natural", sejam quais forem as desculpas fornecidas –, tal escolha tem uma significação ideológica e filosófica bem mais grave que esta ou aquela "ideia" em curso no mercado. No entanto, a recusa de reconhecer a autonomia da linguagem, de buscar conhecer as leis que lhe são próprias, participa de um gesto secular, constitutivo de toda uma parte de nossa cultura – e é preciso bem mais do que um Jakobson para combatê-lo.

Não é por acaso que Jakobson seja, ao mesmo tempo, linguista *e* teórico da poesia: ele interroga a literatura como obra da linguagem. E não é só no nível da frase que a observação das formas linguísticas será pertinente para o conhecimento da literatura; mas também no nível do discurso. Os tipos de discurso, chamados tradicionalmente *gêneros*, formam-se, segundo Jakobson, ao redor da expansão de certas categorias verbais. Os dois gêneros literários mais amplos, poesia lírica e poesia épica (ou, em outro nível, mas de maneira paralela: poesia e prosa), atraíram com maior frequência a sua atenção. Jean Paul, um romântico alemão, já estabelecera uma filiação semelhante: entre o passado e o épico, o presente e o lírico, o futuro e o dramático. Jakobson, por seu lado, escreve em 1934: "Reduzindo o problema a uma simples formulação gramatical, podemos dizer que a primeira pessoa do presente é ao mesmo tempo o ponto de partida e o tema condutor da poesia lírica, ao passo que esse papel é desempenhado na epopeia pela terceira pessoa do tempo pretérito" (*QP*, p.130).

E, mais tarde, explica:

> A poesia épica, centrada na terceira pessoa, vale-se muito da função referencial; a poesia lírica, orientada para a primeira pessoa, está intimamente ligada à função emotiva; a poesia da segunda pessoa é marcada pela função conativa e se caracteriza como suplicatória ou exortativa, conforme a primeira pessoa esteja subordinada à segunda ou a segunda à primeira. (*ELG*, p.219)

Mas a aproximação entre esses mesmos dois tipos de discurso e duas figuras de retórica, a metáfora e a metonímia, é que é a mais célebre tentativa de Jakobson para observar a projeção das categorias verbais nas unidades transfrásticas. Em 1923, outro formalista, Boris Eichenbaum, já identificava assim as duas grandes escolas poéticas da época, simbolistas e acmeístas, no livro por ele dedicado a Anna Akhmatova, uma das principais representantes do acmeísmo:

> Os simbolistas dão ênfase justamente à metáfora ("assinalando-a entre todos os meios representativos da linguagem": André Biély), como um jeito de aproximar séries semânticas distantes. Akhmatova rejeita o princípio da extensão, que se baseia na potência associativa da palavra. As palavras não se fundam umas nas outras, mas se tocam, como peças de um mosaico. [...] No lugar das metáforas, aparecem, em toda sua variedade, os matizes laterais das palavras, baseados em perífrases e metonímias.[6]

Jakobson generaliza essa observação em seu estudo sobre Pasternak, aplicando-a aos dois gêneros fundamentais, e con-

---

6 Citado segundo Eichenbaum, *O poèzii*, p.87-8, 133.

clui vinte anos mais tarde: "A metáfora para a poesia e a metonímia para a prosa constituem a linha de menor resistência" (*ELG*, p.67).

Não há fronteira nítida entre os escritos de Jakobson ligados à linguística e os que tratam dos problemas da poética; e não pode haver. Seu trabalho de gramático pode interessar o especialista de literatura, tanto quanto os que consagra à prosódia: pois, justamente, as categorias verbais se projetam na organização dos discursos. Outros já tentaram dar prosseguimento a essa pesquisa, a partir da teoria dos tipos duplos (citação, nome próprio, antonímia, embreantes) ou das funções da linguagem; outros ainda, provavelmente, serão capazes de encontrar, um dia, nos escritos de "linguista" de Jakobson, uma fonte de inspiração para o conhecimento dos discursos, poético e outros.

Todas as categorias discursivas vêm da língua; mas, para identificá-las, convém antes reconhecer a pluralidade de sistemas que funcionam no interior desta. Jakobson jamais cessou de combater os reducionistas de toda espécie, todos os que querem reduzir a linguagem a um único dos sistemas que se manifestam através dela. Assim como foi preciso, um dia, reconhecer que a Europa não é o centro da Terra, nem a Terra, o centro do universo, foi preciso, no mesmo movimento de diferenciação entre nós e os outros, o mesmo combate com o egocentrismo infantil, deixar de identificar a linguagem com a sua parte que melhor conhecemos, reconhecer os "duplos" da linguagem.

Reciprocamente, as mesmas figuras, os mesmos procedimentos são encontrados fora da linguagem: no cinema, na pintura. Pois a linguagem, em si mesma, como tampouco as obras literárias, não poderia ser o objeto imediato de uma ciência. "Muitas características poéticas estão vinculadas não só à ciência da linguagem, mas ao conjunto da teoria dos signos, ou seja, à semiologia (ou semiótica) geral" (*ELG*, p.210). Portanto, os diferentes tipos de processos semióticos é que constituirão o objeto de cada disciplina, e não as diferentes substâncias. A metáfora e a metonímia definem-se pela relação (diferentemente) motivada entre dois sentidos de uma palavra; mas toda imagem comporta uma relação motivada entre ela mesma e o que ela representa; caberia, portanto, estudar simultaneamente todas as relações motivadas de significação; e, em outro lugar, todas as que são imotivadas. Assim, o mesmo movimento que conduziu, pouco tempo atrás, dos estudos literários à poética, fará um dia que se passe da poética à semiótica e à simbólica.

Se tivesse de escolher um fato da biografia de Jakobson para dele fazer um símbolo, seria este: um adolescente de dezoito anos entusiasma-se com os versos de três poetas contemporâneos, só um pouco mais velhos que ele: Khlebnikov, Maiakovski, Pasternak; promete a si mesmo jamais esquecer essa experiência. Mesmo que tal fato não tenha acontecido, ele é necessário para compreender as linhas mestras da carreira de Jakobson.

Há, em primeiro lugar, como uma aposta de ser linguista e de viver ao mesmo tempo intensamente uma poesia audaciosa. A solução de tranquilidade teria sido praticar a linguística, mas só ler enunciados "médios"; ou, inversamente, apaixonar-se pela poesia, mas deixar de lado a ciência da linguagem. Jakobson não quis renunciar a nada, e "ganhou": a sua teoria da linguagem é excepcional por não admitir a oposição entre norma e exceção. Se uma teoria linguística for boa, deve poder

Teorias do símbolo

dar conta não só, digamos, da prosa utilitária neutra, mas das criações verbais mais selvagens de um Khlebnikov, por exemplo. É nisso que Jakobson linguista me parece uma figura particularmente exemplar.

Essa mesma experiência foi decisiva para a sua teoria poética. Não só dedicou três estudos fundamentais a esses poetas, mas toda a sua concepção da poesia se baseia em uma generalização de sua experiência primeira. Poderia ter tido o mesmo sucesso com Puchkin? Não, a menos que tivesse nascido cem anos antes: a linguagem contemporânea faz parte da estrutura do texto, a poesia se consome quente. A sua experiência jamais teria sido tão intensa com poetas de outros tempos e não teria conseguido determinar da mesma maneira a sua visão da poesia em geral. Pôde ler Puchkin por intermédio de Maiakovski; o inverso teria dado o resultado medíocre que nos é familiar a todos, desde nossos tempos de estudos universitários. Moral, para o jovem teórico da poesia: é preciso viver a poesia de seu tempo.

Há mais. É demonstrar, ao mesmo tempo, uma extrema ambição e uma grande humildade ligar a sua vida ao conhecimento dos fatos, como é o anseio de todo cientista: aqui, humildade, porque ele só se propõe descrever e explicar o que os outros fizeram; ambição, porque esses outros se chamam Pasternak, Maiakovski, Khlebnikov. É renunciar ao mesmo tempo à facilidade do discurso não referencial ao tédio da descrição inútil. Nisso ainda, Jakobson foi vencedor: ele dá, hoje, tanto o que saber, como o que pensar (ou sonhar).

Aberturas

Em 1767, às vésperas da crise romântica, é publicado o último grande livro de linguística clássica, a *Gramática Geral* de Beauzée. Em 1835, quando o novo sistema já está bem estabelecido, será publicado o texto talvez mais importante de toda a linguística moderna, *Da diversidade na construção das línguas humanas*, de Wilhelm von Humboldt. A distância entre clássicos e românticos pode ser medida pela que existe entre os dois projetos que esses títulos anunciam: em vez da generalidade, encontramos a diversidade, a afirmação da identidade cede lugar diante da afirmação da diferença.

Reconhecer a diferença irredutível dos fenômenos, renunciar à busca de uma essência única e absoluta de que estes fossem as manifestações mais ou menos perfeitas é, com efeito, uma invenção romântica. Essa mudança é assumida de modo consciente por Humboldt e decorre de uma inversão que podemos observar ao longo da crise romântica: a inversão que desloca a atenção da imitação para a produção. Em uma perspectiva imitativa ou representativa (da arte ou da linguagem), predomina a unidade: as obras são determinadas pelo referente, que é o mundo e que é uno. Mas se considerarmos que o momento decisivo reside na produção, portanto na relação entre produtor e produto, que desemboca na expressão, então a diversidade se impõe: ela é a consequência da variedade entre os sujeitos que se exprimem.

A língua é, em primeiro lugar, expressão do indivíduo. "O primeiro [elemento na linguagem], escreverá Humboldt, é naturalmente a personalidade do próprio sujeito falante, que se acha em contato permanente e imediato com a natureza e que não pode evitar opor-lhe, até na linguagem, a expressão de seu eu" (VII, p.104).[1] Mas o limiar de variância mais significativo no campo da linguagem é o da própria língua, a expressão mais importante é a de um povo. "Reflete-se na língua o espírito nacional", escreve Humboldt já em 1821 (IV, p.55; Herder dizia a mesma coisa já no fim do século XVIII), e não cessará de repeti-lo daí para frente: "As línguas têm sempre uma forma nacional" (VII, p.38). "Cada língua permite remontar ao caráter nacional" (VII, p.172). É até mesmo o meio privilegiado de expressão do espírito de um povo, de modo que este, por sua vez, é formado pela língua: "Cada língua adquire certo caráter graças ao caráter nacional, e age de volta sobre este último de maneira igualmente determinante" (VII, p.170).

Se a língua é antes de tudo expressão, então as línguas são essencialmente diversas. "Seja qual for o lugar de onde se fala e a maneira como se fala, as inúmeras particularidades exigidas pelo uso da linguagem devem ser atadas em uma unidade que

---

1 As referências remetem aos textos citados no Capítulo 6.

Teorias do símbolo

só pode ser individual, porque a linguagem mergulha as suas raízes em todas as fibras do espírito humano" (VII, p.245). E como a expressão é essencialmente nacional, a diversidade também o será: a diferença entre línguas é mais importante que a diferença entre indivíduos ou entre dialetos. "A construção das línguas no gênero humano é diferente porque, e na medida em que, ela é a propriedade espiritual das nações" (VII, p.43). "Em toda língua reside uma visão particular do mundo" (VII, p.60).

À variabilidade sincrônica das línguas se soma a variabilidade diacrônica dos períodos (a sincronia não se opõe, é claro, à diacronia; mas as duas juntas se opõem à pancronia, ou até à acronia, implicada pelas gramáticas gerais). Assim, no tempo como no espaço, as diferenças são irredutíveis e, com isso, mais importantes que a identidade; a história, no sentido não de cronologia, nem de exemplificação de uma essência eterna, mas de um desenrolar-se irreversível e irredutível, é também uma invenção romântica (uma vez mais, na esteira de Vico, Herder). A história (estudo das variações no tempo) não se opõe à etnologia (estudo das variações no espaço); as duas procedem desse espírito romântico que entroniza a diferença no lugar da identidade.

August Wilhelm Schlegel ilustra bem esse novo papel da história nos estudos literários. Na concepção clássica, há só um ideal na literatura; ele é, em geral, situado no passado e, no lugar da "história", encontramos uma série de tentativas mais ou menos bem-sucedidas de se alcançar esse mesmo e único ideal. O que caracteriza os românticos é justamente a renúncia a esse ideal único: cada época possui o seu espírito e o seu ideal; a arte romântica não é uma arte clássica degradada, mas uma outra arte. Mais uma vez, é a relação de produção e, portanto, de expressão, que justifica a mudança. "Sendo a poesia a expressão mais íntima de nosso ser inteiro, ela deve assumir, ao longo das diversas épocas, uma figura nova e particular", escreve August Wilhelm Schlegel (*Vorlesungen*, I, p.47). Não há mais um ideal único, mas vários, e nenhuma época é privilegiada em relação às outras (para falar como seu irmão Friedrich: as épocas são como os cidadãos de uma república). "Não há monopólio da poesia em favor de certas épocas e de certos povos. Seria, portanto, sempre uma vã pretensão estabelecer em matéria de gosto o despotismo pelo qual se imporiam em toda parte regras, definidas talvez de modo completamente arbitrário por um só" (I, p.18). Foi-se o tempo das monarquias despóticas, o espírito da revolução burguesa sopra tanto nas artes como nas ciências e traz consigo a história, isto é, o reconhecimento das diferenças irredutíveis.

É esse ponto de vista novo que permite estimar ao mesmo tempo antigos e modernos: cada um pode ser "exemplar *em seu gênero*" (I, p.19, grifo meu). Consistia a atitude clássica em crer na essência imutável da poesia, identificada com a sua manifestação entre os gregos, e em condenar, consequentemente, a poesia moderna. "Bradaram que a verdadeira cura do espírito humano só podia vir da imitação dos escritores antigos; só apreciaram as obras modernas na medida em que elas ofereciam uma semelhança mais ou menos perfeita com as obras antigas. Rejeitaram tudo o mais como degeneração bárbara" (Ibid.). Em compensação, o ponto de vista romântico, ilustrado por August Wilhelm Schlegel é: cada período possui seu próprio ideal, e é à sua realização que tendem os esforços dos artistas. "A natureza particular de seu espírito forçou-os a abrir um

Teorias do símbolo

caminho particular e a marcar suas produções com o selo do seu gênio" (Ibid.); eles fazem "reconhecer a natureza particular dos modernos, completamente diferente da dos antigos" (I, p.21). A noção de originalidade e a valorização dessa noção surgem sob a pressão dos postulados românticos.

Humboldt e August Wilhelm Schlegel não são, porém, românticos extremistas. Buscarão conciliar unidade e diversidade. Escreve Schlegel: "A natureza humana é, sem dúvida, simples em seus fundamentos; mas todos os exames nos mostram que não há no universo nenhuma força fundamental a tal ponto simples, que não seja suscetível de se dividir e de agir em direções opostas" (Ibid.); e Humboldt: "A individualização permanece de modo tão maravilhoso no interior do acordo geral, que seria tão justo falar de uma única língua própria do gênero humano inteiro, quanto de uma língua particular, própria de cada homem" (VII, p.51). Um e outro tentarão, também, explicar essa submissão a princípios opostos, recorrendo a metáforas apropriadas; Schlegel à do corpo e do espírito: "É evidente que o espírito da poesia, que é impensável, mas, a cada vez que reaparece no gênero humano, se encarna em corpos diferentes, deve formar-se um corpo dotado de uma figura diferente, a partir dos alimentos que lhe oferece uma época mudada" (II, p.110); Humboldt à do fim e dos meios: "A forma de todas as línguas deve ser essencialmente idêntica e alcançar sempre um fim comum. A diversidade só pode residir nos meios postos em prática e só em limites autorizados pela intenção desse fim" (VII, p.251). Dito isso, ainda que tentem manter um equilíbrio, o contexto em que enunciam sua mensagem faz que ouçamos uma metade dela bem mais claramente que a outra. A identidade cedeu o lugar à diferença.

Dar-se conta de que a ideia de diversidade e de história é uma ideia romântica e anticlássica no momento mesmo em que se escreve a "história" da passagem entre clássicos e românticos é, evidentemente, fazer uma constatação rica em consequências. Parecem oferecer-se duas soluções opostas a quem, como eu nas páginas precedentes, tenta — mas como formular esse projeto sem já trilhar um ou outro caminho? — reconstituir os sistemas conceituais do passado; e ambas participam de uma deformação semelhante. Ou se crê na essência eterna e imutável das coisas e dos conceitos, e então o sistema domina a história: as mudanças no tempo são apenas variações previstas pelo sistema combinatório inicial, não modificam o quadro único. Ou se postula que as mudanças são irreversíveis, as diferenças irredutíveis: a história domina o sistema e se renuncia ao quadro conceitual único. Escreve-se um tratado ou uma história. Ora, se a escolha é, de certo modo, livre em outros casos, ela deixa de sê-lo quando o objeto do estudo é precisamente o lugar em que se enfrentam a ideia de tratado e a ideia de história. Já somos românticos se escrevemos a história da passagem dos clássicos aos românticos; somos ainda clássicos se virmos os dois como simples variantes de uma essência única. Seja qual for a solução escolhida, adotamos o ponto de vista próprio de um dos períodos para julgar — e deformar — o outro.

Ante essa condição paradoxal, portanto, poderíamos sonhar em definir uma terceira posição, nem clássica, nem romântica, a partir da qual julgar uns e outros.

Ao fim de um trabalho, não se trata de estabelecer o seu programa: é tarde demais; mas, de preferência, de voltar para si o olhar de observação dirigido aos outros, de se perguntar o que quer dizer essa pesquisa, não pelo conteúdo explícito das

Teorias do símbolo

exposições que a constituem, mas por sua existência mesma e pelas formas que ela se viu levada a assumir. É clássica ou romântica? Escrevi um livro sistemático ou histórico? Ou outra coisa ainda?

O que me encoraja a crer que é possível uma terceira posição, que até está sendo instaurada e que, presunção última, se manifesta através desta pesquisa (não pode haver nisso nenhum mérito pessoal, estabelecendo-se o sentido através do texto e não nele, mais ou menos como no "Monólogo" de Novalis – mas de maneira muito mais longa e pesada!), se creio nisso, portanto, é em primeiro lugar por causa da própria possibilidade de descrever hoje a ideologia romântica: descrevê-la, não repeti-la, como se fosse a verdade. A doutrina romântica conserva ainda, em certos campos e em certas condições, uma força revolucionária; pode levar os que a praticam a estimar que, longe de ser uma doutrina entre outras, ela constitui o advento de uma verdade. Não cabe lamentá-lo. Mas enquanto participamos de uma doutrina, somos incapazes de apreendê-la como um todo e, portanto, como tal; reciprocamente, poder fazê-lo já é não mais participar dela. Eu era "romântico" no momento em que comecei a escrever estas páginas; chegado ao fim, não podia continuar a sê-lo: vejo-me outro.

O presente não é, evidentemente, nem a mera repetição, nem a negação total do passado. Se crêssemos nas descrições que os românticos faziam de si mesmos e dos clássicos, poderíamos imaginar uma espécie de imagem especular, uma simetria perfeita, sendo apenas o sinal de "menos" substituído regularmente pelo sinal de "mais". É falsa essa imagem. Os românticos não invertem as proposições dos clássicos, não as substituem por proposições rigorosamente contraditórias. Trata-se de uma reorganização global, não de uma simetria termo a termo. As proposições singulares dos clássicos não são necessariamente negadas; recebem, antes, outro papel (pudemos dar-nos conta disso com o exemplo da imitação). O que muda são (sobretudo) as relações, as hierarquias; o elemento isolado sempre pode ser encontrado nos predecessores.

O mesmo vale para nós, hoje, em relação aos românticos (e, aliás, também para os clássicos). O que caracteriza a nossa atitude não é necessariamente diferente do passado, quando o detalhamos elemento por elemento. Mas a organização do conjunto é outra, as valorizações mudaram, as criadas, para falar como Dubos, muitas vezes se tornaram senhoras.

A retórica clássica (a que vai de Quintiliano a Fontanier) via uma só norma na linguagem; o resto era desvio, quer no significante, quer no significado; desvio desejável e, no entanto, sempre ameaçado de condenação. A estética romântica afirma, em seu extremo, que cada obra é a sua própria norma, que cada mensagem constrói seu código. Creio, hoje, em uma pluralidade de normas e de discursos: não somente um, nem infinitamente; mas muitos. Cada sociedade, cada cultura possui um conjunto de discursos, cuja tipologia podemos formar. Não cabe condenar um em nome do outro (seria o mesmo que chamar o gelo de desvio da água, dizia Richards), mas isso tampouco quer dizer: cada discurso é individual e não se parece com nenhum outro. Entre o discurso e os discursos há: os *tipos* de discurso.

A retórica e a estética clássicas (na medida em que esta última existia) atribuíam à arte e à linguagem um papel puramente transitivo. A arte é funcional, e essa funcionalidade se reduz, finalmente, a um único objetivo: imitar a natureza. A

Teorias do símbolo

linguagem é igualmente transitiva, e a sua função é igualmente única: serve para representar ou comunicar. É conhecida a reação romântica: recusa toda função e afirma a intransitividade tanto da arte (Moritz) como da linguagem (Novalis). Hoje já não cremos na arte pela arte e, no entanto, tampouco aderimos à ideia de que a arte seja puramente utilitária. É que entre a unicidade clássica e o infinito (o zero) romântico, se afirma o caminho da *pluralidade*. A linguagem tem funções múltiplas; a arte também; sua distribuição, sua hierarquia não permanecem as mesmas nas diferentes culturas, nas diferentes épocas.

Para esses neoclássicos que são (de modos muito diferentes) Lévy-Bruhl, Freud e Saussure, o símbolo é um signo desviante ou insuficiente. Também para Santo Agostinho, o símbolo é apenas um meio diferente de dizer a mesma coisa que dizem os signos. A posição romântica, embora invertida, participa de uma assimetria comparável: o signo é que, para Wackenroder, se torna um símbolo imperfeito. Contudo, tanto em Santo Agostinho como em Goethe, se esboçava uma visão tipológica: reconhecer a diferença entre os dois e descrevê-la em termos estruturais (como uma oposição entre direto e indireto). Outros – Creuzer, Solger – iam, por sua vez, mostrar a possibilidade de não valorizar um dos termos da oposição em detrimento do outro (tratava-se, no caso, da diferença entre símbolo e alegoria), de não apresentar um como a degradação do outro. Hoje estamos prontos para afirmar a *heterologia*: os modos da significância são múltiplos e irredutíveis uns aos outros; sua diferença não dá nenhum direito a juízos de valor: cada um pode ser, como dizia August Wilhelm Schlegel, exemplar em seu gênero. Estes são só alguns exemplos pelos quais tento definir a posição atual ante a dos clássicos e dos românticos. Mais do que uma via média ou uma mescla conciliadora dos dois, vejo-a como uma postura que se opõe em bloco aos dois (ainda que as oposições possam assumir formas diferentes). Nem clássico, nem romântico, mas: tipológico, plurifuncional, heterológico – esta me parece a perspectiva que nos permite hoje ler o passado; ou, de modo mais concreto, a que me levou a escrever as páginas que precedem. História ou tratado? A oposição histórica dos clássicos e dos românticos ocupou-nos tanto quanto a oposição, sistemática, entre signo e símbolo; não se trata, porém, de uma mera liga. Com isso, não digo muito, bem sei; mas, para fazê-lo, seria preciso tentarmos nós mesmos uma "teoria do símbolo" – o que não cabia começar aqui; o que só poderá produzir-se pela construção de uma *simbólica da linguagem.*

Apêndice
Freud acerca da enunciação

Estrutura profunda da enunciação. Efeitos. A transferência como enunciação, a enunciação como transferência.

O trabalho de Freud sobre o simbolismo verbal não se limita à descrição de enunciados, tal como pudemos observar no Capítulo 8. Conhecer a sua análise da enunciação (diferente demais dos assuntos abordados neste livro para poder aparecer em seu lugar cronológico) é igualmente necessário para quem queira ter uma imagem completa da contribuição de Freud neste campo.

Estrutura profunda da enunciação

Primeiro ponto sobre o qual insiste Freud: a enunciação presente de um enunciado não pode ser compreendida se nos limitarmos apenas a ela. Para descrever corretamente um processo de enunciação, não basta registrar as circunstâncias presentes do ato de fala; é preciso reconstituir a história da enunciação. Pois cada enunciação é o ponto de chegada de uma série de transformações de uma enunciação primeira; cada enunciação possui, portanto, a sua história transformacional. Contentar-se com a enunciação presente, imediatamente observável, é tomar a parte visível de um *iceberg* pelo *iceberg* inteiro. Se não reconstituirmos a história transformacional, corremos o risco de cair em graves mal-entendidos: duas enunciações que parecem idênticas ao observador não o são necessariamente. Ademais, como locutores e interlocutores, realizamos intuitivamente o trabalho de reconstituição. Convém racionalizar essa intuição.

Freud deu vários exemplos de tal procedimento. Eis aqui, para começar, o caso das palavras maliciosas. A estrutura básica é a seguinte: A (o homem) dirige-se a B (a mulher), em busca de satisfazer o seu instinto sexual; a intervenção de C (o estraga-prazeres) torna impossível a satisfação do desejo. Com isso, aparece uma segunda situação: frustrado em seu desejo, A dirige a B palavras agressivas; recorre a C como a um aliado. Nova transformação provocada pela ausência da mulher ou pela observação de um código social: A dirige-se não mais a B, mas a C, contando-lhe a obscenidade; B pode estar ausente, mas, de alocutário se tornou (implicitamente) o objeto do enunciado; C goza do prazer que lhe proporciona a brincadeira de A. Ou, como diz Freud: "O impulso libidinal do primeiro, não podendo satisfazer-se com a mulher, transforma-se em uma tendência hostil em relação a esta última e recorre a um terceiro, que era inicialmente o seu estraga-prazeres, como a um aliado" (*Le Mot d'esprit et ses rapports avec l'inconscient*, p.113). Se nos contentarmos em observar o processo de enunciação

Teorias do símbolo

de uma obscenidade, identificaremos A como locutor, C como alocutário. Com isso, omitiremos o elemento mais importante do processo, o alocutário inicial B.[1] A narrativa de um chiste não é, portanto, um fato isolado, mas o ponto de chegada de um ciclo transformacional. Diz Freud que, no seu caso, a enunciação "procura completar o ciclo desse processo desconhecido" (Ibid., p.164-5).

Segundo exemplo: o cômico ingênuo. Enquanto no caso da obscenidade era preciso procurar um alocutário anterior, além do alocutário presente, aqui é ao próprio alocutário presente que cabe desempenhar sucessivamente dois papéis. Para percebermos o ingênuo enquanto tal, nós, alocutário, devemos primeiro nos colocar na perspectiva do locutor e, em seguida, voltarmos à nossa. "Levamos, de fato, em conta o estado psíquico da pessoa produtora, colocamo-nos no seu lugar e procuramos compreender o seu estado psíquico em comparação com o nosso" (Ibid., p.216). "Consideramos agora essa fala de dois pontos de vista: a primeira do ponto de vista da criança,

---

1 Essa transformação aparentemente simples decompõe-se, para uma análise formal, em três transformações elementares: a) a passagem do optativo ao indicativo: a solicitação de prazer é substituída por um prazer real; b) uma permutação intraproposicional: B e C eram sujeitos, passam a ser objetos (de prazer, de agressão); inversamente para A; c) uma permutação interproposicional: B estava ligado ao predicado do prazer, está agora ao da agressão; inversamente para C. Ou, em uma notação abreviada:

$$(B \text{ dá a } A) \text{ opt } A + C \text{ agride } A \rightarrow$$
$$A \text{ agride } B + A \text{ dá a } C$$

em que os parênteses significam que uma proposição é modal (aqui, no optativo); + indica a sucessão no tempo; →, transforma-se em.

a segunda, de nosso próprio ponto de vista" (Ibid., p.217). Se não houver diferença entre os dois, o efeito cômico do discurso ingênuo não pode produzir-se. "Enquanto o efeito do chiste está subordinado à condição de que os dois sujeitos possuam mais ou menos as mesmas inibições ou as mesmas resistências internas, vemos que a condição do ingênuo reside no fato de que um dos sujeitos possui inibições de que o outro carece" (Ibid., p.215). Falar de "condições" implica que os *papéis* do locutor e do alocutário estejam inscritos no enunciado e que não se deva confundi-los com o locutor e o alocutário presentes, que podem desempenhar bem ou mal o seu papel (o próprio Freud fala da necessidade de "desempenhar o papel de um terceiro"; Ibid., p.166). A identidade dos interlocutores consigo mesmos é, portanto, duplamente questionada: a) através dos interlocutores presentes, aparecem os interlocutores ausentes (o ciclo transformacional); b) através dos interlocutores presentes, aparecem os papéis dos interlocutores inscritos no enunciado.

Terceiro exemplo: nem sempre basta adivinhar as transformações que antecederam uma enunciação presente, é preciso também ver se uma nova transformação não deva segui-la de imediato; a enunciação presente não poderá, então, ser compreendida senão a partir da enunciação seguinte. É o caso do chiste em geral: aquele que o conta proporciona prazer ao ouvinte, sabendo que poderá, em um segundo momento, gozar ele mesmo desse prazer. "Se eu conseguir, pela comunicação do meu chiste, provocar o riso em outra pessoa, sirvo-me, na realidade, desse terceiro para despertar o meu próprio riso" (Ibid., p.179). Por intermédio do interlocutor, o locutor pode gozar de um prazer que antes lhe estava vedado; não levar em

Teorias do símbolo

conta essa "consequência" do ato verbal seria colocar-se na impossibilidade de compreendê-lo e descrevê-lo corretamente.[2]

Que sabemos do protótipo de toda enunciação – da enunciação original? Sem dar sobre este ponto uma resposta direta, Freud sugere o caminho a seguir, em seu comentário da diferença entre o cômico e o chiste:

> No cômico aparecem em geral dois personagens: fora do meu eu, o sujeito em que descubro uma característica cômica; se encontro algo de cômico nos objetos, é porque, em virtude de um processo bastante familiar à nossa representação, personifico esse objeto. Esses dois personagens, o eu e a pessoa-objeto, bastam ao processo cômico; a intervenção de uma terceira pessoa é possível, mas de modo algum indispensável. O chiste, enquanto jogo com suas próprias palavras, seus próprios pensamentos, dispensa, de início, uma pessoa-objeto, mas já na fase preliminar da piada, quando tiver conseguido subtrair a brincadeira e o *nonsense* das objeções da razão, precisa de um terceiro a que possa comunicar seu bom êxito. No caso do chiste, essa segunda pessoa não corresponde à pessoa-objeto, mas ao terceiro, ao acólito do cômico. (Ibid., p.164-5)

---

2 Também Lacan insistiu na necessidade de ultrapassar o plano do enunciado, na descrição de uma situação verbal. Assim, já o silêncio do interlocutor não equivale de modo algum a sua ausência; a resposta deve ser descoberta e registrada, ainda que não seja ouvida. "Não há fala sem resposta, mesmo que só se depare com o silêncio, contanto que haja um ouvinte" (p.247), ou ainda: "A mera presença do psicanalista traz consigo, antes de qualquer intervenção, a dimensão do diálogo" (p.216).

Contrapõem-se, portanto, o chiste e o cômico em dois planos: a) o primeiro implica três pessoas (três papéis); o segundo, apenas dois (cf. também p.113: "O humor tendencioso necessita, em geral, da participação de três personagens: o que faz o chiste, aquele que desencadeia a verve hostil ou sexual e, por fim, aquele em que se realiza a intenção do humor, que é produzir prazer"); b) o primeiro implica a fala; o segundo pode dispensá-la (cômico dos objetos).

Tendo como apoio essa convergência, podemos tentar formular uma hipótese geral quanto à estrutura de toda situação *verbal*: essa situação é fundamentalmente *triangular*. O exercício da linguagem necessita da existência de três pessoas, e não de duas apenas. Enquanto há somente *eu* e *tu*, o discurso não é indispensável. É o surgimento do terceiro que torna necessário o discurso, e esse terceiro se torna por isso mesmo como um emblema do discurso. Produz-se, então, uma transformação complexa: o *tu* torna-se *ele*, a terceira pessoa torna-se *tu*.

Como caracterizar essas três pessoas? Há, em primeiro lugar, aquele *que* fala (do qual dirá Lacan que "ele recebe do receptor sua própria mensagem, em forma invertida"; p.41). Há, também, aquele *de que* se fala: pois mesmo que o discurso trate de objetos inanimados, estes representam uma pessoa. Já sabemos que, no discurso malicioso, a mulher é que o objeto implícito do discurso. Mas também sabemos que, para que isso acontecesse, foi preciso que ela tivesse sido antes um alocutário — o alocutário de outra enunciação, que tinha, por sua vez, um antigo alocutário como objeto, e assim por diante ao infinito: o discurso remete sempre a um discurso anterior, a um alocutário original e impossível. A enunciação "original" é um mito, toda enunciação pressupõe uma enunciação anterior.

Há, por fim, aquele *a que* se fala – no presente, a quem se proporciona prazer ao falar e que é, ao mesmo tempo, para Freud, um representante da lei: "Parece que, na piada, o acólito tem capacidade para decidir se a elaboração do humor alcançou o seu objetivo, como se o eu não estivesse seguro de seu próprio julgamento" (p.166). É aquele que julga a fala, que a aceita ou recusa, que detém as normas.

A palavra de ordem de toda pesquisa sobre a enunciação deveria ser: "Procurem o terceiro!".

Efeitos

Em uma de suas cartas, escreve a Mme. de Rosemonde à Mme. de Rourvel: "Quando esse desgraçado amor, ganhando demasiado império sobre vós, vos forçar a falar dele, é preferível que seja comigo do que com *ele*" (*As ligações perigosas*, 1. 103). O enunciado, portanto, não terá o mesmo efeito se o destinatário (o alocutário) for este ou aquele. Encontra-se de novo em Freud esta afirmação de Laclos. Assim, o caráter humorístico de um enunciado depende inteiramente, na realidade, do estado de espírito do alocutário: "Diante de uma plateia de súditos devotados ao meu adversário, as invectivas mais espirituosas que eu lhes pudesse atirar não teriam o efeito de chistes, mas de invectivas pura e simplesmente, e provocariam, não o riso, mas a indignação do auditório" (p.166). Do mesmo modo, o médico à escuta do discurso do analisando pode transformar o teor dele se deixar as suas resistências operarem uma escolha no que ouve.

Como a do alocutário, a situação do locutor pode modificar o valor do enunciado. Também aqui, Laclos teria podido fornecer-nos alguns exemplos. Escreve Valmont à Mme. de Tourvel "na cama e quase entre os braços de uma mulher" uma carta "interrompida até por uma infidelidade completa". O conhecimento desse fenômeno dá um significado completamente diferente a frases como "Nunca senti tanto prazer ao lhe escrever", "e já prevejo que não terminarei esta carta sem ser obrigado a interrompê-la" (I, 47-8). O exemplo dado por Freud é o do discurso ingênuo, que deixa de ser humorístico se aquele que o pronuncia não for sincero ou inocente. "Eis algo que, de fato, poderia ser tido como um verdadeiro chiste, mas só teria, então, provocado de nossa parte um sorriso meio constrangido. Como exemplo de ingenuidade, ela nos parece, em compensação, excelente e nos faz rir às gargalhadas" (Ibid., p.212-3). E ainda: "Os caracteres do ingênuo são determinados exclusivamente pela concepção da pessoa receptora..." (Ibid., p.215: o jogo, aqui, é duplo).

Duas observações se impõem. Em primeiro lugar, ao contrário dos exemplos analisados na seção precedente, estamos, desta vez, diante, não de *papéis*, mas de *atores*, as pessoas reais que enunciam ou percebem o discurso. Não se trata mais de um papel inscrito no enunciado, mas do comportamento (em sentido amplo) real e presente dos locutores. Em segundo lugar, a mudança daí resultante não afeta, propriamente dizendo, o sentido do enunciado, mas o efeito produzido pelo dito enunciado no alocutário. Nos dois exemplos citados, o que se vê modificado é um comportamento posterior: o alocutário ri ou não ri. O *efeito*, portanto, será cuidadosamente distinguido do *sentido*.

De um modo mais geral, observam-se muitas analogias entre locutor e alocutário. Acerca do chiste, observa Freud: "É preciso que [o terceiro], pela força do hábito, seja capaz de restabelecer em si as inibições mesmas que o chiste venceu no primeiro" (Ibid., p.173; mas vimos que esse caso não é o único possível: o discurso ingênuo implica, ao contrário, uma diferença entre os dois interlocutores). Na situação terapêutica, o analista terá de executar um trabalho semelhante ao do analisando. "Assim como o paciente deve contar tudo o que lhe passa pela cabeça, eliminando toda objeção lógica e afetiva que o leve a escolher, assim também o médico deve estar em condições de interpretar tudo o que ouve, para ali descobrir tudo o que o inconsciente dissimula, e isso sem substituir a escolha, de que o paciente abriu mão, por sua própria censura" (*La Technique psychanalytique*, p.66). A emissão de um enunciado, bem como a sua recepção, comporta (consiste em) escolhas.

A transferência como enunciação, a enunciação como transferência

Uma situação discursiva mereceu mais do que qualquer outra a atenção dos psicanalistas: a da própria terapia analítica. No interior dessa situação, um fenômeno apareceu como particularmente importante, ao qual deu Freud o nome de *transferência* (embora essa palavra às vezes se relacione a situações exteriores à terapia). A transferência designa, *grosso modo*, a introdução do analista no discurso do analisando. Essa situação será particularmente interessante para nós: é uma introdução da enunciação no enunciado, uma cisão do *tu* (alocutário[1]) em *ele* (objeto do enunciado) e *tu* (alocutário[2]).

Vejamos com maior atenção os elementos constitutivos dessa situação verbal. A definição que dela dá Freud nas *Cinq psychanalyses* [Cinco psicanálises]: "As transferências [...] são reimpressões, cópias de moções e de fantasmas que devem ser despertados e se tornarem conscientes à medida que a análise vai progredindo; o que é característico de sua espécie é a substituição pela pessoa do médico de uma pessoa conhecida antes" (citado na tradução francesa de Laplanche e Pontalis, *Vocabulaire de la psychanalyse* [doravante L&P], p.494). Convém, portanto, levar em conta três elementos: A. As "moções e fantasmas" que não estão nem "despertos", nem "conscientes". B. A pessoa do médico, isto é, o alocutário, portanto um elemento da enunciação. C. O enunciado do doente em que se introduz esse elemento da enunciação. A transferência consiste em que B repete (e representa) A em C.

Retomemos cada um desses três elementos segundo as características que lhes dá Freud. O elemento A refere-se aos "desejos inconscientes" e aos "protótipos infantis" (L&P, p.492). "O que é revivido na transferência é a relação do sujeito com as figuras parentais" (Ibid., p.494). "Na transferência se atualiza o essencial do conflito infantil" (Ibid., p.496; cf. Freud, *Essais de psychanalyse* [Ensaios de psicanálise], p.19: a reprodução na transferência "tem sempre como conteúdo um fragmento da vida sexual infantil, portanto do complexo de Édipo e de suas ramificações").

O elemento B (às vezes *transferência* só designa esse elemento) refere-se à pessoa do médico; se outros elementos da situação presente se introduzirem no enunciado, nada mais são que metonímias pelo alocutário: "Tudo o que diz respeito à situação presente corresponde a uma transferência sobre a pessoa do médico" (*La Technique*, p.98). Essa introdução de um elemento da enunciação no enunciado é um fenômeno de dupla face, para não dizer contraditório: é, ao mesmo tempo, a repetição de algo de antigo, e a integração do momento presente. "Freud constata que o mecanismo da transferência sobre a pessoa do médico é desencadeado no momento mesmo em que conteúdos reprimidos particularmente importantes correriam o risco de ser revelados. Neste sentido, a transferência... *assinala* a proximidade do conflito inconsciente" (L&P, p.495; grifo meu). Ao falar de "repetição", devemos precisar (como L&P) que "as manifestações transferenciais não são repetições literais, mas equivalentes simbólicos do que é transferido" (p.497). Não podemos deixar de observar também que o presente é que assinala o passado, o único que representa o eterno. – Chamemos esse tipo de discurso de *interpessoal*, em razão da presença ativa dos dois interlocutores. O próprio Freud teria tendência a falar aqui de um discurso-ação: ele coloca um sinal de igualdade entre "repetição" e "passagem ao ato".

Ante esse discurso interpessoal se situa o nosso terceiro elemento, C, ou seja, o enunciado "ordinário", que não conteria elementos da enunciação (na realidade, elementos da enunciação penetram em todo discurso; não pode, portanto, tratar-se senão de uma diferença de grau; mas esta não é desdenhável). Enquanto antes Freud utilizava o termo repetição, agora fala de rememoração, de recordação; trata-se, portanto, de um discurso *impessoal*. Por um lado, a palavra-narrativa; do outro, a palavra-ação ("Esse fragmento de vida afetiva que ele já não pode *lembrar* em sua recordação, o doente *revive-o* também nas suas relações com o médico": *Cinq leçons sur la psychanalyses*, p.61; grifo meu). Insiste Freud muitas vezes nessa oposição, reduzindo-a, na realidade, à do dizer e do agir. Assim, a respeito do elemento B: "Aqui o paciente *não tem nenhuma recordação* do que esqueceu e reprimiu e apenas *o traduz em atos*. Não é em forma de recordações que o fato esquecido reaparece, mas em forma de ação" (*La Technique*, p.108). "Quanto maior for a resistência, mais o *acting-out* (a repetição) substituirá a recordação" (Ibid., p.109). O paciente, "por assim dizer, passa à ação diante de nós, em vez de nos informar" (*Abrégé de la psychanalyse*, p.44). A palavra informativa opõe-se sem cessar à palavra ativa.

O discurso interpessoal e o discurso impessoal formam, portanto, uma oposição que poderia servir de base a uma tipologia dos enunciados (podemos, é claro, aproximá-la da oposição entre discurso e história, em Benveniste). Tentemos, a partir dos exemplos enumerados por Freud, compreender as propriedades de cada um dos termos.

> O analisado não diz que se lembra de ter sido insolente e insubmisso em relação à autoridade paterna, mas se comporta dessa maneira para com o analista. Não se lembra de ter-se sentido, ao longo de suas investigações infantis de ordem sexual, desesperado e desconcertado, carente de apoio, mas traz grande quantidade de sonhos confusos, se queixa de não ser bem-sucedido em nada e acusa o destino por não conseguir nunca levar os seus planos a bom termo. Não se lembra mais de ter sentido um intenso sentimento de vergonha de certas atividades sexuais e ter temido que fossem descobertas, mas mostra que tem vergonha do tratamento a que se submeteu e faz absoluta questão de manter secreto este último. (*La technique*, p.108-9)

Veem-se aqui caracterizados dois tipos de comportamento: um (que não ocorre) seria a narrativa das experiências infantis; o outro, efetivamente realizado, se compõe das palavras dirigidas ao analista. Observemos que:

Teorias do símbolo

a) em ambos os casos, trata-se de um comportamento verbal, de enunciados;

b) o primeiro tipo de discurso centra-se no passado; o segundo, no presente;

c) por conseguinte, o primeiro tipo de discurso não contém referências à situação de enunciação. O *eu* que ali pode aparecer não é o *eu* que fala (embora se trate da "mesma" pessoa, isto é, do mesmo nome próprio); é um *eu* de valor indicial enfraquecido. Em compensação, o segundo tipo de discurso refere-se aos protagonistas da enunciação, ao que escuta e ao que fala;

d) o primeiro tipo de discurso corresponde sempre à mesma ação; lembrar-se, contar; ao passo que o segundo pode ter funções diferentes: a insolência, a insubmissão, a confusão, a depressão, a amargura, a vergonha, o medo. Essa lista parece poder ser prolongada indefinidamente; o próprio Freud reduz os dois traços à ausência ou presença de ação.

Eis aqui outro exemplo do discurso interpessoal: "A confissão de um desejo proibido torna-se particularmente constrangedora quando deve ser feita à própria pessoa que é o seu objeto" (Ibid., p.56).

Poderíamos assim resumir todas as diferenças: o discurso impessoal procura separar nitidamente o enunciado da enunciação; o discurso interpessoal tende a confundi-los.

Essa diferença parece capital e não seguiremos aqui L&P, que formulam algumas reservas a seu respeito:

Não vemos por que o analista estaria menos envolvido quando o sujeito *lhe* conta tal acontecimento de seu passado, *lhe* conta tal sonho, do que quando ataca o analista em um comportamento. – Assim como o "agir", o dizer do paciente é um modo de relação que pode, por exemplo, ter como objetivo agradar ao analista, mantê-lo à distância etc.; como o dizer, o agir é um jeito de veicular uma comunicação. (p.498)

Vimos, de fato, que ambos eram discursos (evitaremos a fórmula de "veículo de comunicação") e ambos eram ações; mas a oposição estrutural (interna) de Freud não poderia ser recusada em nome de um critério funcional (externo, finalista: "ter por objetivo").

A tarefa do analista é fazer conhecer o fenômeno de transferência como tal ("adivinhá-lo a cada vez" e "traduzir seu sentido para o doente", *Cinq Psychanalyses*, p.88); obrigar o analisando a tomar consciência de seu caráter *secundário*. Tarefa extremamente árdua, pois enfrentamos aqui a superpoderosa ilusão do *autêntico* e do *original*. Como observa Freud sobre essa tarefa: "a vida real não oferece nada análogo" (*La Technique*, p.124).

A trajetória da cura psicanalítica reduz-se, então, ao seguinte esquema: discurso impessoal[1] → discurso interpessoal → discurso impessoal[2]; e nisso ele se limita a reproduzir o esquema básico de toda narrativa (a menos que forneça o seu protótipo), que é: equilíbrio[1] → desequilíbrio → equilíbrio[2]. O aparecimento da transferência (do discurso interpessoal) corresponde à ruptura do equilíbrio; o aparecimento, no enunciado, do que provoca a transferência, ao estabelecimento de novo equilíbrio. A cura psicanalítica seria, portanto, por assim dizer, uma introdução, seguida de uma evacuação do que Benveniste chama de "a subjetividade na linguagem" (o discurso que tende a confundir

Teorias do símbolo

enunciado e enunciação), do que é, na linguagem, individual e particular. Conforme Lacan: "Para o sujeito, só há progresso pela integração a que chega de sua posição no universal" (p.226). O discurso interpessoal é a norma e a saúde psíquica. Felizmente, sempre resta um ato de enunciação a enunciar (o do enunciado impessoal, justamente), e o "progresso" jamais será total. O dizer jamais conseguirá despojar-se completamente do agir, na própria medida em que dizer é agir.

Voltemos à transferência. O que constituía a sua originalidade aos olhos de Freud, a saber, o fato de a situação presente ser calcada em uma situação passada ("É só um conjunto de réplicas e de clichês de certas situações passadas e também de reações infantis"; *La Technique*, p.126; "Os seus sentimentos [do doente], em vez de serem produzidos pela situação atual e de se aplicarem à pessoa do médico, apenas reproduzem uma situação na qual ele já se havia encontrado antes"; *Introduction à la psychanalyse*, p.42), corre um sério risco de se reencontrar em toda situação verbal e de não poder mais, por isso mesmo, servir de signo distintivo. Freud viu bem o perigo ao tratar do "amor de transferência": "Esse é o próprio de todo amor: não existe nenhum que não tenha o seu protótipo na infância" (*La Technique*, p.126-7). Assim, ao contrário do que às vezes se afirma (a transferência "afasta-se... do que seria normal, racional"; Ibid., p.52), Freud acaba por nela ver o tipo mesmo da situação verbal: "A 'transferência' estabelece-se espontaneamente em todas as relações humanas, tanto quanto na relação entre o doente e o médico" (*Cinq Leçons*, p.62); ou: "A transferência... domina todas as relações de uma pessoa dada com seu ambiente humano" (*Ma vie et la psychanalyse*, p.53). A situação de transferência talvez seja uma "nova edição" ("simples reimpressão" ou "edição revista e corrigida"); mas jamais disporemos da edição original.

Obras citadas

FREUD, S. *Abrégé de psychanalyse*. Paris: PUF, 1950.

_____. *Cinq Leçons sur la psychanalyse*. Paris: Payot, 1966.

_____. *Cinq Psychanalyses*. Paris: PUF, 1966.

_____. *Essais de psychanalyse*. Paris: Payot, 1951.

_____. *Introduction à la psychanalyse*. Paris: Payot, 1951.

_____. *La Technique psychanalytique*. Paris: PUF, 1967.

_____. *Le Mot d'esprit et ses rapports avec l'inconscient*. Paris: Gallimard, 1953.

_____. *Ma vie et la psychanalyse*. Paris: Gallimard, 1968.

LACAN, J. *Écrits*. Paris: Seuil, 1966.

LAPLANCHE, J.; PONTALIS, J.-B. *Vocabulaire de la psychanalyse*. Paris: PUF, 1968.

Referências bibliográficas

ABRAMS, M. H. *The Mirror and the Lamp*. New York: Oxford University Press, 1953.

ALLEN, W. S. Ancient ideas on the origin and development of language. *Transactions of the Philological Society*, 1948.

ARNAULD, A.; NICOLE, P. *Logique ou l'art de penser*. Paris: Flammarion, 1970.

AVALLE, D'A. S. La sémiologie de la narrativité chez Saussure. In: AVALLE, D'A. S. et al. *Essais de la théorie du texte*. Paris, 1973.

BALLY, C.; SECHEHAYE, A. (Ed.). *Cours de linguistique générale*. Paris: Payot, 1962.

BARTHES, R. Introduction à l'analyse structurale des récits. In: BARTHES, R. et al. *Poétique du récit*. Paris: Seuil, 1976.

BEAUZÉE, N. *Encyclopédie méthodique. Grammaire et littérature*. 3 v. 1782, 1784, 1786.

BEAUZÉE, N. *Grammaire générale*. 1767.

BELLEMIN-NOËL, J. Psychanalyser le rêve de Swann. *Poétique*, 8, 1971.

BENVENISTE, É. *Problèmes de linguistique générale*. Paris: Gallimard, 1966.

BOBON, J. *Introduction historique à l'étude des néologismes et des glossolalies en psychopatologie.* Paris: Liège, 1952.

BORST, A. *Der Turmbau von Babel.* Stuttgart: Hiersemann, 1957-1963.

BREITINGER, J. J. *Critische Abhandlung von der Natur, den Absichten und dem Gebrauche der Gleichnisse.* Zürich: Orell, 1740.

CAILLIET, É. *Symbolisme et Ames primitives.* Paris: Taffin-Lefort, 1935.

CASSIRER, E. *Philosophie des Lumières.* Paris: Fayard, 1966.

CHARLES, M. Le discours des figures. *Poétique*, 4, 1973.

COHEN, J. Théorie de la figure.*Communications*, 16, 1970.

CONDILLAC, G. B. *De l'art d'écrire.*

_____. *Oeuvres philosophiques.* 3v. Editadas por Georges Le Roy. Paris, 1947.

_____. Essai sur l'origine des connaissances humaines. In: *Oeuvres philosophiques.* t.I. Paris, 1947.

DA VINCI, L. *Traité de la peinture.* Editado por André Chastel. Paris: Club des libraires de France, 1960.

DAVID, M.-V. *Le Débat sur les écritures et l'hiéroglyphe aux XVII et XVIIIe siècles...* Paris, 1965.

DIDEROT, D. Lettre sur les sourds et muets. *Diderot Studies.* Genebra, t.7, 1965.

_____. *Oeuvres complètes.* Edição de Assezat-Tourneux.

_____. *Oeuvres esthétiques.* Paris: Garnier, 1968.

_____. *Oeuvres romanesques.* Paris: Garnier, 1962.

DIECKMANN, H. Die Wandlung des Nachahmungsbegriffes in der französischen Ästhetik des XVIII. Jhdts. In: JAUSS, H. R. (Ed.). *Nachahmung und Illusion.* 2.ed. Munique, 1969.

DOOLITTLE, J. Hieroglyph and emblem in Diderot's *Lettre sur les sourds et muets. Diderot Studies*, II, 1952.

DU MARSAIS, C. C. *Des tropes* (1818). Genebra: Slatkine, 1967.

_____. *Oeuvres.* 7 v. Editadas por Duchosal e Millon. 1797.

DUBOIS, J. et al. *Rhétorique générale.* Paris, 1970.

EICHENBAUM, B. *O poèzii.* Leningrado, 1969.

ELIOT, T. S. La fonction sociale de la poésie. In: _____. *De la poésie et de quelques poètes.* Paris, 1964.

FLOURNOY, T. *Des Indes à la planète Mars.* Paris/Genebra, 1900.

FOLKIERSKI, W. *Entre la classicisme et le romantisme.* Paris/Cracóvia, 1925.

FONTANIER, P. *Commentaire raisonné sur les tropes de Du Marsais* (1818). Genebra: Slatkine, 1967.

_____. *Les Figures du discours.* Paris: Flammarion, 1968.

FREUD, S. *Introduction à la psychanalyse.* Paris: PB Payot, 1965.

_____. *L'interprétation des rêves.* Paris: PUF, 1967.

_____. *Le rêve et son interprétation.* Paris: Gallimard, 1969.

_____. *Nouvelles Conférences sur la psychanalyse.* Paris: Gallimard, 1971.

GAZOV-GINZBERG, A. M. *Byl li jazyk izobrazitelen v svoikh istokakh?* Moscou, 1965.

GENETTE, G. *Figures III.* Paris, 1972.

_____. *Figures.* Paris, 1966.

_____. Introduction, la rhétorique des figures. In: FONTANIER, P. *Les Figures du discours.* Paris: Flammarion, 1968.

_____. *Mimologiques.* Paris, 1976.

GOETHE, J. W. *Conversations avec Eckermann.* 14/4/1827. Paris, 1949.

HARRIS, J. *Three Treatises.* Londres, 1744.

HEIDEGGER, M. *Essais et Conférences.* Paris: Gallimard, 1958.

HENRY, V. *Le Langage martien.* Paris, 1901.

_____. *Antinomies linguistiques.* Paris, 1896.

JAKOBSON, R. *Essais de linguistique générale.* Paris: Éditions de Minuit, 1953.

_____. *Form und Sinn.* Munique: Wilhelm Fink, 1974.

_____. *Questions de poétique.* Paris: Seuil, 1973.

JESPERSEN, O. *Language.* Londres, 1922.

_____. *Progress in language.* Londres, 1894.

JONES, E. The Theory of Symbolism. *Papers on Psychoanalysis*, Boston, n.2, 1961.

KERÉNYI, K. Gedanken über die Zeitmässigkeit einer Darstellung der griechischen Mythologie. *Studium Generale*, 8, 1955.

KERNER, J. *Die Seherin von Prevorst.* 2.ed. Stuttgart-Tübingen, 1832.

LAPLANCHE, J.; PONTALIS, J.-B. *Vocabulaire de la psychanalyse*. Paris, 1968.

LE SYMBOLISME linguistique. In: *Savoir, faire, espérer*: les limites de la raison. t.II. Bruxelles, 1976.

LEROI-GOURHAN, A. *Le Geste et la Parole*. t.II. Paris, 1965.

LESSING, G. E. *Dramaturgie de Hambourg*. Paris: Didier, 1869.

_____. *Laocoon*. Editado por Blümner. Berlim, 1880.

LÉVI-STRAUSS, C. *La Pensée sauvage*. Paris, 1962.

LÉVY-BRUHL, L. *Carnets*. Paris, 1949.

_____. *L'Expérience mystique et les symboles chez les primitifs*. Paris: Félix Alcan, 1938.

_____. *Les Fonctions mentales dans les sociétés primitives*. Paris: Alcan, 1910.

LOMBARD, E. *De la glossolalie chez les premiers chrétiens et des phénomènes similaires*. Lausanne, 1910.

LYOTARD, J.-F. *Discours, figure*. Paris, 1971.

MARACHE, M. *Le Symbole dans la pensée et l'oeuvre de Goethe*. Paris, 1960.

MARTHE ROBERT. *Sur le papier*. Paris, 1967.

MARTIN, J. P. La condensation. *Poétique*, 26, 1976.

MEIER, G. F. *Anfangsgründe aller schönen Wissenschaften*. 2.ed. 1755.

MÜLLER, C. Der Symbolbegriff in Goethes Kunstanschauung. *Goethe, Viermonatsschrift der Goethe-Gesellschaft*, 8, 1943.

MÜLLER, C. *Die geschichtliche Voraussetzungen des Symbolbegriffs in Goethes Kunstanschauung*. 1937.

NIVELLE, A. *Les Théories esthétiques en Allemagne de Baumgarten à Kant*. Paris, 1955.

PANOFSKY, E. *Idea*. Berlim: Leipzig, 1924.

_____. *The Life and Art of Albrecht Dürer*. 4.ed. Princeton: Princeton University Press, 1955.

PÉPIN, J. Saint Augustin et la fonction protreptique de l'allégorie. *Recherches augustiniannes*, Paris, 1958.

PETSCH, V. R. (Ed.). *Lessings Briefwechsel mit Mendelssohn und Nicolai über das Trauerspiel*. 2.ed. Darmstadt, 1967.

PIAGET, J. *La formation du symbole chez l'enfant*. Paris/Neuchâtel: Niestlé/Delachaux, 1945.

Teorias do símbolo

POTTIER, C. *Réflexions sur les troubles du langage dans les psychoses paranoïdes.* Paris, 1930.

POUDEROUX, J. *Remarques sur l'incohérence des propos de quelques aliénés.* Bordeaux, 1929.

PREISENDANZ, W. Zur Poetik der deutschen Romantik. I. Die Abkehr vom Grundsatz der Naturnachahmung. In: STEFFEN, H. (Ed.). *Die deutsche Romantik.* Göttingen, 1967.

RENAN, E. *De l'origine du langage.* 2.ed. Paris, 1858.

RENOU, L. L'énigme dans la littérature ancienne de l'Inde. *Diogêne,* n.29, 1960.

RÉVÉSZ, G. *Origine et Préhistoire du langage.* Paris, 1950.

RICOEUR, P. *La Métaphore vive.* Paris: Seuil, 1975.

RIEDEL, F. J. *Theorie der schönen Künste und Wissenschaften.* Jena, 1767.

ROSENKRANZ, B. *Der Ursprung der Sprache.* Heidelberg, 1961.

ROUGE, J. I. Goethe et la notion du symbole. *Goethe.* Études publiées pour le centenaire de sa mort par l'Université de Strasbourg. 1932.

SAHLIN, G. *C.C. Du Marsais...* Paris, 1928.

SAMARIN, W. J. *Tongues of men and angels.* New York, 1972.

SARTRE, J.-P. *Qu'est-ce que la littérature?* Paris, 1969. (Idées.)

SAUSSURE, F. *Cours de linguistique générale.* Edição crítica de Rudolf Engler. Wiesbaden, 1967.

SCHLEGEL, A. W. De l'étymologie en géneral. In: _____. *Oeuvres écrites en français.* t.II. Leipzig, 1846.

SCHLEGEL, J. E. Abhandlung dass die Nachahmung der Sache der man nachahmet, zuweilen unähnlich werden müsse (1745). In: _____. *Schlegel's aesthetische und dramaturgische Schriften.* Heilbronn, 1887.

_____. E. *Abhandlung von der Nachahmung.* Heilbronn: Gebr. Henninger, 1887.

SCHRIMPF, H. J. Die Sprache der Phantasie. K. Ph. Moritz' *Götterlehre.* In: SINGER, H.; WIESE, B. V. (Eds.). *Festschrift für Richard Alewyn.* Colônia-Gratz, 1967.

_____. Vers ist tanzhafte Rede. Ein Beitrag zur deutschen Prosodie aus dem achtzehnten Jahrhundert. In: FOERSTE, W.; BORCK, H.

K. (Eds.). *Festschrift für Jost Trier zum 70. Geburtstag*. Colônia-Gratz, 1964.

SCHWINGER, R. *Innere Form. Ein Beitrag zur Definition des Begriffes auf Grund seiner Geschichte von Shaftesbury bis W. v. Humboldt*. Munique, 1935.

SHAFTESBURY. *Characteristics of Men, Matters, Opinions, Times*. t.3. 1790.

SMITH, A. Considérations sur l'origine et la formation des langues. *Varia linguistica*, Bordeaux, 1970.

SOMMERFELT, A. The origine of language. Theories and hypotheses. *Cahiers d'histoire mondiale*, I (1953-1954), 4.

SØRENSEN, B. A. *Symbol und Symbolismus in der ästhetischen Theorien des 18. Jahrhunderts und der deutschen Romantik*. Copenhague, 1963.

STAROBINSKI, J. *Les mots sous les mots*. Paris, 1971.

TABOUROT, É. (Tabourot des Accords). *Les Bigarrures du Seigneur des Accords*. (1583). Genebra: Slatkine Reprints, 1969.

TARDI, D. (Ed.). *Les Epitomae de Virgile de Toulouse*. Paris, 1928.

TATARKIEWICZ, L. Les deux concepts de la beauté. *Cahiers roumains d'études littéraires*, 4, 1974.

TODOROV, T. *Littérature et Signification*. Paris, 1967.

TUMARKIN, A. Die Überwindung der Mimesislehre in der Kunsttheorie des XVIII. Jhdts. *Festgabe für S. Singer*. Tübingen, 1930.

ULLMANN, S. *Précis de sémantique française*. 3.ed. Berna, 1965.

VAN GINNEKEN, J. *La Reconstruction typologique des langues archaïques de l'humanité*. Amsterdam, 1939.

VICO, G. *La Science nouvelle*. Paris, 1953.

WALZEL, O. *Das Prometheussymbol von Shaftesbury zu Goethe*. 2.ed. Munique, 1932.

_____. *Grenzen von Poesie und Unpoesie*. Frankfurt, 1937.

WOLF, F. A. Darstellung der Altertumwissenschaft nach Begriff, Umfang, Zweck und Wert. In: WOLF, F. A.; BUTTMAN, PH. (Ed.). *Museum der Altertumwissenschaft*. Bd. 1. Berlin, 1807.

YON, A. "Introduction" à Cicerón. *L'Orateur*. Paris: Les Belles Lettres, 1964.

Índice onomástico

A

Abrams, M. H., 287n.5

Agostinho, Santo, 13, 18, 45-7, 49-56, 58-80, 93, 103-4, 107, 120, 125, 127, 138n.4, 191, 217, 241-2, 254, 283, 285, 327, 353, 365, 457, 491

Alberti, L. B., 203

Allen, W. S., 360n.8

Arieti, S., 360n.7

Aristóteles, 18-28, 31, 34-7, 41, 46-7, 55, 59, 62-3, 65, 68, 71, 75-6, 78, 80-2, 99-100, 198-9, 232, 276, 432-3

Arnauld, A., 136, 143, 184, 217

Artemidoro de Éfeso, 40-1, 372

Ast, F., 273, 291-3, 338, 347-8, 459

B

Baldwin, C., 79

Bally, C., 142, 459-60

Barthes, R., 383-4

Batteux, C., 166, 188, 194-6, 198, 201-2, 207, 238, 248, 256

Baudelaire, C., 465, 472, 476

Baumgarten, A. G., 189, 192, 231, 234

Beauzée, N., 117-9, 122-4, 129-33, 135, 142-4, 148, 151-4, 164-7, 173, 178-9, 181-2, 184-5, 188, 418, 483

Beda, o Venerável, 127

Bellemin-Noël, J., 372n.20

Benjamin, W., 344, 466

Benveniste, E., 364-5, 374-5, 418, 431, 504, 506

Bhartrhari, 353

Bialostocka, J., 229n.7

Biély, A., 478

Biran, M. de, 377n.25

Blanchet, R., 79

Bobon, J., 442n.2

Borst, A., 360n.8
Bréal, M., 362
Breitinger, J. J., 103, 146n.6, 233, 235
Breuer, J., 448
Bühler, K., 96

C

Cailliet, E., 380n.27, 382-4
Cassirer, E., 191n.2
Charles, M., 119
Chklóvski, V., 466
Cícero, 37-8, 48, 52, 84, 87-91, 99-100, 102, 105, 110, 112, 118, 153, 188, 202, 445
Clédat, L., 362
Clemente de Alexandria, 41-5, 66-9, 308, 327, 372, 432-3
Cohen, J., 119
Coleridge, S. T., 265, 465
Condillac, 117-9, 141, 144-6, 148, 152, 167-71, 177, 181, 184-5, 190, 257, 367, 369-70, 462
Constant, B., 466
Cousin, J., 79
Cousin, V., 466
Creuzer, F., 241, 341-8, 396
Croce, B., 300
Cusa, N. de, 295
Cushing, F. H., 370

D

Darmesteter, A., 362
David, M. V., 371n.19
Demétrio, 89
Derrida, J., 21

Diderot, D., 141, 196-203, 205, 207-13, 221-6, 229n.7, 230-1, 238, 246, 248, 255, 290, 338
Dieckmann, H., 192n.4
Diógenes Laércio, 24
Dionísio de Halicarnasso, 39
Doolittle, J., 222n.4
Dubois, J., 451n.4
Dubos, J. B., 205-6, 216-21, 223, 227, 229-30, 237-8, 459, 490
Du Marsais, C. C., 115-22, 124-9, 131-2, 135, 138-43, 146-52, 154-67, 169, 171, 179-81, 184-5

E

Eichenbaum, B., 478
Eichner, H., 312n.8
Eliot, T. S., 467n.4
Empédocles, 250
Empson, W., 143
Engels, J., 61
Escalígero, J. C., 160

F

Fénelon, F., 194
Fischer, K., 415, 417
Flournoy, T., 442-50, 454, 461
Folkierski, W., 192n.4
Fontanier, P., 94-5, 105, 108, 113, 115, 117-9, 124-7, 132-5, 147-9, 151-4, 169, 171-9, 181-2, 184-7, 490
Freud, S., 372n.20, 384, 387-440, 448, 452-3, 462, 491, 493-507

G

Galeno, 202
Gazov-Ginzberg, A. M., 368
Genette, G., 119, 4755n.5
Gérando, J.-M. de, 141
Goethe, J. W. von, 111n.2, 241,
  244-5, 265, 269, 274, 316-
  20, 322-7, 329-30, 335-9,
  345n.10, 347-9, 373, 459,
  462, 491
Grimm, W., 442

H

Hamann, J. G., 286
Harris, J., 220-1, 223, 227, 229-
  30, 237-8, 276
Hegel, G. W. F., 66, 345n.10
Heidegger, M., 429n.21
Henry, V., 446, 450-4
Heráclito, 38
pseudo-Heráclito, 36
Herder, J. G. von, 228-9, 242,
  250, 276, 286, 337, 484-5
Hopkins, G. M., 474
Hugo, V., 187
Humboldt, W. von, 269, 274,
  276-7, 286, 338-40, 347,
  349, 483-4, 487
Husserl, E., 464, 467

J

Jackson, B. D., 80
Jakobson, R., 96, 232, 239, 454,
  463-481
Jean Paul, F. Richter, dito, 266,
  477
Jespersen, O., 366-7

Jones, E., 398n.5, 439n.23
Jones, L. G., 476

K

Kant, I., 101, 108-11, 192, 278,
  280, 295, 303-7, 317-8, 326,
  328-9, 334-5, 339, 349
Kennedy, G., 79
Kerényi, K., 263n.4
Kerner, J., 441
Khlebnikov, V., 465, 480-1
Kneale, W. e M., 79

L

La Motte, A.-H. de, 194
Lacan, J., 372n.20, 413, 497n.2,
  498, 507
Laclos, C. de, 499
Lambert, J. H., 234-5
Lamy, B., 138, 167, 184
Laplanche, J., 398n.5, 502
Leenhardt, M., 356
Leonardo da Vinci, 216-7, 221,
  226, 229, 236
Leroi-Gourhan, A., 358n.5, 373
Lessing, G. E., 37, 141, 193,
  208-9, 226-39, 246, 250,
  285, 290, 299, 330, 387,
  459, 461
Lévi-Strauss, C., 358, 374n.22
Levy-Bruhl, L., 355-6, 358-9,
  378-84, 429, 462, 491
Locke, J., 106, 374
Lombard, E., 443n.3, 454
Lucano, 91, 202-3
Lyotard, J.-F., 372n.20, 395n.3,
  414n.13

M

Macróbio, 105
Mallarmé, S., 464-5
Marache, M., 229n.7, 318n.9
Marrou, H.-I., 52
Martin, J. P., 395n.3
Mayer, C. P., 80
Meier, G. Fr., 234
Mendelssohn, M., 227-31, 237, 252
Meyer, H., 318, 335-8, 349
Mooney, J., 382
Moritz, K. P., 108, 242-6, 249-52, 254-8, 260-5, 267, 269, 272, 284, 305, 309, 331-2, 349, 462, 491
Mukařovský, J., 466
Müller, C., 265, 318n.9

N

Nicole, P., 136, 143, 184, 217
Nivelle, A., 192n.4
Novalis, F. von Hardenberg, dito, 108, 266-7, 270-3, 278, 280, 282-4, 287, 289-90, 295, 297, 299, 302, 309, 349, 464-5, 469, 475n.5, 489, 491

O

Orígenes, 308, 440
Osthoff, H., 374-5

P

Panofsky, E., 202, 203n.11
Paulhan, J., 163, 476
Peirce, C., 373
Pépin, J., 48, 79-80, 114n.3
Piaget, J., 355, 357-8

Piles, R. de, 194, 216
Pitágoras, 38
Platão, 20, 199, 217
Plutarco, 39
Poe, E. A., 465
Pontalis, J. B., 398n.5, 502
Porfírio, 39
Pottier, C., 360n.7
Pouderoux, J., 360n.7
Preisendanz, W., 192n.4
Propp, V., 387

Q

Quintiliano, 37-8, 48, 89, 93-6, 98-9, 101-2, 113, 118, 129-30, 148, 151, 155-6, 161-2, 168-9, 171, 186, 343, 367, 490

R

Radonvilliers, C. F. L. de, 176
Renan, E., 366-7, 377, 429
Renou, L., 415
Révész, G., 360n.8
Richards, I. A., 490
Richardson, J., 194, 198
Ricoeur, P., 119n.1
Riedel, F. J., 192
Robert, M., 440n.24
Robins, R. H., 79
Rosenkranz, B., 360n.8
Rouge, J. I., 318n.9
Rousseau, J.-J., 211n.15, 242, 376
Russell, B., 301

S

Sahlin, G., 119
Samarin, W. J., 442n.2
Sartre, J.-P., 466, 469

Teorias do símbolo

Saussure, F. de, 23, 66, 78, 141, 228, 373, 376, 441-462, 473, 491

Schelling, F. W. J. von, 108, 241, 243-6, 248, 256, 258, 264-5, 267-9, 271-2, 274-5, 284, 291-2, 295-8, 300-1, 305, 310, 315-6, 327, 329-5, 337-8, 342-3, 345n.10, 346-7, 350

Schiller, J. C. F. von, 269, 274, 318, 324, 335, 373, 466

Schlegel, A. W., 239, 243-7, 249-50, 269-70, 272, 285-8, 291, 295, 299, 301, 310, 315-6, 327, 344-5n.10, 350, 361, 368, 474-5n.5, 485-7, 491

Schlegel, F., 265-70, 273-4, 283-4, 291, 293, 295, 297, 299, 302, 308-9, 312-5, 350, 462

Schlegel, J. E., 191, 193, 206-7, 232-3, 252

Schleiermacher, F., 267, 291, 293-4, 351, 404

Schrimpf, H. J., 258n.3, 263n.4

Schwinger, R., 289n.6

Sechehaye, A., 459-60

Sexto Empírico, 22, 27-8, 62

Shaftesbury, A. A. C., 199, 203n.12, 242, 250

Simone, R., 80

Simônides, 216

Smith, A., 375, 442-50, 452-4, 461

Solger, K. W. F., 241, 268-9, 341, 344-7, 351, 466, 491

Sommerfelt, A., 360n.8

Sørensen, B. A., 215n.1, 318n.9

Starobinski, J., 455n.6

Stern, G., 357

T

Tabourot des Accords, E., 420n.18

Tácito, 81, 84-6, 91, 93, 100, 108-9, 111

Tatarkiewicz, L., 203n.11

Teofrasto, 36, 89

Tieck, L., 266-7

Todorov, T., 119n.1

Tomás de Aquino, São, 70, 121, 127,

Trifão, 36

Tumarkin, A., 192n.4

Tynianov, Y., 466

U

Ullmann, S., 362

V

Valéry, P., 476

Van Ginneken, J., 368-70

Vico, G., 242, 359, 365-6, 369-70, 485

Vinci, *ver* Leonardo da Vinci

Virgílio de Toulouse, 114n.3

Vitrúvio, 202

W

Wackenroder, W. H., 305-9, 351, 359, 491

Walzel, O., 251n.2

Warburton, W., 369-72

Whitney, W. D., 377

Winckelmann, J. J., 256, 337, 349

Wolf, F. A., 149n.7, 189

Wolff, C., 317

Y

Yon, A., 83, 88, 114n.3

SOBRE O LIVRO

Formato: 14 x 21 cm
Mancha: 23 x 44 paicas
Tipologia: Venetian 301 12,5/16
Papel: Pólen Soft 80 g/m² (miolo)
Cartão Supremo 250 g/m² (capa)
1ª edição: 2014

EQUIPE DE REALIZAÇÃO

Edição de texto
Maurício Santana (Copidesque)
Nair Hitomi Kayo (Revisão)

Capa
Estúdio Bogari

Editoração eletrônica
Eduardo Seiji Seki

Assistência editorial
Jennifer Rangel de França